Anforderungsbereich III (Reflexion und Problemlösung)

Er umfasst den kritischen und reflektierten Umgang mit neuen Problemstellungen, den eingesetzten Methoden und den gewonnenen Erkenntnissen. Ziel sind eigenständige Begründungen, Folgerungen, Deutungen und Wertungen.

W0057924

beurteilen	den Stellenwert von Sachverhalten oder Prozessen in einem Zusammenhang → *überprüfen*, um kriterienorientiert zu einem begründeten Sachurteil zu gelangen
entwickeln	zu einem Sachverhalt oder zu einer Problemstellung eine Einschätzung, ein konkretes Lösungsmodell, eine Gegenposition oder ein Lösungskonzept inhaltlich weiterführend und / oder zukunftsorientiert darlegen
erörtern	zu einer vorgegebenen Problemstellung eine reflektierte, abwägende Auseinandersetzung führen und zu einem begründeten Sach- und / oder Werturteil kommen
interpretieren	Sinnzusammenhänge aus Quellen erschließen und eine begründete Stellungnahme abgeben, die auf einer Analyse (→ *analysieren*), Erläuterung (→ *erläutern*) und Bewertung beruht
Stellung nehmen	Beurteilung (→ *beurteilen*) mit zusätzlicher Reflexion individueller, sachbezogener und / oder politischer Wertmaßstäbe, die Pluralität gewährleisten und zu einem begründeten eigenen Werturteil führen
überprüfen	Inhalte, Sachverhalte, Vermutungen oder Hypothesen auf der Grundlage eigener Kenntnisse oder mithilfe zusätzlicher Materialien auf ihre sachliche Richtigkeit bzw. auf ihre innere Logik hin untersuchen

Übergreifende Aufgaben

Sie umfassen themen-, modul- oder semesterübergreifende Aufgaben auf der Grundlage der Anforderungsbereiche I bis III.

Weitere kompetenzorientierte Aufgaben

Sie vernetzen Materialien miteinander oder regen kreative Ergebnis- und Präsentationsformen an.

Nationalstaatsbildung

Wurzeln unserer Identität

Buchners Kolleg. Themen Geschichte

Buchners Kolleg. Themen Geschichte
Nationalstaatsbildung
Wurzeln unserer Identität

Unterrichtswerk für die Oberstufe

Bearbeitet von Boris Barth, Reiner Schell und Hartmann Wunderer unter Mitarbeit von Thomas Ahbe

Zu diesem Lehrwerk ist erhältlich:
Lehrermaterial auf CD-ROM (ISBN 978-3-7661-**7327**-0)
Weitere Materialien finden Sie unter: www.ccbuchner.de

Dieser Titel ist auch als digitale Ausgabe unter www.ccbuchner.de erhältlich.

1. Auflage, 1. Druck 2016
Alle Drucke dieser Auflage sind, weil untereinander unverändert, nebeneinander benutzbar.

Dieses Werk folgt der reformierten Rechtschreibung und Zeichensetzung. Ausnahmen bilden Texte, bei denen künstlerische, philologische oder lizenzrechtliche Gründe einer Änderung entgegenstehen.

Auf verschiedenen Seiten dieses Buches finden sich Mediencodes. Sie enthalten optionale Unterrichtsmaterialien und/oder Verweise (*Links*) auf Internetadressen. Haftungshinweis: Trotz sorgfältiger inhaltlicher Kontrolle wird die Haftung für die Inhalte externer Seiten ausgeschlossen.

Redaktion: Stefanie Witt
Korrektorat: Kerstin Schulbert
Layout, Satz und Umschlaggestaltung: ARTBOX Grafik und Satz GmbH, Bremen
Karten und Grafiken: ARTBOX Grafik und Satz GmbH, Bremen
Druck und Bindung: Firmengruppe Appl, aprinta Druck, Wemding

www.ccbuchner.de

ISBN 978-3-7661-**7317**-1

Inhalt

Wurzeln unserer Identität

Anhang

▶ Geschichte In Clips:
Auf unserer Homepage (www.ccbuchner.de) befinden sich Filmausschnitte zu
Ereignissen, die in diesem Buch behandelt werden. Geben Sie dazu in das Suchfeld
unserer Internetseite den im Buch genannten Clip-Code ein.

Mit „Buchners Kolleg. Themen Geschichte" lernen und arbeiten

Das vorliegende Werk ist ein **Lern- und Arbeitsbuch**. Verfassertexte und Materialien liefern eine solide Grundlage für die systematische Vorbereitung auf das niedersächsische Abitur.

▶ Einführungsseiten

leiten mit **problemorientierten Fragen** 1 und **charakteristischen Bildern** 2 in das Rahmenthema „Wurzeln unserer Identität" ein.

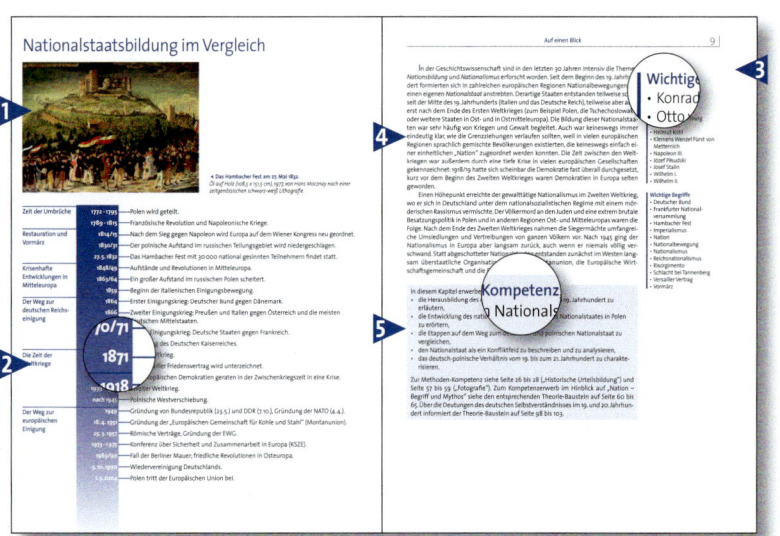

◀ Orientierungsseiten

informieren überblicksartig über das Thema des Pflichtmoduls bzw. der Wahlmodule. Die Doppelseite umfasst ein **Auftaktbild** 1, eine **Chronologie** mit zentralen Daten und Fakten 2, **wichtige Namen und Begriffe** des Kapitelthemas 3, einen **Überblickstext** 4 und die **Kompetenzerwartungen** 5 des Lehrplans.

▶ Darstellungen/Verfassertexte

vermitteln ein Verständnis für historische Zusammenhänge und Strukturen. Sie sind mit den Materialien vernetzt (▶ M1).

Die Randspalte enthält weiterführende **Lese-, Internet- und Filmtipps** 1, einen Hinweis auf „Geschichte In Clips" 2 sowie **Namens- und Begriffserläuterungen** 3. Um auf die Filmclips und die Internettipps zuzugreifen, geben Sie bitte in das Suchfeld auf unserer Internetseite (www.ccbuchner.de) den im Buch genannten Code ein.

◀ Materialien

veranschaulichen und vertiefen einzelne Aspekte, stellen kontroverse Sichtweisen dar und berücksichtigen alle relevanten Gattungen.

◀ Arbeitsaufträge

sind farblich gekennzeichnet. Sie verwenden die **„Operatoren"** der drei Anforderungsbereiche des Zentralabiturs. Themen-, modul- und semesterübergreifende Aufgaben sowie weitere kompetenzorientierte Arbeitsvorschläge sind zusätzlich ausgewiesen. Siehe hierzu ausführlich die Angaben vorne im Buch.

▶ Theorie-Bausteine

behandeln exemplarisch **historische Theorien und Erklärungsmodelle** und vernetzen die Module durch Querverweise und Arbeitsvorschläge miteinander.

▶▶ Methoden-Bausteine

erläutern spezifische **historische Arbeitstechniken** an einem konkreten Beispiel. Ergänzt wird dies hinten im Buch durch eine Übersicht **Methoden wissenschaftlichen Arbeitens**.

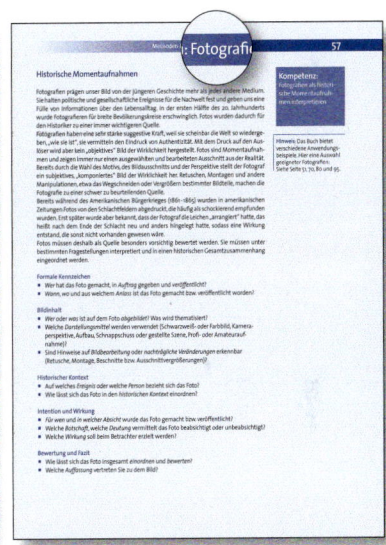

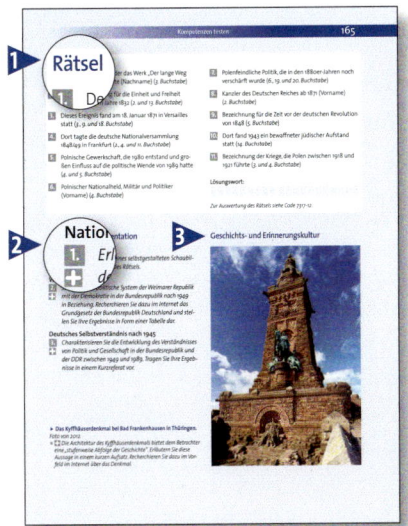

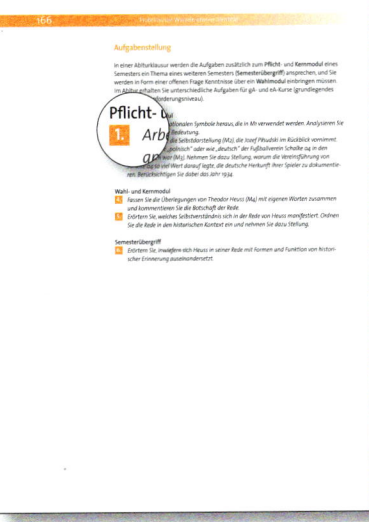

◀◀ Kompetenzen testen

Mit einem **Rätsel 1▶** und **handlungsorientierten Arbeitsaufträgen 2▶** lassen sich die angeeigneten **Kompetenzen** testen. Eine Abbildung zur **Geschichts- und Erinnerungskultur 3▶** rundet die Seite ab.

◀ Probeklausur

Mithilfe der Klausur kann das erworbene **Wissen zum Rahmenthema** angewendet und überprüft werden. Praktische **Hinweise zur Bearbeitung von Klausuren** stehen hinten im Buch.

Wurzeln unserer Identität

- Welche Entwicklungen führten zur Herausbildung des deutschen und polnischen Nationalstaates? Welche Konfliktfelder bestanden zwischen beiden Nationen im 19. und 20. Jahrhundert?
- Welche Ursachen und Folgen hatte die Spaltung der Nation in Gegner und Befürworter der Weimarer Republik?
- Wie ist der Umgang mit der nationalsozialistischen Vergangenheit in der deutschen Nachkriegszeit und nach der Wiedervereinigung Deutschlands zu beurteilen?

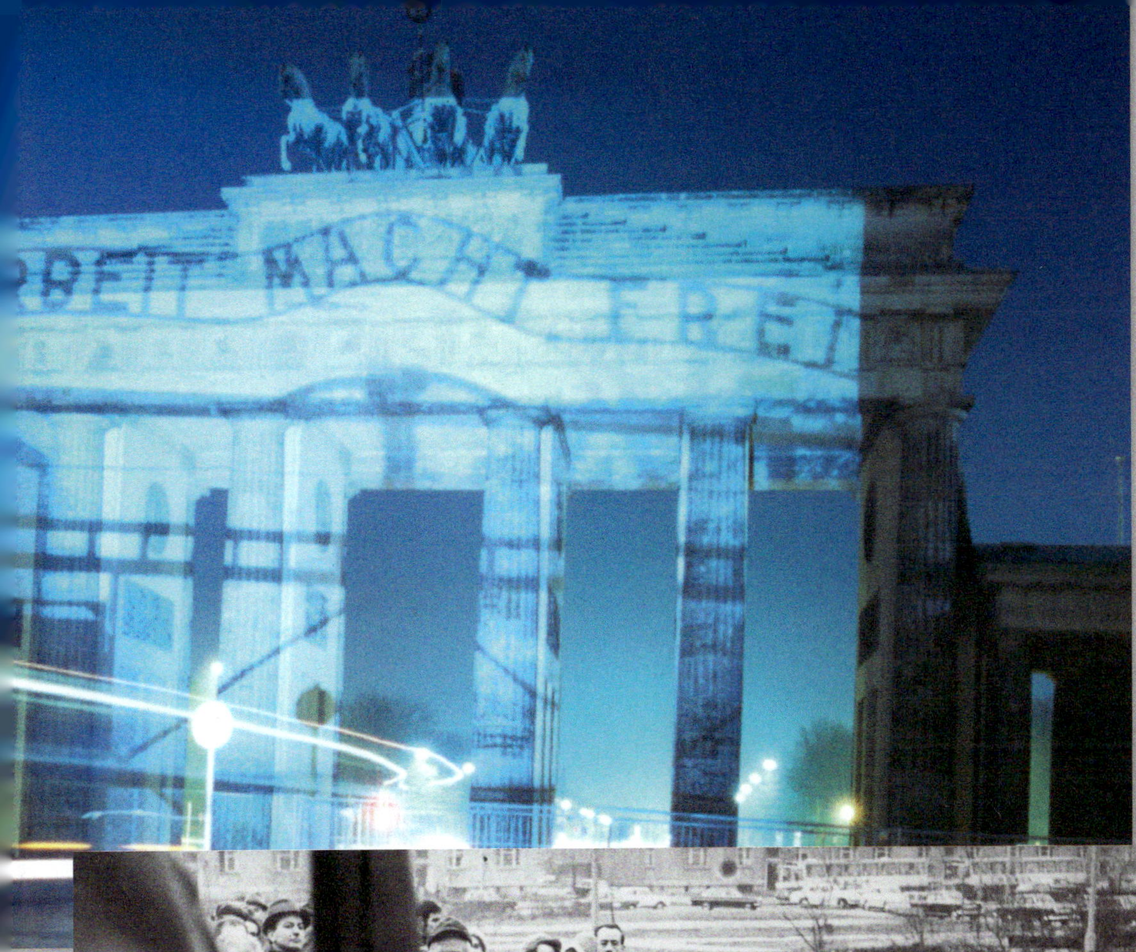

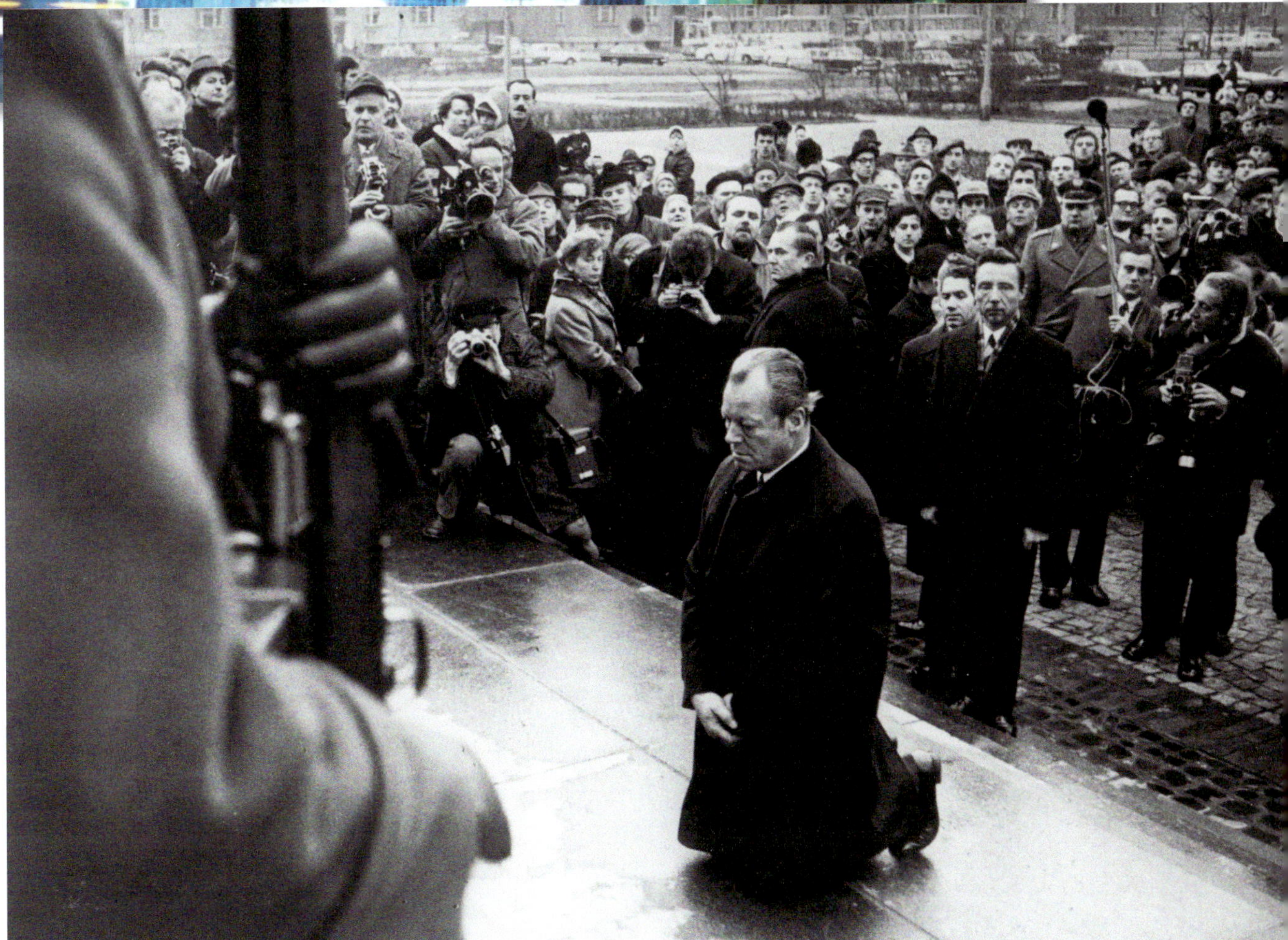

Nationalstaatsbildung im Vergleich

◄ **Das Hambacher Fest am 27. Mai 1832.**
Öl auf Holz (108,5 x 151,5 cm), 1977, von Hans Mocznay nach einer zeitgenössischen schwarz-weiß Lithografie.

Zeit der Umbrüche	**1772 - 1795**	Polen wird geteilt.
	1789 - 1815	Französische Revolution und Napoleonische Kriege.
Restauration und Vormärz	**1814/15**	Nach dem Sieg gegen Napoleon wird Europa auf dem Wiener Kongress neu geordnet.
	1830/31	Der polnische Aufstand im russischen Teilungsgebiet wird niedergeschlagen.
	27.5.1832	Das Hambacher Fest mit 30 000 national gesinnten Teilnehmern findet statt.
Krisenhafte Entwicklungen in Mitteleuropa	**1848/49**	Aufstände und Revolutionen in Mitteleuropa.
	1863/64	Ein großer Aufstand im russischen Polen scheitert.
	1859	Beginn der italienischen Einigungsbewegung.
Der Weg zur deutschen Reichseinigung	**1864**	Erster Einigungskrieg: Deutscher Bund gegen Dänemark.
	1866	Zweiter Einigungskrieg: Preußen und Italien gegen Österreich und die meisten deutschen Mittelstaaten.
	1870/71	Dritter Einigungskrieg: Deutsche Staaten gegen Frankreich.
	1871	Gründung des Deutschen Kaiserreiches.
Die Zeit der Weltkriege	**1914 - 1918**	Erster Weltkrieg.
	28.6.1919	Der Versailler Friedensvertrag wird unterzeichnet.
	1918 - 1938	Die europäischen Demokratien geraten in der Zwischenkriegszeit in eine Krise.
	1939 - 1945	Zweiter Weltkrieg.
	nach 1945	Polnische Westverschiebung.
Der Weg zur europäischen Einigung	**1949**	Gründung von Bundesrepublik (23.5.) und DDR (7.10.), Gründung der NATO (4.4.).
	18.4.1951	Gründung der „Europäischen Gemeinschaft für Kohle und Stahl" (Montanunion).
	25.3.1957	Römische Verträge, Gründung der EWG.
	1973 - 1975	Konferenz über Sicherheit und Zusammenarbeit in Europa (KSZE).
	1989/90	Fall der Berliner Mauer; friedliche Revolutionen in Osteuropa.
	3.10.1990	Wiedervereinigung Deutschlands.
	1.5.2004	Polen tritt der Europäischen Union bei.

In der Geschichtswissenschaft sind in den letzten 30 Jahren intensiv die Themen *Nationsbildung* und *Nationalismus* erforscht worden. Seit dem Beginn des 19. Jahrhundert formierten sich in zahlreichen europäischen Regionen Nationalbewegungen, die einen eigenen *Nationalstaat* anstrebten. Derartige Staaten entstanden teilweise schon seit der Mitte des 19. Jahrhunderts (Italien und das Deutsche Reich), teilweise aber auch erst nach dem Ende des Ersten Weltkrieges (zum Beispiel Polen, die Tschechoslowakei oder weitere Staaten in Ost- und in Ostmitteleuropa). Die Bildung dieser Nationalstaaten war sehr häufig von Kriegen und Gewalt begleitet. Auch war keineswegs immer eindeutig klar, wie die Grenzziehungen verlaufen sollten, weil in vielen europäischen Regionen sprachlich gemischte Bevölkerungen existierten, die keineswegs einfach einer einheitlichen „Nation" zugeordnet werden konnten. Die Zeit zwischen den Weltkriegen war außerdem durch eine tiefe Krise in vielen europäischen Gesellschaften gekennzeichnet: 1918/19 hatte sich scheinbar die Demokratie fast überall durchgesetzt, kurz vor dem Beginn des Zweiten Weltkrieges waren Demokratien in Europa selten geworden.

Einen Höhepunkt erreichte der gewalttätige Nationalismus im Zweiten Weltkrieg, wo er sich in Deutschland unter dem nationalsozialistischen Regime mit einem mörderischen Rassismus vermischte. Der Völkermord an den Juden und eine extrem brutale Besatzungspolitik in Polen und in anderen Regionen Ost- und Mitteleuropas waren die Folge. Nach dem Ende des Zweiten Weltkrieges nahmen die Siegermächte umfangreiche Umsiedlungen und Vertreibungen von ganzen Völkern vor. Nach 1945 ging der Nationalismus in Europa aber langsam zurück, auch wenn er niemals völlig verschwand. Statt abgeschotteter Nationalstaaten entstanden zunächst im Westen langsam überstaatliche Organisationen wie die Montanunion, die Europäische Wirtschaftsgemeinschaft und die Europäische Union.

Wichtige Namen
- Konrad Adenauer
- Otto von Bismarck
- Willy Brandt
- Roman Dmowski
- Giuseppe Garibaldi
- Heinrich Himmler
- Paul von Hindenburg
- Adolf Hitler
- Helmut Kohl
- Klemens Wenzel Fürst von Metternich
- Napoleon III.
- Józef Piłsudski
- Josef Stalin
- Wilhelm I.
- Wilhelm II.

Wichtige Begriffe
- Deutscher Bund
- Frankfurter Nationalversammlung
- Hambacher Fest
- Imperialismus
- Nation
- Nationalbewegung
- Nationalismus
- Reichsnationalismus
- Risorgimento
- Schlacht bei Tannenberg
- Versailler Vertrag
- Vormärz

In diesem Kapitel erwerben Sie die **Kompetenz**,
- die Herausbildung des deutschen Nationalstaates im 19. Jahrhundert zu erläutern,
- die Entwicklung des nationalen Gedankens und des Nationalstaates in Polen zu erörtern,
- die Etappen auf dem Weg zum deutschen und polnischen Nationalstaat zu vergleichen,
- den Nationalstaat als ein Konfliktfeld zu beschreiben und zu analysieren,
- das deutsch-polnische Verhältnis vom 19. bis zum 21. Jahrhundert zu charakterisieren.

Zur Methoden-Kompetenz siehe Seite 26 bis 28 („Historische Urteilsbildung") und Seite 57 bis 59 („Fotografie"). Zum Kompetenzerwerb im Hinblick auf „Nation – Begriff und Mythos" siehe den entsprechenden Theorie-Baustein auf Seite 60 bis 65. Über die Deutungen des deutschen Selbstverständnisses im 19. und 20. Jahrhundert informiert der Theorie-Baustein auf Seite 98 bis 103.

Nationen und Nationalstaatsbildung

▲ **Kaiserproklamation im Spiegelsaal des Versailler Schlosses.**
Ölgemälde (270 x 270 cm mit Rahmen) von Anton von Werner, 1885 (Ausschnitt).
Das Bild entstand im Auftrag des Kaisers zum 70. Geburtstag Bismarcks. Im linken Teil des Gemäldes stehen Kaiser Wilhelm I. und der Großherzog von Baden (den Arm zur Ausrufung des Kaisers erhoben), der Kronprinz, die deutschen Fürsten und die Vertreter der Hansestädte. Vor den Stufen sind Bismarck in weißer Uniform, der die Proklamation des Kaisers verliest, und Generalstabschef Helmuth von Moltke zu sehen. Bismarck trug tatsächlich eine blaue Uniform.

Nationsbildung ▪ Fast alle Historiker gehen davon aus, dass „*Nationen*" nichts Naturgegebenes sind, sondern dass sie in einer langen Geschichte entstanden sind (▶ M1 bis M3). Für die *Nationsbildung* in Europa wird häufig die folgende Chronologie angewendet. Allerdings muss dabei beachtet werden, dass in einigen Fällen diese Phasen nicht völlig klar abgrenzbar waren, sondern sich auch überlappen konnten.

• *Phase 1*: Meistens gegen Ende des 18. oder zu Beginn des 19. Jahrhunderts begannen einige wenige Intellektuelle neuartige Gemeinsamkeiten zu entdecken oder zu konstruieren. In Deutschland sammelten beispielsweise die *Brüder Grimm* deutsche Volksmärchen, um sie vor dem Vergessen zu bewahren. Diese Periode wird häufig als die „romantische" Phase der Nationsbildung bezeichnet, weil sie vorwiegend kulturell, literarisch oder volkskundlich geprägt war. Politische Folgen traten nur in Ausnahmen auf.

• *Phase 2*: In dieser Phase bildeten sich Gruppen von Vorkämpfern und oft militanten Wortführern, die die „nationale Idee" proklamierten. Diese Periode verlief in Deutschland ungefähr von 1813/15 bis 1848/49, in Polen etwa von 1830/32 bis 1863 und in Italien vom Beginn des 19. Jahrhunderts bis ca. 1860/61. Hier spielte das geschichtliche Argument oft eine zentrale Rolle, weil historische Bezüge in die Vergangenheit hergestellt wurden und behauptet wurde, die Nation müsse „wiedergeboren" oder „erweckt" werden. Oft war aber unklar, was genau diese „Nation" ausmachte oder welche territorialen Grenzen sie umfassen sollte.

• *Phase 3*: In der dritten Phase wurde *Nationalismus* zu einem Massenphänomen, das alle Schichten der Gesellschaft umfasste. In Deutschland verlief diese Periode etwa von 1848/49 bis 1866/71, in Polen etwa von 1863 bis in die 1890er-Jahre. Auch die Unterschichten wie Arbeiter oder Bauern sahen sich nun zunehmend als Bestandteil einer „Nation". Der Übergang von Phase 2 zu 3 war in Europa häufig gewalttätig und von

Kriegen oder Bürgerkriegen begleitet, weil die jeweiligen Staatsgrenzen keineswegs mit denjenigen Territorien übereinstimmten, die von den jeweiligen Wortführern der Nationalisten beansprucht wurden.

• *Phase 4*: Diese Periode verlief ungefähr zwischen dem Ausbruch des Ersten und dem Ende des Zweiten Weltkrieges. Sie war gekennzeichnet durch einen extremen, sehr oft rassistischen Nationalismus, der im Falle des Deutschen Reiches bis hin zum Völkermord und zu Vernichtungskriegen ging.

• *Phase 5*: Unter Historikern ist umstritten, ob man noch eine fünfte Phase annehmen kann, die nach dem Ende des Zweiten Weltkrieges begann. Diese Periode ist dadurch gekennzeichnet, dass Nationalismus zwar nicht verschwindet, sich aber auf einem langsamen Rückzug befindet. Gründe hierfür waren die Entstehung von übernationalen Institutionen wie beispielsweise der *Europäischen Union*. Freiwillig traten Nationalstaaten Rechte an Organisationen ab, die oberhalb der jeweiligen Nationalstaaten standen. Auf diese Weise sollten internationale Konflikte vermindert werden.

Nationale Identitäten ■ Identitäten sind vielschichtige Gebilde, kein Mensch richtet sich alleine an einem Bezugssystem aus. Den einen Weg zur Nationsbildung hat es nicht gegeben, viele unterschiedliche Faktoren kamen zusammen, bis eine große Gruppe von Menschen davon überzeugt war, einer Gemeinschaft anzugehören. In der historischen Forschung werden viele unterschiedliche Dinge genannt, die bei der Entstehung von Nationen wichtig waren, und von denen im Folgenden einige aufgezählt werden. Diese können sich im Einzelfall ergänzen, aber auch ausschließen, in manchen Fällen waren sie zentral, in anderen spielten sie keine Rolle.

• *Sprache*: Sehr häufig sprechen die Mitglieder einer Nation eine gemeinsame Muttersprache. Dies unterscheidet den Nationalstaat vom *Imperium*, in dem meistens viele unterschiedliche Völker mit unterschiedlichen Sprachen zusammenleben. Allerdings gibt es hier Ausnahmen: Die Schweizer verstehen sich zwar als Nation, in der Schweiz werden aber vier unterschiedliche Muttersprachen gesprochen (Deutsch, Französisch, Italienisch und Rätoromanisch).

• *Kultur*: Oft beziehen sich Nationen auf eine wirkliche oder vermeintliche gemeinsame Kultur. In der Praxis ist aber oft nur schwer zu definieren, was diese Kultur ausmacht oder wie sie definiert werden kann.

• *Herkunft (Ethnie)*: Vor allem in der dritten und vierten Phase der Nationsbildung spielt häufig „Ethnie" eine wichtige Rolle. Nationalisten behaupten, dass alle „Deutschen" eine gemeinsame Abstammung hätten, die sie von anderen Völkern grundsätzlich unterscheidet. Diese Auffassung geht oft Hand in Hand mit der Entstehung eines gewaltbereiten Rassismus.

• *Bürgerschaft*: Sobald ein Nationalstaat entstanden ist, muss definiert werden, wer dazugehört und vor allem wer kein Bürger ist. In Frankreich kann beispielsweise theoretisch jeder Ausländer Franzose werden, wenn er die französische Sprache spricht und sich zur französischen Kultur bekennt. Im Deutschen Reich wurde 1913 festgelegt, dass – mit Ausnahmen – nur diejenige Person ein Deutscher ist, die einen deutschen Vater hat. Dieses „Blutrecht" wurde erst in den 1990er-Jahren reformiert.

• *Gemeinsame Geschichte*: Geschichte spielt für die Nationsbildung eine extrem wichtige Rolle. Häufig wird eine Art von Gründungsmythos konstruiert, manchmal können dies aber auch mehrere Ereignisse sein. In der deutschen Nationalbewegung wurde beispielsweise der Germanenfürst *Arminius* bzw. *Hermann der Cherusker*, der im Jahre 9 n. Chr. die Römer im Teutoburger Wald geschlagen hatte, zu einer Art „Gründungsvater" ernannt.

▲ **„Yes Scotland"-Kampagne.** *Foto vom September 2014, George Square in Glasgow. 2014 stimmten die Schotten in einem Referendum über ihre Unabhängigkeit von Großbritannien ab. Dieses Referendum scheiterte überraschend eindeutig.*

■ ✚ *Informieren Sie sich im Internet über das Referendum. Entwickeln Sie anschließend in Partnerarbeit Argumente für und gegen eine Abspaltung von Großbritannien. Berücksichtigen Sie bei Ihrer Argumentation auch einige der Punkte, die im Abschnitt „Nationale Identitäten" aufgeführt sind.*

- *Religion*: Religion kann eine Bedeutung für die Nationsbildung haben. In Deutschland war Religion weniger wichtig, weil hier stets Protestanten und Katholiken – oft konfliktreich – miteinander gelebt hatten, Religion hatte hier eher einen spaltenden Charakter. Im polnischen Fall ist Religion wichtiger als im deutschen, weil sehr viele polnische Nationalisten der Meinung waren, dass nur Katholiken wirkliche Polen sein können.

- *Territorium*: Die Entstehung von Vorstellungen einer „Nation" ist zwar unabhängig von einem bestimmten Territorium, aber unweigerlich wird irgendwann die Frage aufgeworfen, wie die Grenzen des bestehenden oder angestrebten Staates gezogen werden sollen. Fast immer traten hier Konflikte auf, auch weil stets Gebiete bestanden, die „gemischt" besiedelt waren, das heißt in denen Menschen mit unterschiedlichen Muttersprachen, Religionen oder Abstammungen lebten.

- *Gemeinsame Normen und Werte*: Nationen beziehen sich häufig auf gemeinsame Werte. Beispielsweise spielten und spielen bei vielen Franzosen die sogenannten Werte der *Französischen Revolution* (Freiheit, Gleichheit, Brüderlichkeit) eine sehr wichtige Rolle für die nationale Identifikation.

Nationale Symbole ■ Symbole spielten bei der Nationsbildung eine zentrale Rolle. Den Grund hierfür kann man leicht verstehen, wenn man die Begriffe „Zeichen" und „Symbol" vergleicht. Ein Zeichen muss eindeutig sein, ein Symbol sollte dies gerade nicht sein. Bei einem Verkehrszeichen wie dem Stoppschild weiß jeder Verkehrsteilnehmer, dass er hier anhalten muss, es gibt also keinen Interpretationsspielraum. Bei einem Symbol ist das Gegenteil der Fall: Hier muss – wenn das Symbol „funktionieren" soll – gerade besonders viel Interpretationsspielraum vorhanden sein. Wenn beispielsweise ein großer Demonstrationszug hinter der „nationalen" (deutschen) Fahne herzieht, können wir davon ausgehen, dass die einzelnen Teilnehmer sehr unterschiedliche Assoziationen und Gefühle mit dieser Fahne verbinden. Der eine denkt vielleicht mit Stolz und Patriotismus an seine Heimat, respektiert aber auch andere Nationalitäten, ein anderer „Nationalist" ist der Meinung, dass die „deutsche" Nation allen anderen überlegen sei. Ein weiterer geht nur deshalb mit, weil er seinem Nachbarn einen Gefallen tun möchte, ein vierter hat gerade nichts Besseres zu tun und ein fünfter verehrt die Fahne, weil sie für ihn Rechtsstaatlichkeit garantiert. Gerade weil das Symbol offen und mehrdeutig ist, kann es sehr unterschiedliche Vorstellungen vereinen bzw. können verschiedene Meinungen auf das Symbol projiziert werden.

■ *Recherchieren Sie im Internet nach nationalen Symbolen verschiedener Länder wie zum Beispiel Frankreich, Polen oder Russland. Vergleichen Sie die ausgewählten Beispiele in Form einer Tabelle hinsichtlich Entstehungszeit, Künstler, Auftraggeber und Aussageabsicht miteinander.*

M1 Sind Nationen naturgegeben?

Der britische Historiker Eric Hobsbawm (1917-2012) schreibt im Jahre 1991 zum Thema „Nation":

Wie die meisten ernsthaften Forscher betrachte ich die „Nation" nicht als eine ursprüngliche oder unveränderliche soziale Einheit. Sie gehört ausschließlich einer bestimmten historisch jungen Epoche an. Sie ist eine gesellschaftliche
5 Einheit nur insofern, als sie sich auf eine bestimmte Form des modernen Territorialstaates bezieht, auf den „Nationalstaat", und es ist sinnlos, von Nation und Nationalität zu sprechen, wenn diese Beziehung nicht mitgemeint ist. Dass Nationen als eine natürliche, gottgegebene Art der Klassifizierung von
10 Menschen gelten – als ein [...] politisches Geschick –, ist ein Mythos. [...] Kurz, aus Gründen der Analyse kommt der Nationalismus vor der Nation. Nicht die Nationen sind es, die Staaten und Nationalismen hervorbringen, sondern umgekehrt. [...] [Nationen sind] Doppelphänomene, im Wesentli-
15 chen zwar von oben konstruiert, doch nicht richtig zu verstehen, wenn sie nicht auch von unten analysiert werden, das heißt vor dem Hintergrund der Annahmen, Hoffnungen, Bedürfnisse, Sehnsüchte und Interessen der kleinen Leute, die nicht unbedingt national und noch weniger nationalis-
20 tisch sind.
Dieser Blick auf die Nation von unten – das heißt nicht aus dem Blickwinkel der Regierungen und der Wortführer und Aktivisten nationalistischer (oder nicht-nationalistischer) Bewegungen, sondern aus der Sicht normaler Menschen [...] ist
25 überaus schwer zu rekonstruieren. [...] Vieles liegt noch im Ungewissen, aber über drei Dinge gibt es keinen Zweifel. Erstens bieten offizielle Ideologien keine Anhaltspunkte für das, was in den Köpfen selbst ihrer loyalsten Bürger oder Anhänger vorgeht. Zweitens haben wir insbesondere keinen
30 Grund zu der Annahme, dass für die meisten Menschen die Identifikation mit der Nation – sofern sie existiert – alle anderen Identifikationen, die ein gesellschaftliches Wissen ausmachen, ausschließt oder ihnen immer oder überhaupt überlegen ist. [...] Drittens kann eine nationale Identifikation samt
35 allen ihren Weiterungen sich im Lauf der Zeit, ja selbst innerhalb sehr kurzer Perioden verändern und verlagern.

Eric Hobsbawm, Nationen und Nationalismus, Frankfurt am Main 1991, S. 20ff. (übersetzt von Udo Rennert)

1. *Fassen Sie mit eigenen Worten die zentralen Thesen des Textes stichwortartig zusammen.*
2. *Erläutern Sie, warum Hobsbawm „Nationen" nicht als „ursprüngliche" soziale Einheit sieht.*
3. *Erörtern Sie, welche Sicht „normale Menschen" auf eine Nation haben könnten.*

▲ **„Statue of Liberty."**
Foto nach 2000.
Die Freiheitsstatue steht an der Hafeneinfahrt von New York. Sie wurde 1886 fertiggestellt und war ein Geschenk Frankreichs an die USA.
■ ✚ *Informieren Sie sich im Internet und/oder in Fachbüchern über die beiden nationalen Symbole für die USA und für das Deutsche Kaiserreich (siehe dazu die Abbildung auf Seite 10). Setzen Sie anschließend die beiden Beispiele in Beziehung zueinander und erläutern Sie die Botschaften, die hier transportiert werden. Gehen Sie dabei auf die Frage ein, welche Vorstellungen, Bedürfnisse oder Wünsche geweckt bzw. befriedigt werden.*

M2 Die Nation als „vorgestellte" Gemeinschaft

Der amerikanische Politikwissenschaftler Benedict Anderson (1936-2015) vermerkt in seinem 1983 erschienenen Buch „Imagined Communities" (dt. Titel: „Die Erfindung der Nation"):

Nationalismustheoretiker sind oft von drei Paradoxa irritiert: 1. Der objektiven Neuheit von Nationen aus dem Blickwinkel des Historikers steht das subjektive Alter in den Augen der Nationalisten gegenüber. 2. Der formalen Universalität von Nationalität als sozio-kulturellem Begriff – in der modernen 5

Welt kann, sollte und wird jeder eine Nationalität „haben", so wie man ein Geschlecht „hat" – steht die marginale Besonderheit ihrer jeweiligen Ausprägungen gegenüber, wie zum Beispiel die definierte Einzigartigkeit der Nationalität „Grie-

10 chisch". 3. Der „politischen" Macht des Nationalismus steht seine philosophische Armut oder gar Widersprüchlichkeit gegenüber. Mit anderen Worten: Anders als andere Ismen hat der Nationalismus nie große Denker hervorgebracht – keinen Hobbes, keinen Marx und keinen Weber. [...]

15 [Die Nation] ist eine vorgestellte politische Gemeinschaft – vorgestellt als begrenzt und souverän. Vorgestellt ist sie deswegen, weil die Mitglieder selbst der kleinsten Nation die meisten anderen niemals kennen, ihnen begegnen oder auch nur von ihnen hören werden, aber im Kopf eines jeden die

20 Vorstellung ihrer Gemeinschaft existiert. [...] Die Nation wird als begrenzt vorgestellt, weil selbst die größte von ihnen mit vielleicht einer Milliarde Menschen in genau bestimmten, wenn auch variablen Grenzen lebt, jenseits derer andere Nationen liegen. Keine Nation setzt sich mit der Menschheit

25 gleich. Selbst die glühendsten Nationalisten träumen nicht von dem Tag, da alle Mitglieder der menschlichen Rasse ihrer Nation angehören werden – anders als es in vergangenen Zeiten den Christen möglich war, von einem ganz und gar „christlichen" Planeten zu träumen.

30 Schließlich wird die Nation als Gemeinschaft vorgestellt, weil sie, unabhängig von realer Ungleichheit und Ausbeutung, als „kameradschaftlicher" Verbund von Gleichen verstanden wird. Es war diese Brüderlichkeit, die es in den letzten zwei Jahrhunderten möglich gemacht hat, dass Millionen von

35 Menschen für so begrenzte Vorstellungen weniger getötet haben als vielmehr bereitwillig gestorben sind. Dieses Sterben konfrontiert uns mit dem zentralen Problem, vor das uns der Nationalismus stellt: Wie kommt es, dass die kümmerlichen Einbildungen der jüngeren Geschichte (von kaum mehr

40 als zwei Jahrhunderten) so ungeheure Blutopfer gefordert haben? Ich bin der Überzeugung, dass die Antwort in den kulturellen Wurzeln des Nationalismus liegt.

Benedict Anderson, Die Erfindung der Nation, Frankfurt am Main 1996, S. 14 - 17 (übersetzt von Benedikt Burkard)

1. *Geben Sie die zentralen Thesen von Anderson wieder.*
2. *Arbeiten Sie heraus, was Anderson unter einer „vorgestellten" Gemeinschaft versteht.*

M3 Loyalitäten und Nationalismus

Der deutsche Historiker Hans-Ulrich Wehler[1] (1931 - 2014) äußert sich zur Entstehung des Nationalismus wie folgt:

Immer schon hat es Loyalitätsbindungen gegeben, welche Menschen an größere Herrschafts- und Solidarverbände gebunden haben. Ihr Bezugspunkt konnte der Familienclan oder die Klientel sein, ein Stamm oder eine Fürstendynastie, eine antike Polis oder später eine okzidentale Stadt, eine [5] Religion oder eine Region. Ein solches Loyalitäts- und Zugehörigkeitsgefühl kann als sozialpsychische, geradezu als anthropologische Konstante gelten. Es hebt das Selbstwertbewusstsein und stärkt das Identitätsgefühl, wenn mit dem Solidarverband, dem man angehört, außer Schutz und Hilfe [10] auch Ansehen und Geltung verbunden sind.

Solche älteren Loyalitätsbeziehungen haben a limine[2] nicht mit dem Nationalismus zu tun. Allerdings können sie später im Rahmen dieses neuen Weltbildes zur Konstruktion einer nationalen Vergangenheit genutzt werden. Sie erodieren [15] auch selten vollständig, sondern halten sich über lange Zeitspannen hinweg als konfessionelle, großfamiliale, regionale Bindungen, die neben dem nationalen Identitätsbewusstsein weiterbestehen oder mit ihm fusionieren. [...] Da der Nationalismus eine neuartige Loyalitätsverpflichtung darstellt, [20] taucht unabweisbar die Frage nach dem spezifischen historischen Kontext und den Antriebskräften seiner Genese auf: Wann, wo, wie und vor allem warum entstand der Nationalismus? Da der Nationalismus sich anfangs seine Nation schafft, indem er bereits bestehende Herrschaftsverbände [25] umbaut, ist das die erste Frage. Daran schließt sich die zweite nach der Natur des „Rohmaterials" an, aus dem das nationale Weltbild geformt wurde.

Hans-Ulrich Wehler, Nationalismus. Geschichte, Formen, Folgen, München 2001, S. 16 f.

1. *Charakterisieren Sie den Unterschied zwischen traditionellen Loyalitätsbindungen und dem neuen Nationalismus.*
2. *Vergleichen Sie M1 bis M3 miteinander und arbeiten Sie die jeweiligen Gemeinsamkeiten und Unterschiede heraus.*

---

[1] Informationen über Hans-Ulrich Wehler finden Sie auf Seite 102.
[2] **a limine**: kurzerhand, von vornherein

Die deutsche und die polnische Nationalbewegung

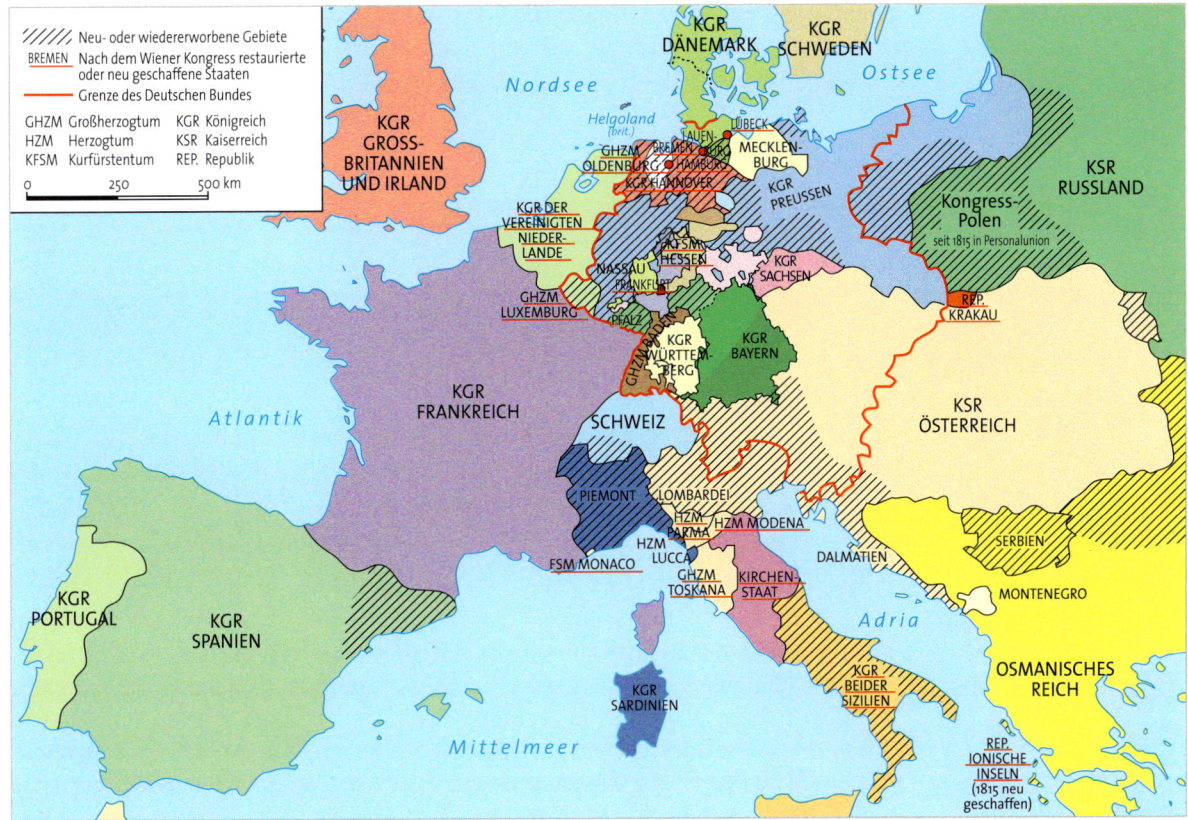

Die Anfänge der deutschen Nationalbewegung ■ Nach dem Ausbruch der Französischen Revolution von 1789 und dem Aufstieg Napoleons I. zum französischen Kaiser folgten lange Kriege, die ganz Europa in Mitleidenschaft zogen. 1803 und 1806/07 wurden große Teile der „deutschen" Gebiete entweder von französischen Truppen besetzt, oder als Satellitenstaaten im **Rheinbund** zusammengefasst. Zahlreiche kleine Fürsten wurden abgesetzt, und ihre Territorien wurden größeren Staaten angeschlossen. In Bayern und in Preußen fanden umfangreiche *Reformen* statt, mit denen die Staatsbürokratie und die gesellschaftlichen Strukturen gründlich modernisiert wurden. Zu diesem Zeitpunkt existierten kaum Vorstellungen von einer gemeinsamen „deutschen" Nation. Nachdem 1812/13 Napoleons Feldzug gegen Russland gescheitert war, begannen in Mitteleuropa die *Befreiungskriege*, die von 1813 bis 1815 verliefen.

Hierbei standen sich zwei Prinzipien gegenüber. Auf der einen Seite wollten die jeweiligen Monarchen oder Fürsten ihre Unabhängigkeit und ihre ehemalige Machtstellung zurückerhalten. Auf der anderen Seite formierten sich die Anfänge der deutschen Nationalbewegung, die nicht für die traditionellen Herrscher kämpfen, sondern ein neues und einiges Deutschland ohne die vielen kleinen und großen Machthaber aufbauen wollte. Während der Befreiungskriege blieb die Frage, wer sich durchsetzen würde, noch in der Schwebe, doch auf dem **Wiener Kongress** wurde sie 1815 eindeutig entschieden.

Abgesehen von vielen kleinen Herrschern, die bereits während der vorangegangenen Kriege quasi enteignet worden waren, setzten sich die meisten deutschen Fürsten

▲ **Europa nach dem Wiener Kongress.**

■ *Analysieren Sie anhand der Karte, in welchem Maße die europäischen Grenzen durch die Beschlüsse des Wiener Kongresses verändert wurden.*

Rheinbund: Zusammenschluss der kleineren deutschen Staaten im Jahre 1806, der aber fast vollständig von den Franzosen abhängig war. Nach der Völkerschlacht bei Leipzig löste sich der Rheinbund 1813 auf.

Wiener Kongress: 1814/15 versammelten sich die europäischen Mächte in Wien, um eine neue Friedensordnung zu beschließen, die mehrere Jahrzehnte funktionieren sollte.

Internettipp
*Für weitere Informationen
zum Wiener Kongress siehe
den Code 7317-01.*

durch, und die noch kleine nationale Bewegung ging leer aus. Die Idee, dass irgendwann ein neues und parlamentarisches Deutschland mit einer Verfassung geschaffen werden könnte, verbreitete sich jedoch langsam vor allem unter Studenten und Intellektuellen weiter und konnte nicht mehr aus der Welt geschafft werden (▸ M1). Die Idee der Demokratie, wie sie heute gebräuchlich ist, stellte zu dieser Zeit aber selbst in diesen Kreisen eine Ausnahme dar, weil der Begriff negativ benutzt und oft gleichgesetzt wurde mit der Herrschaft des „Pöbels".

▲ **Die Teilungen Polens.**

■ *Vergleichen Sie die territorialen Entwicklungen Polens in der zweiten Hälfte des 18. Jahrhunderts miteinander.*

Die polnischen Teilungen ▬ Am Ende des 18. Jahrhunderts wurde das bis dahin unabhängige Königreich Polen-Litauen in drei Schritten (1772, 1793 und 1795) zwischen Preußen, Österreich und Russland aufgeteilt. Bis dahin bestand in Polen – ähnlich wie in England – eine *Adelsrepublik*, das heißt, die mächtigen Familien wählten in regelmäßigen Abständen ein Parlament. Diese Institution war allerdings nur sehr begrenzt handlungsfähig, weil das Prinzip der Einstimmigkeit herrschte: Gesetze konnten nur beschlossen werden, wenn keine Gegenstimme vorhanden war. Diese eigenartige Struktur begünstigte die Entstehung von Korruption, weil immer wieder Abgeordnete bereit waren, ihre Stimme an den Meistbietenden – auch aus dem Ausland – zu verkaufen. Zwischen 1734 und 1763, der Regierungszeit von König *August III.*, konnte beispielsweise kein einziges Gesetz verabschiedet werden. Die sogenannte **jagiellonische Staatsidee** basierte auf einer dezentralen Struktur, und die einzelnen Regionen verfügten über erhebliche Freiheiten. Diese Adelsrepublik wurde seit der Mitte des 18. Jahrhunderts in zwei Kriegen gegen Schweden, einen mehrjährigen Krieg, in dem es um die Thronfolge ging, und in regionalen Aufständen geschwächt. Als Folge hiervon geriet Polen-Litauen in russische Abhängigkeit, und auch die anderen europäischen Staaten mischten sich zunehmend in die inneren Angelegenheiten ein. Da seit dem Ende der 1760er-Jahre einflussreiche Adlige und Politiker damit begannen, die unhaltbare Struktur des polnischen Staates zu reformieren, griffen die drei Nachbarstaaten Russland, Preußen und Österreich ein und erzwangen die Abtretung großer Grenzgebiete. Die *erste polnische Teilung* wurde umgesetzt, und Polen verlor fast ein Drittel seiner Bevölkerung.

jagiellonische Staatsidee: benannt nach dem mittelalterlichen bzw. frühneuzeitlichen Königsgeschlecht der Jagiellonen

Seit Ende der 1780er-Jahre fanden in Polen wiederum Reformen statt, und 1791 wurde eine der modernsten Verfassungen Europas verabschiedet. Diese Veränderungen riefen russischen Widerstand hervor, weil ein starkes, reformfähiges Polen unerwünscht war. 1792/93 intervenierten russische Truppen militärisch. Auch die preußische Regierung sah nun wieder die Möglichkeit, Gewinne zu machen, und die *zweite Teilung* wurde durchgesetzt. Da diese Maßnahme diesmal auf starken Widerstand in der polnischen Bevölkerung stieß, entschlossen sich die drei Teilungsmächte, Polen ganz von der Landkarte zu tilgen, und sie besetzten 1795 in der *dritten Teilung* auch den Rest des Landes (▸ M2 und M3).

Während der napoleonischen Kriege wurde kurzzeitig zwischen 1807 und 1815 ein kleines *Herzogtum Warschau* geschaffen, das allerdings vollständig von Napoleon abhängig war. Nach der französischen Niederlage wurden die Territorien erneut zum Objekt der Großmächte. Auf dem Wiener Kongress wurden die Teilungen mit etwas anderen Grenzziehungen wiederhergestellt. Allerdings bestanden gewisse Freiheiten bis zum polnischen Aufstand von 1830/31[1]: Es gab im russischen Teil ein gewähltes Adelsparlament, das regionale Befugnisse ausübte; ferner bestand eine Verfassung, eine kleine polnische Armee und ein eigenständiges Schul- und Gerichtswesen.

Restauration nach dem Wiener Kongress ◼ Die Fürsten, Könige und der Adel in den deutschen Staaten waren sich nach dem Wiener Kongress darüber im Klaren, dass die Verbreitung nicht nur von liberalen und sogar demokratischen, sondern auch von nationalen Vorstellungen ihre Herrschaft gefährden würde. Sie reagierten auf mehreren Ebenen: Erstens schlossen 1815 Österreich, Preußen und Russland die *Heilige Allianz*, der später viele weitere europäische Staaten beitraten. Auf der Basis des Christentums sollte der Frieden in Europa gesichert werden. Unter maßgeblicher Führung des österreichischen Staatskanzlers **Fürst von Metternich** wurden diese Verträge besonders gegen die Liberalen und gegen die jeweiligen Nationalbewegungen eingesetzt. 1818 wurden weitere Maßnahmen zur Unterdrückung dieser politischen Strömungen beschlossen. Zudem einigten sich im August 1819 in den *Karlsbader Beschlüssen* die zahlreichen deutschen Regierungen – wiederum unter der Führung von Metternich –, diese potenziell gefährlichen Bewegungen massiv zu verfolgen. In den folgenden Jahren wurden zahlreiche politische Gruppierungen verboten, eine scharfe Zensur der Presse und der meisten weiteren Druckwerke eingeführt, und häufig wurden Oppositionelle verhaftet oder ins Exil getrieben. Auch wurden die Universitäten, die als Brutstätten liberaler und nationaler Ideen galten, scharf überwacht. Gegen einige Professoren, die als zu liberal oder national galten, wurden Berufsverbote ausgesprochen. Lediglich im wirtschaftlichen Bereich gab es einige Initiativen, Handelsschranken abzubauen und die deutschen Länder näher aneinanderzubringen. 1834 wurde der **Deutsche Zollverein** gegründet, in dem die beigetretenen Staaten auf gegenseitige Zölle verzichteten. Hierdurch entstand ein kleiner Raum des Freihandels, der sich günstig auf die bald einsetzende *Industrialisierung* auswirkte.

Unter dem Aspekt von Freiheit und Parlamentarismus wurde und wird diese Zeit der *Restauration* eindeutig negativ beurteilt. Einerseits wurde der Freiheitsdrang der Liberalen und Demokraten unterdrückt, und jede freie Meinungsäußerung wurde ausgeschlossen. Andererseits geben heute aber auch einige Historiker zu bedenken, dass nach den verheerenden napoleonischen Kriegen, in denen Millionen Menschen gestorben sind, 1815 die Periode eines über 30-jährigen Friedens in Mitteleuropa begann, die 1830 nur kurz von einer neuen revolutionären Welle unterbrochen wurde. Man kann davon ausgehen, dass die Masse der Bauern, die zu diesem Zeitpunkt die eindeutige Mehrheit der Bevölkerung in allen deutschen Staaten bildete, und auch viele Bürger in den Städten diese zwar unfreie, aber immerhin friedliche Periode mit Erleichterung begrüßt haben.

Klemens Wenzel Lothar Fürst von Metternich (1773-1859): auf dem Wiener Kongress österreichischer Außenminister und in den folgenden Jahren wichtigster europäischer Politiker

Deutscher Zollverein: Binnenmarkt, dem die meisten deutschen Staaten ohne Österreich angehörten

---

[1] Zum polnischen Aufstand, auch „Novemberaufstand" genannt, siehe Seite 18 und 27.

▲ „Göttinger Sieben."
Denkmal in Hannover von
Floriano Bodini.
Im Mittelpunkt des Bronze-
denkmals steht ein sechs
Meter hohes, halb geöffnetes
Portal. Vor dem Tor stehen drei
Personen, rechts davon ein
Student, hinter dem Portal
(hier verdeckt) stehen vier wei-
tere Figuren sowie (auf dem
Pferd) König Ernst August.

■ ✚ *Informieren Sie sich im*
Internet über die „Göttinger
Sieben" und ihren Protest
gegen das Vorgehen von
König Ernst August I. von
Hannover. Entwickeln Sie auf
der Grundlage Ihrer Recher-
cheergebnisse ein Protest-
schreiben.

■ *Jutta Limbach, damalige*
Präsidentin des Bundesver-
fassungsgerichts, bezeich-
nete anlässlich der Einwei-
hung des Denkmals im März
1998 die Protestaktion der
„Göttinger Sieben" als „ers-
tes Leuchtzeichen eines
rechtsstaatlichen Verfas-
sungsdenkens". Erörtern Sie
diese Aussage.

Vormärz ■ Als *Vormärz* wird meist diejenige Periode bezeichnet, in der sich zwischen 1830 und 1848 die deutsche Nationalbewegung langsam formierte und zu einer einflussreichen politischen Kraft wurde. Der Begriff kommt dadurch zustande, dass im März 1848 in Berlin eine *Revolution* ausbrach, und alle vorrevolutionären Vorgänge in Deutschland unter diesem Namen zusammengefasst werden. Die Periode wurde im Juli 1830 mit einem erneuten Revolutionsversuch in Paris eingeleitet, der allerdings nur indirekt auf Deutschland einwirkte. Die Unruhen in Paris hatten aber erhebliche direkte Effekte in anderen europäischen Ländern wie Belgien, den Niederlanden, Portugal oder Italien. Deutlich spürbar waren die Wirkungen auch in Polen: Im November 1830 begannen Offiziere und Studenten gemeinsam einen großen Aufstand, weil das Gerücht aufkam, russische Truppen sollten gegen die Revolution in Frankreich und in Belgien eingesetzt werden, und Polen solle währenddessen unter eine Militärverwaltung gestellt werden. Dieser Aufstand blieb auf das russische Teilungsgebiet beschränkt und wurde, nachdem sich die Bewegung erheblich radikalisiert hatte, bis zum September 1831 brutal niedergeschlagen. Die Erhebung stieß in der deutschen liberalen Bewegung auf große Sympathie, und zahlreiche Hilfsvereine entstanden, die Geld sammelten oder Polen auf der Flucht unterstützten.

Auch wenn große revolutionäre Unruhen in den deutschen Territorien ausblieben, wuchs die Protestbewegung gegen die unbeliebte Herrschaft unübersehbar an. Vor allem Studenten, aber auch andere meist junge Männer, zu denen einige wenige Frauen stießen, veranstalteten gemeinsam große öffentliche Feiern und Feste, die nur schwer verboten und überwacht werden konnten, und auf denen Forderungen nach weitgehenden Reformen an die Regierungen gestellt wurden. Die herrschenden Eliten versuchten zwar, diese Bewegung zu behindern, wagten aber die offene Konfrontation meistens nicht, weil sie befürchteten, bei Anwendung von zu viel Gewalt das Gegenteil ihrer Ziele zu erreichen.

Das Hambacher Fest ■ Die wichtigste dieser Veranstaltungen war das *Hambacher Fest*, das vom 27. Mai bis zum 1. Juni 1832 in der Pfalz stattfand. Dieses Treffen stellte später für die deutsche Nationalbewegung einen zentralen Bezugspunkt dar. Unter schwarz-rot-goldenen Fahnen, die symbolisch für die Freiheit und für die nationale Einheit standen, versammelten sich zwischen 20 000 und 30 000 meist junge Menschen auf der Schlossruine von Hambach.[1] Zahlreiche Reden wurden gehalten und gemeinsam wurden Lieder gesungen. Die Teilnehmer diskutierten lebhaft darüber, mit welchen Mitteln ein einiges und liberales Deutschland erreicht werden könnte. Zentral war ferner die Forderung nach einem Verfassungsstaat. Nur eine Minderheit plädierte dafür, sofort Gewalt einzusetzen und mit einer revolutionären Erhebung zu beginnen. Die meisten Teilnehmer sahen ein, dass die Mehrheit der Bevölkerung hierbei passiv bleiben würde und dass die militärischen Mittel der Fürsten zu überwältigend waren. Dennoch verbreitete sich der nationale Gedanke weiter. Eine polnische Delegation, die an den Feiern und Diskussionen teilnahm, wurde begeistert begrüßt, und beide Seiten sicherten sich Unterstützung bei der Schaffung ihrer jeweiligen nationalen Staaten zu. Demonstrativ wurde neben der schwarz-rot-goldenen auch die weiß-rote polnische Fahne gehisst (▸ M4). Bei den Liberalen in Westeuropa löste die polnische Freiheitsbewegung Begeisterung aus, weil die „junge" Idee der Nation gegen das „alte" Konzept der imperialen Herrschaft zu stehen schien.

---

[1] Zum Hambacher Fest siehe auch die Abbildung auf Seite 8.

Die Revolution von 1848/49 und die „nationale" Frage  Als im Februar 1848 in Paris erneut eine Revolution ausbrach, zog diese sofort Wirkungen in anderen europäischen Hauptstädten nach sich. Im März 1848 begannen in Berlin schwere Barrikadenkämpfe zwischen Aufständischen, die meist aus der Handwerkerschaft und aus dem Bürgertum stammten, und regulären Truppen. Nach dem Ende der sogenannten *Märzkämpfe* musste der preußische König **Friedrich Wilhelm IV.** zugestehen, dass eine neue Ordnung entstehen würde. Er wurde gezwungen, vor den bei den Konflikten gefallenen Menschen, die als „Märzgefallene" im Schlosshof aufgebahrt worden waren, seine Mütze zu ziehen und zwei Tage später mit schwarz-rot-goldener Schärpe durch Berlin zu reiten. Er behielt allerdings zunächst die Kontrolle über die Armee, was sich im Nachhinein als ein schwerer Fehler der Revolutionäre herausstellte. Auch in Wien revoltierte das Volk, und Fürst Metternich, der von den Aufständischen als das verhasste Symbol der alten restaurativen Ordnung angesehen wurde, musste fliehen. In freien Wahlen wurde in den deutschen Staaten ein Parlament gewählt, das in Frankfurt am Main in der *Paulskirche* zusammentrat und das die Aufgabe hatte, eine Verfassung zu erarbeiten. Diese Versammlung wurde von den Liberalen dominiert, die danach strebten, die Revolution in friedliche Bahnen zu lenken und sich mit den regierenden Fürsten zu arrangieren bzw. diese in eine Verfassung einzubinden. Außerhalb des Parlaments bestand aber eine sehr viel radikalere demokratische Bewegung, die die Revolution vorantreiben und die Fürsten absetzen wollte. Innerhalb dieser Gruppe machte bald das abschätzige Wort „Professorenparlament" die Runde (▶ M5).

Nachdem die Revolution zunächst Erfolge erzielt hatte, stand sofort die „nationale" Frage im Raum. Mehrere Konzepte wurden diskutiert, die sich gegenseitig ausschlossen. Die „*kleindeutsche Lösung*" strebte einen neuen Staat an, der ohne Österreich nur die norddeutschen und einige süddeutschen Territorien unter der Führung Preußens vereinigen sollte, wobei die Frage Bayerns offen war. Die „*großdeutsche Lösung*" umfasste alle Territorien, die innerhalb des **Deutschen Bundes** lagen. Allerdings bestand hier das Problem, dass dann auch zahlreiche nichtdeutsche Völker, wie beispielsweise Tschechen, innerhalb dieses neuen Staates gelebt hätten. Ferner warf die großdeutsche Lösung die Frage auf, was mit denjenigen Territorien geschehen solle, die außerhalb des bisherigen Deutschen Bundes lagen, aber beispielsweise zu Preußen oder zu Österreich gehörten. Eine dritte mögliche Lösung, die allerdings nur wenig diskutiert wurde, hätte deshalb in einer Art von imperialer *Föderation* bestehen können, bei der unklar gewesen wäre, ob Preußen oder Österreich die Vormacht in Mitteleuropa gehabt hätten.

Alle diese Kontroversen führten zu keinen konkreten oder politisch umsetzbaren Ergebnissen, weil sich bereits Ende 1848 die Kräfte der Gegenrevolution neu gruppierten. Entscheidend war, dass sowohl in Österreich als auch in Preußen die Armeen in der Hand der jeweiligen Regierungen geblieben waren und nun zunehmend gegen die revolutionären Bewegungen eingesetzt wurden. Bereits im Oktober schlugen Truppen nach Kämpfen, die fast vier Wochen dauerten, in Wien einen erneuten Aufstand nieder, und Anfang des nächsten Jahres griffen sie militärisch in Italien ein. Am 3. April 1849 lehnte König Friedrich Wilhelm IV. die Kaiserkrone ab, die ihm von der Nationalversammlung angeboten worden war. Stattdessen wurde die Versammlung in der Paulskirche von der Armee einfach aufgelöst. Seit Anfang Mai gingen preußische Truppen systematisch gegen die revolutionäre Bewegung in Sachsen, Württemberg und vor allem in Baden vor, wo sich die Hochburg der süddeutschen Demokraten befand. Am 23. Juli kapitulierte schließlich Rastatt, die letzte Bastion der Freiheitskämpfer, und damit war die Revolution offiziell beendet (▶ M6).

▲ **Straßenkämpfe in Berlin.**
Die Lithografie (32,6 x 37,8 cm) aus der von Gustav Kühn in Neuruppin 1848 verlegten Bilderzeitung zum Thema „Das merkwürdige Jahr 1848" zeigt kämpfende Bürger und Soldaten in Berlin am 18./19. März.

Friedrich Wilhelm IV. (1795-1861): preußischer König seit 1840, trat 1858 aus gesundheitlichen Gründen von seiner Regentschaft zurück

Deutscher Bund: Er bestand von 1815 bis 1866 und war ein lockerer Staatenbund, dem die meisten deutschsprachigen Territorien angehörten. Seine Grenzen waren allerdings nicht identisch mit den Staatsgrenzen, beispielsweise gehörten die östlichen Teile Preußens und viele der nichtdeutschsprachigen Teile Österreichs nicht zum Bund. Einige Gebiete, die – wie Schleswig und Holstein – von ausländischen Herrschern regiert wurden, gehörten hingegen dazu. Ziel des Bundes war es, die innere und äußere Sicherheit der Mitgliedstaaten zu gewährleisten.

Internettipp
Informationen zu den Ursachen, dem Verlauf und den Folgen der Revolution von 1848/49 finden Sie unter dem Code 7317-02.

1848 und das polnische Problem ■ In den polnischen Teilungsgebieten schwelten seit 1846 erneut Unruhen, die vor allem vom polnischen Landadel ausgingen. Im Zusammenhang mit dem Beginn der 1848er-Revolution wurde in der mehrheitlich polnisch-sprachigen Provinz *Posen* die Unabhängigkeit gefordert, und es wurden auch Truppen aufgestellt. Bereits im Mai 1848 unterdrückte die preußische Armee aber diese Aufstandsbewegung.

Diese Vorgänge stellten für die deutschen Liberalen eine große Herausforderung dar, weil sie sich zwischen den Prinzipien der Freiheit und der nationalen Selbstbestimmung entscheiden mussten. Hatten beim Hambacher Fest noch beide nationalen Bewegungen Seite an Seite agiert, änderte sich die deutsche Haltung nun schnell. Dafür war auch verantwortlich, dass die in der Provinz Posen lebende deutschsprachige Minderheit die Etablierung eines neuen polnischen Staates ablehnte, auch wenn dieser innerhalb des Deutschen Bundes geblieben wäre. Immerhin war die Versammlung in der Paulskirche zunächst bereit, die Schaffung eines polnischen Staates – ausgehend von der Provinz Posen – dort zuzulassen, wo eindeutig Polen in der Mehrheit waren. In der sogenannten *„Polendebatte"* im Juli 1848 wurde aber deutlich, dass sehr viele deutsche Liberale ein unabhängiges Polen nun vehement ablehnten, wenn dadurch preußische Gebiete verloren würden. Nur wenige Demokraten, die meist auf der Seite der Linken standen, unterstützten die polnischen Wünsche.

In den folgenden Jahren setzte sich bei denjenigen Polen, die auf preußischem Territorium lebten, langsam die Überzeugung durch, dass militärischer Widerstand oder weitere Aufstände sinnlos sein würde. Sie erkannten, dass sie deshalb besser innerhalb der bestehenden Institutionen mitarbeiten sollten, um auf diese Weise die eigenen Interessen wahrzunehmen.

Eine gescheiterte Revolution in Deutschland? ■ Vordergründig ist die Revolution von 1848/49 in Deutschland gescheitert, weil sie militärisch niedergeschlagen wurde. Einige Revolutionäre wurden hingerichtet oder eingekerkert, viele flohen ins Ausland oder wanderten in die USA aus, wo sie schnell und erfolgreich wieder politisch aktiv wurden und beim Aufbau eines demokratischen Staates halfen. Wenn man allerdings die folgenden zwei Jahrzehnte betrachtet, kann man nicht einfach von einer Rückkehr zu den Verhältnissen von vor 1848 sprechen. Der preußische Staat setzte beispielsweise vorsichtig und behutsam einige Reformen um, die auf den Forderungen der liberalen Bewegung basierten. Das preußische Abgeordnetenhaus, das Ende 1848 eingeführt worden war, hatte nur wenige Befugnisse: Vor allem musste es dem preußischen Staatsbudget zustimmen und es hatte das Recht, Gesetze vorzuschlagen. Es wurde nach dem Drei-Klassen Wahlrecht gewählt, das sich am Besitz orientierte und damit die Konservativen und das reiche liberale Bürgertum stark begünstigte. Aber immerhin blieb in Preußen ein Parlament bestehen. 1849/50 verkündete der König von Preußen eine Verfassung, die allerdings die Rechte der Krone kaum einschränkte. Ferner bildeten sich in den 1850er-Jahren politische Parteien, die durchaus in offener Opposition zu den jeweiligen Regierungen stehen konnten. Auch die Konservativen formierten sich neu und schufen sich einen umfangreichen und effektiven Parteiapparat. Weitere Umgestaltungen betrafen die Wirtschaft. Durch eine Reihe von Maßnahmen wurden Firmengründungen erleichtert, und trotz einer kurzen Wirtschaftskrise in den 1850er-Jahren ging die Industrialisierung in vielen Teilen Preußens schnell voran. Mit staatlicher Unterstützung wurde der Eisenbahnbau vorangetrieben, und im Ruhrgebiet entstand aus bescheidenen Anfängen innerhalb von wenigen Jahrzehnten eine der größten Industrieregionen Europas. Schließlich stand seit den frühen 1860er-Jahren auch wieder die nationale Frage ganz oben auf der politischen Tagesordnung. Diese wurde auch dadurch aktueller als zuvor, weil in Italien die kriegerische Einigung des Staates begonnen hatte.[1]

Der polnische Aufstand von 1863 1863 brach im russischen Teilungsgebiet erneut ein großer polnischer Aufstand aus. Träger des „nationalen" Gedankens waren vor allem Adlige und einige Intellektuelle, die Mehrheit der Bauern verhielt sich wie schon zuvor weitgehend passiv, und die Aufstandsbewegungen blieben räumlich auf die russischen Territorien begrenzt. Die Ursachen beruhten vor allem darauf, dass die zaristische Regierung zwar in den 1850er-Jahren einige Lockerungen zugelassen und innenpolitische Zugeständnisse gemacht hatte, diese aber in Teilen der polnischsprachigen Bevölkerung als unzureichend angesehen worden waren. Proteste, bei denen sich der Wunsch nach weitergehenden Freiheitsrechten ausdrückte, waren zudem scharf unterdrückt worden. Russische Truppen hatten eine friedliche Demonstration in Warschau zusammengeschossen, wobei mehr als 100 Menschen starben. Allerdings wurde der Aufstand von 1863 nur schlecht vorbereitet und die Rebellen verfügten über viel zu wenige Waffen. Auch gelang es ihnen nicht, die Hauptstadt Warschau zu besetzen, sodass ihnen ein logistisches Zentrum fehlte. Immerhin konnten die Rebellen sich aber etwa 15 Monate halten, und erst im Frühjahr 1864 brach der Aufstand zusammen, auch wenn einzelne Einheiten noch fortfuhren, einen Partisanenkrieg zu kämpfen.

Die russischen Reaktionen waren erneut sehr hart. Über 400 Aufständische wurden hingerichtet und über 20 000 nach Sibirien deportiert. Auch wurde das zuvor relativ gut ausgebaute Schulsystem ausgedünnt. Der Gebrauch der polnischen Sprache in der Schule wurde grundsätzlich verboten und in einigen Regionen stieg die Zahl der Analphabeten auf bis zu 70 Prozent an. Viele tausend polnische Intellektuelle, ehemalige Soldaten und Politiker flohen nach Westeuropa oder in die USA, wo sie einflussreiche Netzwerke formierten. Dieser und die vorangegangenen Aufstände stellten später für die polnische Nationalbewegung einen wichtigen Bezugsrahmen dar. Beispielsweise komponierte der berühmte Pianist, Komponist und Politiker Ignacy Jan Paderewski 1909 eine Symphonie (h-moll, op. 24), die den Beinamen „Polonia" erhielt und die dem Nationalaufstand von 1863 gewidmet war. In diesem Werk wurde musikalisch mehrfach das sogenannte „Lied der Legionen" zitiert, das später unter dem Titel „Noch ist Polen nicht verloren" zur polnischen Nationalhymne[2] wurde.

1. *Versetzen Sie sich mit einem Mitschüler in die Rolle eines Bauern, der vor 1815 über 16 Jahre Krieg erlebt hat, und eines liberalen Demokraten. Führen Sie ein Streitgespräch über die Frage „Was ist besser: Freiheit oder Frieden?".*

2. *Schreiben Sie einen Redebeitrag aus der Sicht eines Abgeordneten der Frankfurter Nationalversammlung, der entweder für oder gegen die Wiederherstellung eines selbstständigen Polen ist. Lesen Sie zur „Polendebatte" nochmals die Darstellung auf Seite 20 und informieren Sie sich auch im Internet über das Thema.*

3. *Recherchieren Sie zu den historischen Ereignissen des 18. März, des 3. Oktober und des 9. November im Internet. Erörtern Sie anschließend die Frage, welcher dieser Tage der geeignetste nationale Gedenktag wäre.*

---

[1] Zur italienischen Einigungsbewegung siehe Seite 29 f.
[2] Vergleichen Sie hierzu M2 auf Seite 22 f.

M1 „Des Deutschen Vaterland"

1813 verfasst der deutsche Schriftsteller und Historiker Ernst Moritz Arndt während der Befreiungskriege gegen die napoleonische Herrschaft das folgende Lied, das 1814 zum ersten Mal aufgeführt wird, zunächst aber recht erfolglos bleibt. In den 1820er- und 30er-Jahren wird es in der liberalen Nationalbewegung populär und häufig gesungen.

Was ist des Deutschen Vaterland?
Ist's Preußenland, ist's Schwabenland?
Ist's, wo am Rhein die Rebe blüht?
Ist's, wo am Belt die Möwe zieht?
5 O nein! nein! nein!
Sein Vaterland muss größer sein.

Was ist des Deutschen Vaterland?
Ist's Bayerland, ist's Steierland?
Ist's, wo des Marsen Rind sich streckt?
10 Ist's, wo der Märker Eisen reckt?
O nein! nein! nein!
Sein Vaterland muss größer sein.

Was ist des Deutschen Vaterland?
Ist's Pommerland, Westfalenland?
15 Ist's, wo der Sand der Dünen weht?
Ist's, wo die Donau brausend geht?
O nein! nein! nein!
Sein Vaterland muss größer sein.

Was ist des Deutschen Vaterland?
20 So nenne mir das große Land!
Ist's Land der Schweizer? ist's Tirol?
Das Land und Volk gefiel mir wohl;
Doch nein! nein! nein!
Sein Vaterland muss größer sein.

25 Was ist des Deutschen Vaterland?
So nenne mir das große Land!
Gewiss es ist das Österreich,
An Ehren und an Siegen reich?
O nein! nein! nein!
30 Sein Vaterland muss größer sein.

Was ist des Deutschen Vaterland?
So nenne mir das große Land!
So weit die deutsche Zunge klingt
Und Gott im Himmel Lieder singt,
35 Das soll es sein!
Das, wackrer Deutscher, nenne dein!

Das ist des Deutschen Vaterland,
Wo Eide schwört der Druck der Hand,

Wo Treue hell vom Auge blitzt,
40 Und Liebe warm im Herzen sitzt –
Das soll es sein!
Das, wackrer Deutscher, nenne dein!

Das ist des Deutschen Vaterland,
Wo Zorn vertilgt den welschen Tand,
45 Wo jeder Franzmann heißet Feind,
Wo jeder Deutsche heißet Freund –
Das soll es sein!
Das ganze Deutschland soll es sein!

Das ganze Deutschland soll es sein!
50 O Gott vom Himmel sieh darein
Und gib uns rechten deutschen Mut,
Dass wir es lieben treu und gut.
Das soll es sein!
Das ganze Deutschland soll es sein!

Nach: http://gutenberg.spiegel.de/buch/gedichte-2227/58
(Zugriff: 4. Februar 2016)

1. Zeichnen Sie anhand einer Landkarte diejenigen Territorien ein, die der Autor unter dem „ganzen" Deutschland versteht. Vergleichen Sie anschließend Ihr Ergebnis mit der Karte Europas nach dem Wiener Kongress. Siehe dazu Seite 15.
2. Bei der Nationsbildung spielen Wertvorstellungen eine zentrale Rolle. Charakterisieren Sie die Eigenschaften, die ein guter Deutscher nach Arndts Auffassung haben sollte.
3. Arbeiten Sie aus dem Lied die beiden Elemente heraus, die laut Arndt alle deutschen Territorien miteinander verbindet.

M2 Die polnische Nationalhymne

Die heutige Nationalhymne Polens geht auf ein Lied zurück, das der polnische Politiker und Schriftsteller Józef Wybicki 1797 im italienischen Exil komponiert hat. Das Lied wird später in der Nationalbewegung sehr populär und bei Aufständen gerne gesungen.

Noch ist Polen nicht verloren,
so lange wir leben.
Was uns fremde Übermacht nahm,
werden wir uns mit dem Säbel zurückholen.

5 Marsch, marsch, Dąbrowski,
Von der italienischen Erde nach Polen.
Unter deiner Führung
vereinen wir uns mit der Nation

Wir werden Weichsel und Warthe durchschreiten,
10 wir werden Polen sein.
Bonaparte[1] gab uns ein Beispiel
wie wir zu siegen haben.

Marsch, marsch Dąbrowski ...

Wie Czarniecki[2] bis nach Posen
15 nach der schwedischen Besetzung,
Zur Rettung des Vaterlands
kehren wir übers Meer zurück.

Marsch, marsch, Dąbrowski ...

Da spricht schon ein Vater zu seiner Basia[3]
20 weinend:
„Hör nur, es heißt, dass die Unseren
Die Kesselpauken schlagen."

Marsch, marsch, Dąbrowski ...

Nach: Nationalhymnen. Texte und Melodien, Stuttgart 1982, S. 132

1. *Informieren Sie sich im Internet über den mehrfach im Lied genannten „Dąbrowski". Verfassen Sie anschließend ein kurzes Porträt über ihn. Arbeiten Sie darin auch seine Bedeutung in der polnischen Geschichte heraus.*

2. *Recherchieren Sie im Internet über die deutsche Nationalhymne. Vergleichen Sie diese anschließend mit der polnischen Hymne unter folgenden Gesichtspunkten: Verfasser, Entstehungszeit und -ort. Berücksichtigen Sie ebenso den historischen Kontext: Welche Personen oder welche Ereignisse behandeln die Texte?*

3. *Erörtern Sie die Funktion, die Nationalhymnen für eine nationale Bewegung haben. Diskutieren Sie, ob diese Funktion von der polnischen Hymne erfüllt wird.*

M3 „Auferstehung des polnischen Volkes"

Der aus dem Landadel stammende Adam Mickiewicz gilt als einer der wichtigsten polnischen Nationaldichter. Im Jahre 1832 schreibt er:

Schließlich kamen im götzendienerischen Europa drei Könige zur Regierung; der Name des ersten war Friedrich der Zweite von Preußen, der Name des zweiten Katharina die Zweite von

---

[1] **Bonaparte**: Gemeint ist Napoleon Bonaparte.
[2] **Stefan Czarniecki** (1599–1665): polnischer Feldherr, der durch seine Siege im schwedisch-polnischen Krieg (1655–1660) zum nationalen Helden wurde
[3] **Basia**: polnische Bezeichnung für den Vornamen Barbara

Russland, der Name des dritten Maria Theresia von Österreich. Und es war die satanische Dreifaltigkeit wider die göttliche, und sie war gleichsam ein Spott und Hohn auf alles, was heilig ist.
Friedrich, dessen Name Freund des Friedens bedeutet, sann auf Kriege und Raubzüge sein ganzes Leben lang [...].
Katharina wiederum heißt auf Griechisch die Reine, sie war aber die unzüchtigste unter allen Frauen und wie eine schamlose Venus, die sich eine reine Jungfrau nennt. [...]
Maria Theresia wiederum trug den Namen der demütigsten und unbefleckten Mutter des Erlösers, um die Demut und die Heiligkeit zu verspotten. Denn sie war eine hochmütige Teufelin und führte Krieg, um fremde Länder zu unterwerfen. [...]
Die Namen dieser drei Könige, Friedrich, Katharina und Maria Theresia, waren drei Gotteslästerungen und ihre Leben drei Verbrechen und ihr Andenken drei Verfluchungen [...].
Das polnische Volk allein aber neigte sich vor dem neuen Götzen nicht und hatte in seiner Sprache kein Wort, ihn polnisch zu benennen, ebenso wenig für seine Verehrer, die nach dem Französischen Egoisten heißen. Das polnische Volk ehrte Gott, weil es wusste, dass, wer Gott ehrt, allem, was gut ist, die Ehre gibt.
Von Anfang bis zu Ende also war das polnische Volk dem Gott seiner Vorfahren treu. Seine Könige und Ritter griffen nie irgendein gläubiges Volk an, sondern verteidigten die Christenheit vor den Heiden und den Barbaren, die die Sklaverei mit sich führten. [...]
Das polnische Volk ist nicht gestorben; sein Leib liegt im Grab und seine Seele hat die Erde, das öffentliche Leben verlassen, um hinabzusteigen zum Abgrund, das ist zum häuslichen Leben der Völker, die Knechtschaft leiden daheim und in der Ferne, um ihre Leiden zu sehen. Und am dritten Tage wird die Seele in den Leib zurückkehren, und das Volk wird auferstehen, und es wird alle Völker Europas aus der Knechtschaft befreien [...]. Und wie mit dem auferstandenen Christus die blutigen Opfer von der ganzen Erde verschwanden, so werden mit der Auferstehung des polnischen Volkes aufhören innerhalb der Christenheit die Kriege.

Nach: Enno Meyer (Hrsg.), Deutschland und Polen 1772–1914. Quellen- und Arbeitshefte zur Geschichte und Gemeinschaftskunde, Stuttgart 1966, S. 38 f.

1. *Fassen Sie stichpunktartig zusammen, wie Friedrich II. von Preußen, Katharina II. von Russland und Maria Theresia von Österreich in der Quelle charakterisiert werden.*

2. *Arbeiten Sie heraus, auf welche historische Ereignisse in dem Text anspielt werden.*

3. *Analysieren Sie die Bedeutung, die die in der Quelle verwendeten religiösen Begriffe haben.*

M4 „Es leben unsere deutschen Brüder!!"

In Paris besteht ein polnisches Nationalkomitee, das im Mai 1832 eine Adresse an die Teilnehmer des Hambacher Festes versendet. Wichtigster Vertreter ist Joachim Lelewel, der bei dem Aufstand von 1830/31 Mitglied in der polnischen Revolutionsregierung gewesen ist und nach der polnische Niederlage ins Exil flieht. In der Adresse heißt es:

Ja, groß, erhaben und edel ist das Ziel, zu dessen Erringung Ihr bei diesem der Hoffnung gewidmeten Feste die Mittel besprechen wollt. Nur in der politischen Einheit Eures Vaterlandes durch eine Verbindung der einzelnen Brüderstämme
5 können die gemeinsamen Interessen – das Gesamtwohl Eurer Nation gefördert – die innere Willkür und die äußere Gewalt abgeschafft – gesetzliche Freiheit und deutsche Nationalwürde erstrebt werden. Aber das Fortbestehen des Errungenen kann nur die Einführung der Volkssouveränität
10 verbürgen, welche der politischen Reform zur Grundlage dienen muss. Alle noch von Despoten beherrschten europäischen Völker werden ihr inbrünstiges Gebet mit dem Eurigen verbinden, dass der Ewige, der Gott der Gerechten, Euch bei Eurem Vorhaben beistehen und dessen Erringung gewähren,
15 Eure Hoffnungen und ihre Wünsche mit einem günstigen Erfolge krönen möge; denn durch die bürgerliche Emanzipation eines so großen Volkes wird der Grundstein zur Befreiung aller anderen Völker vom Sklavenjoche gelegt.
Und wenn Ihr nach Erringung der beabsichtigten Reform,
20 dem Ewigen für seinen Beistand dabei Dank zollend, das Errungene auf den Gräbern Eurer Väter [...] opfern werdet – dann gedenket auch unserer Gesetzgeber, welche schon vor 40 Jahren das von ihren Vorfahren ererbte große Prinzip der Volkssouveränität als das erste Bedürfnis für Ruhe und Si-
25 cherheit der Völker, als die erste Bedingung des Fortbestehens der Volksfreiheit in ihrem ganzen Umfange mit der Oberaufsicht über die Werkzeuge der vollstreckenden Gewalt in der von ihnen unserem Vaterlande *gegebenen* Verfassung vom Jahre 1791 verkündeten, – welche aber Märtyrer der
30 Volkssache wurden und die weitere Entwicklung des Werkes nicht erlebten, weil der auswärtige Einfluss, die untereinander verbündeten Despoten, es gleich zu untergraben versuchten und das große Prinzip im Keime erdrückten, da dasselbe außer bei uns nirgends Verteidiger gefunden hat.
35 Die Erringung dieses Prinzips und unser Vorhaben, die Wohltaten der bürgerlichen Emanzipation allen Volksklassen zuzugestehen, ist und soll unser größtes Bemühen sein, und beide sind die größten Bedingungen unserer Unabhängigkeit, nach welcher wir streben.
40 Es leben unsere deutschen Brüder!!

Nach: Enno Meyer (Hrsg.), ebd., S. 35 f.

1. *Geben Sie die wesentlichen Aussagen wieder.*
2. *Charakterisieren Sie die sprachlichen Mittel, mit denen sich das Nationalkomitee an die Teilnehmer des Hambacher Festes wendet.*
3. *In M4 wird auf die polnische Verfassung von 1791 hingewiesen. Informieren Sie sich über diese. Ordnen Sie ihre Bedeutung auf nationaler und europäischer Ebene ein.*
4. *Analysieren Sie die Gemeinsamkeiten und Unterschiede in M3 und M4. Gehen Sie dabei auch auf die Frage ein, welche Formen von Nationalismus sich in den beiden Texten widerspiegeln.*

M5 Liberalismus und Nationalismus

Der deutsche Historiker Wolfgang J. Mommsen (1930-2004) äußert sich im Jahre 1998:

Die liberale Bewegung und ebenso ihr linker Flügel, die radikale Demokratie, waren von Anbeginn eng mit der nationalen Idee verbunden. In der Zeit des Vormärz war die Idee der Kulturnation, die ihre natürliche Vollendung in einem eigenständigen, obschon gegebenenfalls föderativ gegliederten 5 Nationalstaat finden müsse, zur herrschenden Ideologie der „Bewegungspartei" geworden. Die nationale Idee einte die Intelligenz und die bürgerlichen Eliten in einem gemeinsamen Credo; die bürgerlichen Kulturwerte, insbesondere die jeweilige Nationalliteratur, dienten der Legitimierung der 10 nationalen Ideologie gegenüber den traditionellen Gewalten. Darüber hinaus erwies sich die Idee des Nationalstaats als eine ungemein zugkräftige Integrationswaffe, um die breiten Schichten der Bevölkerung schrittweise für die politischen Ziele der bürgerlichen Eliten zu gewinnen. [...] 15
Allerdings sollte die partielle Befriedigung der nationalpolitischen Ziele von den verfassungspolitischen Machtfragen ablenken und zugleich von den noch ungleich explosiveren sozialen Problemen. Es war eine der wichtigsten Auswirkungen der Revolution, dass die nationale Idee nahezu überall in 20 Europa nunmehr einen festen Rückhalt nicht allein bei den Intellektuellen und den Schichten von „Besitz und Bildung" gewonnen hatte, sondern auch bei den breiten Schichten der Bevölkerung, und dies, obschon die nationalrevolutionären Bewegungen als solche fast überall vollständig scheiterten. 25
In dieser Hinsicht war die Bilanz der Revolution von 1848/49 nichts weniger als positiv. Die polnische Nationalbewegung war vollständig zerschlagen worden; Polen war nach 1849 der repressiven Herrschaft der Teilungsmächte weit stärker ausgeliefert als zuvor; die Institutionen, die im Vormärz eine 30 gesamtpolnische Identität garantierten, waren ausgelöscht worden. [...]

Zu Teilen lässt sich das Scheitern der Neuordnung Europas aufgrund des Selbstbestimmungsrechts der Nationen darauf
35 zurückführen, dass die europäischen nationalen Bewegungen schon von Anbeginn in bittere Konflikte miteinander verstrickt wurden, statt, wie dies weitsichtigere Männer der Linken [...] gefordert hatten, gegenüber den überkommenen dynastischen Ordnungen Solidarität zu üben. Ganz im Ge-
40 genteil, überall, und namentlich in der Paulskirche, traten sogleich nationalistische Tendenzen und zuweilen gar imperialistische Begehrlichkeiten hervor, die die Achtung vor dem Eigenrecht der anderen Nationen völlig vermissen ließen. Dies erleichterte es den überkommenen Gewalten, die ein-
45 zelnen Nationalitäten und Nationen gegeneinander auszuspielen. Europa verpasste eine – genauer: die erste – große Gelegenheit, sich unter freiheitlichen Gesichtspunkten eine neue Ordnung zu geben.

Wolfgang J. Mommsen, 1848. Die ungewollte Revolution. Die revolutionären Bewegungen in Europa 1830-1849, Frankfurt am Main 1998, S. 311 ff.

1. *Fassen Sie mit eigenen Worten die Argumente zusammen, mit denen der Zusammenhang zwischen Liberalismus und Nationalismus in dem Text dargestellt wird.*
2. *Informieren Sie sich im Internet und/oder in Fachbüchern über den Begriff „Kulturnation" (siehe Zeile 4). Schreiben Sie anschließend einen kurzen Lexikonbeitrag zum Begriff.*
3. *Erörtern Sie, wie Mommsen die Perspektiven der Revolution darstellt und welche Chance seiner Meinung nach 1848/49 verspielt worden ist.*

M6 1848/49: eine gescheiterte Revolution?

Der deutsche Historiker Thomas Nipperdey (1927-1992) schreibt über die Revolution:

Es war die Spaltung der bürgerlichen Bewegung in liberalkonstitutionelle und radikale Demokraten, die zu ihrem Scheitern geführt oder doch wesentlich beigetragen hat. Denn das schwächte die Revolution gegenüber den alten
5 Mächten nachhaltig. [...] War es der Radikalismus der Radikalen, und vielleicht ihr utopischer Illusionismus, der die möglichen Chancen der Revolution vereitelt hat [...] Oder war es die Vorsicht, der obrigkeitliche konservative Traditionalismus der Liberalen, ihre Klassenangst vor Demokratie und sozialer
10 Veränderung, vor der „roten Revolution", die sie zum Kampf gegen die Linke, zur Kooperation mit den alten Gewalten oder zur Resignation getrieben hat? [...] [Die Liberalen] hatten andere Ziele als die Linken und eine andere Strategie; sie trieben eine Politik der Mitte, gegen die Linke gewiss, aber

gegen die alten Mächte, den Status quo wie die Gegenrevo- 15 lution ebenso. Sie waren keine dezidierten Revolutionäre gewesen, sondern Revolutionäre wider Willen; sie machten vor den Thronen Halt; sie wollten die Revolution beenden und in Legalität überführen; die permanente Revolution als Basis ihrer Legitimität und ihrer Macht war ihnen ein Gräuel. 20 [...] Die Liberalen wollten Dämme gegen das Chaos bauen, die Revolution begrenzen, gerade weil sie die Ziele, die sie mit der Revolution gemeinsam verfolgten, durchsetzen wollten. Man kann von den Liberalen, von den bürgerlichen Honoratioren, von den Anwälten einer Gesellschaft mittlerer Exis- 25 tenzen, von Eigentümern nicht erwarten, dass sie die sozialen und egalitären demokratischen Normen unserer Gesellschaft des 20. Jahrhunderts verfochten. [...]
Wie die Freiheit hatte auch die Einheit ihre großen Probleme. Sie stieß mit den europäischen Mächten und dem neuen 30 Nationalismus der Völker zusammen – Grenzen, Minderheiten, neue Großmachtposition [...]. Und die Einheitsforderung stieß auf den alten wie den neuen Föderalismus und Partikularismus der deutschen politischen Welt, das Gegeneinander von Einzelstaat und werdendem Gesamtstaat. Sie stieß zu- 35 dem auf das Problem des deutschen Dualismus: nationale Einheit gab es nicht ohne Österreich, nicht ohne Preußen, aber solange die als Staaten bestanden, stellte sich das Problem der Führung. Und es stellte sich das Problem, wie der deutsche Nationalstaat und der Anspruch der Nation auf 40 Einschluss der Deutschen Österreichs und die Existenz dieses übernationalen Staates zu vereinbaren wären. [...] Deutsche Einheit, deutsche Grenzen, deutsche Freiheit und ein Stück sozialer Gerechtigkeit, das waren schon vier Probleme, die gleichzeitig anstanden [...] Es ist die Vielzahl der Probleme 45 und ihrer Unlösbarkeiten gewesen, die zum Scheitern der Revolution geführt hat. Man wollte einen Staat gründen und eine Verfassung durchsetzen, beides zugleich, und das angesichts gravierender sozialer Spannungen. Auch in Frankreich, wo die Probleme einfacher waren, und auch in Italien ist die 50 Revolution gescheitert; diese Tatsachen muss jedes Urteil über die deutsche Revolution mitreflektieren.

Thomas Nipperdey, Deutsche Geschichte 1800-1866. Bürgerwelt und starker Staat, München 1998, S. 663 f. und 668 f.

1. *Fassen Sie die zentralen Argumente zusammen, mit denen Nipperdey seine Auffassung über das Scheitern der Revolution begründet.*
2. *Vergleichen Sie die Texte von Mommsen (M5) und von Nipperdey, und arbeiten Sie Gemeinsamkeiten und Unterschiede ihrer Argumentation heraus.*
3. *1848/49: eine gescheiterte Revolution? Nehmen Sie dazu Stellung.*

Hinweis: Im Buch gibt es
zahlreiche Quellen, die ein
historisches Urteil beinhalten.
Hier eine kleine Auswahl:
Siehe M1, Seite 13; M6, Seite 25;
M2, Seite 73 und M1, Seite 93.

Was ist ein historisches Urteil?

Ein historisches Urteil drückt eine begründete Position zu einem vergangenen Geschehen aus.
Dabei ist zwischen einem Sach- und einem Werturteil zu unterscheiden. Beiden Urteilen liegt
eine Sachanalyse zugrunde. Ein *Sachurteil* berücksichtigt Perspektiven, Formen, Ursachen und
Wirkungen geschichtlicher Ereignisse. Dabei kann vergangenes Geschehen (z.B. das Hambacher Fest) ebenso Gegenstand eines Sachurteils sein wie das Handeln verantwortlicher Personen (z.B. die Debatten in der Frankfurter Paulskirche 1848/49).

Historische Urteile berücksichtigen mehrere Ursachen (Multikausalität) eines Geschehens:
wirtschaftliche, soziale, rechtliche, außen- und innenpolitische und andere Zusammenhänge.
Sie beziehen auch verschiedene Sichtweisen ein (Multiperspektivität), also unterschiedliche
Interessen und Motive verschiedener Handelnder sowie Betroffener.

Sachlich begründete Analysekriterien helfen, nachprüfbare historische Sachurteile zu treffen.
Politische und wirtschaftliche Entscheidungen können zum Beispiel vor dem Hintergrund der
zeitgenössischen Entscheidungsspielräume auf ihr Zustandekommen und ihre Wirksamkeit
(Effizienz) befragt werden: Erfolgte die Entscheidung schnell? War sie politisch und gesell-
schaftlich durchsetzbar? Wurde das angestrebte Ziel erreicht? Zu hinterfragen ist auch die
Rechtmäßigkeit (Legitimität) bestimmter Handlungen: War die Entscheidung rechtlich mög-
lich? War sie nach damals gültigen Wertvorstellungen legitim? Gab es damals konkurrierende
Wertvorstellungen?

Wenn wir Ereignisse oder Handlungen nicht nur nach zeitgenössischen, sondern auch nach
heutigen Wertmaßstäben beurteilen, fällen wir *historische Werturteile*. Dabei haben wir darauf hinzuweisen, dass unser Urteil mitbestimmt ist von unserem aktuellen Verständnis von
Gerechtigkeit, Freiheit und Gleichheit der Geschlechter oder anderen in unserem Grundgesetz
festgehaltenen Grundrechten. Nur dann, wenn zwischen heutigen und früheren Wertmaßstäben deutlich unterschieden wird, können historische Urteile angemessen und einleuch-
tend sein.

Je nach Gewichtung der Argumente und dem Standpunkt des Urteilenden können die Aussagen im Ergebnis unterschiedlich ausfallen.

Operatoren*

Sachurteil

- beurteilen

Beispiel: Beurteilen Sie, in wiefern die Rede
als „Schlüsseldokument" für die „Endlösung
der Judenfrage" und den Holocaust angesehen werden kann (vgl. Seite 85).

- erörtern

Beispiel: Erörtern Sie die Bedeutung des Einflusses der Solidarność-Bewegung auf die
politische Wende von 1989 (vgl. Seite 97).

Werturteil

- Stellung nehmen

Beispiel: 1848/49: eine gescheiterte
Revolution? Nehmen Sie dazu Stellung
(vgl. Seite 25).

- erörtern

Beispiel: Erörtern Sie, warum Geschichte
als Argument für nationale Bewegungen eine derartig wichtige Rolle spielte
und immer noch spielt (vgl. Seite 64).

** Siehe dazu auch den Anforderungsbereich III bei den Hinweisen zur Bearbeitung der
Aufgaben ganz vorne im Buch.*

Gegenstand
(Ereignis, Herrschaftssystem, Handlung, Prozess bzw. Entwicklung, Kommentar etc.
in der Geschichte)

Analyse
(auch unter Anwendung geschichtswissenschaftlicher Theorien)

multiperspektivisch
■ politische Akteure (z.B. Magistrate, Feldherren)
■ wirtschaftlich Handelnde
 (z.B. Ritter oder „publicani")
■ betroffene (politische, ethnische, religiöse, soziale) Gruppen

multikausal
■ kurz-, mittel-, langfristige Ursachen und Folgen
■ Anlässe

Sachurteil (Urteilskriterien)

Effizienz
■ (politische) Durchsetzbarkeit
■ politische und wirtschaftliche Nützlichkeit
■ Schnelligkeit
■ (Ziel-)Genauigkeit der Maßnahme
■ Vermeidung unerwünschter Nebenfolgen

Legitimität
■ historisch geltendes Recht
■ Akzeptanz in historischer Gesellschaft
■ historische Wertmaßstäbe
 (z.B. Gerechtigkeitsvorstellungen)

Werturteil (Urteilskriterien)
heute geltende Grundwerte: Sicherheit, Freiheit, Gerechtigkeit, Gleichheit der Geschlechter,
Solidarität, Rechtsstaatlichkeit, Demokratie (politische Teilhabe,
Transparenz politischer Entscheidungen) etc.

Beispiel und Analyse

M „Novemberaufstand"

Der deutsche Historiker Jürgen Heyde bewertet die polnische Nationalbewegung anhand des Aufstandes von 1830/31:

Auch in Polen selbst war die gesellschaftliche Basis für den Aufstand zunächst sehr gering. Er hatte als Generationenkonflikt innerhalb der Streitkräfte begonnen, bis die liberalen Kräfte zielstrebig auf eine „Nationalisierung" der Bewegung
5 hinarbeiteten. In den ersten Tagen des Aufstandes hatten sich Vertreter der Aristokratie, des Bürgertums und auch hohe Offiziere mehrheitlich gegen die Erhebung ausgesprochen und zu Mäßigung geraten. Doch angesichts der kompromisslosen Haltung der russischen Regierung in St. Peters-
10 burg schlossen sie sich den Aufständischen an. Zentren der Aufstandsbewegung waren die großen Städte, besonders die Universitätsstädte Warschau und Wilna. [...]
In der Emigration versuchte die aristokratische Partei [...] ergebnislos, auf diplomatischem Wege Bündnisse gegen Russ-
15 land zu organisieren. Innerhalb Frankreichs gelang es [...]

hingegen, einen Lehrstuhl für Slawische Sprache und Literatur am Collège de France einzurichten, auf den 1840 Adam Mickiewicz[1] berufen wurde. Diese Professur entwickelte einen nicht zu unterschätzenden Einfluss auf die junge französische Intelligenz. Mickiewiczs Schaffen wurde in der polni-
20 schen Exilöffentlichkeit, aber auch im geteilten Polen breit rezipiert. Seine romantischen Vorstellungen von Polen als dem „Christus der Völker" fanden hier regen Anklang.
In Paris entstanden die Werke, welche für lange Zeit das Bild der polnischen Nationalbewegung prägen sollten – in der
25 Emigration ebenso wie in den polnischen Ländern.

Jürgen Heyde, Geschichte Polens, München ³2011, S. 61 und 63f.

■ *In der vorliegenden Quelle werden mehrere Sachurteile genannt. Benennen Sie einige und beurteilen Sie diese. Beziehen Sie dabei Ihre bisherigen Kenntnisse der polnischen Nationalbewegung mit ein.*

---

[1] Zu Adam Mickiewicz siehe auch M3 auf Seite 23.

Beurteilung (Sachurteil)

Jürgen Heyde geht davon aus, dass die gesellschaftliche Basis für den Aufstand zunächst sehr gering gewesen sei. Erst als die Liberalen begonnen hätten, zielstrebig auf eine „Nationalisierung" hinzuarbeiten, wären breitere Schichten der Bevölkerung bereit gewesen, sich dem Aufstand anzuschließen (vgl. Zeile 3 ff.). Dieses Sachurteil stimmt mit denjenigen Quellen und Texten überein, die bisher erarbeitet worden sind (vgl. hierzu die Seiten 18 und 24 f.). Allerdings lässt der Quellenauszug weitgehend offen, was genau unter „Nationalisierung" zu verstehen ist. Hier besteht Raum für Interpretation, weil die Begriffe Nationalismus, Nationalisierung und Nationsvorstellungen sehr unterschiedliche Bedeutungen haben können.

Heyde gibt ferner an, dass die großen Universitätsstädte Zentren des Aufstandes gewesen seien (vgl. Zeile 10 ff.). Dieses Sachurteil, das gut begründbar ist, lässt ferner darauf schließen, dass die ländliche Bevölkerung weniger als die städtische an dem Aufstand beteiligt war, also nicht so sehr von dem polnischen Nationalismus erfasst wurde. Trägerschicht der Freiheitsbewegung waren also vor allem die von Heyde angegebenen sozialen und politischen Gruppen und nicht so sehr die polnischen Bauern.

Heyde hebt als weiteres Sachurteil hervor, dass die Emigration für die Schaffung eines bestimmten nationalen polnischen Bewusstseins sehr wichtig gewesen sei (vgl. Zeile 15 ff.). Diese Auffassung ist plausibel und nachvollziehbar. Allerdings ist eine Formulierung wie „nicht zu unterschätzender Einfluss" (vgl. Zeile 19) wenig präzise. Unklar ist, wie genau dieser Einfluss einzuschätzen ist. Handelt es sich um einige wenige französische Intellektuelle oder hat fast jedes Mitglied der jungen französischen Intelligenz die Schriften von Mickiewicz gelesen? Hier wären weitere Informationen notwendig und hilfreich. Diese könnte man erhalten, wenn beispielsweise die Auflagenhöhe seiner Werke angegeben würde. Ferner könnte analysiert werden, ob in zeitgenössischen Zeitschriften oder Zeitungen Diskussionen über seine Thesen stattgefunden haben, ob seine Bücher positiv oder negativ rezensiert worden sind und in welche Sprachen sie übersetzt wurden. Ein weiterer möglicher Indikator, an dem sein Einfluss gemessen werden könnte, wäre die Zahl der Studenten, die bei ihm Slawistik studiert haben.

Ein weiteres Sachurteil stellt fest, dass in Paris Werke entstanden, die für lange Zeit das Bild der polnischen Nationalbewegung prägen sollten (vgl. Zeile 24 ff.). Auch diese Annahme ist überzeugend und stimmt überein mit denjenigen Quellen und Texten, die bekannt sind. Es wird im vorliegenden Text ferner am Beispiel des leidenden Christus angegeben (vgl. Zeile 23), wie dieses Bild ausgesehen hat. Polen als unschuldiges Opfer ist ein Motiv, das im 19. Jahrhundert von Intellektuellen gerne benutzt worden ist, und das auch in dem weitgehend katholischen Polen Verbreitung gefunden hat. Unklar ist allerdings, wie genau es den polnischen Patrioten gelungen ist, die französische Regierung zu überzeugen, eine derartige Professur in Paris einzurichten. Zur Beantwortung dieser Frage müssten weitere Quellen herangezogen werden.

Der Weg zur Reichsgründung

Die italienische Einigungsbewegung: das Risorgimento ▪ Zeitlich ging die Einigung Italiens derjenigen von Deutschland voraus, und die deutschen Liberalen haben die Vorgänge in Italien sehr genau beobachtet. Häufig wurden die Ereignisse in Italien kommentiert und Überlegungen angestellt, ob und wie die italienischen Erfahrungen für Deutschland nutzbar gemacht werden könnten bzw. ob sich Vorbilder ergaben. Vor 1860 bestanden in Italien sehr ausgeprägte regionale Identitäten. Lokale Dialekte herrschten vor, und die hochitalienische Sprache wurde nur von einer kleinen Schicht gesprochen. Die *italienische Einigungsbewegung* entstand aus zwei unterschiedlichen Quellen. Erstens wurde sie getragen von einer relativ kleinen, aber einflussreichen Gruppe von liberalen Bürgern, die meistens aus den großen Städten in Norditalien stammten. Diese wollten einen modernen italienischen Staat mit einer Verfassung und einem Parlament schaffen, lehnten aber fast immer demokratische Ideen ab. Sie wollten das Wahlrecht an ein bestimmtes Einkommen bzw. an Besitz koppeln. Ferner beabsichtigten sie, den Einfluss der katholischen Kirche zu beschränken und nach dem Vorbild Frankreichs einen säkularen Nationalstaat zu schaffen, in dem Staat und Kirche strikt getrennt sein sollten. Zweitens bestand in Süditalien, wo die Ländereien fast ausschließlich Großgrundbesitzern gehörten, eine Bewegung von kleinen Bauern und armen Landarbeitern, die vor allem Agrarreformen und die Aufteilung der großen Güter forderten. Beide Bewegungen hatten zunächst nur miteinander gemeinsam, dass sie mit den herrschenden Bedingungen unzufrieden waren. 1859 siegten Truppen des Staates *Sardinien-Piemont*, die von Frankreich unterstützt wurden, in einem Krieg gegen Österreich, das in der Folge die Lombardei abtreten musste. Als Dank hierfür erhielt Frankreich Nizza und Savoyen.

Zum Führer der Bewegung im Süden wurde der Republikaner *Giuseppe Garibaldi*, der in den kommenden Jahrzehnten zum Symbol des italienischen Freiheitskampfes wurde. Im Mai 1860 kehrte er aus dem Exil in den USA zurück und landete mit einer Gruppe von etwa 1000 bewaffneten Anhängern in Sizilien. Diese Invasion löste große *Volksaufstände* aus, und innerhalb weniger Monate brach die bisherige staatliche Ordnung in Süditalien zusammen (▶ M1). Garibaldi nahm schnell Neapel ein, proklamierte aber keine demokratische Revolution, sondern unterstellte sich im Oktober 1861 *Viktor Emanuel II.*, dem König von Sardinien-Piemont (Königshaus Savoyen). Im März 1861 war in Turin die neue italienische *Monarchie* ausgerufen worden. 1866 beteiligte sich Italien am Krieg zwischen Deutschland und Österreich[1] und 1870 besetzten italienische Truppen während des Deutsch-Französischen Krieges den Kirchenstaat, sodass Rom zur neuen italienischen Hauptstadt wurde. Auch wenn bei Volksabstimmungen eine überwältigende Mehrheit für die nationale Einheit stimmte, stellte – anders als in Deutschland – die nationale Bewegung in Norditalien keine Massenbewegung dar, sondern die Liberalen waren sich darüber bewusst, dass sie nicht die Mehrheit der Bevölkerung repräsentierten. Das Wahlrecht wurde sehr stark eingeschränkt, nur 1,9 Prozent der Bevölkerung durfte über die Zusammensetzung des Parlaments abstimmen. Die erheblichen sozialen Probleme waren den Führern der italienischen Parteien bewusst. So bemerkte der konservative Politiker *Massimo d'Azeglio* zutreffend in einer berühmten Rede vor dem Parlament: „Wir haben Italien geschaffen, jetzt müssen wir Italiener schaffen."[2]

---

[1] Zum zweiten Einigungskrieg siehe Seite 31 f.
[2] Nach: Eric Hobsbawm, Nationen und Nationalismus, Bonn 2005, S. 58.

Imperialismus: Als „Zeitalter des Imperialismus" wird die Zeit zwischen dem späten 19. Jahrhundert und dem Ausbruch des Ersten Weltkrieges bezeichnet. In dieser Periode teilten die europäischen Mächte Afrika und Teile Asiens unter sich auf.

Albrecht Graf von Roon (1803-1879): preußischer Generalfeldmarschall, Kriegsminister (1859-1871)

Landwehr: Bestandteil des preußischen Heeres. Sie umfasste alle Männer bis zum 40. Lebensjahr, die nicht dem stehenden Heer angehörten.

Wilhelm I. (1797-1888): preußischer König (1861-1888) und Deutscher Kaiser ab 1871

Otto von Bismarck (1815-1898): von 1862 bis 1890 preußischer Ministerpräsident; 1871-1890 Reichskanzler und Außenminister

Lesetipp
Eberhard Kolb, Otto von Bismarck, München ²2014

Aufstände von Bauern im Süden, die weiterhin auf Landreformen hofften, wurden gewaltsam niedergeschlagen. Auch war das Land tief gespalten, weil der Papst, nachdem der Kirchenstaat militärisch besetzt worden war, den italienischen Staat scharf ablehnte und allen Katholiken die Mitarbeit am öffentlichen Leben verbot. Erst ab den 1890er-Jahren entstand mit dem italienischen Imperialismus in Afrika und im Mittelmeerraum eine integrative Ideologie, die sich nationalistisch interpretieren ließ.

Der preußische Verfassungskonflikt und die preußischen Liberalen ▪ Der *preußische Verfassungskonflikt* stellte eine mehrjährige und schwere Auseinandersetzung zwischen der preußischen Regierung und den Liberalen dar. Er entzündete sich an einer eigentlich harmlosen Frage: 1860/61 wollte Albrecht von Roon, der neue preußische Kriegsminister, eine umfangreiche *Armeereform* durchführen. Hierbei sollte die preußische Landwehr aufgelöst werden. Diese Maßnahme war rüstungspolitisch sinnvoll, denn der militärische Wert dieser Truppen war gering. Allerdings hatte die Landwehr für die Liberalen einen sehr hohen symbolischen Wert, weil sie aus den Befreiungskriegen hervorgegangen war und auch die Revolution von 1848/49 überdauert hatte. 1862 brach der offene Konflikt aus, weil das preußische Abgeordnetenhaus das Budget der Regierung mit großer Mehrheit ablehnte. Zeitweise spielte König Wilhelm I. sogar mit dem Gedanken zurückzutreten. Allerdings erklärte sich Otto von Bismarck bereit, die Position des preußischen Ministerpräsidenten zu übernehmen (▶ M2). Bismarck galt zu diesem Zeitpunkt zwar als sehr fähig, aber auch als extrem reaktionär, und er war, weil selbst viele preußische Konservative ihm misstrauten, als Botschafter nach Russland abgeschoben worden. Bismarck war nun bereit, eine riskante Strategie zu verfolgen. Er wollte einfach gegen die Verfassung und gegen das Abgeordnetenhaus regieren, weil er sich sicher war, dass die Liberalen nicht noch einmal einen Revolutionsversuch unternehmen würden. Der Verfassungskonflikt, der vier Jahre dauerte, lief nach folgendem Muster ab: Das Abgeordnetenhaus lehnte das Budget der Regierung ab und wurde daraufhin von Bismarck aufgelöst. Bei den Neuwahlen gewannen die Liberalen dann aber hinzu, sodass sie ihre Mehrheit im Parlament sogar ausbauten. In dieser verfahrenen Situation suchte Bismarck nach außenpolitischen Erfolgen, mit denen er zumindest einen Teil der Liberalen auf seine Seite ziehen konnte. Die meisten Historiker sind sich darüber einig, dass der Weg zur deutschen Einheit keineswegs zielstrebig beschritten, sondern von Bismarck mit einem hohen Grad von Improvisation angegangen wurde, ja wahrscheinlich die Einheit anfangs überhaupt nicht geplant war, weil der innenpolitische Kampf in Preußen alles überschattete.

Die Frage von Schleswig-Holstein und der erste Einigungskrieg ▪ Die Herzogtümer Schleswig, Holstein und Lauenburg lagen innerhalb der Grenzen des Deutschen Bundes, wurden aber in *Personalunion* vom dänischen König verwaltet. In Holstein und im Süden Schleswigs war die Mehrheit deutschsprachig, während im Norden mehrheitlich Dänisch gesprochen wurde. 1863 machte der neue dänische König einen schweren Fehler, der Bismarck den Vorwand lieferte, auf den er gewartet hatte: Dänemark erhielt eine neue Verfassung, die auch für die beiden Provinzen gelten sollte, und Schleswig sollte über einen gemeinsamen Reichsrat enger als zuvor an Dänemark gebunden werden. Für den Alltag der Bevölkerung in den Herzogtümern hätte sich damit kaum etwas geändert, aber die Zugehörigkeit der Provinzen zum Deutschen Bund war in internationalen Verträgen garantiert worden. Für Bismarck war es sehr einfach, die sogenannte *Bundesexekution* zu erhalten. Diese besagte, dass bei einem offenen Verfassungsbruch eines der Mitglieder die anderen auch militärisch gegen dieses vorgehen konnten. Die kleine dänische Armee leistete zwar heftigen Widerstand, hatte aber gegen die beiden Großmächte Österreich und Preußen letztlich keine Chance. Nach dem Sieg wurden die Provinzen unter die vorläufige Verwaltung der beiden deutschen Großmächte gestellt: Preußen erhielt Lauenburg und Schleswig, Holstein ging an Österreich. Nach dem zweiten Einigungskrieg annektierte Preußen auch Holstein und bildete 1867 die neue preußische Provinz Schleswig-Holstein.

◄ **Der Weg zur Reichseinigung.**

▪ *Erläutern Sie anhand der Karte die Etappen auf dem Weg zur Reichseinigung von 1866 bis 1871.*

Der zweite Einigungskrieg ▬ Den beiden deutschen Großmächten war ein leichter Erfolg in den Schoß gefallen, aber der preußische Verfassungskonflikt war nicht gelöst worden. Nach wie vor verweigerten die Liberalen Bismarck jede Unterstützung und lehnten das Budget ab. Bismarck benötigte also weitere außenpolitische Erfolge. Bereits nach dem Sieg über Dänemark war er deshalb daran interessiert, möglichst viele Konfliktherde mit Österreich offen zu lassen, um diese im Falle eines Falles eskalieren zu können. Für Preußen war aber riskant, dass die meisten der kleineren deutschen Staaten eindeutig auf der Seite Österreichs standen, weil sie die wachsende preußische Macht fürchteten. Deshalb schlossen Preußen und Italien im April 1866 ein geheimes Angriffsbündnis, das sich gegen Österreich richtete.

Unmittelbarer Anlass für den Kriegsausbruch waren Meinungsverschiedenheiten über die Verwaltung von Schleswig und Holstein, die von Bismarck gezielt zugespitzt wurden. Der Krieg, der nur sieben Wochen dauerte, wurde am 3. Juli 1866 in der *Schlacht von Königgrätz* (in Österreich: Sadowa) entschieden. Die Preußen gewannen diese Schlacht, weil die Heeresreformen bereits griffen, die Truppen besser ausgebildet waren, die Armee über eine fortschrittlichere Waffentechnik als die Österreicher verfügte und sie die Vorteile der neuen Technologie der Eisenbahn bei ihrem schnellen Aufmarsch maximal für sich nutzte.

Nachdem der Friede geschlossen worden war, annektierte Italien weite Gebiete im Norden. Die Preußen hingegen behandelten Österreich sehr milde – weder mussten Territorien abgetreten werden noch wurde eine finanzielle Kriegsentschädigung verlangt. Diese zurückhaltende preußische Politik galt allerdings nicht für diejenigen deutschen Mittelstaaten, die auf der Seite Österreichs am Krieg teilgenommen hatten. Der *König von Hannover* wurde – zum Entsetzen der preußischen Konservativen – verjagt, und sein gesamtes Vermögen wurde konfisziert. Mit diesem Geld wurde der sogenannte *„Reptilienfonds"* gebildet, mit dem Bismarck in den kommenden Jahren systematisch die Presse bestach. Die Stadt Frankfurt am Main, die eine Hochburg des Liberalismus war, wurde annektiert und musste sofort eine sehr hohe Kriegsentschädigung zahlen.

Die Position der preußischen Liberalen aber brach zusammen. Der Sieg von Königgrätz versetzte die meisten von ihnen in eine derartige nationale Begeisterung, dass sie zu Bismarck überliefen. In der sogenannten **Indemnitätsvorlage**, die am 3. September 1866 direkt nach dem Sieg verabschiedet wurde, gestand das Abgeordnetenhaus mit einer Mehrheit von 230 zu 75 Stimmen bei vier Enthaltungen zu, dass rückwirkend alle Staatsausgaben korrekt gewesen wären. In der Folge spalteten sich die Liberalen in die linke *Fortschrittspartei* und in die *Nationalliberalen*, die von diesem Tag an Bismarck unterstützten und die Flagge des Nationalismus hochhielten (▸ M3).

Nach dem Sieg über Österreich wurde der Deutsche Bund aufgelöst und durch den **Norddeutschen Bund** ersetzt, der eindeutig von Preußen dominiert wurde (▸ M4). Damit rückte die kleindeutsche Lösung, die bereits während der Revolution von 1848/49 diskutiert worden war, in den Bereich des Möglichen. Allerdings schien die internationale Lage in Europa hierfür nicht günstig zu sein. Russland hatte an einer weiteren Stärkung Preußens kein Interesse. Großbritannien war zwar an Zentraleuropa kaum interessiert, fürchtete aber die Entstehung einer neuen Großmacht, die eine *Hegemonie* über Europa ausüben würde. Vor allem Frankreich, wo *Napoleon III.* faktisch eine Diktatur etabliert hatte, versuchte weitere Schritte in Richtung auf eine nationale Einigung zu verhindern. Allerdings stand der französische Kaiser im eigenen Land unter erheblichem Druck, weil er seit mehreren Jahren keinerlei außenpolitische Erfolge mehr vorweisen konnte.

Der dritte Einigungskrieg ■ Bismarck war bewusst, dass in den süddeutschen Staaten Württemberg und Bayern ein Krieg gegen Frankreich und eine Einigung des Reiches unter preußischer Führung nicht populär waren. In Frankreich bestand aber ein extremer Nationalismus in fast allen Parteien, den Bismarck zu nutzen wusste. Unmittelbarer Anlass für den Konflikt wurde die spanische Thronfolge: Bei einem Militärputsch wurde 1868 die spanische Königin gestürzt und ein geeigneter Nachfolger war in Spanien nicht vorhanden. Deshalb wurde ein katholischer Prinz der **Hohenzollern** als möglicher Kandidat ins Gespräch gebracht. Zwar hätte er als neuer spanischer König nur über wenig Macht verfügt, aber aus Gründen des Prestiges war ein Deutscher auf dem spanischen Thron für Frankreich nicht hinnehmbar. Nach einem Gespräch zwischen dem preußischen König und dem französischen Botschafter in dem Kurort Bad Ems ließ Wilhelm I. einen Bericht über die Unterredung an Bismarck schicken. Bismarck kürzte und veränderte diesen Text, der als *Emser Depesche* bekannt wurde, sinnentstellend, ohne dass seine Eingriffe erkennbar waren, und gab ihn an die Presse weiter (▸ M5). Nach Bismarcks Version schien der preußische König nun grundsätzlich alle weiteren Verhandlungen abgelehnt zu haben, und diese Äußerung musste in Frankreich als weitere offene Provokation aufgefasst werden. Auf den Pariser Straßen wurde

Indemnität: nachträgliche Billigung einer Regierungsmaßnahme

Norddeutscher Bund: Der 1866 gegründete Bund bestand aus Preußen, 17 Kleinstaaten nördlich der Mainlinie und vier Freien Städten. Er ging 1871 im Deutschen Kaiserreich auf.

Filmtipp
Deutschland auf dem Weg zum Nationalstaat 1815 - 1871, Deutschland 2010 (Dokumentarfilm)

Hohenzollern: das – eigentlich protestantische – Fürstengeschlecht, aus dem die preußischen Könige stammten

▲ ▶ Die Siegessäule in Berlin.

Fotos nach 2000.

Nach den drei Einigungskriegen wurde in Berlin eine monumentale Siegessäule errichtet, in die erbeutete dänische, österreichische und französische Kanonen aus den drei Einigungskriegen eingebaut wurden. Die linke Abbildung zeigt vergoldete Kanonenrohre, die mit Lorbeer bekränzt sind.

- *Charakterisieren Sie die Geschichts- und Erinnerungskultur, die durch dieses zentrale Denkmal deutlich wird.*
- *Arbeiten Sie heraus, welcher Bezug zu einem deutschen Nationalismus durch die Siegessäule hergestellt wird.*

lautstark ein Krieg gefordert, und in der französischen Nationalversammlung herrschte ebenfalls einmütig die Ansicht, dass dieser preußische Schritt nicht hinnehmbar war. Am 19. Juli erklärte Frankreich Preußen den Krieg.

Allerdings entwickelte sich der Feldzug ganz anders, als von der französischen Regierung und von Napoleon III. geplant worden war. Die süddeutschen Staaten sahen sich nun offen von Frankreich bedroht und schlossen sich den Preußen an. Auch die anderen europäischen Großmächte sahen in Frankreich den Aggressor und blieben gegenüber Preußen neutral. Schon nach kurzer Zeit rückten preußische Truppen in Frankreich vor und drängten die viel schlechter ausgebildete französische Armee zurück: Oft verfügten französische Offiziere zwar über sehr gute Landkarten Deutschlands, aber über keine des eigenen Gebietes. Bei *Sedan* wurde ein großer Teil der französischen Armee eingeschlossen und musste am 2. September kapitulieren; Kaiser Napoleon III. geriet in Gefangenschaft.

Auch wenn der deutsch-preußische Sieg eindeutig war, weitete sich der Krieg seit dem Herbst 1870 zu einem französischen Volkskrieg aus, nachdem der Kaiser aus dem Spiel war. Am 4. September 1870 wurde die *Dritte Republik* ausgerufen und eine neue Regierung gebildet. Schlecht ausgebildete, aber begeisterte junge Männer meldeten sich freiwillig, um gegen die Eindringlinge zu kämpfen, und selbst wenn die Deutschen fast jedes größere Gefecht für sich entschieden, konnten sie den radikalen französischen Nationalismus mit militärischen Methoden nicht unter Kontrolle bekommen. Auch aufseiten der Deutschen wurde der Friedensschluss Anfang 1871 deshalb mit Erleichterung begrüßt. Im Januar 1871 wurde nach komplizierten Verhandlungen der deutschen Fürsten untereinander im Spiegelsaal von Versailles das neue *Deutsche Kaiserreich* gegründet. Anders als im Falle Österreichs waren die deutschen Bedingungen diesmal hart, gingen aber Teilen der deutschen Nationalbewegung nicht weit genug. Die Provinzen Elsass und Lothringen (wo die Mehrheit der Bevölkerung französisch sprach) wurden annektiert, Frankreich musste eine enorm hohe Kriegsentschädigung von fünf Milliarden Goldfranc zahlen, und große Teile von Nordfrankreich blieben bis zur vollständigen Begleichung dieser Summe von deutschen Truppen besetzt.

Die Verfassung des Deutschen Reiches  Bei der deutschen *Verfassung*, die 1871 in Kraft trat, fielen Verfassungstext und Verfassungsrealität schon bald weit auseinander (▶ M6). Dem Text nach war der Souverän nicht das Volk oder der Kaiser, sondern die im *Bundesrat* zusammengeschlossenen deutschen Fürsten, unter denen der Kaiser als König von Preußen lediglich *primus inter pares* (dt.: *„Erster unter Gleichen"*) war. Anders wäre die Zustimmung einiger süddeutscher Staaten – besonders Bayerns – für die Reichseinigung nicht zu erlangen gewesen. Ab 1890 spielte sich der neue Kaiser **Wilhelm II.** aber derart in den Vordergrund, dass die anderen deutschen Fürsten hinter ihn zurücktraten und in der Öffentlichkeit kaum noch wahrgenommen wurden. In der Theorie gab es ferner keine Reichsregierung: Nur Bismarck bekleidete das Amt des *Reichskanzlers* und war ausschließlich dem Kaiser gegenüber verantwortlich. In der Praxis ließ sich diese Konstruktion aber nicht durchhalten, und 1878 wurde in dem sogenannten *Stellvertretergesetz* bestimmt, dass der Reichskanzler für bestimmte Ressorts Stellvertreter bestimmen durfte. Diese agierten faktisch als Minister und bildeten eine Regierung, auch wenn sie selbst nur den Titel von Staatssekretären hatten und ihre Bürokratien lediglich als „Ämter" bezeichnet wurden. Aus diesem Grund heißt bis heute das deutsche Außenministerium offiziell „Auswärtiges Amt". Bei den Wahlen zum *Reichstag* wurde ferner das allgemeine und gleiche *Männerwahlrecht* eingeführt, und damit ein Wahlrecht installiert, das eines der demokratischsten in Europa darstellte. Bismarck war sich sicher, dass die meisten Bauern konservativ wählen würden, doch verlief die demografische Entwicklung anders, als er vorausgesehen hatte: Durch die rapide *Industrialisierung* und *Verstädterung* entstand schon bald eine wachsende *Arbeiterklasse*, die sich mehrheitlich in der Sozialdemokratie organisierte. Dem Text der Verfassung nach hatte der Reichstag – abgesehen vom Budgetrecht – kaum Kompetenzen. Aber schon seit der Mitte der 1890er-Jahre stellte sich heraus, dass ein Reichskanzler oder ein Staatssekretär, der das Vertrauen des Reichstages verloren hatte, sich kaum halten konnte. Auch waren in der Verfassung keine politischen *Parteien* vorgesehen. Schon in den 1870er-Jahren waren diese aber nicht mehr aus dem politischen Leben wegzudenken, und ihre Bedeutung stieg bis 1914 kontinuierlich weiter an.

Wilhelm II. (1859 - 1941): preußischer König und Deutscher Kaiser von 1888 bis 1918

1. *Vergleichen Sie die Einigungsbewegungen in Italien und in Deutschland.*

2. *Stellen Sie die Etappen der deutschen und der italienischen Einigung in zwei Schaubildern*
➕ *zusammen. Wählen Sie dafür die Grundform einer Treppe oder eines Verlaufsdiagramms. Begründen Sie Ihre Entscheidung.*

3. *Der deutsche Historiker Heinrich August Winkler schreibt: „Die Nationsbildung begann nicht mit der Gründung des deutschen Nationalstaates, und sie hörte mit ihr nicht auf. Sie trat vielmehr in ein neues Stadium." (nach: Heinrich August Winkler, Der lange Weg nach Westen, Bd. 1: Deutsche Geschichte vom Ende des Alten Reiches bis zum Untergang der Weimarer Republik, München 2000, S. 215). Erörtern Sie Winklers These.*

M1 Italien seit 1860

Nach: Dtv-Atlas Weltgeschichte, Bd. 2: Von der Französischen Revolution bis zur Gegenwart, München ²⁵1991, S. 350

Analysieren Sie die Karte unter folgenden Gesichtspunkten:
a) Um welchen Kartentyp handelt es sich? Wann wurde die Karte veröffentlicht? Wer hat sie in Auftrag gegeben?
b) Über welches Thema informiert die Karte? Welchen Raum und welche Zeit zeigt sie? Welche Darstellungsformen nutzt die Karte?
c) In welchen historischen/ politischen Zusammenhang lässt sich die Karte einordnen? Welche Ursachen, Entwicklungen oder Folgen lassen sich aus der Karte ablesen?
d) An welchen Adressatenkreis wendet sich die Karte? Welchen Zweck, welche Funktion verfolgt sie?

M2 „Eisen und Blut"

Am 23. September 1862 hat das Abgeordnetenhaus mit 308 gegen elf Stimmen den Etat der Militärverwaltung gestrichen. Sieben Tage später, kurz nach seinem Amtsantritt, hält Otto von Bismarck, der neue preußische Ministerpräsident, eine programmatische Rede vor der Budgetkommission des preußischen Abgeordnetenhauses, in der er unter anderem sagt:

Nicht auf Preußens Liberalismus sieht Deutschland, sondern auf seine Macht; Bayern, Württemberg, Baden mögen dem Liberalismus indulgieren[1], darum wird ihnen doch keiner Preußens Rolle anweisen; Preußen muss seine Kraft zusammenfassen und zusammenhalten auf den günstigen Augenblick, der schon einige Male verpasst ist; Preußens Grenzen nach den Wiener Verträgen sind zu einem gesunden Staatsleben nicht günstig; nicht durch Reden und Majoritätsbeschlüsse werden die großen Fragen der Zeit entschieden – das ist der große Fehler von 1848 und 1849 gewesen – sondern durch Eisen und Blut.

Otto von Bismarck, Die gesammelten Werke, Bd. 10, Berlin 1928, S. 138 f.

Erklären Sie das Politik- und Verfassungsverständnis Bismarcks anhand dieser Rede.

[1] indulgieren: Nachsicht üben

M3 „Selbstkritik"

Während des zweiten Einigungskrieges lebt der liberale Historiker und Publizist Hermann Baumgarten in Karlsruhe. Dort veröffentlicht er noch im Herbst 1866 seine Selbstkritik am deutschen Liberalismus:

Der Frühling dieses Jahres [1866] brachte endlich die lange drohende Katastrophe zum Ausbruch. [...]
Preußen hatte nur zwei Wege vor sich: entweder zusammen mit Österreich die deutschen Dinge zu leiten oder sich trotz
5 Österreich der deutschen Macht allein zu bemächtigen. [...]
Graf Bismarck hatte den Mut, das große Spiel zu wagen, und er bewies die Kraft und die Klugheit, welche dem Staatsmann erlaubt zu wagen. Fast alles war gegen ihn. Die Konservativen hielten ihre Opposition stiller, um desto mehr unter der Hand
10 zu tun, die Liberalen erhoben ein Friedensgeschrei, das über die Gesinnung des Volkes keinen Zweifel ließ. [...] Ich bin weit davon entfernt, meine liberalen Parteigenossen deshalb tadeln zu wollen, dass sie nicht gleich von vornherein entschieden Partei nahmen für die Bismarck'sche Politik. Es gehörte
15 dazu vielleicht eine Unbefangenheit des Urteils und eine Kenntnis der Sachlage, die man nicht von der Masse einer Partei verlangen darf.
Dass sie aber noch im Mai, ja noch im Juni mit wenigen Ausnahmen daran festhielten, gegen Bismarck Chorus zu ma-
20 chen mit allem, was in Deutschland reaktionär und antinational war, [...] als es längst auf der Hand lag, dass der Sieg Preußens der Sieg einer liberalen und einer nationalen Politik werden müsse, der Sieg Österreichs die Vernichtung aller liberalen und nationalen Hoffnungen, das, ich gestehe es, war
25 das Traurigste, was ein aufrichtig liberaler Mann erleben konnte. Es sprach über die bisher in Deutschland übliche Art von Liberalismus ein Todesurteil, von dem es keine Appellation[1] mehr gab. Es bewies, dass die Partei, an welche sich bisher die Hoffnungen der Nation geknüpft hatten, weder
30 die politische Einsicht noch die Kraft besaß, durch die allein ein großes Volk zu seinem Heil geführt werden kann. [....]
Wer sehen wollte, musste jetzt sehen, [...] dass Preußen, indem es diese Entscheidung herbeiführe, durch die unwiderstehliche Macht der Verhältnisse gezwungen werde, die Kraft
35 der Nation für sich aufzurufen gegen die eng verbundene Phalanx[2] aller auf der Zerrissenheit und Unfreiheit der Nation ruhenden Interessen. Wenn aber die preußische Politik diese Wendung nahm trotz der heftigen Opposition des

Liberalismus und der darin gelegenen Nötigung, sich so viel als möglich in Preußen auf die konservative Richtung zu stüt- 40 zen, so war es doch eine Sache der einfachsten politischen Berechnung zu erkennen, dass diese Politik frank und frei auf den Boden eines liberalen Programms sich stellen werde, sobald nur die Liberalen aufhörten, ihr das unmöglich zu machen. 45
Ich bin der festen Überzeugung, dass eine befriedigende Lösung unserer politischen Aufgaben nur dann gelingen wird, wenn der Liberalismus aufhört, vorwiegend Opposition zu sein, wenn er dazu gelangt, gewisse unendlich wichtige Anliegen der Nation, für die nur er ein volles und aufrichtiges 50 Verständnis hat, in eigener gouvernementaler Tätigkeit[3] zu befriedigen, wenn wir einen wohltätigen erfrischenden Wechsel liberaler und konservativer Regierungen bekommen. *Der Liberalismus muss regierungsfähig werden.* Wer darin eine Verkümmerung der liberalen Größe findet, dass er, 55 statt als Opposition ein Unbegrenztes zu fordern, als Regierung ein Geringes tun soll, dem kann ich freilich nicht helfen. Aber einen Abfall vom Liberalismus wird doch wohl niemand die Forderung zu nennen wagen, dass der Liberalismus endlich eine seine Gedanken selbst realisierende Macht werde. 60

Hermann Baumgarten, Der deutsche Liberalismus. Eine Selbstkritik, herausgegeben von Adolf Birke, Frankfurt am Main 1974, S. 132-149 (stark gekürzt)

1. *Fassen Sie Baumgartens Vorwurf an die „liberalen Parteigenossen" mit eigenen Worten zusammen.*

2. *Arbeiten Sie heraus, welche Hoffnungen Baumgarten mit dem Sieg Preußens über Österreich verbindet und wie er die Zukunft seiner liberalen Partei sieht.*

3. *Überprüfen Sie, inwiefern Baumgartens Hoffnungen zur Zeit der Entstehung des Textes gerechtfertigt waren. Durchsuchen Sie die preußisch-deutsche Geschichte bis 1866 auf entsprechende Hinweise.*

4. *Verfassen Sie die Entgegnung eines liberalen Bismarck-Gegners.*

---

[1] **Appellation**: im jur. Sinne: Anfechten eines Urteils, Berufung
[2] **Phalanx**: bildungssprachlich für eine geschlossene, widerständige Front (ursprünglich eine besondere Schlachtaufstellung im antiken Griechenland)

[3] **gouvernementale Tätigkeit**: Regierungsarbeit

M4 „Groß-Preußen mit Vasallenstaaten"

August Bebel hält am 10. April 1867 seine erste Rede vor dem sich konstituierenden Norddeutschen Reichstag. Er ist zu diesem Zeitpunkt Vertreter der „Sächsischen Volkspartei". Bebel wird später einer der profiliertesten Politiker der deutschen Sozialdemokratie werden. Seine Ausführungen beziehen sich auf die Verabschiedung der Verfassung des Norddeutschen Bundes:

[M]eine Herren, ich behaupte, dass mit der Gründung dieses Norddeutschen Bundes ein spezifisch preußisches Interesse (*Widerspruch rechts*), dass die Stärkung der Hohenzollernschen Hausmacht damit bezweckt worden ist. (*Lebhafter
5 Widerspruch rechts.*) [...]
In dem gegenwärtigen Norddeutschen Bundesrat wird Preußen mit 17 Stimmen [...] nach Belieben Verfassungsänderungen durchführen, eine jede Verfassungsänderung gegen seinen Willen aber verhüten können. Dies würde indessen bei
10 dem Zutritt Süddeutschlands zum Norddeutschen Bunde nicht der Fall sein, dann wären die 17 Stimmen Preußens ungenügend an sich, eine derartige Zweidrittelmehrheit zu erzielen. [...] Das sind meines Erachtens die Gründe, welche die preußische Regierung von ihrem spezifisch preußischen
15 Standpunkte aus nicht nur heute, sondern auch späterhin stets veranlassen werden, gegen den Eintritt Süddeutschlands aufzutreten, gegen denselben zu stimmen. Man wird sich eben einfach damit begnügen, [...] dass man lediglich die Militärgewalt in die Hände bekommt, im Falle eines Krieges,
20 und im Übrigen wird man sich damit begnügen, durch Zollverträge usw. wenigstens einigermaßen die Kluft, die hervorgebracht ist, zu überbrücken, wohlverstanden, zu überbrücken, aber auszufüllen, dazu wird man sich nicht herbeilassen. Meine Herren, eine solche Politik zu unterstüt-
25 zen, dazu habe ich keine Lust, ich muss entschieden dagegen protestieren, dass man eine solche Politik eine deutsche nennt, ich muss entschieden protestieren gegen einen Bund, der nicht die Einheit, sondern die Zerreißung Deutschlands proklamiert, einen Bund, der dazu bestimmt ist, Deutschland
30 zu einer großen Kaserne zu machen (*lebhafter Widerspruch*), um den letzten Rest von Freiheit und Volksrecht zu vernichten.

August Bebel, Sein Leben in Dokumenten, Reden und Schriften, herausgegeben von Helmut Hirsch, Köln 1968, S. 153 ff.

1. *Erläutern Sie Bebels Bewertung des Norddeutschen Bundes.*
2. *Entwerfen Sie die Entgegnung eines nationalliberalen Politikers.*

M5 Die Emser Depesche

Geheimrat Heinrich Abeken telegrafiert am 13. Juli 1870 an Bundeskanzler Otto von Bismarck, nachdem einen Tag zuvor der spanischen Regierung mitgeteilt worden ist, dass die Kandidatur eines Hohenzollern-Prinzen zurückgezogen wird:

Ems, den 13. Juli 1870.

Seine Majestät der König schreibt mir:
„Graf Benedetti[1] fing mich auf der Promenade ab, um auf zuletzt sehr zudringliche Art von mir zu verlangen, ich sollte ihn autorisieren, sofort zu telegrafieren, dass ich für alle Zu- 5
kunft mich verpflichte, niemals wieder meine Zustimmung zu geben, wenn die Hohenzollern auf ihre Kandidatur zurückkämen. Ich wies ihn, zuletzt etwas ernst, zurück, da man *à tout jamais* dergleichen Engagement nicht nehmen dürfe, noch könne. – Natürlich sagte ich ihm, dass ich noch nichts 10
erhalten hätte, und da er über Paris und Madrid früher benachrichtigt sei als ich, er wohl einsähe, dass mein Gouvernement wiederum außer Spiel sei."
Seine Majestät hat seitdem ein Schreiben des Fürsten bekommen. Da seine Majestät dem Grafen Benedetti gesagt, 15
dass er Nachricht vom Fürsten[2] erwarte, hat Allerhöchstderselbe mit Rücksicht auf die obige Zumutung, auf des Grafen Eulenburg[3] und meinen Vortrag beschlossen, den Grafen Benedetti nicht mehr zu empfangen, sondern ihn nur durch einen Adjutanten sagen zu lassen: dass Seine Majestät jetzt 20
vom Fürsten die Bestätigung der Nachricht erhalten, die Benedetti aus Paris schon gehabt, und dem Botschafter nichts weiter zu sagen habe.
Seine Majestät stellt Eurer Exzellenz anheim, ob nicht die neue Forderung Benedettis und ihre Zurückweisung sogleich 25
sowohl unseren Gesandten als in der Presse mitgeteilt werden sollte?

Bismarck gibt folgende Mitteilung an die Presse weiter:

Berlin, den 13. Juli 1870.
[zur Station: 11.15 nachm.]

Nachdem die Nachrichten von der Entsagung des Erbprinzen 30
von Hohenzollern der Kaiserlich Französischen Regierung von der Königlich Spanischen amtlich mitgeteilt worden sind, hat der französische Botschafter in Ems an Seine Majestät den

---

[1] **Vincent Graf von Benedetti**: französischer Botschafter in Berlin
[2] Gemeint ist hier Karl Anton Fürst von Hohenzollern-Sigmaringen, dessen Sohn Leopold der spanische Thron angeboten worden war. Nach der Erbregelung des Hauses Hohenzollern hatte nicht der Sohn, sondern sein Vater das letzte Wort über die Entscheidung, ob Leopold die Kandidatur annehmen sollte.
[3] **Graf Friedrich zu Eulenburg**: preußischer Innenminister

König noch die Forderung gestellt, ihn zu autorisieren, dass
35 er nach Paris telegrafiere, dass Seine Majestät der König sich
für alle Zukunft verpflichte, niemals wieder seine Zustimmung zu geben, wenn die Hohenzollern auf ihre Kandidatur
wieder zurückkommen sollten. Seine Majestät der König hat

es darauf abgelehnt, den französischen Botschafter nochmals zu empfangen, und demselben durch den Adjutanten 40
vom Dienst sagen lassen, dass Seine Majestät dem Botschafter nichts weiter mitzuteilen habe.

Nach: www.documentarchiv.de/nzjh/ndbd/emser-depesche.html#fn01
(Zugriff: 10. Februar 2016)

1. *Arbeiten Sie heraus, auf welche Weise die Depesche
(= Telegramm) verschärft wurde. Legen Sie dar, warum
aus einer relativ harmlosen Mitteilung eine internationale Provokation wurde.*

2. *Erörtern Sie, wer am Deutsch-Französischen Krieg
schuld war. Berücksichtigen Sie, dass die Kriegserklärung
von Frankreich ausging und dass ein Krieg gegen Preußen in der französischen Öffentlichkeit populär war.*

M6   Die Verfassungsrealität von 1871

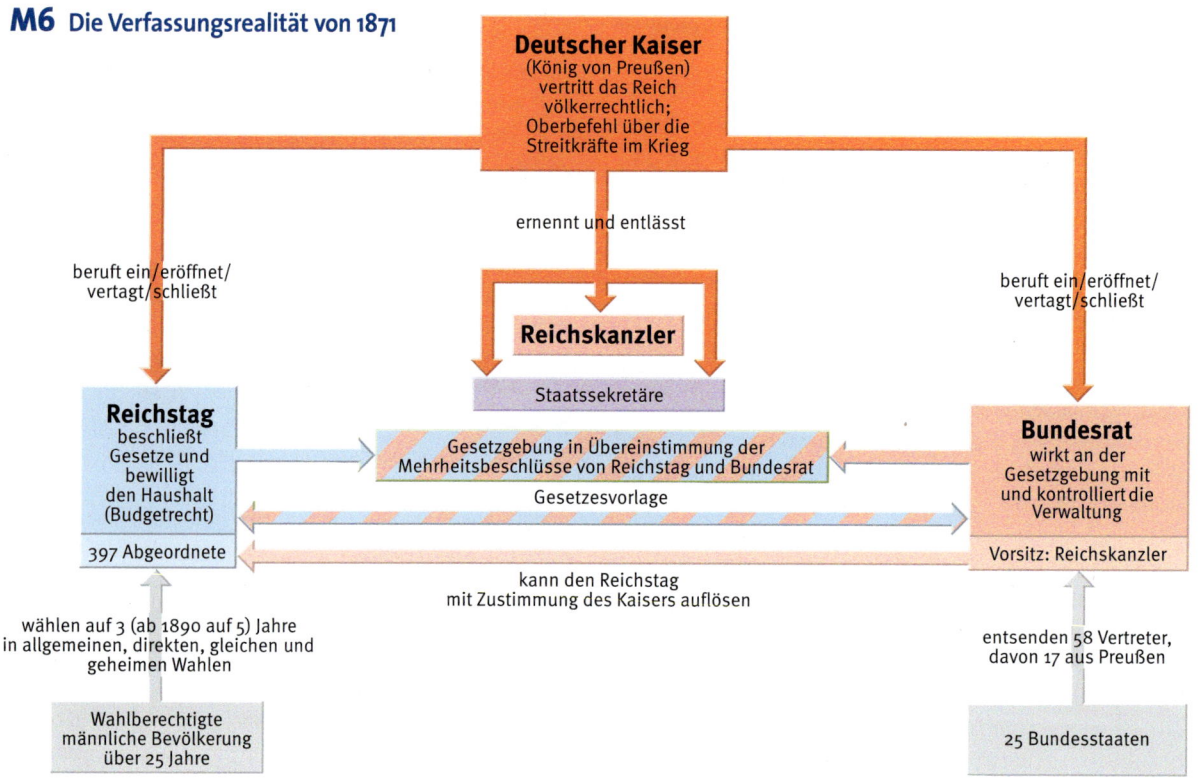

1. *Beschreiben Sie den Aufbau des Schaubildes und stellen
Sie die Kompetenzen der jeweiligen Verfassungsorgane
dar.*

2. *Die Verfassungstheorie und die Verfassungsrealität fallen sehr weit auseinander. Analysieren Sie die entspre-*

*chenden Unterschiede. Berücksichtigen Sie dazu auch
den Abschnitt „Die Verfassung des Deutschen Reiches"
auf Seite 34.*

3. *Überprüfen Sie, wer die Regierung in der Theorie und in
der Realität verkörpert.*

„Nation" und „Minderheiten"

Wer gehört zu den Staatsbürgern? ▪ Wenn sich ein Volk in einer Nation zusammenfindet, muss definiert werden, wer zu diesem Volk gehört und wer nicht. Dies gilt besonders in demokratischen Staaten, weil geklärt werden muss, wer wahlberechtigter *Staatsbürger* ist. Die europäischen Nationalstaaten haben dieses Problem sehr unterschiedlich gelöst. In Frankreich galt beispielsweise theoretisch das Prinzip, dass jeder Mensch, der Französisch sprach und sich zur französischen Nation und zur französischen Kultur bekannte, auch die Staatsbürgerschaft beantragen konnte. Diese Regelung galt allerdings nur sehr eingeschränkt für Afrikaner oder Vietnamesen, die aus den französischen Kolonien kamen. Im Deutschen Reich war diese Frage zunächst nicht zentral geregelt. In Preußen galt das männliche Abstammungsprinzip: Jeder Mensch, der einen preußischen Vater hatte, war automatisch auch preußischer Staatsbürger. Diese Regelung wurde 1913 in einem Staatsbürgerschaftsgesetz für das gesamte Deutsche Reich übernommen.

Was ist eine Minderheit? ▪ Im Deutschen Reich spielte Religion eine wichtige Rolle für die Definition von *Minderheiten*. In Preußen stellten die Katholiken eine Minorität dar, die in den 1870er-Jahren während des sogenannten *Kulturkampfes* offensiv bekämpft wurde. Hintergrund für den Kulturkampf waren die Auseinandersetzungen zwischen den Liberalen und dem Vatikan. Obwohl der Papst auch von vielen Katholiken kritisiert worden war, warfen die Liberalen den preußischen Katholiken pauschal „Ultramontanismus" vor und unterstellten ihnen eine antinationale Gesinnung. Viele Priester und Bischöfe wurden verhaftet, katholische Vereine überwacht und Gottesdienste behindert. Allerdings war diese Politik wenig erfolgreich und hat eher dazu geführt, dass Katholiken sich zusammenschlossen und zur Wehr setzten.

In den Jahren nach 1880 begann ein langsamer Prozess der Normalisierung, und nach 1900 waren auch in Preußen Katholiken in der Regel integriert. Sie verfügten mit der Zentrumspartei und einem sehr gut organisierten Vereinswesen auch über eine starke institutionelle Verankerung. Auch die Juden stellten eher eine religiöse, als eine nationale Minderheit dar. Rechtlich waren sie 1871 nach der Reichsgründung völlig gleichgestellt. Allerdings entstand seit den späten 1870er-Jahren langsam ein neuer *Antisemitismus*, der nicht mehr religiös, sondern rassistisch argumentierte. Der *Zionismus*, also die Idee, dass die Juden irgendwo auf der Welt einen eigenen Staat erhalten sollten, hatte im Deutschen Reich aber dennoch nur sehr wenige Anhänger. Die meisten Juden passten sich – auch wenn sie ihre Religion beibehielten – überall wo es möglich war der deutschen Kultur an. Sehr viele Juden betrachteten sich selbst als einen deutschen Volksstamm wie etwa die Bayern, die Württemberger oder die Preußen.

„Nationale" Minderheiten im Deutschen Kaiserreich ▪ Vor allem in den Randgebieten des Kaiserreiches wohnten sprachliche Minderheiten. Die zahlenmäßig größte Minorität waren erstens die Polen. In den beiden Provinzen Elsass und vor allem in Lothringen, die 1871 annektiert worden waren, lebten zweitens französischsprachige Menschen, die sich kulturell meist nach Frankreich orientierten. Sie wurden bis zum Ersten Weltkrieg teils offen, teils versteckt diskriminiert, und der deutsche Staat hat ihnen kaum ein Angebot zur Integration gemacht. Anders als die anderen Minderheiten durften sie aber in bestimmten Situationen (im Verkehr mit der Verwaltung oder vor Gericht) wenigstens Französisch sprechen. Drittens bestand in Schleswig, das 1866

Ultramontanismus (von lat. „ultra montes": „jenseits der Berge"): also jenseits der Alpen dem Papsttum und nicht dem preußischen Staat gegenüber loyal

Konfessionen	Anzahl
Protestanten	35 231 104
Katholiken	20 327 913
Juden	586 833
Andere	221 328

▲ **Konfessionen im Deutschen Reich.**
Stand: 1. Dezember 1900. Kaiserliches Statistisches Amt, (Hrsg.) Statistisches Jahrbuch für das Deutsche Reich, Berlin 1906, S. 4

Muttersprache	Gesamt	in Prozent
Deutsch	51 883 131	92
Holländisch	80 361	0,14
Dänisch	141 061	0,25
Französisch	211 679	0,38
Italienisch	65 591	0,12
Polnisch	3 086 489	5,48
Masurisch[1]	142 049	0,26
Kassubisch[2]	100 213	0,18
Sorbisch[3]	93 032	0,17
Mährisch[4]	64 382	0,11
Litauisch	106 305	0,19
Andere	139 597	0,25

▲ **Bevölkerung nach Muttersprachen.**
Stand: 1. Dezember 1900. Differenzen zu 100 Prozent sind rundungsbedingt.
Kaiserlich Statistisches Amt, a.a.O., S. 5

[1] **Masuren:** slawische Volksgruppe im südlichen Ostpreußen
[2] **Kassuben:** slawische Volksgruppe in Pommern und Westpreußen
[3] **Sorben** (auch Wenden genannt): slawische Volksgruppe an der Elbe, Niederlausitz (Sachsen)
[4] **Mähren:** aus dem heutigen Tschechien stammende Sprachgruppe

annektiert worden war, eine dänische Minderheit, die aber weitgehend unauffällig war. Fast alle Dänen gehörten der protestantischen Religion an und waren bereit, sich – trotz des hohen Assimilationsdrucks seitens der preußischen Behörden – den politischen Verhältnissen anzupassen. Viertens gab und gibt es bis heute südlich von Berlin im Spreewald die Sorben, eine kleine Gruppe von Menschen, die eine slawische Sprache sprechen und die ebenfalls bereit waren, sich integrieren zu lassen. Hinzu kamen fünftens im Osten Deutschlands sehr kleine Gruppen von Litauern und weitere slawisch sprechende Völker, die aber keine politische Bedeutung hatten. Keine echte Minderheit bildeten Wanderarbeiter vor allem aus dem russischen Teil Polens, die lediglich zur Ernte nach Deutschland kamen und am Ende des Herbstes wieder zurückkehrten. Ähnlich kamen seit den 1890er-Jahren viele Italiener als Saisonarbeiter, die aber meistens nicht im Deutschen Reich blieben, sondern nur für einige Monate oder Jahre Geld verdienen wollten.

Der neue Reichsnationalismus ■ Nachdem das Deutsche Kaiserreich gegründet worden war, veränderte sich langsam der vorwiegend bürgerliche Nationalismus, der sich nun weit stärker als zuvor auf den Gedanken des „Reiches" bezog. Auch der Kaiser bot sich als integrative Figur an. Als problematisch erwies es sich aber, dass dieser entstehende *Reichsnationalismus* zunehmend rassistische und völkische Vorstellungen in seine Ideenwelt integrierte. Seit den frühen 1890er-Jahren wurden Imperialismus und *Kolonialismus* weit über das Bürgertum hinaus immer populärer. Um die Jahrhundertwende kam der Flottengedanke hinzu, als die Marine damit begann, eine große Schlachtflotte gegen England zu bauen. Die radikalste Gruppierung war der *Alldeutsche Verband*, der 1890/94 gegründet worden war und der einen aggressiven Imperialismus predigte. Zwar war er zahlenmäßig klein, aber ihm gehörten viele Mitglieder der intellektuellen Eliten, also etwa Professoren, Lehrer oder Journalisten an (▸ M1).

Germanisierungspolitik im Osten ■ Bereits nach dem polnischen Aufstand von 1863[1] wurde in Preußen schrittweise eine gezielte *Germanisierungspolitik* betrieben, das heißt, die Polen sollten möglichst von ihrem Land vertrieben werden, sofern sie nicht bereit waren, ihre Identität aufzugeben. Stattdessen sollten Deutsche dort angesiedelt werden (▸ M2). Reichskanzler Otto von Bismarck verschärfte diese Politik noch in den 1880er-Jahren. 1886 gründete die preußische Regierung eine Ansiedlungskommission, die mit zunächst 100 Millionen Reichsmark polnischen Grundbesitz kaufen und Siedler aus dem Reich anwerben sollte. Eine weitere einflussreiche private Organisation, die Geld sammelte, um Boden zu „germanisieren" und pro-deutsche Propaganda zu organisieren, war der *Ostmarkenverein*. Auch wurde schon seit den 1870er-Jahren die polnische Sprache fast völlig aus dem öffentlichen Leben verdrängt. Selbst in den Grundschulen durfte Polnisch nur im Fach Religion benutzt werden, in allen anderen Fächern und Schultypen war der Gebrauch dieser Sprache strikt untersagt.

Allerdings war diese Politik der Germanisierung nicht besonders erfolgreich. Erstens provozierte sie polnische Gegenreaktionen und stärkte den ohnehin vorhandenen

---
[1] Vgl. Sie dazu Seite 21.

polnischen Nationalismus. Zweitens war es zwar möglich, durch bürokratischen Druck Polen zur Abwanderung zu zwingen oder an der Neuansiedlung zu hindern, aber Deutsche waren kaum daran interessiert, in die teilweise wenig entwickelten agrarischen Gebiete im Osten zu ziehen, in denen sie zudem selbst oft eine Minderheit dargestellt hätten. Selbst nationalistische Fanatiker, die von einem „reinrassigen" deutschen Osten träumten, wohnten lieber in Berlin oder in Hamburg als auf einem abgelegenen Bauernhof in der Nähe von Posen, wo es keine Theater oder andere Freizeiteinrichtungen gab und der nächste Bahnhof viele Kilometer entfernt war. Bis 1914 wurden – trotz

der massiven Propaganda – nur 22 000 deutsche Bauernfamilien angesiedelt. Drittens war das Deutsche Kaiserreich zwar ein autoritärer Staat, aber dennoch – ganz anders als später das nationalsozialistische Deutschland – ein Rechtsstaat. Findigen Polen gelang es immer wieder, Gesetzeslücken für sich auszunutzen oder juristische Übertretungen deutscher Beamter in der Presse anzuprangern.

▲ **Ein listiger Pole stellt sich gegen die Germanisierungspolitik.**
Foto vom April 2010. Mehrere Jahre lang machte der polnische Bauer Michał Drzymała die Germanisierungspolitik der preußischen Behörden mit einem Zirkuswagen regelrecht lächerlich. Das Foto zeigt eine moderne Nachbildung seines berühmten Wagens.
■ ⊞ *Recherchieren Sie im Internet über die Geschichte des Bauern und seines Zirkuswagens. Fassen Sie Ihre Ergebnisse anschließend in einem kurzen Bericht zusammen.*

Die Entwicklung des nationalen Gedankens in Polen 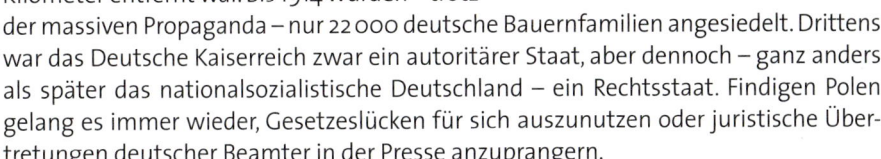 Zwar fanden nach 1863 keine polnischen Aufstände mehr statt, aber die aggressive preußische Politik stieß auf breiten und häufig erfolgreichen passiven polnischen Widerstand, und sie förderte geradezu die Verbreitung von nationalistischen Ideen. In der Stadt Posen und in vielen anderen Orten formierte sich eine friedliche Oppositionsbewegung. Diese proklamierte die „organische Arbeit", die auf Bildung setzte und anstrebte, besondere polnische Traditionen am Leben zu erhalten und zu stärken. Da keine polnischsprachigen Schulen und Universitäten existierten, fanden Unterricht und Lehre in privaten Wohnungen statt. Überall im deutschen Teilungsgebiet entstand ferner ein sehr lebendiges und aktives Vereinsleben, in dem die nationale Kultur auf vielfältige Weise gepflegt wurde. Hinzu kam eine breite Publizistik, das heißt, Zeitungen und Zeitschriften sowie Bücher und Romane wurden geschrieben, die auf vielfältige Weise den nationalen Gedanken hochhielten und die polnische Vergangenheit feierten. Mehrfach gab es Schulstreiks, bei denen polnische Jugendliche gegen die scharfen Sprachvorgaben protestierten. Zu besonderen Jahrestagen oder Jubiläen wurden große kulturelle Veranstaltungen abgehalten (▸ M3). Eine wichtige Stütze des nationalen Gedankens war die polnische katholische Kirche. Diese oppositionellen Polen konnten auch darauf verweisen, dass im österreichischen Teilungsgebiet viel mehr Freiheiten bestanden. Dort war Polnisch sogar als untergeordnete zweite Sprache in der Armee gestattet, und in mehrheitlich polnischsprachigen Gebieten bestand ein gewisser Grad an kommunaler Selbstverwaltung.

1903 schlossen sich im Deutschen Reich mehrere bis dahin konkurrierende polnische Parteien zur *Polnischen Nationaldemokratischen Partei* (kurz *Polenpartei*) zusammen. Während des gesamten Kaiserreiches erzielten die polnischen Minderheitsparteien konstant zwischen etwa drei und vier Prozent der Stimmen. Bei den Reichstagswahlen von 1907 erreichte die Polenpartei fünf und 1912 vier Mandate. Sie war auch im preußischen Landtag und in zahlreichen Stadträten vertreten. Mehrfach versuchte die Partei, loyal mitzuarbeiten und konstruktive Vorschläge zu machen, die

▲ **Verwitterte Spuren.**
Foto, um 2010.
Die Inschrift auf einer Haus-
wand in Bochum weist auf die
1917 gegründete „Bank Robot-
ników" (Polnische Arbeiter-
bank) hin.

das gemeinsame Zusammenleben verbessert hätten. Doch wurde sie durch die konstant repressive preußische Politik geradezu in die Opposition gedrängt. In den verschiedenen Parlamenten arbeitete sie meistens mit der katholischen Zentrumspartei zusammen, weil sich hier über die gemeinsame Religion viele Berührungspunkte ergaben. Von Vorteil erwies sich auch, dass die gewählten Abgeordneten Immunität genossen. Sie konnten deshalb im Berliner Parlament immer wieder die Öffentlichkeit auf Missstände aufmerksam machen und Übergriffe preußischer Beamter anprangern (▶ M4).

Die „Ruhrpolen" ◼ Das Ruhrgebiet stellte bereits ab den 1860er-Jahren eine der dynamischsten Industrieregionen Europas dar. Bis 1914 wuchs die Industrie vor allem in den Bereichen Kohle und Stahl rapide, sodass dringend Arbeitskräfte, vor allem gesunde junge Männer, benötigt wurden. Die Arbeit im Bergbau oder am Hochofen war hart und gefährlich, zugleich aber – von Krisenzeiten abgesehen – auch gut bezahlt. Da in Oberschlesien bereits ein Bergbaurevier bestand, in dem viele Polen arbeiteten, konnten die Besitzer von Zechen und Stahlwerken hier immer wieder gut ausgebildete Bergleute abwerben. Aber auch ungelernte Arbeiter waren gefragt, die häufig aus den wenig entwickelten und landwirtschaftlichen Gebieten des Ostens in das Ruhrgebiet kamen (▶ M5). Viele blieben nur für einige Zeit, um schnell Geld zu verdienen, und kehrten dann in ihre Heimat zurück. Einige blieben aber für immer und manche holten ihre Familien nach, sodass bis zur Jahrhundertwende ein stabiles polnischsprachiges Milieu entstand. Ab den 1890er-Jahren stieg auch die Zahl von polnischsprachigen Frauen stark an, sie blieb aber stets unter der Zahl der Männer. Bei Ausbruch des Ersten Weltkrieges lebten etwa 400 000 „Ruhrpolen" im Industrierevier. Manche Städte wie Gelsenkirchen, Recklinghausen, Herne, Bottrop und Bochum waren sehr stark von Polen geprägt, in manchen Stadtteilen betrug der polnischsprachige Anteil zwischen 70 und 80 Prozent. Diese Gruppe hatte ihre eigenen Geschäfte, ihre eigenen (fast immer katholischen) Kirchen und vor allem ein sehr reges und gut organisiertes Vereinsleben. Im Jahre 1912 wurden 1038 polnische Vereine im Ruhrgebiet gezählt, die nahezu jede Freizeitaktivität erfassten. Es gab Gesangs- und Taubenzüchtervereine, Frauengruppen, religiöse Gruppierungen, Turn- und Fußballvereine und Wählervereinigungen, die die polnische politische Partei unterstützten.

1. *Entwickeln Sie Alternativen, mit denen Polen auf die Germanisierungspolitik reagieren konnten.*

2. *Zahlreiche Museen und Ausstellungen im Ruhrgebiet haben sich in den vergangenen Jahren mit den „Ruhrpolen" beschäftigt. Informieren Sie sich im Internet über einige dieser Initiativen. Verfassen Sie auf der Basis dieses Materials einen kurzen Zeitungsartikel zum polnischen Vereinswesen vor 1914.*

M1 Radikalisierung des Reichsnationalismus

Der deutsche Historiker Wolfgang Kruse befasst sich mit dem Reichsnationalismus in der Wilhelminischen Zeit (nach 1890):

In der wilhelminischen Phase des Kaiserreichs kamen zwei neue Faktoren hinzu, die den Reichsnationalismus weiter radikalisierten: Im Zeichen des Hochimperialismus ging die Reichspolitik von Konsolidierung und eher zauderndem Ko-
5 lonialerwerb nun zu einer aggressiven „Weltpolitik" über. Und sie wurde dabei von neuen, bürgerlich geprägten Agitationsverbänden angetrieben, die die monarchische Regierung von rechts propagandistisch unter Druck zu setzen versuchten und dabei einen radikalen Nationalismus entwi-
10 ckelten. [...] Einen besonders radikalen, pangermanisch-völkischen Nationalismus vertrat [...] der Alldeutsche Verband, dessen Vorsitzender Heinrich Class 1912 unter dem Titel „Wenn ich der Kaiser wäre" eine programmatische Schrift veröffentlichte, die mit ihren Forderungen nicht nur nach
15 einer expansionistischen Außenpolitik, sondern auch nach der Schaffung einer homogenen, national, politisch und rassisch einheitlichen Volksgemeinschaft eindeutig einen prä-faschistischen Charakter aufwies. [...]
Als typisch imperialistische Legitimationsideologie gewann
20 schließlich auch der Sozialdarwinismus spezifisch nationalistische Aufprägungen. Nationale Stärke und Kampfbereitschaft sollten die Nation in der als notwendig begriffenen Auseinandersetzung mit anderen Nationen auszeichnen. Der pensionierte Planungsleiter im Preußischen Generalstab
25 Friedrich v. Bernhardi etwa propagierte in seinem Bucherfolg „Deutschland und der nächste Krieg" nicht nur eine aggressive Politik des Kaiserreiches, sondern er bestimmte Krieg zugleich als eine „biologische Notwendigkeit" für die Nation. „Ohne den Krieg aber würden nur allzu leicht minderwertige
30 und verdorbene Rassen durch Masse und Kapitalmacht die gesunden, kernkräftigen Elemente überwuchern, und ein allgemeiner Rückgang müsste die Folge sein. In der Auslese besteht die Schöpferkraft des Krieges."

Nach: www.bpb.de/geschichte/deutsche-geschichte/kaiserreich/138915/nation-und-nationalismus (Zugriff: 17. Februar 2016)

1. *Fassen Sie die Kernaussagen des Textes zusammen.*
2. *Analysieren Sie den Zusammenhang zwischen Nationalismus, Krieg und Rassismus.*
3. *Informieren Sie sich im Internet und/oder in einem Lexikon über den Begriff „Sozialdarwinismus" (Zeile 20). Erörtern Sie anschließend die Bedeutung dieses Begriffes im Zusammenhang mit der Minderheitenpolitik Preußens.*

▲ „Aus Preußisch-Polen. Die beginnende Enteignung."
Zeichnung von Hans Gabriel Jentzsch, in: Der wahre Jacob, Nr. 687 vom 16. November 1912.
Text unter dem Bild: „Die Auswanderer: Weshalb werden wir von Haus und Hof gejagt, Panje Landrat, und wohin sollen wir ziehen? Kein Mensch wird uns aufnehmen! Der Landrat: Geht nur ins Kohlengebiet – da ist Platz für euch alle. Hier wird jetzt germanisiert!"

- *Charakterisieren Sie die einzelnen Personengruppen und deren Beziehungen zueinander.*
- *Arbeiten Sie heraus, welche Meinung der Künstler bezüglich der preußischen Germanisierungspolitik einnimmt. Berücksichtigen Sie dabei auch die Zeitschrift, in der der Farbdruck erschienen ist. Informieren Sie sich dazu im Vorfeld über „Der wahre Jacob" im Internet.*

M2 Preußische Polenpolitik

Der in Wien lehrende Historiker Philipp Ther äußert sich 2004 über die preußische Verwaltung in den polnischen Gebieten:

Die erste Periode des preußisch-deutschen Empires dauerte von 1815, als die Teilung Polens bestätigt wurde, bis Anfang der Sechzigerjahre. In dieser ersten Phase war die imperiale Herrschaft Preußens [...] über die polnischen Teilungsgebiete

5 informell und indirekt. Der [...] polnische Adel behielt auf lokaler und regionaler Ebene viele seiner Vorrechte [...].
Die zweite Phase beginnt mit dem Januaraufstand in Polen von 1863.[1] Preußen griff nun zu einer Politik der strikten Unterdrückung und Assimilation. Im Zuge der allgemeinen
10 Bürokratisierung erreichte der Staat auch entlegene Gebiete, die imperiale Herrschaft wurde also zunehmend direkt und formell. Die Einstellungen gegenüber Polen standen zunehmend unter rassistischen Vorzeichen und nahmen einen kolonialen Charakter an. [...] Nahezu zeitgleich mit dem Erwerb
15 der überseeischen Gebiete[2] verschärfte das Deutsche Reich noch einmal die Gangart gegenüber den Polen, 1886 wurde das Reichsansiedlungsgesetz erlassen, das die Germanisierung der polnischen Gebiete durch deutsche Siedler anstrebte. Administrativ und juristisch war das polnische Tei-
20 lungsgebiet zwar nie eine Kolonie, aber die Einstellungen der Deutschen gegenüber den Polen entwickelten sich, bei allen Unterschieden, doch in dieser Richtung. [...]
Die Ansiedlungspolitik im polnischen Teilungsgebiet zielte langfristig darauf ab, aus dem Reich auch dort einen Natio-
25 nalstaat zu machen. Weil aber die Politik der Assimilation und Unterdrückung auf Widerstand traf, griff die Regierung zu immer schärferen Maßnahmen.

Philipp Ther, Deutsche Geschichte als imperiale Geschichte. Polen, slawophone Minderheiten und das Kaiserreich als kontinentales Empire, in: Sebastian Conrad und Jürgen Osterhammel (Hrsg.), Das Kaiserreich transnational. Deutschland in der Welt 1871-1914, Göttingen 2004, S. 109-148, hier S. 146 f.

1. *Erklären Sie anhand von selbstgewählten historischen Beispielen, was unter informeller und formeller Herrschaft (Zeile 3 ff. und 9 ff.) zu verstehen ist. Dazu können Sie auch Informationen aus dem Internet heranziehen.*
2. *Charakterisieren Sie die Ziele der Politik in den polnischsprachigen Teilen Preußens.*
3. *Beurteilen Sie, ob im Falle der polnischsprachigen Gebiete von der Bildung einer Kolonie gesprochen werden kann. Informieren Sie sich vorab über die Begriffe „Kolonialismus" und „Kolonie" im Internet und/oder in Fachbüchern.*

M3 „Wo liegt Polen?"

Der deutsche Historiker Peter Oliver Loew beschreibt die Wandlungen im polnischen Nationalbewusstsein an der Wende vom 19. zum 20. Jahrhundert:

Angesichts der Abwesenheit Polens auf den Karten wurde die mentale Kartierung der Nation immer wichtiger. Während im historischen Staatsgebiet nicht-polnische Nationalbewegungen ihr Haupt erhoben, während sich Litauer und Letten, Ukrainer und schließlich auch die Weißrussen als 5 junge Nationen formierten, entdeckten die Polen ihrerseits die polnischsprachigen Bevölkerungen außerhalb des historischen Staatsgebiets: Gehörten Masuren, Kaschuben und Oberschlesier nicht auch in einen dereinst wiederentstehenden polnischen Staat? Die Vorstellung eines zwischen Oder 10 und Dnjepr, Ostsee und Schwarzem Meer gelegenen historischen Großreichs wurde somit langsam ersetzt durch eine vage Vorstellung polnischer Grenzen, in denen ethnische, sprachliche, kulturelle, geografische und historische Argumente zusammenfielen. Damit war jedoch alles andere als 15 klar, welche Gebiete ein wiedergeborenes Polen umfassen würde. Auf die Frage „Wo liegt Polen?" gab es deshalb die unterschiedlichsten Antworten, doch keine war präzise. Während Stanislaw Wyspiański 1901 in seinem Schauspiel *Die Hochzeit* die Auskunft erteilte, dass Polen dort liege, wo das 20 Herz sei [...], verstieg sich der Geograf Wacław Nałkowski kurz vor dem Ersten Weltkrieg in düstere Gedanken: Das Gebiet Polens mit seinem Übergangscharakter wecke bei den Polen keine Energie, kein aktives Zukunftsstreben, sondern allzu oft Trauer, Resignation und schläfriges Sich-Verlieren in die Ver- 25 gangenheit.

Peter Oliver Loew, Paderewski oder Wo liegt Polen. Nation und Erinnerungskultur zwischen dem 19. und 20. Jahrhundert, in: Peter Oliver Loew und Christian Prunitsch (Hrsg.), Polen. Jubiläen und Debatten. Beiträge zur Erinnerungskultur, Wiesbaden 2012, S. 71-96, hier S. 74

1. *Arbeiten Sie heraus, was unter dem Begriff einer „mentale[n] Kartierung" (Zeile 2) zu verstehen ist.*
2. *In dem Text werden zwei Möglichkeiten genannt, mit dem Problem des Nationalismus ohne Staatsgebiet umzugehen. Erörtern Sie, ob weitere Alternativen bestanden haben könnten. Ziehen Sie dabei diejenigen Argumente heran, die auch in der deutschen Nationalbewegung benutzt wurden, bevor das Deutsche Reich gegründet war. Siehe hierzu nochmals Seite 15 ff.*

[1] Siehe hierzu Seite 21.
[2] Gemeint sind die deutschen Kolonien in Afrika, die 1884/85 erworben wurden.

M4 Eine polnische Gefahr?

Ludwik Jażdżewski, Abgeordneter der polnischen Partei, kritisiert 1901 die Politik der preußischen Regierung gegen die polnische Bevölkerung:

Meine Herren, wenn man einer Bevölkerung, welche dem preußischen Staate aufgrund von internationalen Staatsverträgen[1] einverleibt worden ist mit der Zusage, mit dem feierlich abgegebenen königlichen Versprechen, dass ihre Natio-
5 nalität geschützt und gepflegt werden soll im preußischen Staat, dass ihre Sprache im amtlichen und im Privatleben eine Schonung und einen sicheren Schutz erhalten soll, – wenn man dieser Bevölkerung, die schon unglücklich genug gewesen ist, dass sie ihre staatliche Unabhängigkeit verloren
10 hat, alle diese Versprechen und Zusagen vorenthält und ins Gegenteil verkehrt, so kann man sich nicht wundern, dass diese unsere Bevölkerung, die eine tausendjährige Geschichte und Kultur hinter sich hat, über die geradezu feindlichen Maßnahmen der Regierung unzufrieden, ja geradezu
15 empört ist, und bei ihrem lebhaften Naturell dieser Unzufriedenheit und tiefem Missbehagen einen entsprechend lebhaften Ausdruck gibt.
Ich will ihnen nur kursorisch eine kurze, lange nicht erschöpfende Zusammenstellung dessen vorlegen, was alles dieser
20 unserer Bevölkerung in den letzten Zeiten widerfahren ist, um sie aufzureizen und zu schädigen. [...] Familiennamen werden vielfach durch Behörden verfälscht; jede fachmännische Versammlung wird polizeilich überwacht; jede Versammlung unter freiem Himmel wird untersagt; Aufzüge
25 mit Musik werden verboten; polnische Theateraufführungen werden meistens verboten oder verhindert. Was tut nicht alles die Ansiedlungskommission[2], um die Bevölkerung zu kränken? [...] Und worauf zielt sie hin? Auf das Verdrängen der polnischen Besitzer und Arbeiter von der väterlichen
30 Scholle mit dem Vorbehalt, dass eine Parzelle aus Staatsfonds von den angekauften Gütern an einen Polen, der doch auch ein gleichberechtigter Staatsbürger sein soll wie jeder andere, nie und nimmer verkauft werden darf. Die verschiedenen Ankäufe und Verkäufe dieser Kommission regen tagtäg-
35 lich die Bevölkerung auf, und nachdem das geschieht, klagt man darüber, dass die Bevölkerung sich beunruhigt fühlt, und dass eine gewisse Agitation im Lande sich zeigt, die solchen Maßnahmen entgegenarbeitet. [...]

---

[1] Jażdżewski spielt auf die polnischen Teilungen und den Wiener Kongress von 1815 an; siehe hierzu Seite 15 f.
[2] Die Ansiedlungskommission wurde von Bismarck 1886 mit Stimmen der Konservativen und der Nationalliberalen gegründet. Sie sollte Land von verschuldeten polnischen Bewohnern aufkaufen und günstig an deutsche Zuwanderer abgeben.

▲ „Studt bringt den polnischen Kindern
das deutsche Vaterunser bei."
*Zeichnung von Otto Emil Lau, in: Der wahre Jacob, Nr. 532 vom
11. Dezember 1906.*
Auf der Flasche steht geschrieben: „Deutsch. Religionsunterricht".
■ *Informieren Sie sich im Internet über Conrad von Studt und seine
Funktion zur Entstehungszeit der Karikatur.*
■ *Charakterisieren Sie, wie der Zeichner das deutsch-polnische
Verhältnis darstellt.*
■ *Ordnen Sie diese Karikatur in den Kontext der preußischen
Germanisierungspolitik ein.*

Meine Herren, vor Gericht darf kein Pole seine Sache in eigener Sprache vertreten: Vor den Verwaltungsbehörden findet 40
er kein Gehör in seiner Muttersprache. Kurz und gut, auf jedem Gebiet wird der Pole zurückgedrängt, auf jedem Schritt und Tritt wird er gekränkt; und nachdem das tagtäglich geschieht, klagt man über Agitation, über Unruhe und über eine polnische Gefahr und spricht von der Bedrängung des 45
Deutschtums! Meine Herren, nun die Schule! Ist denn bei uns die Volksschule ein Bildungsinstitut, eine Bildungsanstalt im erhabenen Sinne des Wortes? Nein, sie ist geradezu eine Verbildungsanstalt, sie ist nichts weiter wie ein Abrichtungsinstitut. Den Vorwurf muss ich der Schulverwaltung in der 50

schärfsten Weise entgegenhalten, dass sie nicht dafür Sorge trägt, was ihre Pflicht und Schuldigkeit ist, dass der Bevölkerung ihre Muttersprache, die Sprache der Familie und der Kirche, in der Schule nicht gehörig beigebracht wird, dass das 55 polnische Kind in der Volksschule meistens nicht einmal leidlich polnisch lesen und schreiben lernen kann.

Meine Herren, das sind alles Zustände, die die polnische Bevölkerung tagtäglich vor Augen hat, und mit welchen sie tagtäglich in Berührung kommt; und da spricht nun das an-60 gezogene Ministerialorgan von einer durch Agitation gezeitigten polnischen Gefahr! Diese polnische Gefahr haben Sie sich, meine Herren am Ministertische, selbst heraufbeschworen und großgezogen. Sie ist ihr eigenstes Werk.

Nach: Willibald Gutsche (Hrsg.), Herrschaftsmethoden des deutschen Imperialismus 1897/98 bis 1917. Dokumente zur Innen- und Außenpolitik, Berlin (Ost) 1977, S. 74-76

1. *Fassen Sie die Maßnahmen der preußischen Regierung gegen die polnische Bevölkerung zusammen.*
2. *Erläutern Sie die Folgen dieser Politik für die polnische Bevölkerung damals und für die späteren deutsch-polnischen Beziehungen.*

M5 „Wie eine Pflanze in fremder Erde"

Eine polnische Lokalchronik aus Bottrop berichtet 1911 über die Zuwanderung polnischsprachiger Arbeitskräfte in den 1870er-Jahren:

Der erste [...] Agent kam nicht lange nach dem Krieg nach Oberschlesien. Er erreichte jedoch nicht viel, da er Deutscher und der polnischen Sprache nicht mächtig war. So brachte er nur 25 Bergleute, hauptsächlich aus dem Kreise Rybnik, mit 5 sich. Das war im Januar 1871. [...]

Selbstverständlich reichten diese neu zugezogenen Kräfte bei Weitem nicht zur Deckung des Bedarfs aus; deshalb fuhr ein neuer Agent los. Diesmal war es ein Pole namens Karl Sliwka, der als Steiger auf [der Zeche] Prosper I arbeitete. Mit 10 ihm kamen 400 polnische Bergleute nach Bottrop, die in dem gleichen Gebäude untergebracht wurden. Diese Reise fand im Mai 1871 statt. Im Jahr darauf brach auf der Zeche ein Streik aus und ungefähr 300 polnische Bergleute kehrten daraufhin in die Heimat zurück. Die Bergwerksbesitzer wur-15 den dadurch veranlasst, Karl Sliwka ein zweites Mal zur Werbung von Arbeitern auszusenden. Und auch diesmal fand Sliwka ein fruchtbares Arbeitsfeld im Kreise Rybnik, denn er brachte ca. 500 polnische Arbeiter mit. Mit dem Sturze der Konjunktur [Ende des Jahres 1873] kehrten viele polnische 20 Arbeiter wegen des zu geringen Verdienstes in die Heimat

zurück, sodass auf den hiesigen Gruben bald danach wieder Mangel an Arbeitern bestand. Es schien deshalb den Bergwerksbesitzern das Beste, noch einmal einen Agenten nach Oberschlesien zu senden, und zwar diesmal Leopold Kowalik. Aber die Bergleute scharten sich nicht mehr in so großen 25 Gruppen um ihn wie früher, er konnte nur 200 Bergleute nach Bottrop bringen, woraus ersichtlich ist, dass sie nicht mehr das anfängliche Vertrauen zum westfälischen Glück in sich trugen.

Die Ankunft dieser polnischen Arbeiter fiel in das Jahr 1875. In 30 dem gleichen Jahr begannen diejenigen polnischen Arbeiter, die schon länger in Bottrop wohnten und sich etwas erworben hatten, ihre Familien aus der Heimat in die Fremde zu holen. Nicht alle konnten sogleich von dieser Möglichkeit Gebrauch machen, aber langsam und vereinzelt zogen Fami- 35 lien zu, sodass sich in Bottrop im Jahre 1876 ca. 20 polnische Familien befanden. Und so kann man jetzt sagen, dass mit diesem Jahr, in dem die polnischen Familien im Herzen Deutschlands zu leben begannen, das hiesige Polentum seine Existenz wie eine Pflanze in fremder Erde begann. 40

Nach: Christoph Kleßmann, Polnische Bergarbeiter im Ruhrgebiet 1870-1945, Göttingen 1978, S. 38

1. *Fassen Sie die Informationen über Herkunft, Qualifikation und Motivation polnischsprachiger Arbeitskräfte zusammen.*
2. *Erklären Sie die Hintergründe für die hohe Fluktuation der polnischsprachigen Arbeitskräfte.*

▲ **Rückseite der Fahne des polnischen Knappenvereins Dortmund-Eving aus dem Jahre 1898.**
Der Text auf der Fahne bedeutet: „Hl. Barbara, betet für uns." Für Katholiken ist die Heilige Barbara die Schutzpatronin der Bergleute.

Der Erste Weltkrieg und seine Folgen

Die Frage der Kriegsschuld ▪ Am 28. Juni 1919 wurde der *Versailler Vertrag* unterzeichnet, der die Friedensregelungen für Deutschland traf und der den *Ersten Weltkrieg* beendete. Nach *Artikel 231* war alleine das Deutsche Reich für den Ausbruch dieses Krieges verantwortlich. Diese Annahme stieß in der *Weimarer Republik*[1] bei fast allen Parteien auf vehementen Widerstand. Auch unter Historikern entstanden schon bald komplizierte Forschungsdebatten, die sich mit der Frage der Kriegsschuld befassten. Nach dem Ende des *Zweiten Weltkrieges* setzte sich international vorübergehend die These durch, dass alle eigentlich gegen ihren Willen in den Krieg hineingeschlittert seien. Diese Auffassung wurde in den 1960er-Jahren von dem Hamburger Historiker *Fritz Fischer* infrage gestellt, der die Meinung vertrat, die Reichsregierung habe den Krieg lange geplant und bewusst herbeigeführt, da ihre Weltpolitik in eine Sackgasse geraten sei. Das Deutsche Reich habe 1914 nach der „Weltmacht" gegriffen. Diese These löste eine weitere mehrjährige Debatte aus.

Heute besteht unter Historikern weitgehende Einigkeit darüber, dass die Thesen von Fritz Fischer zu zugespitzt waren. Nachdem der österreichische Thronfolger *Franz Ferdinand* am 28. Mai 1914 in Sarajewo von einem serbischen Terroristen ermordet worden war, verfolgte die deutsche Regierung eine sehr riskante Strategie, weil sie in der sogenannten *Julikrise* die Konflikte auf dem Balkan, die sich nach dem Mord abzeichneten, bewusst verschärfte. Einen Weltkrieg wollte sie wohl nicht beginnen, sie trug aber die „initiierende Verantwortung" – so der Historiker *Klaus Hildebrand* – dafür, dass sich die Krise erheblich zuspitzte. In einem Buch, das 2012 unter dem Titel „Die Schlafwandler. Wie Europa in den Ersten Weltkrieg zog" erschien, zeigte der in Cambridge lehrende australische Historiker *Christopher Clark*, dass in allen beteiligten Staaten Kriegsparteien bestanden, die bewusst auf einen großen Konflikt hinarbeiteten. Clark argumentierte auch, dass in den entscheidenden Momenten zahlreiche Politiker in mehreren Ländern einfach überfordert waren: Sie mussten schnell weitreichende Entscheidungen treffen, ohne genug Zeit zu haben, ausreichende Informationen einzuholen und die Konsequenzen ihres Handelns sorgfältig zu durchdenken. Hinzu kam, dass die zahlreichen Krisen zuvor die jeweiligen Friedensparteien deutlich geschwächt hatten und internationale Kompromisse immer schwieriger geworden waren. Im Juli 1914 konnten sich vor allem im Deutschen Reich und in Österreich-Ungarn gemäßigte Politiker in den Regierungen gegenüber den Militärs, die massiv auf einen sofortigen Krieg drängten, nicht mehr durchsetzen (▸ M1 und M2).

Internettipp
Ausführliche Informationen zum Ersten Weltkrieg von den Kriegsursachen bis hin zu den Friedensschlüssen finden Sie unter dem Code 7317-03.

Der deutsche Nationalismus im Ersten Weltkrieg ▪ Im Moment des Kriegsausbruches gab es kaum offene Opposition.[2] Vor allem deutsche Intellektuelle äußerten sich offen kriegshetzerisch (▸ M3). Die Sozialdemokratie demonstrierte zwar Ende Juli 1914 für den Frieden, stellte sich dann aber fast geschlossen hinter die Regierung, die den *„Burgfrieden"* verkündete. Innenpolitische Konflikte sollten bis zum Ende des Krieges zurücktreten oder ganz aufhören. Vor allem die Gefahr, dass das verhasste autoritäre zaristische Russland den Krieg gewinnen könne und dass dann alle Vorteile verloren gehen würden, die die *Arbeiterbewegung* im Deutschen Reich mühsam erkämpft hatte, war für das Verhalten der Arbeiterschaft verantwortlich. Einige Historiker betonen neuer-

---

[1] Zur Weimarer Republik siehe ausführlich das Kapitel auf Seite 104 bis 131.
[2] Zum sogenannten „Augusterlebnis" im Deutschen Reich siehe den Methoden-Baustein „Fotografie" auf Seite 59.

▲ „Die Befreiung Polens vom russischen Joch."

Farbdruck, in: Der wahre Jacob, Nr. 761, 1915.

- *Erklären Sie, wen die beiden Frauengestalten und der Bär (im Bildhintergrund) versinnbildlichen sollen.*
- *Ordnen Sie den Farbdruck in den historischen Kontext ein.*
- *Analysieren Sie, welche Wirkung der Zeichner beim zeitgenössischen Betrachter erzielen wollte. Durch welche Bild- und Gestaltungsmerkmale wird diese Wirkung erzeugt?*

dings auch, dass vor 1914 Teile der Arbeiterschaft durchaus von nationalistischen Ideen erfasst worden seien. Zum Erstaunen der preußischen Behörden blieb es in den polnischsprachigen Gebieten des Reiches ruhig, und junge wehrpflichtige Polen ließen sich selbstverständlich und ohne Widerstand zur Armee einziehen.

In der zweiten Kriegshälfte zerfiel die deutsche Gesellschaft zunehmend in zwei Lager, die sich unversöhnlich gegenüberstanden. Einerseits wuchs vor allem in der Arbeiterschaft seit dem Hungerwinter von 1916/17 die Kriegsmüdigkeit: Die britische Flotte blockierte seit 1914 alle Zufuhren über das Meer, und bei den Mittelmächten wurden Nahrungsmittel knapp. Seit 1916 tobten an der *Westfront* große Materialschlachten, in denen die Verluste sehr hoch waren. Zwar waren viele einfache Soldaten und Arbeiter immer noch bereit, ihr Land zu verteidigen, aber sie hofften zugleich auf einen bald kommenden Frieden, der in ihrer Sicht durchaus ein *Kompromissfrieden* ohne Annexionen (territoriale Gewinne) sein konnte. Dem stand eine andere gesellschaftliche Gruppe gegenüber, die vor allem aus dem Bürgertum stammte. Hier wurde ein bedingungsloser *Siegfrieden* proklamiert und die Hoffnung auf große territoriale Gewinne ausgedrückt. 1917 gründete dieses bürgerliche Lager die *Deutsche Vaterlandspartei*, in der sich zahlreiche rechte und rechtsradikale Gruppierungen zusammenfanden und die auch von Teilen der protestantischen Kirchen offen unterstützt wurde. Diese Partei trat in der Öffentlichkeit mit der Forderung nach einem Siegfrieden um fast jeden Preis und nach großen Annexionen in Ost und West auf. Alle, die für eine Verständigung oder für einen Kompromissfrieden eintraten, wurden pauschal als Verräter bezeichnet.

Der Kriegsverlauf im Osten 1914-1918 ■ Bei Ausbruch des Krieges griff die russische Armee mit starken Kräften im Norden Ostpreußen und im Süden Galizien in Österreich-Ungarn an. Während die Offensive gegen das Deutsche Reich schnell scheiterte und die Deutschen bei *Tannenberg* einen großen Sieg errangen,[1] gelang es den Russen, bis zum Winter 1914/15 fast ganz Galizien zu erobern. Im Frühjahr 1915 wendete sich das Blatt, und in einer mehrtägigen Schlacht bei Tarnów und Gorlice durchbrachen deutsche und österreichisch-ungarische Truppen die russischen Stellungen. Im Sommer eroberten sie Galizien zurück und besetzten das gesamte russisch-polnische Territorium. Damit entstand die Frage, was eigentlich mit diesen Gebieten geschehen solle.

Bei den Deutschen bestanden zunächst keine klaren Konzepte, während die Österreicher die Vorstellung entwickelten, die eroberten Gebiete mit dem polnischsprachigen Galizien unter ihrer Führung zu vereinen und insgesamt in ihr Imperium zu integrieren. Da die Führung der deutschen Armee verzweifelt nach neuen Soldaten suchte, verfiel sie auf die Idee, verstärkt polnische Freiwillige anzuwerben. Am 5. November 1916 proklamierten der deutsche und der österreichisch-ungarische Kaiser deshalb die Schaffung eines *Königreiches Polen*. Allerdings wurden den Polen fast keine konkreten Rechte zugestanden: Weder wurde eine polnische Regierung oder eine eigenständige Verwaltung aufgebaut, noch war klar, welche Territorien der neue „Staat" erhalten sollte.

---

[1] Zur Schlacht bei Tannenberg siehe den Theorie-Baustein auf Seite 60 bis 65.

Zu Beginn des Krieges rechneten selbst große Optimisten nicht damit, dass am Ende ein vereinigtes und unabhängiges Polen entstehen könnte. Als möglich wurde aber – je nach Kriegsverlauf – ein vereinigtes Polen mit begrenzter Autonomie innerhalb des Zarenreiches oder Österreich-Ungarns angesehen. Nur sehr wenige Polen wünschten sich wegen der preußischen Germanisierungspolitik eine Vereinigung unter preußischer Führung. Je länger der Krieg dauerte, desto klarer wurde für polnische Aktivisten, dass ein wirklich unabhängiger polnischer Staat nur bei einem Sieg der **Entente** möglich sein würde (▸ M4). Diese Hoffnung erhielt weitere Nahrung, als im Januar 1918 der amerikanische Präsident *Woodrow Wilson* ein 14-Punkte-Programm verkündete (▸ M5).

Zunächst schien sich das Blatt aber zugunsten der **Mittelmächte** zu wenden: Im Herbst 1917 brach in Russland die Revolution aus und die russische Armee zerfiel schnell. Im *Friedensvertrag von Brest-Litowsk*, der am 3. März 1918 unterzeichnet wurde, schied das sowjetische Russland aus dem Krieg aus und musste sehr harte Bedingungen der Deutschen und ihrer Verbündeten hinnehmen. Allerdings erwies sich im Sommer, dass diese Entlastung im Osten nicht ausreichte, weil inzwischen die USA ihre gesamte ökonomische und militärische Macht in die Waagschale geworfen hatten und ein deutscher Sieg im Westen damit unmöglich geworden war.

Entente: Kriegsbündnis, dem Frankreich, Großbritannien, Russland, Italien und zahlreiche weitere Staaten angehörten

Mittelmächte: Kriegsbündnis aus dem Deutschen Reich, Österreich-Ungarn, dem Osmanischen Reich und Bulgarien

◂ **Europa nach 1919.**
Jugoslawien (Süd-Slawien) hieß bis 1929 „Königreich der Serben, Kroaten und Slowenen".

▪ *Beschreiben Sie mithilfe der Karte die territorialen Veränderungen, die sich in Europa nach dem Ende des Ersten Weltkrieges ergaben.*

Das Ende des Krieges und die deutsche Kapitulation 🏴 Nachdem die letzte große deutsche Offensive im Westen im Sommer 1918 fehlgeschlagen war, hatte sich in der Arbeiterschaft die Überzeugung verbreitet, dass der Krieg verloren war. Mit großer Schnelligkeit brach die öffentliche Ordnung in der Heimat zusammen, und an der Westfront desertierten während der Rückzüge Tausende von Soldaten. Das „vaterländische" Lager hingegen proklamierte weiterhin Durchhalteparolen und machte vergeblich Werbung für eine letzte Massenmobilisierung, die – auch aus heutiger Sicht – aussichtslos gewe-

Erich Ludendorff (1865 - 1937): seit Herbst 1914 gemeinsam mit Paul von Hindenburg Oberbefehlshaber im Osten, seit Herbst 1916 Generalquartiermeister im Großen Generalstab (3. Oberste Heeresleitung), damit faktisch Oberbefehlshaber der gesamten deutschen Armee; 1924 - 1928 Abgeordneter im Reichstag

sen wäre. Anfang September 1918 musste der deutsche Oberbefehlshaber, General **Erich Ludendorff**, eingestehen, dass der Krieg verloren war. Die Militärs versuchten nun – um ihr eigenes Scheitern zu vertuschen –, die Schuld den Politikern in Berlin zuzuschieben, die sie angeblich nicht genug unterstützt hatten.

Die deutsche Revolution brach Anfang November 1918 in den Küstenstädten aus, weil die Flotte einen letzten Angriff plante, der selbstmörderisch gewesen wäre. Nach wie vor hätten die meisten Matrosen ihre Schiffe und Häfen wahrscheinlich gegen einen englischen Angriff verteidigt, sie waren aber nicht bereit, in dem Moment, als der Krieg schon fast vorbei war, für die „Ehre" zu sterben. Die Seeoffiziere fanden kein Mittel gegen die Meutereien, die sich wie ein Lauffeuer verbreiteten. Sehr schnell erfasste die revolutionäre Bewegung in den großen Städten auch die Arbeiter, die – von wenigen Ausnahmen abgesehen – keineswegs eine kommunistische Revolution, sondern ein Ende des Krieges und die Einführung eines parlamentarischen Regierungssystems anstrebten. Im Moment des Zusammenbruchs war niemand wirklich bereit, die Monarchie zu verteidigen. Kaiser Wilhelm II. war schon kurz vorher von Berlin in das Hauptquartier in Belgien gefahren und floh von dort ins holländische Exil.

Allerdings erwies es sich in der Folge als problematisch, dass – anders als im Zweiten Weltkrieg – viele Zivilisten an der „Heimatfront" die Niederlage nicht wirklich erlebt hatten. Zwar war die militärische Lage hoffnungslos, aber scheinbar hätte weiterer Widerstand geleistet werden können. Im Moment der Kapitulation waren große Teile Osteuropas noch von deutschen Truppen besetzt, und im Westen hatte die Front das Reichsgebiet noch nicht erreicht. Erst die Revolution schien weiteren Widerstand unmöglich zu machen. Für viele Nationalisten, vor allem aus dem bürgerlichen Lager, blieb die Frage bestehen, ob man nicht wenigstens noch einige Monate hätte weiter kämpfen sollen, um dann vielleicht doch noch bessere Friedensbedingungen zu erhalten. In diesen Kreisen fiel die *„Dolchstoßlegende"* auf fruchtbaren Boden. Sie besagte, dass im schwierigsten Moment des Krieges gewissenlose Vaterlandsverräter der kämpfenden Front mit der Revolution, die lange vorbereitet worden sei, in den Rücken gefallen seien.

Erinnerungen an den Ersten Weltkrieg in der Weimarer Republik ▪ Das Deutsche Reich blieb deshalb nach 1918 weiterhin eine politisch tief gespaltene Nation. Die meisten der ehemaligen Soldaten hatten genug vom Krieg, auch wenn dieser mit einer Niederlage geendet hatte. Sichtbar wird dieses Faktum, wenn man sich die Mitgliederzahlen in den Veteranenverbänden anschaut. Der größte Verband war das mehrheitlich sozialdemokratische *„Reichsbanner Schwarz-Rot-Gold"*, der in der Weimarer Republik zunächst Krieg und Gewalt ablehnte und sich an die Seite der Demokratie stellte. In der Öffentlichkeit wurde aber sehr viel mehr der kleinere Veteranenverband *„Stahlhelm. Bund der Frontsoldaten"* wahrgenommen, der offen militaristisch argumentierte, den Krieg verherrlichte, eine Revanche predigte und die Niederlage auf die „Dolchstoßlegende" zurückführte. Da ehemalige Eliten des Kaiserreiches wie hohe Offiziere, monarchistische Adlige oder rechte Nationalisten ihr eigenes Versagen vertuschen wollten, stellte die „Dolchstoßlegende" eine bequeme Rechtfertigung dar. Von ihr existierten anfangs mehrere Versionen: Einigkeit bestand nur darin, dass die Revolution für die Niederlage verantwortlich war. Meinungsverschiedenheiten bestanden aber darüber, wer diese ausgelöst hatte: Kommunisten, Juden und Sozialdemokraten schienen vielversprechende Kandidaten zu sein, aber auch über die Rolle von Katholiken, **Freimaurern** und Minderheiten wurde diskutiert. Maßgebliche Mitglieder der ehemaligen wilhelminischen Eliten pflegten auch ausgeprägte antipolnische Stereo-

Freimaurer: internationale Bewegung, die bereits Anfang des 18. Jahrhunderts gegründet worden war. Ihre Ideale bestehen aus Freiheit, Gleichheit, Brüderlichkeit, Toleranz und Humanität. Sie praktizierten aber auch geheime Rituale, wurden deshalb häufig angefeindet und ihr Internationalismus stieß auf die Gegnerschaft von überzeugten Nationalisten.

type. *General Hans von Seeckt*, der Oberbefehlshaber der Reichswehr, äußerte sich am 11. September 1922 eindeutig: „Polens Existenz ist unerträglich, unvereinbar mit den Lebensbedingungen Deutschlands. Es muss verschwinden und wird verschwinden durch eigene innere Schwäche und durch Russland, mit unserer Hülfe".[1]

Im Sommer 1924 veranstaltete die Regierung eine große Feier in Berlin, mit der auf würdige Weise an den Beginn des Krieges erinnert und der Gefallenen gedacht werden sollte. Symbolisch sollte eine Brücke zwischen dem untergegangenen Kaiserreich und der neuen demokratischen Republik geschlagen werden. Nicht Heroismus, sondern Trauer sollte die Menschen miteinander versöhnen. Beispielsweise wurden zwei Fahnen auf Halbmast gehisst: Unter der kaiserlichen schwarz-weiß-roten hatten die Soldaten gekämpft und die schwarz-rot-goldene Fahne stand für den neuen freien Staat. Der Versuch einer symbolischen Versöhnung mit der wilhelminischen Vergangenheit schlug allerdings fehl, weil sowohl kommunistische als auch rechte Gruppierungen die Veranstaltung störten. Danach gab es keine Anläufe mehr, die beiden verfeindeten Lager zusammenzubringen, weil die demokratischen Regierungen zu der Meinung gekommen waren, diese Versuche seien sinnlos.

Die Erinnerungskultur an den Ersten Weltkrieg wurde in den folgenden Jahren deshalb vor allem von privaten Verbänden und Vereinen gepflegt, und sie erhielt dadurch häufig eine offen revanchistische und antisemitische Ausrichtung. Gefeiert wurden die Jahrestage wirklicher oder vermeintlicher deutscher Siege. Die nationalsozialistische Bewegung, die 1930 ihre ersten großen Wahlerfolge erzielte, wandte sich gezielt an die jüngere Generation, die die Schrecken der Front nicht mehr erlebt hatte, aber empfänglich war für heroische Darstellungen.

[1] Nach: Heinrich August Winkler, Weimar 1918-1933. Die Geschichte der ersten deutschen Demokratie, München ²1994, S. 169

Erinnerungen an den Ersten Weltkrieg in Polen ■ Ganz anders als in der Weimarer Republik sah die Erinnerung an den Ersten Weltkrieg in Polen aus (▶ M6). Polnische Soldaten hatten für alle Teilungsmächte gekämpft und waren auch für sie gefallen. Genaue Zahlen sind nicht verfügbar, aber es wird geschätzt, dass mehr als eine Million polnischer Soldaten in der russischen Armee kämpften und über zwei Millionen bei den Mittelmächten. Wahrscheinlich sind mehrere Hunderttausend Polen gefallen und die Zahl der Verletzten dürfte sehr viel höher gelegen haben. Wie viele Zivilisten ums Leben kamen, ist nicht bekannt, aber auch hier handelt es sich um eine hohe Zahl, weil schwere Kämpfe auf polnischem Territorium ausgetragen worden und zugleich in der zweiten Kriegshälfte die Nahrungsverhältnisse sehr schlecht gewesen waren. Hunger war bei den Mittelmächten an der Tagesordnung, und das besetzte ehemals russische Polen wurde zeitweise regelrecht ausgeplündert.

Die Erfahrungen der Soldaten bestanden darin, dass sie für die Teilungsmächte aufeinander geschossen hatten. Dennoch gelang es mit großer Mühe, eine nationale Erzählung, ein Narrativ, zu entwerfen, die den Erfahrungen der Menschen nicht völlig widersprach. Demnach hätten alle Polen nur gezwungenermaßen und widerwillig ihren Dienst als Soldaten verrichtet. Erst als 1918 der Krieg vorbei gewesen sei, hätten sie die Möglichkeit gehabt, ihre wahre Identität zu zeigen und als wirkliche Polen in den *Grenzkriegen* mit Begeisterung dem nationalen Gedanken zu folgen.[1] Damit ergab sich im Vergleich zu Deutschland eine ganz andere Chronologie: Entscheidend für den nationalen Gedanken in Polen war nicht die Periode von 1914 bis 1918, sondern diejenige der Grenzkriege von 1918 bis 1921.

Um diese Interpretation auch symbolisch für den neuen Staat nutzbar zu machen, wurde ein nicht mehr identifizierbarer Soldat, der während der Kämpfe um Lemberg im Grenzkrieg gegen die kurzlebige Westukrainische Republik gefallen war, exhumiert und in Warschau unter dem „**Grabmal des unbekannten Soldaten**" erneut bestattet. Dieser Kult des „unbekannten Soldaten", der ursprünglich in Frankreich und mit leichten Veränderungen in Großbritannien entwickelt worden war, wirkte auf viele Polen national integrierend. Allerdings war daran problematisch, dass gerade in Lemberg sehr viele Ukrainer lebten, die 1919 ebenfalls für einen eigenen Staat gekämpft hatten. Der polnische „unbekannte Soldat" war mit einiger Sicherheit von einem Ukrainer getötet worden. Für diese Menschen stellte der Kult des „unbekannten Soldaten" gerade kein integratives Moment dar – das Gegenteil war der Fall. Auch die Mitglieder der deutschen Minderheit in Polen konnten sich nicht mit diesem nationalen Symbol identifizieren.

Auch haben neuere historische Forschungen gezeigt, dass ein weiterer Aspekt dieser Darstellung auf einem Mythos basiert. Wenn die polnischen Soldaten in der deutschen Armee im Ersten Weltkrieg wirklich so unwillig ihren Dienst getan hätten, hätten sie zumindest an der *Ostfront* viele Möglichkeiten nutzen können, um zu desertieren. Die neueste Forschung hat aber eindeutig nachgewiesen, dass beispielsweise Polen in der deutschen Armee oder Tschechen in der österreichischen nicht öfter übergelaufen sind, als andere Deutsche. Man kann aber davon ausgehen, dass vor allem in der zweiten Kriegshälfte die Moral in der gesamten deutschen Armee schlecht war: Hier ergab sich dann doch auch für die polnischen Veteranen ein Anknüpfungspunkt für ihre Kriegserinnerungen.

Grabmal des unbekannten Soldaten: besonderes Soldatendenkmal, durch das an die nicht namentlich identifizierbaren Gefallenen und an die jeweiligen Kriege erinnert werden soll

1. *Vergleichen Sie die deutsche und die polnische Erinnerungskultur an den Ersten Weltkrieg. Ziehen Sie dazu die Darstellung auf Seite 50 bis 52 heran.*

2. *Erörtern Sie die politischen Konsequenzen, die sich aus den unterschiedlichen Erinnerungen ergeben.*

[1] Diese Grenzkriege werden dargestellt auf Seite 68.

M1 Vorstellungen über die Zukunft Deutschlands

Der Historiker Michael Salewski erklärt 2003:

Das französische Kriegsziel war ganz einfach: [...] – die Zerstörung des Deutschen Reiches. Falls das nicht gelingen sollte [...], sollte es wenigstens verkleinert werden: selbstverständlich Rückgabe von Elsass und Lothringen, Abtretung des Saar-
5 gebietes, die Rheingrenze für Frankreich, Russland, dem Verbündeten, wollte man territoriale Freiheit im Osten gestatten [...].

Es liegt auf der Hand, dass Englands Kriegsziele viel moderater erschienen [...]. Aber von Pappe waren sie keineswegs.
10 Natürlich mussten Belgien voll wiederhergestellt, Elsass und Lothringen an Frankreich zurückgegeben werden. [...] Viel wichtiger erschienen England andere Forderungen: Deutschland sollte fortan keine Flotte mehr besitzen, keine Kolonien, es sollte die Meistbegünstigung[1] für alle gewähren – ohne
15 Gegenseitigkeit –, die Nordseeinseln waren abzurüsten, der Kaiser-Wilhelm-Kanal[2] zu internationalisieren. [...] Aber schon 1914 war England sich darüber im Klaren, dass die Schwächung Deutschlands über ein gewisses Maß hinaus nicht opportun sein würde – hier schlug das Denken in den Kate-
20 gorien der „balance of power" durch, und das permanente Misstrauen Englands Russland gegenüber. [...]

Die Diskussion [im Deutschen Reich] vollzog sich auf drei übereinanderliegenden Ebenen. Auf der untersten ging es um die „Gleichberechtigung" des Reiches, also um den schon
25 lange vor dem Krieg geforderten „Platz an der Sonne". Auf der zweiten um die „Hegemonie in Europa", auf der dritten um den „Griff nach der Weltmacht".

Michael Salewski, Der Erste Weltkrieg, Paderborn 2003, S. 144 f.

M2 Unterschiedliche Begehrlichkeiten

Wolfgang J. Mommsen äußert sich in einem 2003 erstmals veröffentlichten Beitrag über die „Kriegsziele":

Keine der europäischen Mächte verfocht vor Kriegsbeginn konkrete territoriale Annexionsziele, welche ihre Entscheidung, zu den Waffen zu greifen, maßgeblich beeinflusst haben. Doch schon bald nach Kriegsbeginn setzte in allen Län-
5 dern eine zunächst überwiegend intern geführte Debatte über die Kriegsziele ein. Großbritannien forderte mit einigem Nachdruck die Wiederherstellung der Selbstständigkeit der kleineren europäischen Nationen, die durch den Angriff der Mittelmächte widerrechtlich zerstört worden sei, insbesondere die Wiederherstellung Belgiens. Auch in Frankreich [...] 10 stand die Rückgewinnung des Elsass und Lothringens im Vordergrund. Erst im weiteren Verlauf des Weltkrieges wurde dann die Forderung der Annexion des Saarbeckens und der Rheingrenze laut [...].

Im Deutschen Reich kam es hingegen bereits unmittelbar 15 nach Kriegsausbruch zu einer massiven Kampagne für weitreichende Annexionen in Ost und West. [...]

Der deutschen Reichsleitung kam diese [...] Agitation [...] höchst ungelegen. [...] Dennoch wurden, ungeachtet des öffentlichen Bekenntnisses zu einem Verteidigungskrieg, 20 unverändert umfangreiche Planungen für territoriale Erwerbungen in Ost und West, insbesondere für die dauernde Kontrolle Belgiens, fortgeführt. Diese nahmen in der Folge immer uferlosere Formen an. [...] Im Übrigen verhandelten die alliierten Mächte auf der Interalliierten Wirtschaftskonferenz in 25 Paris vom 14.-17. Juni 1917 über eine Nachkriegsordnung, durch welche die deutsche Stellung im Welthandel auf Dauer niedergehalten werden sollte. [...]

Seit 1917 verhärteten sich in allen Lagern, insbesondere aber im Deutschen Reich, die Forderungen der Kriegsziele immer 30 stärker [...]. [...] Bedeutsamer war, dass mehr und mehr rassistische, insbesondere antisemitische, Gesichtspunkte in die Kriegszieldebatte eingebracht wurden. Auch die Idee ethnischer Säuberungen [...] tauchte nun vielfach in den Denkschriften auf, auch wenn sie einstweilen keinen Eingang in 35 die offiziellen Planungen fand.

Wolfgang J. Mommsen, Artikel „Kriegsziele", in: Enzyklopädie Erster Weltkrieg, herausgegeben von Gerhard Hirschfeld u. a., Paderborn, aktualisierte und erweiterte Studienausgabe 2014, S. 666 ff.

1. *Fassen Sie alle Informationen aus M1 und M2 über die Kriegsziele der europäischen Mächte zusammen.*
2. *Salewski und Mommsen deuten die Kriegszieldiskussionen unterschiedlich. Arbeiten Sie die Urteile heraus und stellen Sie diese einander tabellarisch gegenüber.*
3. *Die publizistisch und vehement geführten Kriegszieldebatten weckten Hoffnungen und Befürchtungen und erzeugten Zwänge. Entwickeln Sie Vorstellungen von der Reaktion der Bevölkerung, der Soldaten, der Regierung sowie des jeweiligen Gegners.*
4. *Formulieren Sie eine Stellungnahme zu den beiden Texten, in der Sie begründen, wessen Argumentation Sie eher nachvollziehen können.*

---

[1] **Meistbegünstigung**: liegt vor, wenn Handelsvorteile allen Vertragspartnern gewährt werden. Wem die Meistbegünstigung verweigert wird, der ist benachteiligt.
[2] **Kaiser-Wilhelm-Kanal**: der heutige Nord-Ostsee-Kanal

M3 „An die Kulturwelt!"

Kurz nach Kriegsausbruch veröffentlichen 93 deutsche Intellektuelle, darunter viele Professoren, einen Aufruf, der im In- und Ausland für erhebliches Aufsehen sorgt. Bis dahin hat die Propaganda in Großbritannien und Frankreich das Problem, dass zwar das Deutschland des Militarismus verachtet, das der Kultur in Literatur oder Musik aber oft hoch geschätzt wird. In dem Aufruf von 1914 heißt es:

An die Kulturwelt!

Wir als Vertreter deutscher Wissenschaft und Kunst erheben vor der gesamten Kulturwelt Protest gegen die Lügen und Verleumdungen, mit denen unsere Feinde Deutschlands

5 reine Sache in dem ihm aufgezwungenen schweren Daseinskampf zu beschmutzen trachten. Der eherne Mund der Ereignisse hat die Ausstreuung erdichteter deutscher Niederlagen widerlegt. Umso eifriger arbeitet man jetzt mit Entstellungen und Verdächtigungen. [...]

10 Es ist nicht wahr, dass Deutschland diesen Krieg verschuldet hat. Weder das Volk hat ihn gewollt, noch die Regierung noch der Kaiser. Von deutscher Seite ist das Äußerste geschehen, ihn abzuwenden. [...] Erst als eine schon lange an den Grenzen lauernde Übermacht von drei Seiten über unser Volk

15 herfiel, hat es sich erhoben wie ein Mann.

Es ist nicht wahr, dass wir freventlich die Neutralität Belgiens verletzt haben. Nachweislich waren Frankreich und England zu ihrer Verletzung entschlossen. Nachweislich war Belgien damit einverstanden Selbstvernichtung wäre es gewesen,

20 ihnen nicht zuvorzukommen. [...]

Es ist nicht wahr, dass unsere Kriegführung die Gesetze des Völkerrechtes missachtet. Sie kennt keine zuchtlose Grausamkeit. Im Osten aber tränkt das Blut der von russischen Horden hingeschlachteten Frauen und Kinder die Erde, und

25 im Westen zerreißen Dumdumgeschosse unseren Kriegern die Brust. Sich als Verteidiger europäischer Zivilisation zu gebärden, haben die am wenigsten das Recht, die sich mit Russen und Serben verbünden und der Welt das schmachvolle Schauspiel bieten, Mongolen und Neger auf die weiße

30 Rasse zu hetzen.

Es ist nicht wahr, dass der Kampf gegen unseren sogenannten Militarismus kein Kampf gegen unsere Kultur ist, wie unsere Feinde heuchlerisch vorgeben. Ohne den deutschen Militarismus wäre die deutsche Kultur längst vom Erdboden

35 getilgt. Zu ihrem Schutze ist er aus ihr hervorgegangen in einem Lande, das jahrhundertelang von Raubzügen heimgesucht wurde wie kein zweites. Deutsches Heer und deutsches Volk sind eins. Dieses Bewusstsein verbrüdert heute 70 Millionen Deutsche ohne Unterschied der Bildung, des Standes

40 und der Partei. [...]

Glaubt uns! Glaubt dass wir diesen Kampf zu Ende kämpfen werden als ein Kulturvolk, dem das Vermächtnis eines Goethe, eines Beethoven, eines Kant ebenso heilig ist wie sein Herd und seine Scholle.

Nach: Jürgen von Ungern-Sternberg und Wolfgang von Ungern-Sternberg, Der Aufruf „An die Kulturwelt!". Das Manifest der 93 und die Anfänge der Kriegspropaganda im Ersten Weltkrieg, zweite, erweiterte Auflage mit einem Beitrag von Trude Maurer, Frankfurt am Main 2013, S. 209 - 212

1. *Charakterisieren Sie die rhetorischen Mittel, die in diesem Aufruf verwendet werden.*
2. *Arbeiten Sie heraus, wer wahrscheinlich die Zielgruppe bzw. der Adressat dieses Aufrufes war, und was diese „Kulturwelt" eigentlich war.*
3. *Erörtern Sie, warum in Frankreich und England dieser Aufruf offene Empörung hervorrief und warum er der jeweiligen Propaganda der Entente direkt Material lieferte.*

M4 Krieg als Chance für die polnische Nationalbewegung?

Der polnische Historiker Piotr Szlanta schreibt über die Perspektive der Polen im Ersten Weltkrieg:

Die polnischen Eliten waren sich stets der Tatsache bewusst, dass die einzige Chance, ihre Unabhängigkeit wiederherzustellen, ein allgemeiner europäischer Krieg war. In der Mitte des 19. Jahrhunderts bat der große polnische Dichter Adam Mickiewicz, der auch politisch sehr aktiv war, in einem seiner

5 Gedichte: „Um einen allgemeinen Krieg im Namen der Völkerfreiheit flehen wir Dich an, Unser Herr." [...] Der Kriegsausbruch veränderte den Stellenwert der polnischen Frage in den internationalen Beziehungen radikal und unabwendbar. Endlich, so erschien es vielen Polen, befanden sich die Tei-

10 lungsmächte im Kampf gegeneinander. Ihre Solidarität war zerbrochen. [...] Seit Beginn des Krieges versuchten die Kriegsparteien, die Sympathie der Polen zu gewinnen, da die Ostfront hauptsächlich durch polnische Gebiete verlief. Sie mussten, zumal es sich abzeichnete, dass der Krieg lange

15 dauern würde, die politischen Aspirationen[1] der Polen zumindest teilweise anerkennen.

So wurde zum Beispiel am 14. August 1914 der Aufruf des russischen Oberbefehlshabers Großfürst Nikolai bekannt gemacht. Er kündigte die Wiederbelebung „des Selbststän-

20 digen und Freien in Religion und Sprache" Polens an. [...] Zudem versprach er die Vereinigung aller polnischen Gebiete unter dem Zepter der Romanovs. Allerdings äußerte er sich

[1] **Aspirationen**: Bestrebungen

nicht zu den genauen Grenzen dieses Gebietes. Die Bedeutung dieser Erklärung war groß, denn sie beendete das Tot-
schweigen der polnischen Frage und bedeutete gleichzeitig
einen Schritt in Richtung ihrer Internationalisierung. Nun
sahen sich auch die beiden anderen Teilungsmächte zumindest zu einer pro-polnischen Geste gezwungen. [...] Die Polen
allerdings nahmen den Deutschen ihre Zusicherung „wir
bringen euch Freiheit und Unabhängigkeit" nicht ab. Diese
Worte aus dem Munde der Deutschen, die in ihrem Teil Polens eine skrupellose Politik der Germanisierung betrieben,
mussten einfach unglaubhaft und ironisch klingen.

Piotr Szlanta, Der Erste Weltkrieg von 1914 bis 1915 als identitätsstiftender
Faktor für die moderne polnische Nation, in: Gerhard P. Groß (Hrsg.),
Die vergessene Front. Der Osten 1914/15, Paderborn 2006, S. 153 - 164, hier
S. 153 und 155 f.

1. *Geben Sie die Kernaussagen des Textes in eigenen
Worten wieder.*

2. *Analysieren Sie, welche Handlungsmöglichkeiten der
Ausbruch des Ersten Weltkrieges polnischen Nationalisten eröffnete.*

M5 Die US-amerikanischen Kriegsziele

*Am 8. Januar 1918 entwirft der amerikanische Präsident Woo-
drow Wilson[1] in einer programmatischen Rede vor dem US-
Kongress die Grundzüge einer Friedensordnung, die als das
14-Punkte-Programm bekannt wird:*

1. Offene Friedensverträge, die offen zustande gekommen
sind, und danach sollen keine geheimen internationalen Vereinbarungen irgendwelcher Art mehr getroffen werden, sondern die Diplomatie soll immer offen und vor aller Welt arbeiten. [...]

6. Räumung des ganzen russischen Gebiets und eine solche
Regelung aller Russland betreffenden Fragen, die ihm die
beste und freieste Zusammenarbeit der anderen Nationen
der Welt für die Erlangung einer unbeeinträchtigten und
unbehinderten Gelegenheit zur unabhängigen Bestimmung
seiner eigenen politischen Entwicklung und nationalen Politik sicherstellt und es eines aufrichtigen Willkommens im
Bunde der freien Nationen unter von ihm selbst gewählten
Staatseinrichtungen versichert, und darüber hinaus die Ge-

währung von Beistand jeder Art, dessen es bedürfe und
selbst wünschen sollte. [...]

10. Den Völkern Österreich-Ungarns, deren Platz unter den
Völkern wir sichergestellt und zugesichert zu sehen wünschen, sollte die freieste Gelegenheit zu autonomer Entwicklung gewährt werden.

11. Rumänien, Serbien und Montenegro sollten geräumt werden; besetzte Gebiete sollten wiederhergestellt werden; Serbien sollte freier und sicherer Zugang zum Meere gewährt
werden; und die Beziehungen der verschiedenen Balkanstaaten zueinander sollten durch freundschaftliche Verständigung gemäß den geschichtlich feststehenden Grundlinien
von Zugehörigkeit und Nationalität bestimmt werden. Auch
sollten internationale Bürgschaften für die politische und
wirtschaftliche Unabhängigkeit sowie für die territoriale Unverletzlichkeit der verschiedenen Balkanstaaten übernommen werden. [...]

13. Es sollte ein unabhängiger polnischer Staat errichtet werden, der die von unbestritten polnischen Bevölkerungen be-
wohnten Gebiete einschließen sollte, dem ein freier und
sicherer Zugang zum Meere zugesichert werden sollte und
dessen politische und wirtschaftliche Unabhängigkeit und
territoriale Unverletzlichkeit durch internationales Abkommen garantiert werden sollten.

14. Es muss zum Zwecke wechselseitiger Garantieleistung für
politische Unabhängigkeit und territoriale Unverletzlichkeit
der großen wie der kleinen Staaten unter Abschluss spezifi-
scher Vereinbarungen eine allgemeine Gesellschaft von Nationen gebildet werden.

Der Waffenstillstand 1918 - 1919. Das Dokumenten-Material der Waffenstill-
stands-Verhandlungen von Compiègne, Spa, Trier und Brüssel, hrsg. im Auf-
trage der Deutschen Waffenstillstands-Kommission, Bd. 1, Berlin 1928, S. 3 - 6

1. *Geben Sie mit eigenen Worten Wilsons Programm
wieder.*

2. *An anderer Stelle hat Wilson das „Selbstbestimmungsrecht der Völker" proklamiert. Analysieren Sie, ob Bruch-
stellen zwischen den 14 Punkten und dem Selbstbestimmungsrecht bestanden.*

3. *In Punkt 11 werden „geschichtliche Richtlinien" erwähnt.
Erörtern Sie möglichen Konfliktstoff, der sich aus dieser
Formulierung ergeben haben könnte.*

4. *Erörtern Sie, warum dieses Programm, das eine friedliche neue Weltordnung anstrebte, bei vielen Völkern
einen aggressiven Nationalismus schürte.*

---

[1] **Woodrow Wilson** (1856 - 1924): Jurist, Historiker und Politiker;
1913 - 1921 Präsident der USA (Demokrat). Wilson verfolgte soziale
Reformen, war im Ersten Weltkrieg um die Neutralität der USA
bemüht, führte sie aber dennoch 1917 in den Krieg. Ab 1918 engagierte er sich für die Errichtung des Völkerbundes. 1920 erhielt
Wilson den Friedensnobelpreis für das Jahr 1919.

M6   Piłsudski blickt zurück

Am 10. August 1924, dem zehnten Jahrestag der Gründung der Polnischen Legionen, hält Józef Piłsudski (siehe Abbildung), der zu dieser Zeit kein offizielles Amt bekleidet, in Lublin folgende Rede:

Polen und die überwältigende Mehrheit des polnischen Volkes wollte keinen Krieg und war sich darüber klar, dass nicht um Polen gekämpft wurde. Da sie nicht darauf vorbereitet waren, im Kriegsfalle eine selbstständige Rolle zu spielen,
5   taten die Polen bei Ausbruch der Weltkatastrophe das, was sie bereits ein gutes halbes Jahrhundert im täglichen Leben getan hatten: Sie fügten sich den Befehlen der Teilungsmächte und stärkten dadurch eine jede von ihnen. Ein kleines Häuflein Menschen, Legionäre genannt, entschloss sich, an-
10   ders zu handeln. Es wollte während des Krieges Polen eine Vertretung in Gestalt des polnischen Soldaten und polnischer Truppenführer geben. Angesichts der begreiflichen Abneigung und des Widerstandes aufseiten der Teilungsmächte und infolge des allgemeinen Misstrauens hinsicht-
15   lich der Durchführbarkeit einer solchen Absicht gelang der Versuch nur teilweise. Dieser Zustand musste zu starken Reibereien führen, in denen wir, die Legionäre, unablässig für unsere Ziele weiterkämpften und dadurch am schärfsten die Verteidigung der nationalen Ehre und des nationalen Stolzes
20   zum Ausdruck brachten, während die Kriegsmaschinerie aller drei Erobererstaaten uns systematisch in den Schmutz zu treiben suchte. Gerade darum trugen wir, wenn wir auch im Kampf unterlagen, die große Genugtuung davon, dass wir als die ersten in Polen als polnisches Militär leben konnten,
25   dass wir, während die Polen allgemein erniedrigt wurden, unsere Ehre hochhielten und häufig sogar die nationale Ehre und Würde zur Geltung brachten. [...]
Wir wollen versuchen, uns in aller Ruhe klarzumachen. Die Sünden, die bei Kriegsausbruch von vielen Polen begangen
30   wurden, die Dummheit, die sie einst an den Tag legten, verschönern vielleicht nicht die Geschichte unseres Vaterlandes – aber das geschah vor so langer Zeit, und wir selber haben so viele Wandlungen durchgemacht, dass es wahrhaftig nicht lohnt, sich über diese Dinge viel vorzumachen.

Nach: Józef Piłsudski, Erinnerungen und Dokumente, Bd. 4, Essen 1936, S. 172 f. und 175 (übersetzt von Jean Paul d'Ardeschah)

1.   *Gliedern Sie die Rede in sinnvolle Abschnitte und versehen sie diese mit einer passenden Überschrift.*
2.   *Charakterisieren Sie die Art, mit der Piłsudski versucht, seinen Hörern eine bestimmte Form der Erinnerung zu präsentieren.*
3.   *Nehmen Sie aus heutiger Perspektive Stellung zur Rede.*

▲ **Józef Piłsudski.**
Foto vom 15. August 2015.
Zwei polnische Soldaten flankieren das Denkmal für Piłsudski in Warschau anlässlich der Feierlichkeiten zum Tag der Polnischen Armee (offizieller Nationalfeiertag in Polen).
Der Offizier Jósef Piłsudski (1867-1935) hatte auf österreichischer Seite eine etwa 7000 Mann starke polnische Legion von Freiwilligen kommandiert, die bereits im August 1914 aufgestellt und gegen die Russen eingesetzt worden war. Er hoffte auf diese Weise, später als Gegenleistung nationale Zugeständnisse zu erhalten und gleichzeitig eine kampferfahrene Truppe als Kern einer späteren polnischen Armee aufzubauen. Im Juli 1917 weigerte er sich aber – wie die meisten seiner Soldaten – einen Eid auf die beiden Kaiser der Mittelmächte zu leisten oder an der Westfront für die Deutschen zu kämpfen. Daraufhin wurde Piłsudski für den Rest des Krieges zu Festungshaft in Magdeburg verurteilt. Mit dieser Inhaftierung begann sein Aufstieg zum polnischen Nationalhelden. Weitere Informationen finden Sie auf Seite 68 ff.

▪ *Charakterisieren Sie die Symbolsprache, mit der dieses Denkmal Józef Piłsudski darstellt.*

Historische Momentaufnahmen

Fotografien prägen unser Bild von der jüngeren Geschichte mehr als jedes andere Medium. Sie halten politische und gesellschaftliche Ereignisse für die Nachwelt fest und geben uns eine Fülle von Informationen über den Lebensalltag. In der ersten Hälfte des 20. Jahrhunderts wurde Fotografieren für breite Bevölkerungskreise erschwinglich. Fotos wurden dadurch für den Historiker zu einer immer wichtigeren Quelle.

Fotografien haben eine sehr starke suggestive Kraft, weil sie scheinbar die Welt so wiedergeben, „wie sie ist", sie vermitteln den Eindruck von Authentizität. Mit dem Druck auf den Auslöser wird aber kein „objektives" Bild der Wirklichkeit hergestellt. Fotos sind Momentaufnahmen und zeigen immer nur einen ausgewählten und bearbeiteten Ausschnitt aus der Realität. Bereits durch die Wahl des Motivs, des Bildausschnitts und der Perspektive stellt der Fotograf ein subjektives, „komponiertes" Bild der Wirklichkeit her. Retuschen, Montagen und andere Manipulationen, etwa das Wegschneiden oder Vergrößern bestimmter Bildteile, machen die Fotografie zu einer schwer zu beurteilenden Quelle.

Bereits während des Amerikanischen Bürgerkrieges (1861-1865) wurden in amerikanischen Zeitungen Fotos von den Schlachtfeldern abgedruckt, die häufig als schockierend empfunden wurden. Erst später wurde aber bekannt, dass der Fotograf die Leichen „arrangiert" hatte, das heißt nach dem Ende der Schlacht neu und anders hingelegt hatte, sodass eine Wirkung entstand, die sonst nicht vorhanden gewesen wäre.

Fotos müssen deshalb als Quelle besonders vorsichtig bewertet werden. Sie müssen unter bestimmten Fragestellungen interpretiert und in einen historischen Gesamtzusammenhang eingeordnet werden.

Formale Kennzeichen
- *Wer* hat das Foto gemacht, in *Auftrag* gegeben und *veröffentlicht*?
- *Wann, wo* und aus welchem *Anlass* ist das Foto gemacht bzw. veröffentlicht worden?

Bildinhalt
- *Wer* oder *was* ist auf dem Foto *abgebildet*? Was wird thematisiert?
- Welche *Darstellungsmittel* werden verwendet (Schwarzweiß- oder Farbbild, Kameraperspektive, Aufbau, Schnappschuss oder gestellte Szene, Profi- oder Amateuraufnahme)?
- Sind Hinweise auf *Bildbearbeitung* oder *nachträgliche Veränderungen* erkennbar (Retusche, Montage, Beschnitte bzw. Ausschnittvergrößerungen)?

Historischer Kontext
- Auf welches *Ereignis* oder welche *Person* bezieht sich das Foto?
- Wie lässt sich das Foto in den *historischen Kontext* einordnen?

Intention und Wirkung
- *Für wen* und *in welcher Absicht* wurde das Foto gemacht bzw. veröffentlicht?
- Welche *Botschaft*, welche *Deutung* vermittelt das Foto beabsichtigt oder unbeabsichtigt?
- Welche *Wirkung* soll beim Betrachter erzielt werden?

Bewertung und Fazit
- Wie lässt sich das Foto insgesamt *einordnen* und *bewerten*?
- Welche *Auffassung* vertreten Sie zu dem Bild?

Kompetenz:
Fotografien als historische Momentaufnahmen interpretieren

Hinweis: Das Buch bietet verschiedene Anwendungsbeispiele. Hier eine Auswahl geeigneter Fotografien: Siehe Seite 51, 70, 80 und 95.

Ort und Zeitpunkt
Berlin (Unter den Linden)
am 31. Juli 1914

Bildaufbau
Die Bildmitte zeigt einen Offizier mit einem Stück Papier in der Hand. Um ihn herum ist ein kleiner Kreis freigelassen, weitere Soldaten oder Offiziere stehen bereit, um die herumstehenden Menschen eventuell zurückzuhalten. Dies scheint aber nicht notwendig zu sein, die Zuschauer verhalten sich sehr diszipliniert.
Der Ausschnitt zeigt eine Menschenmenge, die weit größer ist, als das Bild zeigen kann. Erkennbar an den Hüten sind Männer eindeutig in der Mehrheit, links oben ist eine Frau zu sehen, die in einer Kutsche sitzt.

▲ **Bekanntgabe des Zustandes der drohenden Kriegsgefahr in Berlin (Unter den Linden) durch einen Offizier.**
Foto vom 31. Juli 1914, erschienen in: Berliner Illustrirte Zeitung, Nr. 32, 1914.

Perspektive und Wirkung
Die Aufnahme von schräg oben vermittelt dem Betrachter eine Perspektive, die die Menschen auf dem Foto nicht hatten. Der Betrachter erhält dadurch den Eindruck, eine „objektive" Übersicht über den Moment zu haben.

Ort und Zeitpunkt
Pariser Platz in Berlin
am 1. August 1914

Perspektive und Wirkung
Die Kamera ist fast exakt auf Augenhöhe mit den Männern. Durch diese offenbar bewusst gewählte Perspektive wird nicht klar, wie viele Personen hier jubeln. Es können etwa dreißig aber auch sehr viel mehr gewesen sein.
Die kurze Distanz rückt die Männer ins Zentrum, sie scheinen auf den Betrachter zuzumarschieren. Es entsteht der Eindruck einer hohen Dynamik.

Bildaufbau
Im Vordergrund des Fotos sind mehrere jubelnde junge Männer erkennbar. Der Bildhintergrund zeigt einen Straßenzug mit großen Gebäuden und Bäumen.

▲ **Kriegsbegeisterte Jugend auf dem Pariser Platz in Berlin.**
Foto vom 1. August 1914.

Formale Kennzeichen ▬ Das erste Foto wurde in Berlin (Unter den Linden) am 31. Juli 1914 aufgenommen und in der Wochenzeitung „Berliner Illustrirte Zeitung" veröffentlicht. Das zweite Foto entstand am 1. August 1914 auf dem Pariser Platz in Berlin. Die Fotografen sind nicht bekannt.

Bildinhalt ▬ Im Zentrum des ersten Schwarz-Weiß-Fotos steht ein Offizier, der eine Erklärung zur drohenden Kriegsgefahr verliest. Um ihn herum befindet sich mit geringem Abstand zu ihm eine große Menschenmenge, die aufmerksam zuhört. Der Fotograf schoss seine Aufnahme aus der Vogelperspektive.
Das zweite Schwarz-Weiß-Foto zeigt junge Männer, die jubelnd ihre Hüte schwenken. Dabei schreiten sie zielstrebig fast frontal auf den Fotografen zu. Im Hintergrund ist ein bekanntes Gebäude in Berlin am Pariser Platz zu erkennen, das heißt, der zeitgenössische Betrachter konnte genau erkennen, wo die Szene spielt.

Historischer Kontext: das „Augusterlebnis" in Deutschland ▬ Beide Fotografien entstanden im Kontext der Kriegserklärungen des Deutschen Reiches im August 1914. Noch bis zu den 1980er-Jahren haben einige Historiker geglaubt, dass überall im Deutschen Reich auf den Kriegsausbruch mit Begeisterung reagiert worden sei. Neuere Forschungen haben hier aber ein sehr viel differenzierteres Bild gezeichnet. Viele der Fotografien, die jubelnde Menschen zeigen, sind nachweislich oder sehr wahrscheinlich gestellt, weil die damalige Kameratechnik „Schnappschüsse" kaum oder gar nicht erlaubte. Auch wenn vor allem in den Großstädten junge Menschen, häufig männliche Studenten, tatsächlich den Ausbruch des Krieges begeistert begrüßten, stellten sie nicht die Mehrheit der deutschen Bevölkerung dar. Stattdessen herrschte in vielen Gegenden Verwirrung und Konfusion, oft auch kollektive Hysterie vor. Der amerikanische Historiker Jeffrey Verhey betont ferner, dass in Berlin auch „karnevaleske" Verhaltensweisen auftraten. Betrunkene Jugendliche zogen nachts durch die Stadt zum Schloss oder zur österreichischen Botschaft und brüllten Parolen wie „Nieder mit Serbien!" oder „Hoch lebe Österreich!". Die Polizei ließ sie meistens gewähren, weil hier ja eine „nationale" Gesinnung ausgedrückt wurde – plötzlich waren Dinge erlaubt, die – außer im Karneval – ansonsten verboten gewesen wären.

Intention und Wirkung ▬ Das zweite Foto soll die Kriegsbegeisterung in Berlin zeigen. Junge Männer, die noch Zivilkleidung tragen, bejubeln offensichtlich die Kriegserklärungen. Dem zeitgenössischen Betrachter wird suggeriert, dass sie sich wahrscheinlich sehr schnell freiwillig zur Armee melden werden, wenn sie es nicht bereits getan haben. Das Bild vermittelt Entschlossenheit und Siegessicherheit.
Das erste Foto hat eine etwas andere Wirkung. Offenbar bestand unter den Menschen ein erhebliches Bedürfnis zu erfahren, was eigentlich vor sich ging. Selbst wenn der Offizier eine sehr laute Stimme gehabt hat und die Menschen leise waren, ist es fast ausgeschlossen, dass jemand in den hintersten Reihen noch verstanden hat, was genau verlesen wurde. Dennoch scheinen alle ruhig und aufmerksam zuzuhören, um Informationen zu erhalten.

Bewertung und Fazit ▬ Beim zweiten Foto kann man fast sicher davon ausgehen, dass es gestellt ist, weil die damalige Kameratechnik derartige „Schnappschüsse" kaum möglich machte. Solche Fotografien sind im August 1914 in Deutschland zu Hunderten, möglicherweise zu Tausenden verteilt und abgedruckt worden. Sie dienten vor allem der Kriegspropaganda und sollten Stärke, Siegesgewissheit, Einigkeit und Entschlossenheit demonstrieren.
Das erste Foto dürfte der Realität in einer deutschen Stadt deutlich näher gekommen sein, als das zweite.

Kompetenz:
Entstehung, Erschei-
nungsformen und
Funktion von Nationen
und ihren Mythen
erläutern und beurteilen

Hinweis: Zum Begriff „Nation"
siehe auch das Kapitel auf
den Seiten 10 bis 14.

Die Schlacht bei Tannenberg

Im Jahre 1410 fand bei Tannenberg (polnisch Grunwald) eine große Schlacht zwischen einem Heer der Ordensritter und einer litauisch-polnischen Armee statt, die letztere gewann. Danach war die Schlacht fast 500 Jahre lang quasi vergessen worden, auch deshalb, weil sie fast keine politischen Konsequenzen gehabt hatte. Noch zu Beginn des 19. Jahrhunderts spielten in Preußen die Schlacht und die Erinnerung an die Ordensritter nahezu keine Rolle. Die am Ufer der Nogat gelegene Marienburg, der ehemalige Sitz der Ordensritter, diente nicht als Erinne-rungsort, sondern als Getreidespeicher. Erst in der zweiten Hälfte des 19. Jahrhunderts änderte sich diese Sicht auf die Vergangenheit grundlegend.

Mehrere Historiker betonen, dass häufig mit scharf polarisierenden Paaren von Begriffen gearbeitet wurde. Auf der einen Seite standen die Deutschen, auf der anderen die Polen. Die Gegensätze waren etwa das (kultur)geografische Abendland und der kulturlose Osten, die zivilisatorische Bildung und die Barbarei, die sittliche Ritterlichkeit und der Frevel oder die mentale Disziplin und die Anarchie. Der ansonsten hoch angesehene deutsche Historiker *Heinrich von Treitschke* popularisierte auf diese Weise das Bild der Schlacht bei Tannenberg. Eine große Rolle in der deutschen Literatur spielte auch die christliche Missionstätigkeit der Ordensritter im Osten. Dabei wurde aber häufig übersehen, dass das mittelalterliche Polen bereits seit dem 10./11. Jahrhundert christianisiert war, die Ritter also keineswegs gegen einen heidnischen Osten gekämpft hatten.

Sehr viel mehr noch als in Deutschland befassten sich polnische Schriftsteller mit der Schlacht bei Grunwald. Der Roman „Die Kreuzritter", 1900 verfasst von *Henryk Sienkiewicz*, der 1905 den Nobelpreis für Literatur erhielt, wurde zu einem Bestseller. Hier wurden sehr ähnliche Stereo-type verwendet, nur in umgekehrter Weise: Dem edlen Polen standen hier die hochmütigen Ordensritter gegenüber. Auch in den folgenden Jahren wurde diese Polarisierung bei anderen Autoren konsequent beibehalten. Der polnische König ist bescheiden, friedliebend, fromm und gerecht, die Kreuzritter sind eingebildet, menschenverachtend, hochmütig, machtgierig und brutal.

Tannenberg im Spiegel von Denkmälern und Gedenkfeiern

1901 wurde auf dem ehemaligen Schlachtfeld von Tannenberg ein zweieinhalb Meter hoher Granitblock aufgestellt. Die Aufschrift lautete: „Im Kampf für deutsches Wesen, deutsches Recht starb hier der Hochmeister Ulrich von Jungingen am 15. Juli 1410 den Heldentod." 1902 fand in der restaurierten Marienburg ein Fest des Johanniterordens statt, bei der Kaiser Wil-helm II. eine scharfe antipolnische Rede hielt.

Die polnische Seite reagierte sofort. Nach einer Pressekampagne erinnerten Feiern in zahlrei-chen Orten an den polnischen Sieg gegen die Ritter. Den Höhepunkt erreichten die polnischen Feiern im Jahr 1910, als das 500-jährige Jubiläum der Schlacht als ein polnischer Nationalfei-ertag begangen wurde. In zahlreichen Kirchen fanden Dankgottesdienste statt, und in Krakau wurden zentrale dreitägige Feiern abgehalten, zu denen etwa 150 000 Menschen anreisten. Reden, Paraden, Theateraufführungen, Ausstellungen und Volksfeste fanden statt, und auf dem zentralen Matejko-Platz wurde ein 24 Meter hohes Denkmal enthüllt, das der berühmte polnische Pianist *Ignacy Jan Paderewski* gespendet hatte. Es zeigte König *Wladyslaw II.* auf einem Pferd, zu seinen Füßen lag der erschlagene deutsche Großmeister, und die Inschrift lautete: „Den Urvätern zum Ruhm, den Brüdern zur Ermutigung".

Nachdem 1914 zu Beginn des Ersten Weltkrieges bei den Masurischen Seen eine russische Armee in Ostpreußen vernichtend geschlagen worden war, wurde diese Schlacht nach dem Vorschlag Paul von Hindenburgs erneut nach dem kleinen Ort Tannenberg benannt. Nach dem Ende des Ersten Weltkrieges wurde an dieser Stelle zwischen 1924 und 1927 ein gigantisches deutsches Denkmal errichtet, das die Funktion eines nationalen Ehrenmales erhalten sollte (▶ M1 bis M6).

▲ **Das Tannenberg-Denkmal aus der Luftperspektive.**
Foto von 1931.
Das Foto wurde von einem Zeppelin aus aufgenommen. Das Oktogon (Achteck) symbolisiert einerseits eine Burg, nimmt also Bezug auf die mittelalterliche Schlacht. Andererseits stellt es auch eine Anspielung auf die „Dolchstoßlegende" (siehe Seite 110) dar, weil die Front bzw. das Mauerwerk nach außen hin unterbrochen steht, so wie auch angeblich die Front 1918 bis zuletzt gehalten habe.

▼ **Trauerfeier für Paul von Hindenburg.**
Foto vom 7. August 1934.
Nach Hindenburgs Tod verfügte Adolf Hitler, dass das Denkmal zu einem Mausoleum für den toten Helden von Tannenberg werden sollte. Das Tannenberg-Nationaldenkmal wurde in ein Reichsehrenmal umgetauft. Der Versuch, es zu einem Kriegerdenkmal für die ganze Nation zu machen, scheiterte indes. In den 1930er-Jahren war es höchstens eine Touristenattraktion, aber nie ein zentraler Gedenkort. 1945 zerstörten es die Russen auf ihrem Weg nach Berlin.

■ Erörtern Sie, ob das Foto Ausdruck einer Mythisierung von Tannenberg beziehungsweise der Person Paul von Hindenburgs ist.

M1 Funktion nationaler Mythen

Der deutsche Politikwissenschaftler Herfried Münkler schreibt:

Nationalmythen beschwören Gestalten der Vergangenheit, um Zukunft zu garantieren. Sie erheben den Anspruch, die Geschichte der Nation nicht nur zu deuten, sondern ihren Fortgang auch zu strukturieren. Dazu müssen sie freilich zwei
5 große Herausforderungen bewältigen: Sie müssen die Komplexität des Geschehens reduzieren und dieses ethischen und ästhetischen Vorstellungen anpassen, und sie müssen den Schrecken der Kontingenz[1] wegerzählen, also die Furcht besänftigen, die nationale Geschichte sei womöglich nur
10 eine bedeutungslose Episode der Weltgeschichte. Indem sie diesen beiden Anforderungen genügen, stiften Nationalmythen Vertrauen und Zuversicht, dass die Nation die groß und bedrohlich vor ihr stehende Zukunft meistern werde. Barbarossa, der schlafende Kaiser, wird wiederkehren und das Reich
15 in all seiner Macht und Herrlichkeit neu errichten; Siegfried, der stolze Held, wird alle anderen überstrahlen, und der forschende Gelehrte Faust wird die Welt verändern und beherrschen. So werden Nationalmythen zu Interpunktionen und Ligaturen[2] im Fluss der Zeit.

Herfried Münkler, Die Deutschen und ihre Mythen, Berlin [3]2009, S. 33

1. *Fassen Sie mit eigenen Worten zusammen, was Münkler unter nationalen Mythen und ihren Funktionen versteht.*
2. *Informieren Sie sich im Internet, inwieweit Barbarossa, Siegfried und Faust in Deutschland nationale Mythen dargestellt haben und eventuell auch noch darstellen.*
3. ✚ *Recherchieren Sie im Internet und/oder in Fachbüchern nach weiteren nationalen Mythen in Europa und in den USA. Stellen Sie diese anschließend in einem Kurzreferat vor.*
4. *Analysieren Sie, welche Voraussetzungen bestehen müssen, damit Persönlichkeiten oder Orte der Vergangenheit zu nationalen Mythen werden können.*
5. ✚ *Entwickeln Sie ausgehend von Ihren Ergebnissen der vorherigen Arbeitsfragen eine eigene Definition von nationalen Mythen, ihren Funktionen und ihren Erscheinungsformen.*

[1] **Kontingenz**: die prinzipielle Offenheit einer Situation
[2] **Ligaturen**: Verbindungen
[3] **Johann Gustav Droysen** (1808–1884): deutscher Historiker, 1848/49 Mitglied der Nationalversammlung in Frankfurt am Main
[4] **Dieter Langewiesche** (geb. 1943): deutscher Historiker
[5] **Distinktion**: Unterscheidung, Abheben

M2 Geschichte, Mythologisierung und Nationsbildung

Der polnische Historiker Piotr Przybyła bemerkt:

Die Geschichtswissenschaft hatte im 19. Jahrhundert zwei übergreifende Ziele verfolgt: Die Etablierung ihrer selbst als wissenschaftliche Disziplin und die imaginative Fundierung der Nation und des Nationalstaates. „Wir Historiker haben vor allem unserem Volk und unserm Staat den Dienst zu leisten, 5 dass sie durch unsere Arbeit das Bild ihrer selbst gewinnen und darin die lebendigen Momente ihrer Politik", formulierte Johann Gustav Droysen[3] das letztere Anliegen. Anders als die Staatsnation (Frankreich, Großbritannien), deren primäre Konstituenten und Ordnungsprinzipien strukturellen Charakters 10 sind (z. B. die Verfassung oder ein bestimmtes und anerkanntes Territorium), greift die Kulturnation stärker auf imaginative (mitunter imaginäre) Größen zurück – die „gesellschaftliche Konstruktion der Nation geschieht in ihren Selbstbildern", heißt es in einem pointierten Satz von Dieter Langewiesche[4]. 15 Das Selbstbild entsteht im Spannungsfeld von Gleichheit und Distinktion[5]: „Die Mitglieder der Nation und des Nationalstaates werden […] durch historische Merkmale ausgezeichnet, die ihnen nach außen Distinktion, nach innen Identität vermitteln und der neuen Ordnung als Ganzes Legitimation 20 durch Geschichte verleihen." (Andreas Suter) […]
Das Medienspektrum, auf das die Nation zurückgreifen kann, ist denkbar breit. Der tschechische Nationalismusforscher Miroslav Hroch nennt in diesem Kontext u. a. Symbole, Denkmäler, Feste, Räume und unterstreicht dabei […] die Rolle der 25 Emotion.

Piotr Przybyła, 1410, *gedächtnisfrisch*. Deutsche und polnische Tannenberg-/Grunwald-Imaginationen zwischen Geschichte und Gedächtnis (1789–1914), in: Izabela Surynt und Marek Zybura (Hrsg.), Narrative des Nationalen. Deutsche und polnische Nationsdiskurse im 19. und 20. Jahrhundert, Osnabrück 2010, S. 159–180, hier S. 160 f.

1. *Geben Sie mit eigenen Worten den Unterschied von Staatsnationen und Kulturnation wieder.*
2. *Ergänzen Sie weitere Medien bzw. Erinnerungsformen, auf die die Nation zurückgreifen kann (vgl. Zeile 22 bis 26). Ordnen Sie diesen jeweils ein konkretes Beispiel zum Thema „Der Erste Weltkrieg im europäischen Gedächtnis" zu. Sie können dazu das Internet nutzen. Berücksichtigen Sie dabei auch das aktuelle Gedenken (Stichwort: 100 Jahre Erster Weltkrieg).*
3. ✚ *Vergleichen Sie diesen Text mit M1. Berücksichtigen Sie dabei, welchen Zusammenhang die beiden Autoren zwischen Geschichte und nationaler Mythenbildung herstellen.*

M3 Was haben Arminius, Luther und die „Stunde Null" gemein?

Die Historikerin Heidi Hein-Kircher definiert 2009 anlässlich des zweitausendjährigen Jubiläums der Varusschlacht in einem Aufsatz politische Mythen und ihre Funktion:

Unter einem Mythos ist eine sinnstiftende Erzählung zu verstehen, die Unbekanntes oder schwer zu Erklärendes vereinfacht mit Bekanntem erklären will. Er entflechtet schwer oder gar nicht erklärbare Vorgänge und stellt sie auf einfache Weise
5 dar, wobei mythisches Denken auf einem Raster apriorischer Prämissen[1] beruht. [...] Eine Gesellschaft besitzt daher zahlreiche, häufig miteinander vernetzte und voneinander abhängige politische Mythen; zumeist bilden politische Mythen ein sich ergänzendes und aufeinander aufbauendes Mosaik, so ist
10 der Arminiusmythos nicht ohne den im 19. Jahrhundert entstandenen Germanenmythos zu verstehen. [...]
So gibt es Gründungs- und Ursprungsmythen, Mythen [...] der Beglaubigung und Verklärung, wobei aber der politische Gründungsmythos letztlich eine alle anderen umfassende
15 Kategorie ist, da jeder Mythos in seinem Kern über den Sinn und das Entstehen einer Gemeinschaft berichtet. Er behandelt eben nicht irgendeine Person oder irgendein Ereignis, sondern *die* Person, die nach der Interpretation des Mythos einen grundlegenden Beitrag zur Entstehung der
20 Gemeinschaft oder des Gemeinwesens geleistet hat, *das* Schlüsselereignis, das zu deren bzw. dessen Gründung führte, oder *den* Raum, der wesentlich für die Definition des eigenen Territoriums ist. So thematisiert der Varusschlachtmythos den „Wendepunkt der Geschichte Europas" [...], sodass er
25 heute als Ausgangspunkt für das Werden Europas gesehen wird, während er im 19. Jahrhundert für die Identitätsbildung der deutschen Nation von fundamentaler Bedeutung war. In einem engen Zusammenhang steht eine andere Perspektive, nämlich der Blick auf die „Botschaft" politischer Mythen. Sie
30 behandeln einen Erfolg, Niederlage/Verlust und/oder Opfer, wobei Letztere auch im Sinne der historischen „Leistungsschau" interpretiert werden. So resultiert die „Stunde Null" aus der vernichtenden Niederlage Nazi-Deutschlands im Zweiten Weltkrieg. [...]
35 Politische Mythen behandeln nur das, was für die jeweilige Gesellschaft konstitutiv[2] und von Bedeutung ist. Diese im Mythos erzählten Bilder repräsentieren die Werte, Ziele und Wünsche einer sozialen Gruppe. Sie beglaubigen ihre grundlegenden Werte, Ideen und Verhaltensweisen, weil sie die
40 historischen Vorgänge aus ihrer Sicht und in ihrem Sinne

---
[1] **apriorische Prämisse**: vorherige Annahme
[2] **konstitutiv**: bestimmend

▲ **Zur Enthüllungsfeier des Hermannsdenkmals am 16. August 1875.**
Holzschnitt aus der Zeitschrift „Kladderadatsch" vom 15. August 1875. Arminius und Martin Luther vor dem Petersdom „gegen Rom". Arminius: „Ich habe gesiegt!" Luther: „Ich werde siegen!"
■ *Erläutern Sie die Aussage des Holzschnitts. Warum werden hier Arminius und Luther „gegen Rom" dargestellt? Recherchieren Sie dazu zum nationalen Luthermythos und zum „Kulturkampf".*

interpretieren, sodass diese durch die Erzählung einer geschichtlich wirksamen Einheit zusammengebunden wird. Daher geben politische Mythen nationalen und nicht-nationalen (Massen-)Gesellschaften bzw. Gruppen Sinn, beispielsweise ist etwa der Mythos von „Luther auf der Wartburg" 45 prägend für protestantische Identität geworden. [...]
Eine solche Identitätsbildung ist jedoch nur möglich, wenn zugleich eine Abgrenzung nach außen, zu anderen Gruppen hin, stattfindet. Auch dies wird durch Mythen geleistet, weil

50 sie kennzeichnen, wer zur Gruppe gehört und wer nicht. Dies geschieht, indem Mythen immer den Gegensatz zwischen „gut", also „eigen/selbst", und „böse", also „die anderen", schaffen. [...] Insofern ist ein Mythos auch ein Mittel zur Selbstdarstellung nach innen und außen, etwa indem die
55 Varusschlacht eindeutig auf die Stärke der „Germanen" und damit der dem Mythos folgenden Gruppe, der deutschen Nation, hinweist. Mit dieser Funktion geht die integrative Rolle politischer Mythen einher. [...]
Darüber hinaus können, wie es der Germanenmythos zeigt,
60 politische Mythen zu Elementen von Ideologien werden und auch als deren Essenz, Umschreibung oder Erklärung dienen. Auf diese Weise wird das gegenwärtige politische Handeln, werden territoriale Machtansprüche, Krieg und damit auch die herrschende Gruppe gerechtfertigt. Denn durch einen
65 politischen Mythos werden diejenigen, die ihn „erfunden" haben und ihn fördern, vom Glanz der im Mythos dargestellten Leistung bestrahlt.

Heidi Hein-Kircher, Zur Definition, Vermittlung und Funktion von politischen Mythen, in: Landesverband Lippe (Hrsg.), 2000 Jahre Varusschlacht – Mythos, Stuttgart 2009, S. 149-154, hier S. 149 und 151-154

1. *Definieren Sie den Begriff „politischer Mythos". Erläutern Sie dessen Funktion am Beispiel des Varusschlacht- bzw. Arminiusmythos.*

2. *Analysieren Sie anhand des Textes und auf der Grundlage ergänzender Recherchen, was Arminius, Luther und die „Stunde Null" gemeinsam haben. Ziehen Sie auch die Abbildung auf Seite 63 hinzu.*

M4 Der Tannenberg-Mythos

Der deutsche Historiker Hans-Jürgen Bömelburg stellt fest:

Eine erste Konjunktur erlebte der Tannenberg-Mythos seit der deutschen Reichsgründung 1870 durch Persönlichkeiten mit öffentlicher Ausstrahlung wie den Berliner Historiker Heinrich von Treitschke oder den Schriftsteller Ernst Wichert
5 [...]. Treitschke oder Wichert schrieben dem Deutschen Orden eine deutsche Zivilisierungsmission zu und sahen in ihm einen Vorposten gegen die „slawische Flut", eine Vorstellung, die nach 1870 auch den deutschen Zeitgeist mit seinen Germanisierungszielen in den sogenannten „Ostmarken" traf.
10 Heinrich von Plauen, der Deutschmeister[1], der nach der Niederlage von Tannenberg den polnisch-litauischen Armeen Widerstand leistete, war eine programmatische Figur, die das Heldentum der Ordensritter verkörperte.

[1] **Deutschmeister**: Oberhaupt der preußischen Kreuzritter

Auf der polnischen Seite entstanden parallel Bilder und Texte, die zum Aufbau einer Identität der Nation ohne Staat auf den
15 Sieg in der Schlacht bei Grunwald zurückgriffen und damit das nationale Selbstbewusstsein kräftigen wollten. Den Anfang machte das monumentale Grunwald-Bild des Krakauer Malers Jan Matejko (1878), das dank seines komplexen Figurenpanoramas den Zeitgenossen half, die Ereignisse neu zu
20 entdecken und zu ordnen [...]. Ordensritterromane [...] popularisierten eine heroische Sicht auf die nationale Geschichte und kräftigten die damals, um 1900, deutlich unterlegenen polnischen Eliten in ihrem Selbstbewusstsein. [...]
Der Erste Weltkrieg und die Zwischenkriegszeit sind von
25 staatlicher Aneignung und Überformung der deutschen wie der polnischen Erinnerung gekennzeichnet. Die deutsche Benennung der ostpreußischen Kämpfe 1914 nach „Tannenberg" war rein willkürlich – es hätte auch Hunderte anderer Orte gegeben, nach denen man die Schlacht hätte benennen kön-
30 nen. Für „Tannenberg" sprach nachdrücklich der Revanche-Gedanke [...].

Hans-Jürgen Bömelburg, Vergessen neben Erinnern. Die brüchige Erinnerung an die Schlacht bei Tannenberg/Grunwald in der deutschen und polnischen Öffentlichkeit, in: Peter Oliver Loew und Christian Prunitsch (Hrsg.), Polen. Jubiläen und Debatten. Beiträge zur Erinnerungskultur, Wiesbaden 2012, S. 37-55, hier S. 38 f.

1. *Erklären Sie den Begriff „Zivilisierungsmission" (siehe Zeile 6).*

2. *Analysieren Sie, wie sich anhand eines eigentlich wenig bedeutsamen historischen Ereignisses sehr unterschiedliche, konkurrierende „nationale" Erinnerungskulturen bilden.*

3. *Erörtern Sie, warum Geschichte als Argument für nationale Bewegungen eine derartig wichtige Rolle spielte und immer noch spielt.*

M5 Die Schlacht bei Grunwald aus polnischer Perspektive

Der Pole Jan Matejko malt das rund vier Meter breite und fast zehn Meter lange Ölgemälde in den 1870er-Jahren. Das Monumentalgemälde verbindet verschiedene Szenen miteinander: Links von der Bildmitte ist der Tod von Ulrich von Jungingen, dem Hochmeister des Deutschen Ordens, zu erkennen. In der rechten Bildhälfte wird der polnische König auf einem Hügel dargestellt. Im Zentrum des Bildes befindet sich der litauische Großfürst Vytautas der Große, der sein Schwert in die Höhe streckt.

1. *Beschreiben Sie die mögliche Wirkung des Gemäldes auf den Betrachter. Beziehen Sie dabei auch die Größe des Bildes mit ein.*
2. *Charakterisieren Sie einzelne Personengruppen und deren Beziehungen zueinander. Berücksichtigen Sie dabei auch die Mimik, Gestik und Haltung ausgewählter Personen.*
3. *Entwickeln Sie ausgehend von dem Bild Hypothesen über den Charakter von nationalen Mythen.*

M6 Einweihung des Tannenberg-Denkmals

An seinem 80. Geburtstag, dem 18. September 1927, weiht Reichspräsident Paul von Hindenburg das Denkmal ein, das als „nationaler Sammlungspunkt" dienen soll. In seiner Rede sagt er unter anderem:

Die Anklage, dass Deutschland schuld sei an diesem Kriege, weisen wir, weist das deutsche Volk in allen seinen Schichten einmütig zurück! Nicht Neid, Hass oder Eroberungslust gaben uns die Waffen in die Hand. Der Krieg war uns vielmehr
5 das äußerste, mit dem schwersten Opfer verbundene Mittel der Selbstbehauptung einer Welt von Feinden gegenüber. Reinen Herzens sind wir zur Verteidigung des Vaterlandes ausgezogen und mit reinen Händen hat das deutsche Heer das Schwert geführt. Deutschland ist jederzeit bereit, dies vor unparteiischen Richtern nachzuweisen. In den zahllosen Grä- 10 bern, welche Zeichen deutschen Heldentums sind, ruhen ohne Unterschied Männer aller Parteifärbungen. Sie waren damals einig in der Liebe und in der Treue zum gemeinsamen Vaterlande. Darum möge an diesem Erinnerungsmale stets innerer Hader zerschellen; es sei eine Stätte, an der sich alle 15 die Hand reichen, welche die Liebe zum Vaterlande beseelt und denen die deutsche Ehre über alles geht.

Hindenburg gegen die Kriegsschuldlüge. Einweihung des Tannenberg-Denkmals, in: Coburger Zeitung Nr. 219 vom 20. September 1927

Erläutern Sie, welche Rolle die Propaganda und die Mythenbildung bei der Weltkriegserinnerung in der Zwischenkriegszeit spielten.

Demokratie und Diktatur in der Zwischenkriegszeit

Hinweis: In diesem Kapitel wird schwerpunktmäßig Polen behandelt, die Entwicklungen im Deutschen Reich finden Sie im Kapitel zur Weimarer Republik; siehe dazu Seite 104 bis 131.

Paramilitärische Verbände: Truppen, die nicht einer regulären Armeeführung unterstehen, sondern sich auf eigene Initiativen hin zusammengefunden haben und/ oder privat aufgestellt und finanziert werden

Vormarsch antidemokratischer Kräfte ■ Als 1919 die Pariser Friedenskonferenzen begannen, hatte sich fast überall in Europa die demokratische Staatsform durchgesetzt, sieht man von Russland ab, wo der Bürgerkrieg tobte. Nur 20 Jahre später waren parlamentarische Systeme in Europa selten geworden: In Ost- und Ostmitteleuropa wurde nur noch die Tschechoslowakei demokratisch regiert und im Spanischen Bürgerkrieg griff 1936 der Faschismus auch nach Westeuropa über. Selbst in Frankreich bestand zu Beginn der 1930er-Jahre kurzzeitig eine Bedrohung durch rechtsradikale Bewegungen, doch reagierte die Republik kämpferisch. 1936 schlossen sich alle linken und linksliberalen Parteien in Frankreich in einer Volksfrontregierung zusammen, die von den Kommunisten toleriert wurde. Rechtsradikale und **paramilitärische Verbände**, die sogenannten Ligen, wurden verboten. Die neue Regierung ging trotz schlechter ökonomischer Lage umfangreiche Reformen an und baute den Sozialstaat aus.

Die Gründe, warum in den 1920er- und 30er-Jahren so viele autoritäre Systeme in Europa entstanden, sind vielfältig und können nicht auf eine einzige Ursache zurückgeführt werden. Die Verhältnisse waren in jedem Land etwas anders gelagert. Einige Gemeinsamkeiten lassen sich aber bestimmen. Die Kriegs- und auch die Nachkriegszeit, in der häufig paramilitärische Gewalt angewendet worden war, hatten zu einer erheblichen Verrohung innerhalb der jeweiligen Gesellschaften geführt. Hinzu kam häufig eine ökonomische Nachkriegskrise, und 1929 zogen die *Weltwirtschaftskrise* und die folgende *Große Depression* in fast allen europäischen Ländern katastrophale ökonomische Folgen nach sich.[1] Daneben wurden viele Staaten dadurch destabilisiert, dass

▶ **Die Krise der europäischen Demokratie.**

■ ✚ *Charakterisieren Sie die politischen Entwicklungen in Europa zwischen 1918 und 1938. Beziehen Sie in Ihren Ausführungen die Datentabelle und die Karte mit ein.*

---

[1] Siehe zur Weltwirtschaftskrise Seite 115 f.

1918 - 1921	Bürgerkrieg in **Russland**, Sieg der Bolschewiki, Gründung der Sowjetunion am 30. Dezember 1922.
1920	Admiral Miklós Horthy etabliert eine rechtsgerichtete Diktatur in **Ungarn**, Liberalisierungstendenzen in den 1920er-Jahren.
1922	Machtübertragung auf Benito Mussolini nach dem mythisch verklärten „Marsch auf Rom", Abschaffung der Demokratie in **Italien**, ein faschistischer Staat entsteht.
1925	In **Albanien** wird ein autoritäres und nationalistisches Regime unter dem „warlord" und Präsidenten (seit 1928 König Zog) Achmed Zogu errichtet.
1926	Militärputsch in **Litauen** durch Präsident Antanas Smetona, in den 1930er-Jahren Entwicklung in Richtung Diktatur.
	Entmachtung des Parlaments in **Polen** zugunsten einer faktischen Diktatur von Marschall Józef Piłsudski, der aus dem Hintergrund agiert.
	Putsch in **Portugal**, 1932/33 wird die Militärdiktatur durch António de Oliveira Salazar abgelöst, er orientiert sich am faschistischen Ständestaat; bereits 1917/18 bestand eine Diktatur.
1929	Staatsstreich in **Jugoslawien** (bis dahin SHS Königreich), Einführung einer serbischen „Königsdiktatur" durch König Alexander.
1933	„Machtergreifung" des Nationalsozialismus im **Deutschen Reich** (Januar), die parlamentarische Demokratie wurde seit 1930 systematisch unterminiert und existierte seit dem Sommer 1932 nicht mehr.
	Staatsstreich durch Engelbert Dollfuß in **Österreich**, Einführung des austrofaschistischen Systems (März).
1934	Staatsstreich durch Karlis Ulmanis in **Lettland**, Einführung einer autoritären Diktatur.
	Staatsstreich und autoritäre Diktatur durch Konstantin Päts in **Estland**.
1934/35	Autoritäre Diktatur von Oberst Georgiev und Zar Boris III. in **Bulgarien**, auch wenn zeitweise noch eingeschränkt freie Wahlen zum Parlament stattfinden.
1936	Der Putsch einer Militärclique gegen die Republik eskaliert zum Bürgerkrieg in **Spanien**, 1939 Sieg der Francisten, bereits zwischen 1923 und 1930/31 bestand eine gemäßigte Militärdiktatur.
	Nach einem monarchischen Zwischenspiel wird in einem militärischen Staatsstreich in **Griechenland** eine Diktatur unter General Ioannis Metaxas etabliert, König Georg II. bleibt im Amt.
1938	Autoritäre Diktatur von König Carol II. in **Rumänien**.

▲ **Diktaturen in Europa.**
Nach: Boris Barth, Europa nach dem Großen Krieg. Die Krise der Demokratie in der Zwischenkriegszeit, Frankfurt am Main 2016, S. 15
■ *Bilden Sie Arbeitsgruppen, die jeweils ein einzelnes Land auf die Frage hin untersuchen, warum die Demokratie dort scheiterte. Bedenken Sie dabei, dass es für einige Länder (zum Beispiel Italien, Deutschland oder Spanien) sehr viel Material gibt, während es schwierig sein dürfte, etwas zu Lettland oder Albanien zu finden.*

sie nach „ethnischer" Einheit strebten und Minderheiten teils verdeckt, teils offen diskriminierten.

Obwohl außerhalb Russlands nach 1919/20 in keinem Land die Kommunisten eine Chance hatten, an die Macht zu kommen, bestand dennoch weit über das Bürgertum hinaus in ganz Europa weiterhin eine oft übersteigerte Furcht vor eine Revolution oder einem gewaltsamen Umsturz. Diese Furcht machte viele Menschen empfänglicher als zuvor für autoritäre Alternativen. Zudem schien der Liberalismus an seinem Ende angekommen zu sein: Nach dem Ersten Weltkrieg, der überall zu einer Stärkung der Staatsorgane durch eine Flut von administrativen Regelungen geführt hatte, schien der friedliche und individualistische Bürger dem 19. und nicht dem 20. Jahrhundert anzugehören.

Die polnischen Grenzkriege ▪ Als die Mittelmächte im November 1918 zusammenbrachen und das Deutsche Reich in aussichtsloser militärischer Lage kapitulierte, schien für polnische Nationalisten ein Traum wahr zu werden. In Frankreich war bereits unter kriegsgefangenen polnischsprachigen Soldaten und Freiwilligen aus Westeuropa und Amerika eine zunächst kleine, aber sehr gut ausgebildete und ausgerüstete Truppe aufgestellt worden. Sie bezeichnete sich nach ihrem Befehlshaber als die „Haller-Armee". Diese Truppe wurde nach Polen transportiert, sodass dem noch ungefestigten Staat eine schlagkräftige Einheit zur Verfügung stand. Józef Piłsudski[1] wurde aus deutscher Haft entlassen, reiste sofort nach Polen und stellte auf eigene Faust ebenfalls eine Armee von Freiwilligen auf. Allerdings war völlig unklar, wie und wo die Grenzen des neuen Staates gezogen werden sollten. Zwischen 1918 und 1921 führte Polen deshalb mehrere Kriege, die meistens siegreich verliefen. In diesen militärischen Auseinandersetzungen wurden zahlreiche Territorien erobert, die mehrheitlich nicht von polnischsprechenden Menschen bewohnt wurden.

Der polnischen Seite kam zugute, dass sie zudem von den Franzosen mit modernen Waffen ausgerüstet wurde. Ein kleiner Grenzkrieg zwischen verschiedenen paramilitärischen Formationen von Freiwilligen an der neuen Grenze zu Posen 1919 hatte militärisch keinerlei Bedeutung, verstärkte aber auf deutscher und polnischer Seite den gegenseitigen Hass. Die Westukrainische Republik, die nur einige Monate bestand, wurde Anfang 1919 einfach annektiert. Bei diesem Einmarsch fanden bei Lemberg, der Hauptstadt der Westukraine, mehrwöchige schwere Gefechte statt, die später in der polnischen Erinnerungskultur eine wichtige Rolle spielen sollten. Hinzu kamen drei nationalpolnische Aufstände im bis dahin noch deutschen Oberschlesien und ein Krieg gegen Litauen, bei dem die Stadt Vilnius, die von den Litauern eigentlich als ihre neue Hauptstadt vorgesehen war, erobert wurde. Auch ein großer und wechselvoller Krieg gegen die entstehende Sowjetunion konnte 1921 erfolgreich beendet werden. Parallel zu diesen Kriegen fanden in Paris die Verhandlungen um einen Friedensvertrag statt. Die polnische Delegation versuchte hier, aggressiv ihre Ziele durchzusetzen. Im Versailler Vertrag, der am 28. Juni 1919 unterzeichnet wurde, gewann Polen erhebliche Territorien hinzu (▸ M1 und M2).

Zwei unterschiedliche Staatskonzepte ▪ Zwar waren 1920/21 die neuen polnischen Grenzen gesichert, aber es war unklar, welche Art von Staat errichtet werden sollte. Ein Problem bestand darin, dass innerhalb der neuen Territorien keineswegs nur Polen lebten, sondern sehr viele Minderheiten existierten. Piłsudski, der in diesen Jahren mehrere Ämter bekleidete und vor allem Oberbefehlshaber der polnischen Armee war, strebte deshalb eine Föderation an. Diese orientierte sich an dem ehemaligen frühneuzeitlichen Konzept, das heißt die sehr unterschiedlichen Landesteile sollten weitgehende regionale Rechte erhalten. Sein politischer Gegenspieler *Roman Dmowski*, der unumstrittene Führer der Nationaldemokraten, verfolgte ein ganz anderes Konzept. Er plädierte für eine Annäherung an Russland und wollte ein straff organisiertes zentralistisches Polen. Allerdings war Dmowski auch ein glühender Nationalist, der sich einen kleinen polnischen Staat, der sich auf die rein polnischsprachigen Gebiete beschränkt hätte, nicht vorstellen konnte. Stattdessen wollte er so viele Territorien wie möglich – vor allem auf Kosten des Deutschen Reiches – annektieren. Problematisch war, dass sich nach dem Ende der Nachkriegskämpfe kein Konzept durchsetzte, sondern sich beide miteinander vermischten (▸ M3). Polen in der Zwischenkriegszeit wurde zu

---

[1] Zu Piłsudski siehe auch Seite 56.

einem Nationalstaat, in dem sehr viele Nationalitäten lebten, denen aber nur sehr wenige eigenständige Rechte zugestanden wurden. Von den drei Westmächten Großbritannien, USA und Frankreich gezwungen, musste die polnische Regierung zwar einen Vertrag über den Schutz von Minderheiten unterzeichnen, der aber in der Praxis häufig nicht eingehalten wurde.

Die Schwierigkeiten der Staatsgründung in Polen ◼ Im Moment der Staatsgründung stand das neue Polen vor immensen weiteren Problemen. Die erheblichen Kriegszerstörungen erforderten ein finanzielles Engagement, das der Staat alleine nicht aufbringen konnte. Nur großzügige französische Hilfe ermöglichte den Aufbau staatlicher Strukturen. Dennoch kollabierte die Währung wie in Deutschland in einer **Hyperinflation**, und die Mittelschichten verarmten. Derartige Inflationen gab es in mehreren Staaten: Beispielsweise stiegen die Preise im Vergleich zur Vorkriegszeit in Österreich um das 14 000-Fache, in Ungarn um das 23 000-Fache, in Polen um das 2,5-Millionen-Fache und in Deutschland um eine Billion. Erst Anfang 1924 konnte in Polen eine neue und stabile Währung eingeführt werden. Doch erzwang diese Währungsreform einen harten Sparkurs, durch den die Arbeitslosigkeit drastisch anstieg. Sie blieb mehrere Jahre lang auf einem hohen Niveau.

In den ehemaligen drei Teilungsgebieten und in einigen der neu eroberten Territorien existierten völlig unterschiedliche gesetzliche Regelungen und ökonomische Voraussetzungen. Die Probleme begannen damit, dass drei bzw. vier ganz unterschiedliche Verwaltungs-, Verkehrs- und Rechtssysteme bestanden. Maße, Gewichte, Währungen, die Spurbreiten der Eisenbahnen und viele weitere Regeln des Alltags mussten vereinheitlicht werden. Das russische Teilungsgebiet war vor 1914 vollständig in den zaristischen Wirtschaftsraum integriert gewesen, aber nach dem Ende der Grenzkriege war der Handel fast vollständig zusammengebrochen – er betrug weniger als ein Prozent des polnischen Gesamthandels. Ferner mangelte es an Rohstoffen, der Lebensstandard war niedrig, sodass auch kaufkräftige Konsumenten fehlten, und große Teile der kleinbäuerlichen Landwirtschaft waren nicht weltmarktfähig.

Auch die Etablierung eines funktionierenden demokratischen Systems erwies sich als schwierig. Parteien und Parlament konnten in Polen, wie auch in anderen neuen Staaten im Baltikum oder im SHS-Staat (das spätere Jugoslawien), kaum auf bestehenden Traditionen aufbauen. Anders als etwa im Deutschen Reich oder in Österreich existierten keine entsprechenden Organisationen von Vorgängern und keine Strukturen, an die hätte angeknüpft werden können. 1926 bestanden 26 polnische Parteien und 33, die die Minderheiten vertraten. Viele dieser Parteien stützen sich nur auf einige regionale Wählergruppen. Oft traten sie auch nicht mit besonderen programmatischen Aussagen auf, sondern glichen Personenverbänden, die sich um prominente Politiker sammelten. Diese starke Zersplitterung schwächte häufig die Regierungen, die ständig versuchen mussten, sowohl zwischen Konfliktgruppen zu vermitteln als auch an der Regierung zu bleiben. Diese Instabilität erschwerte die Lösung von Problemen erheblich.

Der Aufbau eines demokratischen Staates verlief nach dem Ende der Grenzkriege 1921 deshalb nur schleppend. Viele polnische Verwaltungsbeamte haben – gemessen an den massiven Schwierigkeiten – ausgezeichnete Arbeit geleistet und waren pragmatisch mit den Problemen umgegangen. Zwischen 1921 und 1926 wurden zahlreiche Reformen angegangen: Schon im November 1918 wurde der gesetzliche Achtstundentag eingeführt, drei Monate später wurde in den ehemals russischen Gebieten die Schulpflicht verordnet, wo schätzungsweise bis zu einem Drittel der Erwachsenen

Hyperinflation: eine völlig außer Kontrolle geratene Geldentwertung durch Ansteigen aller Preise

Analphabeten waren. 1921 folgte eine Bodenreform, durch die viele zuvor landlose Bauern einen kleinen Hof erhielten. Allerdings waren die politischen und wirtschaftlichen Krisen nicht schnell zu lösen. Beispielsweise führte das Deutsche Reich 1925 hohe Zölle ein, die den Export der polnischen Landwirtschaft schädigten. Während der gesamten 1920er- und 30er-Jahre kam deshalb der wichtige polnische Agrarsektor nicht wirklich aus der Dauerkrise hinaus.

Der Putsch von 1926  Marschall Józef Piłsudski war als unumstrittener Sieger aus den polnischen Grenzkriegen hervorgegangen und hatte sich danach ins private Leben zurückgezogen. Er war aber in vielen politischen Lagern populär, weil er als eine Person galt, die Probleme schnell und tatkräftig löste. Vor allem in Teilen der Armee genoss er einen untadeligen Ruf. Auch wenn er keinen offiziellen Posten bekleidete, knüpfte er seit 1923 Kontakte, die ihm im Falle eines Umsturzes nützlich sein konnten.

Angesichts der enormen Probleme entschloss sich Piłsudski im Mai 1926 zu putschen. Seine Machtübernahme verlief allerdings nicht friedlich: Bei dreitägigen schweren Kämpfen in Warschau gegen loyale Truppen kamen fast 400 Menschen ums Leben, nahezu 1000 wurden verletzt (▸ M4). Piłsudski verzichtete in der Folge auf das Amt des Präsidenten und agierte lieber aus dem Hintergrund. Meistens war er „nur" Verteidigungsminister, aber jeder Pole wusste, dass die Armee treu hinter ihm stand. Deshalb kam sein „Rat" in gesellschaftlichen und politischen Fragen faktisch einem Befehl gleich. Zwar hielt er sich weitgehend aus der Tagespolitik heraus, im Hintergrund traf er aber weitreichende Entscheidungen. Theoretisch wurde in den folgenden Jahren zwar die Verfassung geachtet, in der Praxis wurden die Wahlen zum Parlament aber stets manipuliert. Anfang der 1930er-Jahre trat der autoritäre Regierungsstil immer stärker hervor, und der wachsende Widerstand der ukrainischen und weißrussischen Minderheiten gegen die gezielte Politik der *Polonisierung* wurde mit polizeilichen und militärischen Mitteln gebrochen. Vor allem Ukrainer wurden scharf unterdrückt – gelegentlich wurden sogar ukrainische Dörfer niedergebrannt, wenn Bauern sich gegen die polnische Herrschaft aufgelehnt hatten.

▲ **Straßenkämpfe in Warschau.**
Foto vom Mai 1926.
Das Foto zeigt Kämpfe in den Straßen Warschaus während des Militärputsches durch Józef Piłsudski.

Identitäten nach 1918/19 Im Versailler Vertrag und in den weiteren Friedensverträgen von Paris waren in zahlreichen Regionen, die sprachlich gemischt waren, *Volksabstimmungen* vorgesehen worden, in denen über die zukünftige Zugehörigkeit verschiedener Regionen entschieden werden sollte. Wenig überraschend versuchten schon im Vorfeld Nationalisten aller Art diese Abstimmungen zu beeinflussen: Im sprachlich gemischten Oberschlesien fanden drei polnische Aufstandsversuche statt, die von rechtsradikalen deutschen Freiwilligenverbänden niedergeschlagen wurden, weil die deutsche Regierung die reguläre Armee nicht einsetzen durfte. Auch an der neuen

Grenze zwischen Österreich und dem SHS-Staat (dem späteren Jugoslawien) lieferten sich Verbände von Freiwilligen Gefechte. Nationale Demonstrationen sollten zudem die Vertreter der Entente beeindrucken, die die Abstimmungen organisierten bzw. beobachteten.

Im hier verfolgten Zusammenhang ist aber ein anderer Umstand wichtig, der erst seit wenigen Jahren intensiv von Historikern erforscht wird. Die Abstimmungen schufen einen Zwang zur Eindeutigkeit, das heißt, eine Person musste sich für einen bestimmten Staat entscheiden. Viele Menschen wollten genau diese Entscheidung aber gar nicht treffen. Dies zeigen einige Beispiele: Im Abstimmungsgebiet in Ostpreußen lebten viele polnische Muttersprachler, die sich selbst als „Staropruski" (dt:„alte Preußen") bezeichneten. Diese waren allerdings konservative und lutherische Protestanten, und sie wollten auf keinen Fall in einem katholischen polnischen Staat leben. Deshalb stimmten sie mit einer Mehrheit von 99 Prozent für den Verbleib bei Deutschland. Religion war für diese Menschen viel wichtiger als die Sprache oder als die Nationalität.

Gesamtbevölkerung	37,107 Mio.	= 100 Prozent
Polen	20,644 Mio.	= 64,66 Prozent
Ukrainer	5,114 Mio.	= 15,99 Prozent
Juden	3,114 Mio.	= 9,75 Prozent
Weißrussen	1,954 Mio.	= 6,01 Prozent
Deutsche	0,78 Mio.	= 2,44 Prozent

▲ **Minderheiten in Polen.**
Nach der polnischen Volkszählung von 1931.
Bitte berücksichtigen Sie bei dieser Tabelle, dass diese offiziellen Zahlen nur ungefähre Anhaltspunkte bieten, eben weil die Bewohner nur eine einzige Angabe machen durften.

Bei den Gemeindewahlen in Oberschlesien 1919 hatten etwa 60 Prozent der Wähler für „polnische" Kandidaten gestimmt. Die polnische Seite war deshalb sicher, dass sie auch die Volksabstimmung für sich entscheiden würde, bei der es um die staatliche Zugehörigkeit der Provinz ging. Diese Rechnung ging allerdings 1921 nicht auf, hier stimmten etwa 60 Prozent (707 393 Stimmen) für Deutschland, 40 Prozent (479 365 Stimmen) für Polen. In der Folge wurde die Provinz geteilt: Die Entente teilte die östlichen Regionen, in denen die meisten Industriestädte lagen, Polen zu, während der Rest bei Deutschland blieb. Da die Abstimmung geheim war, kennen wir die genauen Gründe für das Abstimmungsverhalten nicht, aber offensichtlich war für viele polnischsprachige Personen – möglicherweise aus wirtschaftlichen Gründen – das Deutsche Reich attraktiver als der neue, aber noch ganz ungefestigte polnische Nationalstaat. Offensichtlich hatten bei der Gemeindewahl zwei Jahre zuvor regionale Gründe den Ausschlag für die Stimmabgabe gegeben, die nationale Frage hatte hierbei keine Rolle gespielt. Etwas wurde das Ergebnis auch zugunsten Deutschlands verzerrt, weil alle, die in Oberschlesien geboren waren, aber nicht mehr dort lebten, ebenfalls wahlberechtigt waren, aber dies hatte insgesamt nur eine untergeordnete Rolle gespielt.

Bei einer großen Volkszählung sollte 1931 in Polen die Nationalität aller Bewohner erfasst werden. Polesien (eine Region in Ostpolen) wurde von Polen, Litauern, Ukrainern, Weißrussen und Juden bewohnt. Allerdings weigerten sich hier bis zu 60 Prozent der Menschen, sich in eine sprachliche, nationale oder gar „ethnische" Schublade stecken zu lassen, und sie gaben ihre Nationalität mit dem Wort „hiesige" an. Diese Beispiele zeigen, dass Identitäten komplex konstruiert sind und sich keineswegs auf das rein „nationale" reduzieren lassen. Häufig verlief der Riss durch ganze Familien: Beispielsweise gab der Vater „polnisch" an, die Mutter „ukrainisch", während die (erwachsenen) Kinder sich anderen Nationalitäten zuordneten (▶ M5).

Die polnische Außenpolitik in den 1920er- und 30er-Jahren ▬ Wenig überraschend orientierte sich die polnische Außenpolitik in der Zwischenkriegszeit nach Frankreich, das der wichtigste und zuverlässigste Verbündete war. Nach dem Ende der Grenzkriege war das neue Land zu einer aktiven Außenpolitik aber kaum in der Lage, weil die innere Konsolidierung Vorrang hatte. Zugleich war aber auch die außenpolitische Bedrohung in dieser Zeit nicht so hoch, weil Polen über ein gut ausgerüstetes und kriegserfahrenes Heer verfügte. Die deutsche Armee war demgegenüber im Versailler Vertrag erheblich verkleinert worden und zu einer militärischen Auseinandersetzung nicht in der Lage. 1921 war zwar der Bürgerkrieg in Russland mit dem Sieg der Sowjets beendet worden, aber das Land war sehr stark zerstört worden und benötigte ebenfalls dringend Frieden.

In den 1930er-Jahren begingen die polnischen Regierungen – aus heutiger Sicht – aber mehrere Fehler. Zunächst glaubten viele einflussreiche Nationalisten, dass Polen nun stark genug sei, um die Rolle einer dritten Großmacht zwischen der Sowjetunion und dem Deutschen Reich zu spielen, und dass eine Verständigung dieser beider Staaten untereinander aus ideologischen Gründen nicht möglich sei. Dies war eine gefährliche Fehleinschätzung, wie sich spätestens 1939 herausstellen sollte. Zweitens schloss Polen 1934 einen Nichtangriffspakt mit dem nationalsozialistischen Deutschland ab, nachdem einige Militärs und Politiker Anfang 1933 – nach Hitlers Machtübernahme – sogar noch mit der Idee eines Präventivkrieges gespielt hatten. Die deutsche Seite gewann mit diesem Abkommen Zeit, um die – zunächst noch geheime – Aufrüstung voranzutreiben. Die polnische Regierung hingegen glaubte, auf diese Weise ihre Westgrenze gegen deutsche Ansprüche endgültig zu sichern, und ferner bot sich als ein Nebenaspekt die Möglichkeit, den ungeliebten Minderheitenschutz loszuwerden.

1. *Arbeiten Sie in Form einer Mindmap die Schwierigkeiten heraus, vor denen der polnische Staat in den 1920er-Jahren stand.*

2. *Erstellen Sie eine ähnliche Mindmap für die ersten Jahre der Weimarer Republik (siehe dazu das Kapitel ab Seite 104). Vergleichen Sie Ihre jeweiligen Ergebnisse und arbeiten Sie Gemeinsamkeiten und Unterschiede zwischen Polen und dem Deutschen Reich heraus.*

3. *Nehmen Sie Stellung zu der These, dass die polnische Demokratie in den 1920er-Jahren keine Chance hatte.*

M1 Aus einer Denkschrift von 1918

Roman Dmowski, Führer der polnischen Nationaldemokratischen Partei, versucht, während der Friedenskonferenz in Paris und Versailles als Leiter der polnischen Delegation Forderungen gegenüber den Alliierten durchzusetzen:

Das polnische Problem ist vor allem ein territoriales Problem. Gelegen zwischen Deutschland, der größten Nation des Kontinents, die immer die Eroberung und Verschlingung Polens angestrebt hat, und Russland, wo anscheinend die zersetzen-
5 den Kräfte die Oberhand gewinnen und das wahrscheinlich nicht imstande sein wird, Polen wirksame Hilfe gegen einen deutschen Angriff zu leisten, muss Polen für sich selbst ein starker, vollkommen unabhängiger Staat sein [...]. Es muss eine große schöpferische Demokratie in Osteuropa werden,
10 eine Schanze gegen den deutschen Drang nach Osten, und gleichzeitig muss es sich gegen zersetzende Einflüsse wehren.
Damit Polen diesen Schwierigkeiten gewachsen sein kann [...], sind folgende Bedingungen unerlässlich:
15 1. Es muss ein umfangreiches Gebiet und eine zahlreiche Bevölkerung umfassen;
2. seine Bevölkerung muss hinreichend einheitlich sein, um ihm innere Geschlossenheit zu sichern;
3. seine Grenzen müssen geografischen Bedingungen ent-
20 sprechen, damit seine Unabhängigkeit von den Nachbarn gesichert wird [...].
Seit Kriegsbeginn suchten die Mittelmächte nach einer solchen Lösung der polnischen Frage, die ihre Interessen am besten sichern würde, und es unterliegt keinem Zweifel, dass
25 sie bis zum endgültigen Friedensschluss alle möglichen Mittel anwenden werden, um einer territorialen Lösung der polnischen Fragen vorzubeugen, die Polen die wirkliche Unabhängigkeit sichern und ihm seine historische Rolle zurückgeben würde, die Rolle eines Schutzwalles gegen das
30 Vordringen der Deutschen nach Osten. Ein solches Problem würde Deutschland mit Erfolg hindern, sich in die russischen Fragen einzumischen. Sein Bestehen würde die Lage der Deutschen an der Ostsee ändern, die sie völlig in Besitz zu nehmen sich bemühen. Es würde ein organisatorischer Mit-
35 telpunkt für die kleineren Nationen werden, insbesondere für die Tschechoslowakei und Rumänien, deren Kräfte, verbunden mit den Kräften Polens, in diesem Teil Europas ein mächtiges Bollwerk für die Sache der Freiheit und der Demokratie bilden würden [...].

Die Denkschrift fordert die Abtretung von Posen, Westpreußen, eines Teiles von Ostpreußen, von Oberschlesien und eines Teiles von Mittelschlesien. Über Danzig heißt es:

Die amtlichen Ziffern über Danzig stellen diese Stadt als eine 40 rein deutsche hin. Indessen zeigen private Forschungen, die von polnischer Seite betrieben worden sind, dass fast die Hälfte der Bevölkerung polnisch ist, wenn auch oberflächlich germanisiert [...].

Nach: Enno Meyer (Hrsg.), Deutschland und Polen 1914-1970 (Quellen- und Arbeitshefte zur Geschichte und Gemeinschaftskunde), Stuttgart 1971, S. 10 f.

1. *Geben Sie mit eigenen Worten die Forderungen wieder.*
2. *Ordnen Sie Dmowskis Position in Ihre bisherigen Kenntnisse zum Thema Nationalismus ein.*

M2 Das Ergebnis des Versailler Friedens für Polen

Der polnische Historiker Wlodzimierz Borodziej schreibt 2010:

Nach langwierigen Verhandlungen, in denen die Unterstützung der polnischen Ansprüche nach und nach schmolz, einigte man sich schließlich auf die Übertragung Posens und großer Teile Westpreußens an Polen, auf die Bildung einer Freien Stadt Danzig (die zum polnischen Zollgebiet gehören 5 würde und einige andere Bindungen mit der Republik eingehen würde) unter Aufsicht des Völkerbundes, schließlich auf die Plebiszite, in Teilen von Ostpreußen und in Oberschlesien. Polen erhielt in Versailles etwas mehr als die Hälfte der ursprünglich geforderten Westgebiete (fast 43 000 km²). Inso- 10 fern ging Dmowski in seine eigene Falle [...]. Er hatte die Hoffnungen auf Wunder geweckt und „nur" bedeutende Gewinne eingefahren. Polen wurde im Westen wesentlich mehr zugestanden, als Ende 1918 allgemein für vorstellbar gehalten wurde, und das angekündigte Plebiszit in Ober- 15 schlesien ließ einen noch größeren Gewinn erwarten. Deutschland war geschwächt und gedemütigt, Ostpreußen räumlich vom Reich abgetrennt, Danzig aus dem Reichsverband ausgegliedert. Ein deutscher Grenzrevisionismus war absehbar. Daher konnten Deutschland und Polen im neuen 20 Europa nur Feinde sein, die künftige Zugehörigkeit Oberschlesiens würde lediglich das Kräfteverhältnis zwischen diesen beiden Gegnern austarieren.

Wlodzimierz Borodziej, Geschichte Polens im 20. Jahrhundert, München 2010, S. 109 f.

1. *Erläutern Sie, warum viele Polen den Versailler Vertrag als unzureichend ansahen, obwohl das Land erhebliche territoriale Gewinne gemacht hatte.*
2. *Borodziej vertritt die Meinung, dass Deutschland und Polen nur Feinde sein konnten (siehe Zeile 18 bis 25). Erörtern Sie, ob es vielleicht doch Möglichkeiten der Versöhnung hätte geben können.*

M3 Piłsudski versus Dmowski

Der polnische Journalist Adam Krzeminski über die beiden wichtigsten polnischen Politikern der 1920er- und frühen 1930er-Jahre:

Piłsudski hatte seine Hausmacht im russischen und im österreichischen Teilgebiet. Im preußischen dagegen bildete sich unter dem Eindruck des „Kulturkampfes" und der nationalen Solidarität der Prototyp des katholischen Polen heraus, eines
5 pragmatisch denkenden Menschen, dem romantische Anwandlungen und Klassenutopien fremd waren und der stärker der Christ- und Nationaldemokratie zuneigte als der Sozialdemokratie. Hier hatte auch Roman Dmowski größeren Einfluss.
10 Roman Dmowski (1864-1939) war von ganz anderem Zuschnitt und Temperament als Piłsudski. Auch ihn hatte das russische Teilgebiet geprägt, aber nicht der Osten, sondern Zentralpolen, und nicht ein Landadelssitz, sondern eine arme Steinmetzfamilie in Warschau. Er war ein präzise denkender
15 Mensch, eher „Positivist" als „Romantiker". Schon in den Neunzigerjahren wurde er zum Spielmacher der nationaldemokratischen Partei, die aus einer sich seit rund zehn Jahren auf alle drei Teilgebiete ausweitenden bürgerlich-nationalen Bewegung hervorgegangen war. [...]
20 Diese Bewegung wurde vor allem von der neuen polnischen Mittelschicht getragen, und ihr Wortführer hielt – ganz unter dem Eindruck Darwins – den Kampf der Nationen ums Dasein für ein Gesetz der sozialen Evolution. Sicherlich war er auch von Hause aus nicht frei von Vorurteilen gegen die Ju-
25 den, doch Dmowskis Antisemitismus entsprang ähnlichen Quellen wie seine antirussische oder antideutsche Einstellung, nämlich der Überzeugung, dass die Polen endlich beginnen müssten, sich ökonomisch und zivilisatorisch gegen die Dominanz tatkräftigerer Nationen durchzusetzen.

Adam Krzeminski, Polen im 20. Jahrhundert. Ein historischer Essay, München [2]1998, S. 38 f.

1. *Recherchieren Sie weitere Informationen über die beiden Politiker und schreiben Sie anschließend einen kurzen Beitrag für eine Zeitung zum Thema „Piłsudski und Dmowski – zwei prägende Gestalten der polnischen Politik nach dem Ersten Weltkrieg".*

2. *Vergleichen Sie aufgrund von M3, Seite 68 f. und Ihren Recherchergebnissen aus der ersten Aufgabe die politischen Konzepte der beiden Personen miteinander.*

M4 Piłsudski als Diktator?

Der deutsche Historiker Gerhard Besier beschäftigt sich mit dem Scheitern der Demokratie in Polen:

Nach der Etablierung des neuen Staates hatte sich Piłsudski zunächst von den Regierungsgeschäften zurückgezogen. Doch der Staatsnotstand zwischen 1923 und 1926 – in der Zeit der rein parlamentarischen Regierungsform – ließ ihn zu der Überzeugung kommen, das Land brauche wieder eine starke 5 Hand. Im Parlamentarismus, meinte er, würden Korruption und Misswirtschaft eher gefördert („Dirnen-Sejm"). Seine Sorge galt vor allem der Armee. Die Heeresführung erkannte die parlamentarische Aufsicht über die Armee als legitim an, aber Piłsudski wollte die Armee unabhängig vom Parlament 10 halten. Auf seiner Seite standen die ehemaligen Legionsoffiziere und die Sozialistische Partei Polens (PPS). [...] Am 12. Mai 1926 besetzte Piłsudski an der Spitze von fünfzehn Regimentern Praga[1] und eroberte bis zum 14. Mai gegen den erbitterten Widerstand regierungstreuer Verbände Warschau. [...] Er 15 ging nun an den Umbau von einer parlamentarischen zu einer autoritären Regierung. Die von ihm veranlassten Maßnahmen schlossen auch die Ermordung von Generälen und die Überwachung der von ihm eingesetzten Regierung ein. Dies alles meinte er im Namen der „moralischen Gesundung" 20 der polnischen Nation tun zu müssen. Gleichwohl verzichtete er auf die Errichtung einer totalitären Diktatur und legte Wert auf die äußere Fortführung des parlamentarischen Staatslebens. [...]
Im Frühjahr 1935 [...] hatte Piłsudski noch eine neue Verfas- 25 sung unterzeichnet, die das Parlament endgültig marginalisierte. Die gesamte Exekutive lag fortan in den Händen des Präsidenten, der sich nur noch gegenüber „Gott und der Geschichte" verantwortlich wusste. Aus Protest boykottierte die Opposition im selben Jahr die Wahlen, an denen sich lediglich 30 46 Prozent der Bevölkerung beteiligten. Auch die Wahlen von 1938, die ebenfalls von der Opposition boykottiert wurden, waren eine Farce. Außerhalb des Parlaments blieben die gegnerischen politischen Kräfte aktiv, der Widerstand gegen eine Uniformierung der polnischen Gesellschaft hatte von seiner 35 Lebendigkeit nichts verloren.

Gerhard Besier, Das Europa der Diktaturen. Eine neue Geschichte des 20. Jahrhunderts, München 2006, S. 154 und 159

1. *Entwerfen Sie ein Schaubild oder einen Zeitstrahl, der Piłsudskis Weg zur Macht abbildet.*

2. *Interpretieren Sie Piłsudskis Terminus von der „moralischen Gesundung" (Zeile 20).*

---

[1] **Praga**: Vorort Warschaus

M5 Sprachverteilung nach dem Ersten Weltkrieg

Sprachverteilung und Krisenherde nach dem Ersten Weltkrieg

Anhand dieser Karte lassen sich viele Schwierigkeiten, die schon die Zeitgenossen mit der Zuordnung zu Völkern und Nationen hatten, gut zeigen. Objektiv analysieren lassen sich Faktoren wie Sprache oder Religion, nicht aber Ethnie, also Abstammung. Die Karte gibt zwar einige Orientierung, kann aber nicht zeigen, dass Identitäten häufig nicht eindeutig festgelegt sind. Mehrsprachigkeit, die in Zentral- und Osteuropa häufig vorkam, kann auf diese Weise nicht abgebildet werden. Auch ist keineswegs eindeutig, dass jemand, der beispielsweise Polnisch oder Rumänisch als Muttersprache spricht, automatisch auch „polnisch" oder „rumänisch" denkt oder fühlt.

1. Arbeiten Sie anhand der Karte die Schwierigkeiten heraus, die die Staatsmänner auf den Pariser Friedenskonferenzen hatten.
2. Erörtern Sie die Frage, ob in Paris eine „gerechtere" Lösung des Nationalitätenproblems möglich gewesen wäre.

Putzger. Atlas und Chronik zur Weltgeschichte, Berlin ²2009, S. 234

Der Zweite Weltkrieg und seine Folgen

▲ Die Erweiterung des Deutschen Reiches zwischen 1933 und 1939.
■ *Beschreiben Sie die territoriale Entwicklung des Deutschen Reiches vor dem Zweiten Weltkrieg.*

Adolf Hitler (1889‑1945): seit 1921 Vorsitzender der NSDAP; 1933 Ernennung zum Reichskanzler; vgl. auch Seite 115.

Der Hitler-Stalin Pakt und der Überfall auf Polen ■ Bis 1938 war Polen in den Planungen Adolf Hitlers untergeordnet. Zunächst hatte die Zerschlagung der Tschechoslowakei Vorrang. 1938 willigten die Westmächte nach massivem deutschen Druck im *Münchener Abkommen* ein, die deutschsprachigen Randgebiete, das Sudetenland, an das Deutsche Reich abzutreten. Die Regierung in Prag gab nach, um einen Krieg zu vermeiden. Im März 1939 marschierten schließlich deutsche Truppen völkerrechtswidrig in Prag ein. Hitler hatte bis dahin auch mit dem Gedanken gespielt, dass Polen einige Territorien an das Deutsche Reich abtreten und dann ein gemeinsames Bündnis gegen die Sowjetunion abschließen sollte. Auf einen derartigen Vorschlag wäre aber keine polnische Regierung eingegangen. Seit Anfang 1939 wurde deshalb ein Überfall auf Polen systematisch vorbereitet. Zwar sahen auch die Westmächte den Krieg kommen und begannen aufzurüsten; ihre Bemühungen, die Kontakte zur Sowjetunion zu verbessern, verliefen aber nur halbherzig.

Hitler hingegen erkannte die Chancen, die sich – trotz aller ideologischen Unterschiede – aus einem Bündnis mit der Sowjetunion ergeben würden. Er schickte nach schnellen Vorverhandlungen Außenminister *Joachim von Ribbentrop* nach Moskau, wo ebenfalls nach ganz kurzen Verhandlungen in der Nacht vom 23. auf den 24. August 1939 ein deutsch-sowjetischer Nichtangriffspakt unterschrieben wurde, der später auch als *„Hitler-Stalin Pakt"* bezeichnet wurde (▸ M1). In einem geheimen Zusatzprotokoll wurde eine umfassende Neuverteilung Osteuropas zwischen den beiden Großmächten vereinbart. Ferner sicherte die Sowjetunion dem Deutschen Reich Rohstoff- und Nahrungsmittellieferungen zu, sodass eine britische Seeblockade wie im Ersten Weltkrieg wirkungslos werden würde. Erst durch diesen Vertrag wurde der Angriff auf

▶ **Das ermordete Polen.**
Karikatur von David Low, die am 20. September 1939 im „Evening Standard" erschien.
Hitler sagt zu Stalin: „The scum of the earth, I believe?"
(dt.: „Der Abschaum der Erde, wie ich vermute?") Und Stalin fragt: „The bloody assassin of the workers, I presume?"
(dt.: „Der blutige Schlächter der Arbeiter, darf ich annehmen?").
■ *Beschreiben Sie die dargestellte Szene.*
■ *Charakterisieren Sie, wie die britische Presse den Hitler-Stalin-Pakt kommentiert.*

Polen möglich. Die nationalsozialistische Führung glaubte allerdings, dass Großbritannien und Frankreich in diesem Krieg neutral bleiben würden.

Am 1. September 1939 griff die deutsche Armee nach einem dürftigen Vorwand, den niemand glaubte, Polen an. Der Krieg war bereits nach wenigen Tagen entschieden: Die polnische Armee leistete zwar tapfer Widerstand, wurde aber von der deutschen Übermacht, die technisch viel besser ausgerüstet war, förmlich überrannt. Am 17. September überschritt auch die sowjetische Rote Armee die polnische Grenze, und am 6. Oktober kapitulierten die letzten polnischen Truppen.

Das polykratische nationalsozialistische Herrschaftssystem 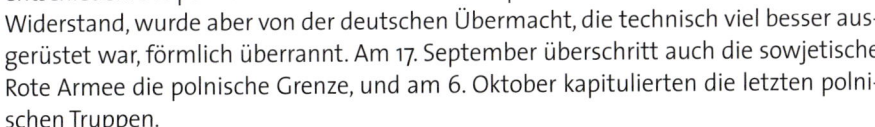 Die Eskalation der nationalsozialistischen Expansion und die mörderische Radikalität der Besatzungspolitik in den eroberten Territorien des Ostens sind nur verständlich, wenn man das NS-Herrschaftssystem analysiert. Fast alle Historiker bezeichnen dieses heute als *Polykratie* (dt.: Vielherrschaft). In der Propaganda war die Diktatur als Führerstaat wie eine Pyramide gegliedert, das heißt, der Führer gab von oben Befehle, die von den entsprechenden unteren Organen strikt umgesetzt wurden. Dieser Mythos wurde vom NS-Herrschaftssystem bewusst in der Propaganda eingesetzt. Er wurde aber auch in der Nachkriegszeit konstruiert, weil Kriegsverbrecher sich mit dem Hinweis auf einen „Befehlsnotstand" aus der Verantwortung stahlen.

Die Realität des Nationalsozialismus sah aber völlig anders aus. Hitler sicherte seine Machtstellung dadurch, dass er sehr weitgehende, aber unklar definierte Kompetenzen an einzelne Personen delegierte, zugleich aber eine politische Koordination der verschiedenen Dienststellen untereinander erschwerte. Zugleich versuchten zahlreiche kleine und große „Führer", Macht und Posten an sich zu ziehen, um Konkurrenten zu übertrumpfen. Hitler traf zwar die großen strategischen Entscheidungen, hielt sich aber in der Regel aus diesen kleinen und großen Querelen heraus, oft förderte er sie sogar.

Dieses chaotische Nebeneinander ständig wachsender Bürokratien mit unklaren Zuständigkeiten war auch im besetzten Polen deutlich zu beobachten. Theoretisch wurde das **Generalgouvernement** von dem Juristen *Hans Frank* verwaltet, der ein früher Weggenosse Hitlers war. Franks Machtbereich wurde aber durch **Heinrich Himmler** und die **Schutzstaffel** (SS) systematisch unterwandert. Himmler ließ beispielsweise zahlreiche Konzentrations- und Vernichtungslager im Generalgouvernement errichten, die seiner SS und nicht Frank unterstanden. In seiner Eigenschaft als „Reichskommissar für die Festigung des deutschen Volkstums" steuerte Himmler auch direkt die Rassen-

Generalgouvernement: Bezeichnung für die besetzten polnischen Gebiete, die nicht unmittelbar dem Reich angegliedert worden waren

Heinrich Himmler (1900-1945): „Reichsführer SS"; ab 1936 zudem Chef der Deutschen Polizei; einer der Hauptverantwortlichen für den Holocaust und die zahlreichen Verbrechen der Waffen-SS; 1945 Selbstmord

Schutzstaffel (SS): 1925 gegründete Parteiformation zum persönlichen Schutz Hitlers, ab 1934 „selbstständige Organisation" der NSDAP mit polizeilicher Machtbefugnis

Lesetipp
Wolfgang Benz, Die 101 wichtigsten Fragen. Das Dritte Reich, München [3]2013

politik.[1] Als Generalbevollmächtigter für den Arbeitseinsatz agierte *Fritz Sauckel*, dessen Behörden für die Deportation von Zwangsarbeitern in das Deutsche Reich zuständig waren. Ab 1942 regierte auch *Albert Speer*, der neue Rüstungsminister, in das Generalgouvernement hinein, indem er das Territorium in die laufenden wirtschaftlichen Produktionsprogramme eingliederte. Alle diese „Führer" versuchten sich anfangs gegenseitig an Radikalität zu übertreffen, um sich bei Hitler beliebt zu machen.

Die vierte Teilung Polens Erneut wurde Polen in drei Territorien geteilt. Der östliche Teil fiel an Russland, der westliche an Deutschland, und das neu geschaffene Generalgouvernement sollte die neue „Heimat" des polnischen Volkes werden. Von Anfang an wurden deshalb im großen Stil Polen und Juden dorthin abgeschoben. Sie sollten dort als frei verfügbare Arbeitsreserve zur Verfügung stehen. Faktisch handelte es sich um eine moderne Form von Sklavenarbeit, weil die Polen keinerlei Rechte hatten und vor allem in der zweiten Hälfte des Krieges mit extremer Grausamkeit behandelt wurden. Regelmäßig wurden hunderttausende in das Deutsche Reich als Zwangsarbeiter verschleppt. Das Gebiet wurde ferner systematisch ent-industrialisiert. Fabriken, Maschinen, Eisenbahngleise und sogar Telefonkabel wurden abmontiert. Insgesamt wurde ein extrem brutales rassistisches System eingeführt (▸ M2). Allerdings traten von Anfang an erhebliche Meinungsverschiedenheiten auf, weil verschiedene Dienststellen unterschiedliche Ziele verfolgten. Die rassistisch motivierten Vertreibungen aus den annektierten Gebieten hatten die Folge, dass plötzlich keine ausgebildeten Arbeitskräfte mehr zur Verfügung standen. Auch konnten deutsche Fabriken häufig mit den beschlagnahmten Maschinen gar nichts anfangen, und im Frühjahr 1940 wurden die Plünderungen – mit Ausnahmen – eingestellt. Allerdings musste das Generalgouvernement und die anderen von Polen bewohnten Gebiete extrem hohe Mengen an landwirtschaftlichen Produkten abliefern, sodass den dortigen Polen kaum genug zu essen blieb. Nach dieser ersten Phase der Ausplünderung wurden im Generalgouvernement einige Industriekomplexe aufgebaut, die für die Rüstungsindustrie tätig waren und die sich fest in deutscher Hand befanden. Sehr häufig wurden hier KZ-Häftlinge eingesetzt.

Die Besatzungspolitik in Polen Von Anfang an war die nationalsozialistische Besatzungspolitik in Polen sehr hart (▸ M3 und M4). Wahrscheinlich wären nach Kriegsende 1939 viele Polen bereit gewesen, sich in irgendeiner Form mit der Besatzungsmacht zu arrangieren, wie dies viele Generationen zuvor bereits gelernt hatten. Dies erwies sich aber als kaum möglich: Beispielsweise wurden in Krakau alle Professoren der international angesehenen Universität zu einem Treffen gebeten, dann verhaftet und in Konzentrationslager eingewiesen. Gezielt wurden polnische Intellektuelle ermordet, um die Führungsschicht zu schwächen. Fast alle Schulen wurden geschlossen, da Bildung für Polen als überflüssig angesehen wurde. Ein polnisches Schulwesen bestand fast nur noch im Untergrund.

Das Regime verfolgte eine in jeder Hinsicht verbrecherische Politik, die bewusst mit allen Regeln des Kriegsrechts brach. Mit der Gewinnung von „Lebensraum im Osten" sollte ein Rassenstaat errichtet werden. Im Winter 1942/43 begann die SS in mehreren Regionen in der Nähe von Lublin (in der Region von Zamość) eine weitere äußerst gewalttätige Umsiedlungsaktion: Alle Polen wurden ausgesiedelt oder in Konzentrati-

Filmtipp
Unbeugsam; USA 2008, Regie: Edward Zwick
Der Film erzählt die Geschichte der jüdischen Partisanengruppen um die Brüder Tuvia, Zus und Asael Bielski während des Zweiten Weltkrieges. Die Handlung spielt im östlichen Teil Polens (heute Weißrussland).

---

[1] Dies geschah über den „Lebensborn"; siehe hierzu Seite 79.

onslager deportiert, ihren gesamten Besitz mussten sie zurücklassen. Danach sollten in den leeren Dörfern Deutsche angesiedelt werden. Diese Aktion schlug aber fehl und musste schließlich abgebrochen werden (▶ M5). Vielen Bauern gelang die Flucht, und ihre einzige Möglichkeit zu überleben bestand darin, sich **Partisanen** in den Wäldern anzuschließen. Aus der relativ friedlichen Gegend, die landwirtschaftliche Produkte aller Art geliefert hatte, entwickelte sich ein großer Unruheherd, in dem ständig Truppen stationiert werden mussten. Vom November 1942 bis zum Januar 1943 sank die Produktion zwischen 60 und 90 Prozent.

Die SS suchte in großem Stil nach „nordischem Blut". „Arisch" aussehende Kinder wurden ihren polnischen Eltern fortgenommen und in speziellen Einrichtungen des „*Lebensborn*", faktisch Waisenhäusern der SS, erzogen. Die Eltern wurden häufig in Konzentrationslagern ermordet. Da die Akten dieser Organisation vor dem Kriegsende vernichtet worden sind, wissen wir nur wenig über die Details. Man kann aber davon ausgehen, dass nach 1945 einige zehntausend Menschen in Deutschland lebten, die davon überzeugt waren, Deutsche zu sein, deren Eltern im Krieg ums Leben gekommen waren.

Anfangs war die innerdeutsche Opposition gegen diese harte Besatzungspolitik gering, nur einige Offiziere der Wehrmacht drückten ihr Unverständnis darüber aus, dass Einheiten der SS auch Frauen und Kinder ermordeten. Als sich aber im Winter 1942/43 mit der deutschen Niederlage in Stalingrad eine Wende des Krieges deutlich abzeichnete, häuften sich auch innerhalb der nationalsozialistischen Führung und besonders bei den örtlichen Behörden im Generalgouvernement die Forderungen, die Politik gegenüber den Polen zu ändern. Erst im allerletzten Moment wurden 1944 einige halbherzige Versuche gemacht, Polen für die deutsche Seite zu gewinnen, doch kam dieser Anlauf viel zu spät (▶ M6). Die Rote Armee wurde durchweg als Befreier begrüßt.

Der Völkermord an den europäischen Juden

Die meisten Historiker vertreten heute die Meinung, dass der **Völkermord (Genozid)** an den europäischen Juden nicht schon vor dem Krieg geplant war, sondern dass er sich aus zahlreichen einzelnen Aktionen langsam zum **Holocaust (Shoah)** entwickelte. Hitler wirkte aber immer wieder als treibende Kraft im Hintergrund. Schon direkt nach dem Überfall auf die Sowjetunion am 22. Juni 1941 begannen Einsatzgruppen des Sicherheitsdienstes der SS systematisch damit, in den eroberten Gebieten mehrere hunderttausend Juden und andere unerwünschte Volksgruppen wie Sinti und Roma oder kommunistische Funktionäre in großem Stil mit Maschinengewehren zu erschießen (▶ M7). Wahrscheinlich im Herbst 1941 fiel dann in der engeren NS-Führung der Entschluss, alle europäischen Juden zu ermorden, wobei die genauen Abläufe dieser Entscheidung aber bis heute immer noch nicht völlig geklärt sind.

Nachdem im Herbst und im Winter 1941 mit verschiedenen Tötungsarten experimentiert worden war, setzte sich die Technologie der Vergasung als „erfolgreichste" Methode durch. Mit wenigen Ausnahmen wurden die meisten Vernichtungslager auf dem Gebiet des ehemaligen Polen errichtet. Das größte von ihnen war der Lager- und Vernichtungskomplex in **Auschwitz**, der ein Multifunktionslager darstellte, weil hier auch große Rüstungsbetriebe angesiedelt wurden, die KZ-Häftlinge als Arbeitssklaven nutzten. Andere Lager wie *Treblinka*, *Sobibor* oder *Belzec* waren reine Vernichtungslager, die ausschließlich die Aufgabe hatten, in Gaskammern so schnell wie möglich Juden umzubringen.

Partisanen: bewaffnete Widerstandskämpfer im Hinterland

Völkermord (Genozid): Auslöschung willkürlich definierter Gruppen von Menschen unter zumeist extrem brutalen Begleitumständen; der englische Begriff für Völkermord, *genocide*, geht auf den poln.-jüd. Juristen Raffael Lemkin zurück, der ihn im Jahr 1944 prägte. Beispiele für Genozide in der Geschichte sind der Holocaust sowie der Völkermord an den Armeniern während des Ersten Weltkrieges.

Holocaust (Shoah) (griech. holócaustos: „völlig verbrannt" bzw. „Brandopfer"): wurde zunächst als Lehnwort ins Englische übernommen, gilt heute weltweit als Synonym für die systematische Ermordung von mindestens sechs Millionen europäischer Juden und anderer Opfergruppen. In der jüdischen Tradition wird für diesen Genozid der Begriff „Shoah" (hebr. „Großes Unheil, Katastrophe") verwendet, der sich jedoch ausschließlich auf die Judenvernichtung bezieht. In der NS-Terminologie wurde häufig auch der Begriff „Endlösung" verwendet.

Auschwitz: Das Lager Auschwitz wurde nahe der polnischen Stadt Oświęcim 1939 für die politischen Häftlinge aus Polen eingerichtet. Ab September 1941 begann der Ausbau zum größten Vernichtungslager im deutschen Machtbereich. Dort wurden ab Mai 1942 vornehmlich jüdische Häftlinge systematisch ermordet. Außerdem entstanden mehrere große Industriebetriebe (z.B. IG Farben in Monowitz), für die die Häftlinge Zwangsarbeit leisten mussten. Bis zur Befreiung von Auschwitz am 27. Januar 1945 starben dort etwa eine Million Menschen.

Ghetto: primär in Polen und den besetzten Gebieten der Sowjetunion eingerichtete abgesperrte Wohnbezirke, in denen die jüdische Bevölkerung unter unmenschlichen Bedingungen zusammengepfercht und häufig sich selbst überlassen wurde. Die Konzentrierung der Juden wurde gleichzeitig für die Ausbeutung ihrer Arbeitskraft genutzt. Katastrophale hygienische Verhältnisse, Unterversorgung und Epidemien führten zum Tod vieler zehntausend Menschen. Nach Auflösung der Ghettos wurde die jüdische Bevölkerung fast ausnahmslos in Vernichtungslager deportiert.

Filmtipp

Der Pianist; Frankreich/Großbritannien/Deutschland/Polen 2002, Regie: Roman Polański

Der Film basiert auf der wahren Geschichte des polnischen Pianisten und Komponisten Władysław Szpilman während seiner Zeit im Warschauer Ghetto.

Internettipp

Für ein didaktisch aufbereitetes Dossier zu Filmmaterial vom Warschauer Ghetto siehe den Code 7317-04.

Der Aufstand im Warschauer Ghetto 1943 ◼

Ende 1940 wurden große Wohnbezirke vom restlichen Warschau durch eine Mauer abgetrennt, die 18 Kilometer lang und 3,5 Meter hoch war. Über 100 000 Polen wurden umgesiedelt und ihre Wohnungen an Juden gegeben. Allerdings war dieses Ghetto schon bald hoffnungslos überfüllt, weil auch Juden aus anderen Teilen des Landes hierhin deportiert wurden. Die Ernährung war völlig unzureichend, sodass durch Krankheiten und Unterernährung die Sterberate stark anstieg. Seit dem Juli 1942 wurden Juden von hier in großem Stil in die Vernichtungslager transportiert.

Trotz der Geheimhaltung sprach sich schnell herum, dass sie in den Lagern im Osten systematisch ermordet wurden. Verzweifelt organisierten Gruppen von meist jungen Menschen im *Warschauer Ghetto* eine Widerstandsbewegung, die aber kaum über Waffen verfügte. Dennoch wurden Bunker gebaut, mit primitivsten Mitteln Sprengstoff hergestellt und Kämpfer ausgebildet. Als die SS am 19. April 1943 in das Ghetto vorrückte, um die letzten Juden abzutransportieren, stieß sie unerwartet auf heftigen militärischen Widerstand. Obwohl die Deutschen auch schwere Waffen und Flammenwerfer einsetzten, konnte der letzte Widerstand erst am 16. Mai gebrochen werden. SS-Brigadeführer (General) *Jürgen Stroop* meldete in einem Bericht: „Es gibt keinen jüdischen Wohnbezirk in Warschau mehr."

Für die jüdische und später für die israelische Identität hatte dieser Aufstand eine sehr wichtige Bedeutung. Auch wenn die Erhebung chancenlos war, hatten sich hier die Juden nicht einfach abtransportieren lassen, sondern waren ihren Mördern mit dem Mute der Verzweiflung entgegengetreten.

▲ **Überlebende des Warschauer Ghettoaufstandes werden von der SS abgeführt.**
Foto (Ausschnitt) aus einem Bericht des SS-Gruppenführers und Generalmajors der Polizei, Jürgen Stroop, vom 16. Mai 1943. Der Originaluntertitel lautet: „Mit Gewalt aus Bunkern herausgeholt." Der Aufstand endete, nachdem die SS die Häuser im Ghetto in Brand gesetzt hatte. Von den 56 000 gefangengenommenen Juden erschoss die SS sofort 7 000. Die Überlebenden deportierte sie in Arbeits- und Vernichtungslager

Der polnische Aufstand vom Sommer 1944  Ein weiterer großer Aufstand, der für die Identität Polens nach 1945 wichtig wurde, war der *Warschauer Aufstand* von 1944. Im Sommer waren die Westalliierten in Frankreich gelandet. Kurz danach durchbrach die Rote Armee in einer großen Offensive die deutsche Front, vernichtete einen großen Teil des deutschen Heeres und stieß bis zur Weichsel vor. Erst kurz vor Warschau kam der Vormarsch zum Stillstand. Im Untergrund war in den Jahren zuvor die polnische Heimatarmee aufgestellt worden, die alleine für einen Aufstand zu schlecht bewaffnet war. Als die Rote Armee vor Warschau stand, glaubte die Führung der *Heimatarmee*, die in Warschau immerhin über

▲ **Denkmal der Helden des Warschauer Aufstandes.**
Foto von 2013, Krasinski-Platz in Warschau.
Das Denkmal wurde 1989 eingeweiht.

■ *Beschreiben Sie die Form und Gestaltung des Denkmals.*
■ *Erläutern Sie die Symbolsprache, die dieses Denkmal seinen Betrachtern vermitteln möchte.*

etwa 45 000 Soldaten verfügte, dass der Zeitpunkt für einen Aufstand günstig sei. Sie wollte Fakten schaffen, um dann später bei Friedensgesprächen mit am Verhandlungstisch zu sitzen.

Der Aufstand begann am 1. August 1944 und der letzte Widerstand wurde erst am 3. Oktober gebrochen. Zwar gelang es der Aufstandsbewegung zunächst, einen Teil von Warschau einzunehmen, doch blieb die erhoffte sowjetische Unterstützung aus. Die meisten Historiker nehmen an, dass Josef W. Stalin den Deutschen die Gelegenheit geben wollte, den Aufstand niederzuschlagen, damit er später nicht mit der lästigen polnischen Unabhängigkeitsbewegung zu tun haben musste. Die nationalsozialistische Führung nutzte diese Gelegenheit. Hitler ordnete die völlige Zerstörung Warschaus an: Die Stadt solle nur noch ein geografischer Punkt auf der Landkarte sein. Dieser Befehl wurde konsequent durchgeführt: Deutsche Pioniere zogen mit Flammenwerfern durch ganze Stadtviertel und sprengten die niedergebrannten Ruinen, während am anderen Ufer der Weichsel die Rote Armee untätig zusah. Auch gingen Heer und SS einmal mehr rücksichtslos gegen die polnische Zivilbevölkerung vor und zettelten mehrfach große Massaker an. Obwohl der Aufstand fehlschlug, spielt er bis heute in der polnischen Erinnerungskultur eine wichtige Rolle, weil hier zumindest versucht worden war, das Land aus eigener Kraft zu befreien.

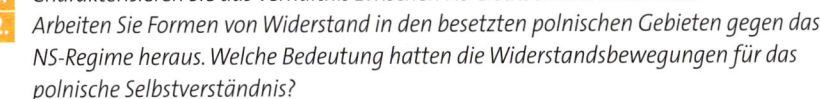

1. *Charakterisieren Sie das Verhältnis zwischen NS-Deutschland und Polen.*

2. *Arbeiten Sie Formen von Widerstand in den besetzten polnischen Gebieten gegen das NS-Regime heraus. Welche Bedeutung hatten die Widerstandsbewegungen für das polnische Selbstverständnis?*

M1 Der Nichtangriffspakt mit der UdSSR

Im August 1939 wird der Öffentlichkeit ein Abkommen präsentiert, das der sowjetische Außenminister Wjatscheslaw M. Molotow mit dem deutschen Außenminister Joachim von Ribbentrop ausgehandelt hat:

Art. 1 Die beiden vertragschließenden Teile verpflichten sich, sich jeden Gewaltakts, jeder aggressiven Handlung und jedes Angriffs gegeneinander, und zwar sowohl einzeln als auch gemeinsam mit anderen Mächten, zu enthalten.

5 **Art. 2** Falls einer der vertragschließenden Teile Gegenstand kriegerischer Handlungen seitens einer dritten Macht werden sollte, wird der andere vertragschließende Teil in keiner Form diese dritte Macht unterstützen. [...]

Art. 4 Keiner der beiden vertragschließenden Teile wird sich
10 an irgendeiner Mächtegruppierung beteiligen, die sich mittelbar oder unmittelbar gegen den anderen Teil richtet.

Geheimes Zusatzprotokoll[1]: Für den Fall einer territorial-politischen Umgestaltung der zum polnischen Staate gehörenden Gebiete werden die Interessensphären Deutschlands
15 und der UdSSR ungefähr durch die Linie der Flüsse Narew, Weichsel und San abgegrenzt.

Die Frage, ob die beiderseitigen Interessen die Erhaltung eines unabhängigen polnischen Staates erwünscht erscheinen lassen und wie dieser Staat abzugrenzen wäre, kann endgültig
20 erst im Laufe der weiteren politischen Entwicklung geklärt werden. In jedem Falle werden beide Regierungen diese Frage im Wege einer freundschaftlichen Verständigung lösen.

OSTEUROPA. Zeitschrift für Gegenwartsfragen des Ostens, 39. Jg. (1989), S. 417-419

1. *Erläutern Sie, was der Nichtangriffspakt über die außenpolitischen Planungen beider Länder aussagt.*
2. *Beurteilen Sie die Bedeutung des geheimen Zusatzprotokolls.*

M2 „Restlose Beseitigung des Polentums"

In der Denkschrift „Die Frage der Behandlung der ehemaligen polnischen Gebiete nach rassenpolitischen Gesichtspunkten" des Rassenpolitischen Amtes der NSDAP vom 25. November 1939 heißt es:

Das Problem Polen und der Behandlung der Bevölkerung des ehemaligen polnischen Staatsgebietes ist sowohl ein rassenpolitisches als auch ein völkisch-politisches Problem. [...] Das Ziel der deutschen Politik in den neuen Reichsgebieten muss die Schaffung einer rassisch und damit geistig-seelisch wie 5 völkisch-politisch einheitlichen deutschen Bevölkerung sein. Hieraus ergibt sich, dass alle nicht eindeutschbaren Elemente rücksichtslos beseitigt werden müssen.

Dieses Ziel umfasst drei einander verbundene Aufgaben:
Erstens die vollständige und endgültige Eindeutschung der 10 hierzu geeigneten Schichten,
zweitens die Abschiebung aller nicht eindeutschbaren fremdvölkischen Kreise und
drittens die Neubesiedlung durch Deutsche. [...]

Ein erheblicher Teil der rassisch wertvollen, aber aus völki- 15 schen Gründen nicht eindeutschbaren Schichten des polnischen Volkes wird dagegen in das polnische Restgebiet abgeschoben werden müssen. Hier aber muss versucht werden, rassisch wertvolle Kinder von der Umsiedlung auszunehmen und sie im Altreich in geeigneten Erziehungsanstalten etwa 20 nach Art des früheren Potsdamer Militärwaisenhauses oder in deutscher Familienpflege zu erziehen. [...] Alle rassisch wertvollen Kinder, deren Eltern im Krieg oder später umgekommen sind, werden ohne Weiteres in deutsche Waisenhäuser übernommen. Aus diesem Grund ist ein Verbot der 25 Adoption solcher Kinder durch Polen zu erlassen. Jede Unterbringung von erbgesunden Kindern in kirchlich geleiteten Anstalten hat zu unterbleiben. Kinder in solchen Anstalten werden in deutsche Erziehungsanstalten überführt, soweit es sich um Kinder bis zu etwa 10 Jahren handelt. [...] 30
Wie bereits entwickelt, muss das Fernziel die restlose Beseitigung des Polentums sein. Was von den Polen nicht eingedeutscht werden kann, muss in das polnische Restgebiet abgeschoben werden. Von den etwa 6,6 Millionen reinen Polen der neuen Reichsgebiete – die Wasserpolen[2] und Ka- 35 schuben sind hier abgerechnet – erscheinen ebenfalls 1-1,5 Millionen eindeutschungsfähig.

Nach: Werner Röhr (Hrsg.), Die faschistische Okkupationspolitik in Polen (1939-1945), Berlin 1989, S. 143 f.

1. *Beschreiben Sie mit eigenen Worten das Programm des Rassenpolitischen Amtes.*
2. *Analysieren Sie das Menschenbild, das sich in dieser Quelle zeigt.*

---

[1] Das Zusatzprotokoll wurde im Westen 1948 bekannt. Die Sowjetunion bestritt bis 1989 die Existenz dieser Abmachung.

[2] Als Wasserpolen wurden diejenigen Polen in Oberschlesien bezeichnet, die zwar Polnisch als Muttersprache sprachen, sich aber schon im Kaiserreich als Deutsche definiert hatten.

M3 Ziele der Besatzungspolitik

Heinrich Himmler formuliert in seiner Denkschrift „Einige Gedanken über die Behandlung der Fremdvölkischen im Osten" vom 15. Mai 1940:

[...] [D]enn nur dadurch, dass wir diesen ganzen Völkerbrei des Generalgouvernements von 15 Millionen und die 8 Millionen der Ostprovinzen auflösen, wird es uns möglich sein, die rassische Siebung durchzuführen, die das Fundament in un-
5 seren Erwägungen sein muss, die rassisch Wertvollen aus diesem Brei herauszufischen, nach Deutschland zu tun, um sie dort zu assimilieren. [...]
Eine grundsätzliche Frage bei der Lösung aller dieser Probleme ist die Schulfrage und damit die Frage der Sichtung und
10 Siebung der Jugend. Für die nichtdeutsche Bevölkerung des Ostens darf es keine höhere Schule geben als die vierklassige Volksschule. Das Ziel dieser Volksschule hat lediglich zu sein: Einfaches Rechnen bis höchstens 500, Schreiben des Namens, eine Lehre, dass es ein göttliches Gebot ist, den Deutschen
15 gehorsam zu sein und ehrlich, fleißig und brav zu sein. Lesen halte ich nicht für erforderlich. [...]
Die Bevölkerung des Generalgouvernements setzt sich dann zwangsläufig nach einer konsequenten Durchführung dieser Maßnahmen im Laufe der nächsten 10 Jahre aus einer ver-
20 bleibenden minderwertigen Bevölkerung, die noch durch abgeschobene Bevölkerung der Ostprovinzen sowie all der Teile des deutschen Reiches, die dieselbe rassische und menschliche Art haben [...], zusammen.
Diese Bevölkerung wird als führerloses Arbeitsvolk zur Verfü-
25 gung stehen und Deutschland jährlich Wanderarbeiter und Arbeiter für besondere Arbeitsvorkommen (Straßen, Steinbrüche, Bauten) stellen; sie wird selbst dabei mehr zu essen und zu leben haben als unter der polnischen Herrschaft und bei eigener Kulturlosigkeit unter der strengen, konsequenten
30 und gerechten Leitung des deutschen Volkes berufen sein, an dessen ewigen Kulturtaten und Bauwerken mitzuarbeiten und diese, was die Menge der groben Arbeit anlangt, vielleicht erst ermöglichen.

Nach: Reinhard Kühnl, Der deutsche Faschismus in Quellen und Dokumenten, Köln [3]1978, S. 328 ff.

1. *Fassen Sie Himmlers Ziele stichpunktartig zusammen.*
2. *Ordnen Sie diese Denkschrift in den Zusammenhang der nationalsozialistischen Expansion ein. Hinweis: Hitler hat der Denkschrift zugestimmt.*
3. *Vergleichen Sie M3 mit M2.*
4. *Überprüfen Sie die These, dass bereits innerhalb kurzer Zeit eine weitere Radikalisierung der Besatzungspolitik stattgefunden hat.*

M4 Diskriminierung und Vertreibung

Der britische Wirtschaftshistoriker Adam Tooze schreibt über die deutsche Besatzungspolitik in Polen:

[Die] Diskriminierung der Polen, die nun gezwungen waren, für das „Dritte Reich" zu arbeiten, war beispiellos. „Erfunden" wurden diese Erniedrigungen hauptsächlich von den Beamten, die im Namen von Heinrich Himmler, dem Reichsführer SS und Chef der Deutschen Polizei, handelten. Denn was 5 Polen betraf, verfolgte die SS ihre ganz eigenen ehrgeizigen Pläne. Kurz nach Kriegsausbruch war Himmler zum „Reichskommissar für die Festigung des deutschen Volkstums" (RKF) ernannt worden. In dieser Funktion war er auch für die „Germanisierung" der eroberten Gebiete im Osten zuständig, 10 was hieß, dass er alle Juden und so viele Polen wie möglich aus den vom „Dritten Reich" annektierten polnischen Gebieten „entfernen" und gleichzeitig eine gewaltige Völkerumsiedlung in Gang setzen sollte. „Volksdeutsche" aus dem von Stalin annektierten Baltikum und aus Südtirol sollten in die 15 Gebiete umgesiedelt werden, die von Polen und Juden „gesäubert" worden waren. [Die] Forderung, gewaltige Massen an ausländischen Arbeitskräften ins Reich zu schaffen, war also gewissermaßen eine gute Ergänzung dieses Projektes, da sie Himmler ja die perfekte Rechtfertigung für die Entwur-20 zelung und Aussiedlung von Hunderttausenden Polen aus den vom Reich annektierten Gebieten bot. Ein grundlegendes Problem war jedoch, dass sich die „Hereinnahme" von „slawischen Untermenschen" in die „volksdeutsche" Arbeitskraft ganz und gar nicht mit Himmlers Vorstellungen von 25 einem „rassisch überlegenen" Staat deckte. Es ist ein deutlicher Hinweis auf die Stimmung, die Anfang 1940 in Berlin herrschte, dass sich Himmler deshalb zu dem Kompromiss gezwungen sah, den Massendeportationsprozess von Juden und Polen in das Generalgouvernement zu drosseln. 30

Adam Tooze, Ökonomie der Zerstörung. Die Geschichte der Wirtschaft im Nationalsozialismus, München 2007, S. 421 (übersetzt von Yvonne Badal)

1. *Geben Sie mit eigenen Worten die rassischen Vorstellungen der NS-Führung wieder. Ziehen Sie dazu auch die Informationen aus M3 heran.*
2. *Erörtern Sie den Widerspruch zwischen den ökonomischen Erfordernissen der deutschen Kriegswirtschaft und dem offenen Rassismus des Regimes.*

M5 Drei Stadien der Radikalisierung

Der litauische Historiker Vejas G. Liulevicius schlägt den Bogen von den Erfahrungen des Ersten Weltkrieges zu den Vorstellungen des Nationalsozialismus:

Beginnend mit dem Jahr 1914 kann man drei [...] Stadien eines Radikalisierungsprozesses unterscheiden. Zuerst eröffnete die Praxis der Besatzung im Osten während des Ersten Weltkrieges neue Erwartungshorizonte und Handlungsmöglich-
5 keiten. Länder und Menschen erschienen den Militärs als Objekte moderner Bevölkerungspolitik. Neue Kontrollmöglichkeiten wurden denkbar, die sich aus der kolonialen Herrschaftspraxis der besetzten Gebiete ergaben. Das zweite Stadium wurde durch die Niederlage der Mittelmächte 1918
10 eingeleitet, die bewirkte, dass deutsche Wahrnehmungen von Osteuropa radikalisiert wurden. Als Reaktion auf die verwirrenden ethnischen Gemengelagen reagierte und argumentierte man jetzt in eher rassistischen Kategorien. Das Versagen der Ostpolitik des Ersten Weltkrieges wurde jetzt
15 den „Völkerschaften", mit denen man arbeiten musste, zugeschrieben: Ganze Völker galten fortan als „schmutzig", „ungesund" und „gefährlich". Es wurde zunehmend statt von „Land und Leuten" in monolithischen Kategorien von „Raum und Volk" gesprochen. Hitler und das nationalsozialistische
20 Regime konnten auf diesen Wahrnehmungen gezielt aufbauen. Das Nazi-Regime bildet das dritte Stadium des Radikalisierungsprozesses: Ein virulenter, fanatischer Antisemitismus und ein radikaler biologischer Rassismus gingen mit der mörderischen Entschlossenheit einher, Osteuropa umzuge-
25 stalten. Vermeintliche „Lektüre" oder Schlussfolgerungen aus den früheren Erlebnissen des Ersten Weltkrieges wurden zusammen mit rassistischen Imperativen vereint, in der Absicht, nicht nur einen Krieg zu gewinnen, sondern einen „Endsieg" herbeizuführen.

Nach: Vejas Gabriel Liulevicius, Von „Ober Ost" nach „Ostland"?, in: Gerhard P. Groß, Die vergessene Front. Der Osten 1914/15, Darmstadt 2006, S. 295-310, hier S. 295 f.

Erörtern Sie ausgehend von der Quelle die Gründe, die zur Radikalisierung der deutschen Politik führten.

M6 Meinungsverschiedenheiten um die Besatzungspolitik

In einer Rede vor den politischen Leitern der NSDAP im Distrikt Krakau fordert Hans Frank, Generalgouverneur des besetzten Polen, am 14. Januar 1944 eine Änderung der Politik gegenüber der polnischen Bevölkerung:

Wenn wir den Krieg einmal gewonnen haben, dann kann meinetwegen aus den Polen und aus den Ukrainern und dem, was sich hier herumtreibt, Hackfleisch gemacht werden, es kann gemacht werden, was will. Aber in diesem Augenblick kommt es nur darauf an, ob es gelingt, fast 15 Milli-
5 onen eines gegen uns sich organisierenden feindlichen Volkstums in Ruhe, Ordnung, Arbeit und Disziplin zu halten. Wenn es nicht gelingt, dann kann ich vielleicht triumphierend sagen: Ich habe zwei Millionen Polaken umgebracht. Ob dann aber die Züge an die Ostfront fahren, ob die Monopol-
10 betriebe arbeiten, [...] ob die Ernährung und Landwirtschaft gesichert wird, von der wir allein 450 000 t Getreide ans Reich geliefert haben, das steht auf einem anderen Blatt. Politik ist mehr als Gewalt. Die Gewalt ist eine lächerliche ABC-Angelegenheit. Die Staatskunst beginnt jenseits der Ge-
15 walt. Wenn ich drei Polizeibataillone dieses Raumes dringendst zur Füllung von Lücken an der Front abgeben muss [...], so bedeutet das, dass ich wiederum den Koeffizient dieses Raumes um drei Polizeibataillone reduziere. Das kann ich nur, wenn ich sozusagen einigermaßen auf die Bevölkerung
20 rechnen kann. Wenn ich heute den 150 000 Polen, die die Ostbahn betreiben, nichts mehr zu essen gebe, wenn ich sie nicht mehr kleide, ihnen keine Sicherheit des Lebens gewähre – die 5 000 Deutschen, die ich bei der Ostbahn habe, bringen keinen Zug vorwärts. Von den Fabriken will ich ganz absehen.
25 Wissen sie, dass wir für 1,5 Milliarden Zloty jährlich zusätzlich dem deutschen Reich wertvollste Rüstung und Munition fabrizieren?

Nach: Werner Röhr (Hrsg.), a. a. O., S. 292

1. *Arbeiten Sie die Kernaussagen aus Franks Rede heraus.*
2. *Charakterisieren Sie die sprachlichen Mittel des Textes.*
3. *Überprüfen Sie die These, dass Franks Aufforderung, die Polenpolitik zu ändern, zu spät kam.*

M7 „Posener Rede"

Am 4. Oktober 1943 hält Heinrich Himmler bei der SS-Gruppenführertagung im polnischen Posen eine Rede:

Ich will hier vor Ihnen in aller Offenheit auch ein ganz schweres Kapitel erwähnen. Unter uns soll es einmal ganz offen ausgesprochen sein, und trotzdem werden wir in der Öffentlichkeit nie darüber reden. [...]

5 Ich meine jetzt die Judenevakuierung, die Ausrottung des jüdischen Volkes. Es gehört zu den Dingen, die man leicht ausspricht. – „Das jüdische Volk wird ausgerottet", sagt ein jeder Parteigenosse, „ganz klar, steht in unserem Programm, Ausschaltung der Juden, Ausrottung, machen wir." Und dann

10 kommen sie alle an, die braven 80 Millionen Deutschen, und jeder hat seinen anständigen Juden. Es ist ja klar, die anderen sind Schweine, aber dieser eine ist ein prima Jude. Von allen, die so reden, hat keiner zugesehen, keiner hat es durchgestanden. Von Euch werden die meisten wissen,

15 was es heißt, wenn 100 Leichen beisammen liegen, wenn 500 daliegen oder wenn 1000 daliegen. Dies durchgehalten zu haben, und dabei – abgesehen von Ausnahmen menschlicher Schwächen – anständig geblieben zu sein, das

20 hat uns hart gemacht. Dies ist ein niemals geschriebenes und niemals zu schreibendes Ruhmesblatt unserer Geschichte, denn wir wissen, wie schwer wir uns täten, wenn wir heute noch in jeder Stadt – bei den Bombenangriffen, bei den

25 Lasten und bei den Entbehrungen des Krieges – noch die Juden als Geheimsaboteure, Agitatoren und Hetzer hätten. [...] Die Reichtümer, die sie hatten, haben wir ihnen abgenommen. Ich habe einen strikten Befehl gegeben, den SS-Obergruppen-

30 penführer Pohl durchgeführt hat, dass diese Reichtümer selbstverständlich restlos an das Reich abgeführt wurden. Wir haben uns nichts davon genommen. Einzelne, die sich verfehlt haben, werden gemäß einem von mir zu Anfang gegebenen Befehl bestraft,

35 der androhte: Wer sich auch nur eine Mark davon nimmt, der ist des Todes. [...] Wir hatten das moralische Recht, wir hatten die Pflicht gegenüber unserem Volk, dieses Volk, das uns umbringen wollte, umzubringen. Wir haben aber nicht das Recht, uns auch nur mit einem Pelz, mit einer Uhr, mit einer

40 Mark oder mit einer Zigarette oder mit sonst etwas zu bereichern. Wir wollen nicht am Schluss, weil wir einen Bazillus ausrotteten, an dem Bazillus krank werden und sterben. Ich werde niemals zusehen, dass hier auch nur eine kleine Fäulnisstelle entsteht [...]. Insgesamt aber können wir sagen, dass

45 wir diese schwerste Aufgabe in Liebe zu unserem Volk erfüllt haben. Und wir haben keinen Schaden in unserem Innern, in unserer Seele, in unserem Charakter daran genommen. [...] Im Großen und Ganzen war unsere Haltung gut. Manches ist auch in unseren Reihen noch zu bessern. Dieses auszusprechen, ist mit der Sinn dieses Appells der Kommandeure und 50 der Gruppenführer. Ich möchte dieses Kapitel überschreiben mit der Überschrift „Wir selbst".

Zitiert nach: www.nationalsozialismus.de/dokumente/texte/heinrich-himmler-posener-rede-vom-04-10-1943-volltext.html [15. Mai 2012]

1. Analysieren Sie Himmlers Menschenbild und seine moralischen Vorstellungen, die aus der Rede deutlich werden. Von welchem Bild des SS-Mannes geht er aus?

2. Erläutern Sie, was die Rede über die Öffentlichkeit der Verbrechen aussagt.

3. Beurteilen Sie, inwiefern die Rede als „Schlüsseldokument" für die „Endlösung der Judenfrage" und den Holocaust angesehen werden kann.

▲ „Aussortierung."

Foto (Ausschnitt) vom Mai oder Juni 1944, Konzentrationslager Auschwitz-Birkenau.

Die sogenannte „Judenrampe", ein Gleis, das vom Bahnhof außerhalb direkt in das Lager führte, kam nach knapp einjähriger Bauzeit erst ab Mai 1944 zum Einsatz. Zu diesem Zeitpunkt erreichte die Massenvernichtung in Birkenau ihren Höhepunkt: Innerhalb von drei Monaten wurden etwa 450 000 Juden aus Ungarn nach Auschwitz deportiert. Auf der Rampe wurden die „noch einsatzfähigen" Männer und Frauen zunächst ins Lager aufgenommen und später zur Zwangsarbeit vornehmlich auf Reichsgebiet überstellt. Ein Teil, vor allem Zwillingskinder, fiel den KZ-Ärzten um Dr. Josef Mengele für „medizinische" Experimente zum Opfer. Die große Mehrzahl der Ankommenden, vor allem Alte, Kranke, schwangere Frauen und Mütter mit Kindern, wurde jedoch als „arbeitsunfähig" eingestuft und – unter dem Vorwand, sich duschen und desinfizieren zu müssen – unverzüglich in die Gaskammern geschickt.

Deutsche und polnische Geschichte nach 1945

Die polnische Westverschiebung ◼ Vom 17. Juli bis zum 2. August 1945 trafen sich die Staatsoberhäupter der USA, Großbritanniens und der Sowjetunion in Potsdam, um eine Nachkriegsordnung festzulegen. Auf dieser Konferenz einigten sich die Alliierten darauf, Polen als Staat innerhalb des Interessengebietes der Sowjetunion wiederherzustellen. Da Stalin territoriale Gewinne anstrebte, wurde vorgesehen, das polnische Staatsgebiet nach Westen zu verschieben. Die neuen Grenzen wurden zunächst provisorisch festgelegt, weil angenommen wurde, dass später noch ein separater Friedensvertrag unterzeichnet werden würde. Die ehemaligen östlichen polnischen Territorien gingen an die Sowjetunion. Das nördliche Ostpreußen fiel unter sowjetische Verwaltung, das südliche Ostpreußen unter polnische und die ehemals deutschen Gebiete östlich der Oder und der Neiße wurden polnischer Verwaltung übergeben (▸ M1).

▲ **Ausdehnung des sowjetischen Herrschaftsbereiches in Europa.**

■ *Geben Sie mithilfe der Karteninformationen wieder, welche Staaten ab 1945 zum sowjetischen Machtbereich gehörten.*

■ *Erläutern Sie den in der Karte verwendeten Begriff „Volksdemokratie". Dazu können Sie auch das Internet und/oder ein Lexikon heranziehen.*

■ ✚ *Erklären Sie die polnische Westverschiebung anhand der Karte und den Informationen aus dem Verfassertext auf dieser Seite.*

■ *Die Grenze zwischen Ost und West wurde häufig als „Eiserner Vorhang" bezeichnet (siehe dazu auch die Markierung in der Karte). Informieren Sie sich im Internet über diesen Begriff. Beurteilen Sie, ob und inwieweit er die Realität korrekt wiedergibt.*

Zwangsmigration von Deutschen und Polen ◼ Die Vertreibungen und Umsiedlungen von Millionen Menschen verliefen in mehreren Phasen. In der ersten Periode 1944/45 flohen die Menschen vor der heranrückenden Roten Armee. Die Verluste unter der Zivilbevölkerung waren in einigen Gebieten hoch, weil die nationalsozialistische Führung bis zuletzt Durchhalteparolen ausgegeben und ein viel zu günstiges Bild der Lage gezeichnet hatte. Viele deutsche Zivilisten machten sich erst auf den Weg, als die Fluchtwege bereits versperrt waren. In der zweiten Phase direkt nach dem Ende des Krieges fanden zahlreiche „wilde" Vertreibungen statt, die oft gewalttätig waren, weil Rache für die nationalsozialistischen Verbrechen geübt wurde. In Potsdam legten die Alliierten fest, dass diese Vertreibungen in geordnete Bahnen gelenkt werden sollten. Zwischen 1945 und 1947/48 wurden dann die meisten Deutschen, die in Ost- und in Ostmitteleuropa lebten, in die vier Besatzungszonen vertrieben. Die größte Gruppe unter ihnen waren die Deutschen aus Polen und die Sudetendeutschen, die in den Grenzregionen der Tschechoslowakei gelebt hatten. In dieser dritten Phase waren die Verluste relativ gering.

Insgesamt mussten über zwölf Millionen Deutsche, davon etwa 3,2 Millionen aus den nun polnischen Territorien, ihre Heimat verlassen und kamen in ein Land, das größtenteils zerstört war und in dem sie keineswegs willkommen waren. Aber auch Millionen von Polen wurden – teilweise mit Gewalt – aus den Ostgebieten nach Westen deportiert oder vertrieben. In der polnischen Öffentlichkeit wurde dieser Aspekt der Zwangsumsiedlungen vom kommunistischen Regime verdrängt. In den Diskussionen, die in der Bundesrepublik um die Vertreibungen stattfanden, wurde ebenfalls kaum darüber geredet, dass sehr viele Polen ähnliche Erfahrungen wie die Deutschen hatten machen müssen.

Anfangs bestanden bei den deutschen Vertriebenen, von denen sich in der Bundesrepublik viele in politisch aktiven Vereinen organisierten, die Hoffnung, dass irgendwann eine Rückkehr in die alte Heimat möglich sein würde. Schon in den 1950er-Jahren wurde aber immer klarer, dass die neue Oder-Neiße-Grenze als polnische Westgrenze endgültig sein würde. Diese Gewissheit war für viele Deutsche schwer zu ertragen und wurde nur langsam akzeptiert.

Die Westintegration der Bundesrepublik Deutschland ▪

Als die Bundesrepublik im Jahre 1949 gegründet wurde, war klar, dass das neue Land in irgendeiner Weise in internationale Organisationen eingebunden werden musste. Bundeskanzler **Konrad Adenauer** strebte in erster Linie eine Aussöhnung mit Frankreich an. Schon während des Krieges war innerhalb der westlichen Widerstandsbewegungen und in den Regierungen darüber diskutiert worden, wie man die Deutschen in ein neues Europa einfügen könnte. Auch war vielen Politikern bewusst, dass ganz neue Wege beschritten werden mussten, um eine Wiederholung der katastrophalen Ereignisse der Weltkriege zu vermeiden.

1951 wurde auf Initiative des französischen Außenministers *Robert Schuman* die *Europäische Gemeinschaft für Kohle und Stahl* (kurz *Montanunion*, Mitglieder: Frankreich, Italien, die Bundesrepublik, Belgien, Niederlande und Luxemburg) gegründet. Eine Idee bestand darin, die Zölle für diese Produkte untereinander abzubauen. Zugleich wurde jede geheime deutsche Wiederaufrüstung unmöglich, weil die Franzosen Einblick in die deutsche Schwerindustrie erhielten. Ein Versuch, 1952 mit der *Europäischen Verteidigungsgemeinschaft* (*EVG*) eine gemeinsame europäische Armee aufzustellen, scheiterte 1954 am Veto des französischen Parlaments – die Idee war zu ehrgeizig und verfrüht gewesen. Deshalb wurde zunächst die wirtschaftliche Integration vorangetrieben. Diese Bemühungen gipfelten in der Gründung der *Europäischen Wirtschaftsgemeinschaft* (*EWG*): 1957 wurden feierlich die *Römischen Verträge* unterzeichnet. In ihnen legten die sechs Länder der Montanunion eine enge wirtschaftliche Kooperation fest, bauten weitere Zollschranken ab und einigten sich über liberale Handelsregeln.

Konrad Adenauer (1876 - 1967): 1917 - 1933 katholischer Oberbürgermeister von Köln, 1948 Vorsitzender des Parlamentarischen Rates, 1950 - 1966 Mitbegründer und Bundesvorsitzender der CDU, 1949 - 1963 Bundeskanzler, 1951 - 1955 zugleich Bundesaußenminister

Die EWG erwies sich als sehr erfolgreich und legte den Grundstein zu einer vertieften Zusammenarbeit auch mit anderen europäischen Staaten. Zugleich wurde schon seit den 1960er-Jahren darüber diskutiert, ob die ökonomische Kooperation durch eine verstärkte politische Zusammenarbeit ergänzt werden sollte. Ein erster Schritt in diese Richtung war das *Europäische Parlament*, das zum ersten Mal 1979 gewählt wurde. Anfangs hatte dieses Gremium nur wenige Befugnisse, doch wurden dessen Rechte in den folgenden Jahrzehnten langsam erweitert. Nach dem *Schengener Abkommen* von 1985 wurden schrittweise die Pass- und Zollkontrollen an den innereuropäischen Grenzen abgeschafft. Der *Fall der Berliner Mauer* und die *Wiedervereinigung Deutschlands* erzwangen dann eine weitere Reform. Im Vertrag von Maastricht wurde 1992 die *Europäische Union* (*EU*) gegründet. Die Idee, neben der Wirtschaftspolitik auch eine gemeinsame Außen- und Sicherheitspolitik zu betreiben, kam in den folgenden Jahren aber nur sehr langsam voran.

1957	**Gründungsmitglieder:** Frankreich, Bundesrepublik Deutschland, Italien, Belgien, Niederlande, Luxemburg
1973	Großbritannien, Dänemark, Irland
1981	Griechenland
1986	Spanien, Portugal
1995	Finnland, Schweden, Österreich
2004	Estland, Lettland, Litauen, Polen, Tschechien, Slowenien, Slowakei, Ungarn, Malta, Zypern
2007	Rumänien, Bulgarien
2013	Kroatien

▲ Beitrittsdaten zur EWG, EG und EU.

NATO (North Atlantic Treaty Organization): 1949 gegründetes Militärbündnis. Die Mitglieder sicherten sich gegenseitigen Beistand bei einem Angriff zu. Der NATO gehören 28 Staaten an (seit 2009). Zu den Gründungsmitgliedern zählen die USA und Kanada sowie Belgien, Dänemark, Frankreich (1966 wieder ausgetreten), Großbritannien, Island, Italien, Luxemburg, Niederlande, Norwegen und Portugal.

„Vertrag über Freundschaft, Zusammenarbeit und gegenseitigen Beistand" (meistens kurz als Warschauer Vertrag oder als Warschauer Pakt bezeichnet): Militärbündnis, gegründet am 14. Mai 1955. Ihm gehörten die UdSSR, Albanien (bis 1968), Bulgarien, die Tschechoslowakei, die DDR (bis 1990), Polen, Rumänien und Ungarn an. Der Vertrag wurde am 1. April 1991 aufgelöst.

Kalter Krieg: Bezeichnung für den politischen, wirtschaftlichen und militärischen Konkurrenzkampf zwischen den Supermächten USA und UdSSR und ihren Bündnissen (NATO und Warschauer Pakt). Frühe Höhepunkte waren die Blockade West-Berlins von 1948 und der Korea-Krieg (1950-1953). Die amerikanische „Politik der Stärke und des Dialogs" und die Reformen Gorbatschows in der Sowjetunion (Glasnost und Perestroika) beendeten 1989/90 den Kalten Krieg.

Die NATO und der Warschauer Pakt im Kalten Krieg ◼ Da sich 1948 die Lage in Europa zuspitzte und die sowjetische Bedrohung wuchs, wurde im April 1949 die **NATO** gegründet, die sich unter der Führung der USA zu einem effektiven Militärbündnis entwickelte. Entscheidend waren die Bestimmungen in Artikel 5: Ein Angriff auf ein Mitgliedsland stellte einen Angriff auf alle dar und erforderte automatisch die sofortige militärische Reaktion aller Mitglieder. Schon bald nach der Gründung der Bundesrepublik waren die USA daran interessiert gewesen, eine kleine, aber erfahrene deutsche Armee aufzubauen, die schon gegen die Sowjets gekämpft hatte. Zugleich hätte diese den Vorteil geboten, dass die Amerikaner ihre eigene militärische Präsenz in Europa hätten reduzieren können. Zu diesem Zeitpunkt stieß diese Vorstellung aber auf den vehementen Widerstand Großbritanniens, Frankreichs und anderer Staaten, sodass die NATO zunächst ohne die Bundesrepublik zustande kam. Am 23. Oktober 1954 wurde mit den *Pariser Verträgen* das Besatzungsstatut in Westdeutschland beendet und damit die Voraussetzung für die Aufstellung einer eigenen westdeutschen Armee geschaffen.

Als Reaktion auf die bundesdeutsche Wiederbewaffnung beschlossen diejenigen Staaten, die unter sowjetischem Einfluss standen, ebenfalls ein Militärbündnis ins Leben zu rufen. Im Mai 1955 wurde der **„Vertrag über Freundschaft, Zusammenarbeit und gegenseitigen Beistand"** in Warschau unterzeichnet. Mit diesem Abkommen sicherte sich die Sowjetunion nicht nur erneut die militärische Vorherrschaft in Osteuropa, sondern band die Streitkräfte der „befreundeten" Staaten – darunter auch die der 1949 gegründeten DDR – ein, weil diese unter das sowjetische Oberkommando gestellt wurden. Im **Kalten Krieg** (die Phase zwischen 1948/49 und 1989/91) hielten sich die beiden Supermächte USA und UdSSR mit Atomwaffen gegenseitig in Schach. Diese Periode war in Europa friedlich, weil beiden Seiten klar war, dass ein Angriff auch die schnelle eigene Vernichtung nach sich ziehen würde. Außerhalb Europas waren aber militärische Konflikte an der Tagesordnung. Häufig handelte es sich um *Stellvertreterkriege*, bei denen nicht die Supermächte selbst gegeneinander kämpften. Sie unterstützten aber in Asien und in Afrika Regierungen oder Bürgerkriegsparteien, die in ihrem jeweiligen Lager standen, mit Geld, Waffen und Hilfsgütern. Diese Konflikte, die häufig langwierig und blutig waren, haben Millionen von Menschenleben gefordert.

Die Aktivitäten der katholischen Kirchen ◼ Von 1962 bis 1965 fand in Rom das *Zweite Vatikanische Konzil* statt, auf dem die maßgeblichen Würdenträger der katholischen Kirche über weitgehende Reformen berieten. Am Rande dieses Konzils kamen deutsche und polnische Geistliche ins Gespräch. Bei diesen Diskussionen wurde die deutsch-polnische Geschichte kontrovers debattiert, und beide Seiten tauschten am Ende des Konzils öffentliche Botschaften aus. Hierbei wurden sowohl das nationalsozialistische Terrorregime als auch die Vertreibungen von Millionen von Deutschen behandelt. Die polnische Seite kam den deutschen Bischöfen sehr entgegen und bot ihnen einen offenen Dialog an (▸ M2).

Die kommunistische polnische Regierung hingegen distanzierte sich scharf von den Aktivitäten ihrer Bischöfe. Diese hätten nicht im nationalen Interesse gehandelt, und die politische Aussage ihrer Erklärung sei schädlich für Polen. Die Thesen der Bischöfe würden dem westdeutschen Revisionismus direkt in die Hand arbeiten, sie hätten einen antisowjetischen Klang und richteten sich auch gegen die DDR, zu der ein ausgezeichnetes Verhältnis bestehe. Außerdem würden die deutschen Kriegsverbrechen heruntergespielt. Der polnischen Regierung war es sichtlich unangenehm, dass auch die Vertreibungen von Polen durch die Sowjetunion aus den ehemaligen polnischen Ostgebieten thematisiert wurden.

Der Warschauer Vertrag und die Ostverträge in den 1970er-Jahren ■ Nach dem Wahlsieg der sozialliberalen Koalition in der Bundesrepublik nahm die neue Koalitionsregie-
rung von SPD und FDP unter Bundeskanzler **Willy Brandt** seit 1969 eine neue Ostpolitik
in Angriff. Dahinter stand die Einsicht, dass eine Rückgewinnung der ehemals deutschen Ostgebiete unmöglich war und dass eine Aussöhnung mit Polen und der Tschechoslowakei sowie eine Annäherung an die DDR sinnvoll sein würde. Die neue *Entspannungspolitik* sollte auch die Gefahr eines Krieges in Europa vermindern. Unter dem
Schlagwort „Wandel durch Annäherung" hoffte die deutsche Regierung auch, langfristig zur Überwindung der Teilung Europas in zwei Machtblöcke beizutragen. Resultat
dieser neuen Politik waren die *Ostverträge*.

Nach sehr schwierigen Verhandlungen schloss die Bundesregierung am 12. August
1970 zunächst in Moskau einen Vertrag mit der Sowjetunion ab. Im *Warschauer Vertrag*
mit Polen vom 7. Dezember des gleichen Jahres erkannte die Bundesrepublik die polnische Westgrenze an (▶ M3). Es folgten der *Grundlagenvertrag* und einige kleine Abkommen, in denen sich die Bundesrepublik und die DDR als gleichberechtigte Staaten anerkannten. Allerdings betonte die bundesdeutsche Regierung, dass das deutsche Volk
nach wie vor das Recht habe, seine Einheit in freier Selbstbestimmung zu verwirklichen.
Formell waren die diplomatischen Beziehungen eingeschränkt, weil keine Botschafter
ausgetauscht wurden. Stattdessen wurden „Ständige Vertretungen" eröffnet, die aber
faktisch die Aufgabe von Botschaften übernahmen. In einem *Transitabkommen* wurden
Reisen von und nach West-Berlin erleichtert. Ergänzt wurde das Vertragswerk 1973
durch ein Abkommen mit der Tschechoslowakei.

In der Bundesrepublik stießen diese Verträge auf heftigen Widerstand vor allem
bei den Vertriebenenverbänden. Aus heutiger Perspektive ist die Bewertung aber eindeutig positiv. Der „Eiserne Vorhang" wurde durchlässiger als zuvor, bundesdeutsche
Bürger konnten nun Verwandte in der DDR besuchen und im Zuge der allgemeinen
Entspannungspolitik sank vorübergehend die Gefahr eines Krieges in Europa.

Willy Brandt (1913-1992):
1966-1969 Außenminister
und Vizekanzler in der großen
Koalition zwischen CDU/CSU
und SPD, 1969-1974 Bundeskanzler der sozialliberalen
Koalition. Erhielt 1971 den
Friedensnobelpreis.

**Die Solidarność-Bewegung und die Opposition
im „Ostblock"** ■ Von 1973 bis 1975 tagte in Helsinki die *Konferenz über Sicherheit und Zusammenarbeit in Europa* (*KSZE*), an der die Staaten
der NATO, des Warschauer Paktes und 13 neutrale Ländern teilnahmen. Auch hier bestand das
Ziel darin, die Spannungen zwischen den Blö-
cken abzubauen. Zunächst schien die Konferenz
ein Erfolg für den „Ostblock" zu werden, weil die
DDR gleichberechtigt neben der Bundesrepublik teilnahm. In der *Schlussakte* verpflichteten
sich die teilnehmenden Staaten, die Grenzen zu
achten, Streitigkeiten friedlich zu lösen, sich
nicht in die inneren Angelegenheiten anderer
einzumischen sowie die Menschenrechte zu
achten. Zu dieser Zeit wurde im „Ostblock" nicht
erkannt, dass die letzten beiden Punkte gefähr-
lich für die kommunistischen Machthaber werden würden, weil sich Aktivisten hierauf
berufen konnten. Seit dem Ende der 1970er-Jahre organisierte sich in mehreren Ländern
des Warschauer Paktes eine neue Oppositionsbewegung, die sich auf die Schlussakte
der KSZE bezog.

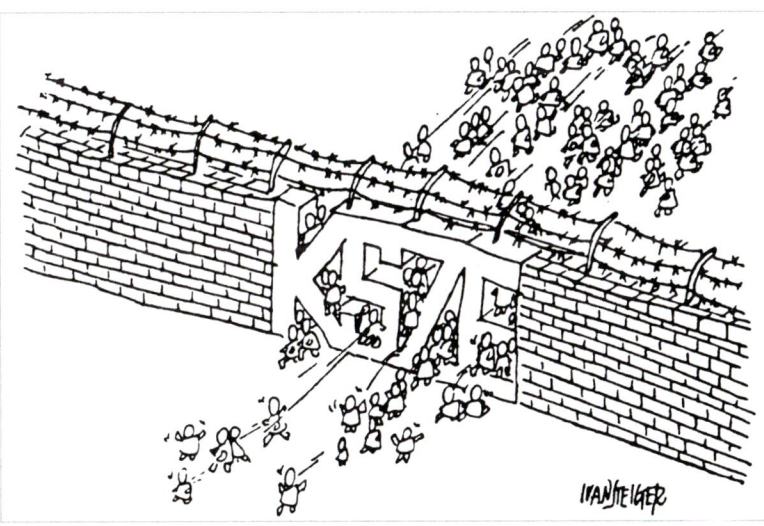

▲ **„Helsinki und die Folgen."**
*Karikatur aus dem „Deutschen Allgemei-
nen Sonntagsblatt", 19. Oktober 1975.*
■ *Erläutern Sie, wie der Zeichner die Folgen
der KSZE-Konferenz in Helsinki deutet.*

▲ Der Papst besucht Polen.
Foto vom Juni 1987.
Das Foto zeigt tausende Menschen während einer Messe von Papst Johannes Paul II. im Danziger Stadtteil Zaspa. Neben der weiß-roten polnischen Flagge halten die Gläubigen auch Transparente mit der Aufschrift „Solidarność" in die Höhe. Der Papst, selbst gebürtiger Pole, unterstützte die Solidarność-Bewegung.

Václav Havel (1936 - 2011): tschechischer Schriftsteller und Bürgerrechtler, von 1993 bis 2003 Präsident der Tschechischen Republik

Lech Wałęsa (geb. 1943): polnischer Arbeiterführer und Bürgerrechtler, erhielt 1983 den Friedensnobelpreis, 1990 bis 1995 Staatspräsident Polens

In der Tschechoslowakei schlossen sich 1977 zahlreiche Intellektuelle in der *„Charta 77"-Bewegung* zusammen, die mit Berufung auf das Abkommen von Helsinki die Einhaltung von Menschenrechten forderte. Diese Gruppe, deren prominentestes Mitglied **Václav Havel** war, wurde fast sofort verfolgt und mit Berufsverboten belegt, ihre Aktivitäten wurden aber im Westen sehr genau wahrgenommen. Auch die Bürgerrechtsbewegung in der DDR erhielt Auftrieb durch die Beschlüsse von Helsinki und verlangte Freiheiten und ein Ende der Zensur.

Etwas später entstand eine ähnliche Bewegung in Polen, die anfangs nicht so sehr von Intellektuellen, sondern von Arbeitern organisiert wurde. Ausgehend von den Werften in Gdánsk (Danzig) bildete sich die *Solidarność*, eine Gewerkschaftsbewegung, zu deren Führer und Sprecher **Lech Wałęsa** wurde. Anfangs protestierten die Werftarbeiter gegen die unzumutbaren Arbeitsbedingungen und gegen die schlechte Bezahlung, doch tauchten schnell auch politische Forderungen nach einer Reform des Kommunismus auf. Da die polnische Regierung diese Arbeiterorganisation nicht unter ihre Kontrolle bekam, sah sie sich gezwungen, diese Gewerkschaft zu legalisieren. Damit erreichte sie jedoch ihre Ziele auch nicht: Innerhalb einiger Monate traten fast zehn Millionen Polen der Gewerkschaft bei. Die Entstehung der Solidarność stellte auch die Führung der *Sozialistischen Einheitspartei Deutschlands* (*SED*) vor große Probleme. Trotz erheblicher Bemühungen konnte sie nicht verhindern, dass Nachrichten darüber die DDR erreichten. Deshalb reagierte sie mit einer massiven Kampagne der Verunglimpfung, die auf traditionelle antipolnische Stereotype zurückgriff (▶ M4).

Die Vorgänge in Polen erzeugten Befürchtungen in der Sowjetunion, die massiven Druck ausübte, die Bewegung zu verbieten. Auch wurde mit dem Einmarsch sowjetischer Truppen gedroht, doch ist bis heute umstritten, ob diese Alternative ernst gemeint war. In der Nacht vom 12. zum 13. Dezember 1981 übernahm die polnische Armee die Macht, verhängte das Kriegsrecht und verhaftete über 3 000 Personen, weitere Verhaftungen erfolgten in den nächsten Tagen. General *Wojciech Jaruzelski* übernahm die Regierung an der Spitze eines „Militärrates der Nationalen Rettung". Erst am 22. Juli 1983 fühlte sich die neue Regierung so sicher, dass sie das Kriegsrecht wieder aufhob. Die Opposition war damit aber nicht mundtot gemacht worden – die Bewegung blieb im Untergrund und im Ausland aktiv. Als der „Ostblock" zusammenbrach, gewann die Solidarność 1989 die ersten teilweise freien Wahlen mit einer überzeugenden Mehrheit (▶ M5).

Nationalismus in Deutschland nach dem Zweiten Weltkrieg ■ Nach dem Zweiten Weltkrieg verschwand der Nationalismus nicht einfach aus den Köpfen der Menschen. Dennoch entstanden mehrere neue Tendenzen. Erstens trug die erfolgreiche Entwicklung der neuartigen europäischen Institutionen dazu bei, dass allzu engstirniges nationalistisches Denken abnahm. Zweitens hatten die Erfahrungen des Zweiten Weltkrieges gezeigt, welche grauenhaften Formen hypernationalistische Ideen nach sich ziehen konnten. Deshalb fand schon in den 1950er-Jahren in der Bundesrepublik extremer Nationalismus keine Massenbasis mehr. Drittens hatte die Verbindung dieses Nationalismus mit dem ebenso extremem Antisemitismus und Rassismus direkt zu den Vernichtungslagern des Nationalsozialismus geführt: Rassistische Positionen konnten danach kaum noch in der deutschen Öffentlichkeit gerechtfertigt werden, auch wenn sie niemals völlig verschwanden.

In der Bundesrepublik der 1960er- und 70er-Jahre bestand dennoch eine erhebliche Unsicherheit, auf welche Weise man mit der Idee der „Nation" umgehen solle. Patriotismus, das heißt der Stolz auf das eigene Land oder die Heimat, ist keineswegs grundsätzlich negativ. In den 1970er- und 80er-Jahren haben einige Intellektuelle deshalb vorgeschlagen, den Begriff des *Verfassungspatriotismus* einzuführen. Dieser Terminus besagte, dass der Stolz auf gemeinsame politische Werte wie Freiheit, Demokratie und Verfassung gefördert werden sollte. Zugleich hatte dieses Konzept den Vorteil, dass sich auch Einwanderer mit dem parlamentarischen Staat identifizieren konnten. Allerdings hat sich die Vorstellung, über die Verfassung ein neues Verständnis der Nation zu finden, bisher nur teilweise durchgesetzt.

Nach der Wiedervereinigung Deutschlands 1990 entstanden zwei sich widersprechende Entwicklungen. Einerseits befand sich der Nationalismus weiterhin auf dem Rückzug. Allen demokratischen Politikern in der Bundesrepublik war klar, dass der neue Staat unbedingt eng in europäische Strukturen eingebunden bleiben musste, weil in der Öffentlichkeit vieler Nachbarstaaten Befürchtungen vor der Macht des neuen, nun viel größeren Deutschland bestanden. Der Regierung von Helmut Kohl war vor allem das gute Verhältnis zu Frankreich wichtig.[1] Zugleich fanden sich aber auch skeptische Stimmen, die vor der zunehmenden Macht einer Bürokratie der EU in Brüssel gewarnt haben. In der Tat ist es manchmal für viele Deutsche schwierig, sich mit den unpersönlichen EU-Institutionen zu identifizieren. Entscheidungen erscheinen als wenig transparent oder nachvollziehbar, während die nationalen Parlamente scheinbar immer weniger zu sagen haben. Diese Kritik ist keine deutsche Besonderheit, sondern findet sich in allen europäischen Staaten in unterschiedlicher Intensität.

Die deutsch-polnische Schulbuchkommission ■ Viele weitere kleine Initiativen, die meistens privat organisiert wurden, zielten bereits seit dem Ende des Zweiten Weltkrieges darauf ab, das deutsch-polnische Verhältnis zu verbessern. Der Historiker und Politiker *Georg Eckert* hatte beispielsweise internationale Konferenzen mit den deutschen ehemaligen Kriegsgegnern organisiert, auf denen systematisch Schulbücher analysiert wurden, um Vorurteile und Feindbilder abzubauen. Nach seinem Tod wurde mithilfe des Landes Niedersachsen 1975 in Braunschweig das *Georg-Eckert-Institut* gegründet, das weiterhin Schulbücher bewerten sollte. Ferner veranstaltete das Institut Konferenzen, auf denen Wissenschaftler und Historiker zusammenkamen, um den jeweiligen Forschungsstand zu diskutieren. Von Anfang an hatte hier die gemeinsame deutsche und polnische Geschichte ein erhebliches Gewicht. Regelmäßig wurden

Helmut Kohl (geb. 1930): 1969-1976 Ministerpräsident von Rheinland-Pfalz, 1973-1998 Bundesvorsitzender der CDU, 1982-1998 Bundeskanzler

---

[1] Zum deutsch-französischen Verhältnis siehe auch die Abbildung auf Seite 51.

Empfehlungen abgegeben, ob die Darstellungen in den Schulbüchern noch dem historischen Kenntnisstand entsprachen oder ob bestimmte Passagen, Abbildungen, Karikaturen oder Quellen geändert werden sollten.

Diese Empfehlungen waren nicht bindend, das heißt, die jeweiligen Kultusministerien oder Schulbuchverlage mussten sie nicht umsetzen. Auch gab es häufig gravierende Meinungsverschiedenheiten zwischen polnischen und deutschen Historikern über bestimmte Themen, zum Beispiel über die Revolution von 1848, den Aufstand von 1863, über die preußische Germanisierungspolitik, die nationalsozialistische Besatzung und vor allem über die Vertreibungen nach 1945. Diese unterschiedlichen Interpretationen waren aber nicht entscheidend. Viel wichtiger war, dass man die Auffassungen der anderen Seite kennenlernte, ein Verständnis füreinander entwickelte und nach Kompromissen suchte. Aus heutiger Sicht hat die Tätigkeit dieses Institutes viel dazu beigetragen, die jeweiligen Schulbücher im anderen Land zu verbessern, Vorurteile abzubauen und die Perspektiven der „Anderen" kennenzulernen. 1985 erhielt das Institut deshalb den UNESCO-Preis für Friedenserziehung.

▲ Schüler begrüßen den polnischen Ministerpräsidenten Donald Tusk im Landkreis Osnabrück.
Foto vom September 2008. Anlässlich des Besuches des polnischen Ministerpräsidenten hallen zwei Schüler vor dem Gymnasium Bersenbrück Tafeln in Form der Länder Deutschland und Polen sowie die Flagge der europäischen Union in ihren Händen.

Deutschland und Polen heute ▬ Betrachtet man das deutsch-polnische Verhältnis heute, so bestehen sicherlich nach wie vor viele große und kleine Probleme und Meinungsverschiedenheiten. Gemessen an der Geschichte der letzten 200 Jahre war das Verhältnis aber noch nie so gut wie in der Zeit nach 1989/90. Die Integration Polens in die Europäische Union und in die NATO hat gute Fortschritte gemacht. 2015 fand das 50-jährige Jubiläum des polnischen Hirtenbriefes statt, und 2016 jährt sich der deutsch-polnische Nachbarschaftsvertrag zum 25. Mal. Zahlreiche große und kleine Initiativen sorgen dafür, dass diese Verträge mit Leben gefüllt werden. Das Bundesland Niedersachsen pflegt eine enge Zusammenarbeit mit Polen in verschiedenen Bereichen wie Kultur, Justiz, Wirtschaft, Wissenschaft und Umwelt. Im Jahre 2013 wurde das 20-jährige Bestehen der Partnerschaft zu Großpolen und Niederschlesien gefeiert. Abgesehen von einer kleinen Zahl nationalistischer Fanatiker denkt derzeit niemand mehr daran, die bestehenden Grenzen ändern zu wollen.

1. Charakterisieren Sie das deutsch-polnische Verhältnis nach 1945. Berücksichtigen Sie dabei auch aktuelle Entwicklungen.

2. Informieren Sie sich im Internet über kleine oder große Initiativen in Deutschland und Polen, die darauf abzielen, das Verhältnis der beiden Länder zu verbessern. Vergleichen Sie diese in Form einer Tabelle hinsichtlich Aufgaben, Zielen und Einflussbereich miteinander.

3. Die europäische Eingliederung der Bundesrepublik ist nach 1949 gut gelungen. Erstellen Sie eine Tabelle, die die Integration Polens in diese westlichen Institutionen nach 1990 darstellt. Analysieren Sie auf dieser Grundlage, ob die polnische Integration bereits ähnlich erfolgreich ist.

4. Recherchieren Sie im Internet nach aktuellen Problemen im deutsch-polnischen Verhältnis und entwickeln Sie mögliche Kompromisslösungen.

TROUBLE WITH SOME OF THE PIECES.

▲ „Trouble with some of the pieces.“
Karikatur, 7. Februar 1945.
- *Beschreiben Sie die dargestellte Szene.*
- *Ordnen Sie die Karikatur in den historischen Kontext ein.*
- *Analysieren Sie, welche Aussageabsicht der Zeichner mit seiner Karikatur verfolgte.*

M1 Ein gelungener Kompromiss?

Der deutsche Historiker Karl Drechsler befasst sich mit den Folgen des Zweiten Weltkrieges und mit der Potsdamer Konferenz von 1945:

Das jahrhundertelang von Europa geprägte internationale Staatensystem bestand nicht mehr. Deutschland, über Jahrzehnte hinweg eine der Hegemonialmächte des alten Kontinents, hatte bedingungslos kapituliert und zunächst aufge-
5 hört, als selbstständiger Staat zu existieren. Großbritannien und Frankreich, die Zentren riesiger Kolonialreiche, in denen,

wie es hieß, die Sonne nie unterging, waren extrem geschwächt und erreichten ihre frühere Macht nie wieder. In Asien, Afrika und im mittleren Osten begannen 10 sich antikoloniale Bewegungen zu formieren, die nach Unabhängigkeit, nationaler Selbstbestimmung und souveräner Wirtschaft strebten. [...] Die Sowjetunion wurde neben den USA zur zweiten Welt- 15 macht, allerdings primär aufgrund militärischer, nicht wirtschaftlicher Stärke. Sie beanspruchte für sich, einzige Alternative zum Kapitalismus und Zentrum einer weltweiten revolutionären Bewegung zu 20 sein, der die Zukunft gehöre. [...] Die Vereinbarungen der Potsdamer Konferenz waren ein Kompromiss, der den internationalen Macht- und Kräfteverhältnissen am Ende des Zweiten Weltkrieges 25 entsprach. Sie bedeuteten einen Sieg der Vernunft im Interesse der Menschheit, für deren größten Teil nach den gerade zu Ende gegangenen Opfern und Leiden ein neuer Krieg undenkbar und unvorstellbar 30 war. Das insgesamt positive Ergebnis des Treffens wurde ermöglicht, weil die Großen Drei mit der festen Absicht nach Potsdam gekommen waren, trotz aller sich abzeichnenden neuen Konflikte mit dem 35 Aufbau einer friedlichen Nachkriegsordnung zu beginnen. In Washington herrschte noch die Ansicht vor, dass ein solches internationales System die günstigsten Rahmenbedingungen für die Wahrung der amerikanischen Interessen 40 bot [...].

Karl Drechsler, Die USA des Jahres 1945 und die Potsdamer Konferenz, in: Heiner Timmermann (Hrsg.), Potsdam 1945. Konzept, Taktik, Irrtum?, Berlin 1997, S. 29-43, hier S. 31 und 40

1. *Geben Sie auf Grundlage des Textes die Entwicklungen nach dem Zweiten Weltkrieg stichpunktartig wieder.*
2. *Recherchieren Sie im Internet zu den Beschlüssen der Potsdamer Konferenz und arbeiten Sie die wesentlichen Bestimmungen heraus. Versehen Sie diese mit passenden Überschriften / Oberbegriffen.*
3. *Nehmen Sie Stellung zu der These, dass es sich bei den Vereinbarungen von Potsdam um einen weitgehend gelungenen Kompromiss gehandelt hat (siehe Zeile 22 bis 26). Beziehen Sie dazu auch Ihre Ergebnisse aus der zweiten Aufgabe mit ein.*

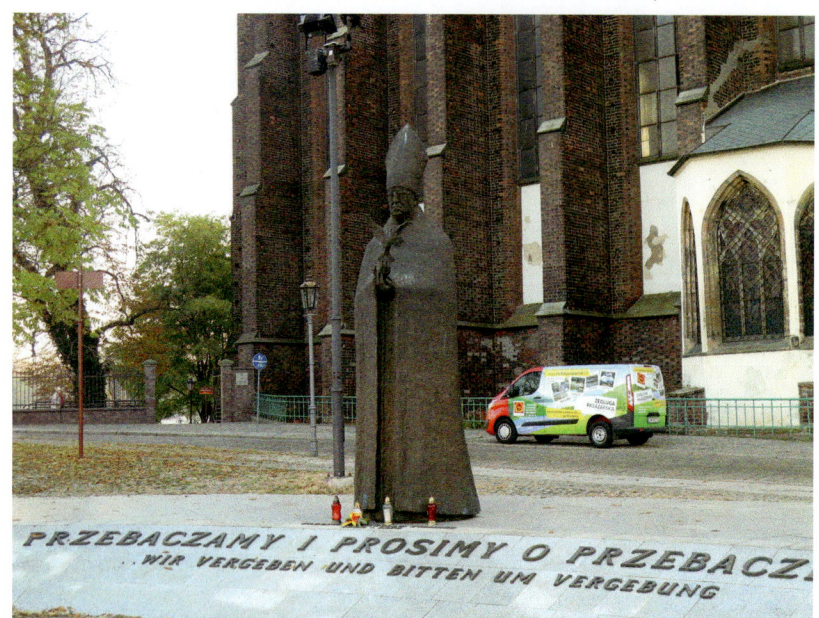

◄ **„Wir vergeben und bitten um Vergebung."**
Foto vom 4. November 2015, Breslau (Polen).
Das Denkmal des Kardinals Bolesław Kominek, Verfasser des Hirtenbriefes, wurde in Breslau im Dezember 2005 neben der Kirche Maria am Sande eingeweiht. Die 4,35 Meter hohe Figur des Geistlichen wiegt zwei Tonnen. Sie hält in den Händen eine Taube, die symbolisch für den Frieden und für das Versöhnungsschreiben der polnischen Bischöfe an ihre deutschen Amtsbrüder steht.
Am 29. Januar 2016 besuchte der deutsche Bundeswirtschaftsminister Sigmar Gabriel das Denkmal und legte dort gemeinsam mit dem Stadtpräsidenten von Breslau, Rafał Dutkiewicz, Blumen nieder.

M2 Eine Geste der Versöhnung

In der „Botschaft der polnischen Bischöfe an ihre deutschen Brüder in Christi Hirtenamt" vom 18. November 1965 heißt es:

Hochwürdige Konzilsbrüder!
Es sei uns gestattet, Ehrwürdige Brüder, ehe das [Zweite Vatikanische] Konzil sich verabschiedet, Ihnen, unseren nächsten westlichen Nachbarn, die freudige Botschaft mitzuteilen,
5 dass im nächsten Jahre im Jahre des Herrn 1966 die Kirche Christi in Polen und mit ihr zusammen das gesamte polnische Volk das Millennium seiner Taufe und damit auch die Tausendjahrfeier seines nationalen und staatlichen Bestehens begehen wird. [...]
10 Nach alledem, was in der Vergangenheit geschehen ist – leider erst in der allerneuesten Vergangenheit –, ist es nicht zu verwundern, dass das ganze polnische Volk unter dem schweren Druck eines elementaren Sicherheitsbedürfnisses steht und seinen nächsten Nachbarn im Westen immer noch
15 mit Misstrauen betrachtet. Diese geistige Haltung ist sozusagen unser Generationsproblem, das, Gott gebe es, bei gutem Willen schwinden wird und schwinden muss. [...]
Die Belastung der beiderseitigen Verhältnisse ist immer noch groß und wird vermehrt durch das sogenannte „heiße Eisen"
20 dieser Nachbarschaft; die polnische Westgrenze an Oder und Neiße ist, wie wir wohl verstehen, für Deutschland eine äußerst bittere Frucht des letzten Massenvernichtungskrieges zusammen mit dem Leid der Millionen von Flüchtlingen und vertriebenen Deutschen (auf interalliierten Befehl der Sieger-

mächte – Potsdam 1945! – geschehen). [...] Für unser Vater- 25 land, das aus dem Massenmorden nicht als Siegerstaat, sondern bis zum Äußersten geschwächt hervorging, ist es eine Existenzfrage [...]; es sei denn, dass man ein über 30-Millionen-Volk in den engen Korridor eines „Generalgouvernements" von 1939 bis 1945 hineinpressen wollte – ohne West- 30 gebiete; aber auch ohne Ostgebiete, aus denen seit 1945 Millionen von polnischen Menschen in die „Potsdamer Westgebiete" hinüberströmen mussten. [...]
In diesem allerchristlichsten und zugleich sehr menschlichen Geist strecken wir unsere Hände zu Ihnen hin in den Bänken 35 des zu Ende gehenden Konzils, gewähren Vergebung und bitten um Vergebung. Und wenn Sie, deutsche Bischöfe und Konzilsväter, unsere ausgestreckten Hände brüderlich erfassen, dann erst können wir wohl mit ruhigem Gewissen in Polen auf ganz christliche Art unser Millennium feiern. Wir 40 laden Sie dazu herzlich nach Polen ein.

Nach: Oskar Golombek (Hrsg.), Die katholische Kirche und die Völker-Vertreibung, Köln ²1968, S. 153 ff

1. *Diese Erklärung stieß auf sehr scharfen Widerstand bei der polnischen Regierung. Erörtern Sie, warum dieses Angebot der Versöhnung für die kommunistische Führung nicht akzeptabel war.*

2. *Entwerfen Sie aus Sicht der deutschen Bischöfe eine Antwort auf diese Erklärung. Vergleichen Sie anschließend Ihr Ergebnis mit dem tatsächlichen Antwortschreiben der Bischöfe vom 5. Dezember 1965 (siehe dazu den Code 7317-05).*

M3   Ein Bundeskanzler kniet nieder

Bei seinem Besuch am 7. Dezember 1970 in Warschau legt Bundeskanzler Willy Brandt am Denkmal des Warschauer Ghettoaufstandes einen Kranz nieder und kniet – für die Betrachter und Journalisten völlig überraschend – fast eine Minute lang vor dem Denkmal. Diese für einen hochrangigen Politiker sehr ungewöhnliche Geste erregt weltweit erhebliches Aufsehen und trägt dazu bei, dass Willy Brandt 1971 den Friedensnobelpreis erhält.

1. *Analysieren Sie, warum Brandts Kniefall als sensationell empfunden worden ist.*

2. *Vergleichen Sie die beiden Perspektiven der Fotos und stellen Sie dar, ob und inwieweit sich die Wirkung auf den Betrachter unterscheidet.*

3. *Brandts Geste löste in der Bundesrepublik heftige Reaktionen aus. Eine Zeitung fragte auf der Titelseite: „Durfte Brandt knien?“ Nehmen Sie dazu Stellung.*

M4 Die DDR und die polnische Bürgerrechtsbewegung

Der polnische Historiker Dariusz Wojtaszyn befasst sich mit den Reaktionen des DDR-Regimes auf die Entstehung der Solidarność:

In der DDR verfolgte man die politischen Ereignisse im Polen der Jahre 1980-1981 mit Unruhe und Argwohn. Die politische Krise beim Nachbarn gefährdete – wie man annahm – die Stabilität und Festigkeit des sozialistischen Lagers und somit
5 der DDR. Die Staatsmacht der DDR fürchtete den „Virus der Solidarność" im eigenen Lande. Deswegen betrieb die SED-Führung eine Isolierungspolitik gegenüber Polen; auch die DDR-Bürger wurden von den Informationen aus und über Polen abgeschnitten. Die Regierung schloss die Grenze nach
10 Polen und verwehrte ihren Bürgern streng die Einreise in das Nachbarland. [...]
In einem Artikel vom 4. November 1980 [...] wurden Lech Wałęsa, der Anführer der polnischen unabhängigen Gewerkschaft, und sein „Berater" Jacek Kuroń dargestellt. Sie wurden
15 als primitive, unsympathische und inkompetente Personen beschrieben. An einer anderen Stelle hatte man über die Verbindungen Wałęsas zur italienischen faschistischen Jugendorganisation MSI und über seine Sympathien für westdeutsche Organisationen berichtet, die angeblich die
20 Solidarność finanziell unterstützten, sowie für Alexander Solschenizyn, der zu den größten Kritikern der kommunistischen Ideologie gehörte. Die Verleumdung der polnischen Opposition auf diese Art gehörte von diesem Moment an zu den wichtigen Mitteln, mit denen die DDR-Zeitungen die
25 Lage in der Volksrepublik Polen darstellten. Diese Schilderungen sollten den Lesern eindeutig zeigen, mit welchen Personen sie hier zu tun hätten, also mit inkompetenten, primitiven, gewalttätigen Personen, die bereit gewesen wären, mit Gewalt und Unrecht gegen die polnische Partei und Regie
30 rung zu kämpfen. Gleichzeitig verfolgten sie das Ziel, die Abneigung gegen die Polen selbst in der ostdeutschen Gesellschaft zu erregen, was insofern leicht fiel, als dass die alten antipolnischen Stereotype immer noch die deutschen Vorstellungen über die östlichen Nachbarn besetzten. [...]
35 [Der DDR-Berichterstattung zufolge] „streiken die Polen, weil sie nicht arbeiten wollen" oder „die Polen streiken, weil sie faul sind", was auf eine direkte Verwandtschaft mit der Stereotypie der „polnischen Wirtschaft" hinweist. Die Journalisten der ostdeutschen Zeitungen versuchten damit die ganze
40 polnische Gesellschaft mit der polnischen „konterrevolutionären" Opposition gleichzusetzen.

Dariusz Wojtaszyn, Der öffentliche Polen-Diskurs in der DDR während der Solidarność-Ära, in: Izabela Surynt und Marek Zybura (Hrsg.), Narrative des Nationalen. Deutsche und polnische Nationaldiskurse im 19. und 20. Jahrhundert, Osnabrück 2010, S. 339-359, hier S. 339, 344 f. und 351

1. *Arbeiten Sie heraus, mit welchen Stereotypen die Führung der DDR versucht, ihrem Volk die Unruhen in Polen zu erklären.*

2. *Analysieren Sie, warum nach der Meinung von Wojtaszyn die „alten antipolnischen Stereotype" in der ostdeutschen Gesellschaft immer noch vorhanden waren.*

M5 „Der Fall der Mauer begann in Danzig"

Im Interview mit der „taz" am 5. Februar 2009 spricht Henryk Wujec, einer der bedeutendsten Solidarność-Aktivisten, über die Ereignisse in Polen 1989:

taz: *Sie haben für Solidarność 1989 am Runden Tisch in Warschau mit den Kommunisten verhandelt. Haben Sie erwartet, dass sie zwanzig Jahre später in einer Demokratie leben würden?*

Henryk Wujec: Wir hatten nicht die geringste Ahnung.
5 Schließlich lebten wir seit 1945 im kommunistischen Block. Wir wussten, dass alle Versuche, sich von diesen Fesseln zu befreien, mit dem Einmarsch der sowjetischen Armee enden würden. So wie 1956 in Ungarn oder 1968 in der Tschechoslowakei. Unsere Hauptforderung war nur die Wiederzulassung
10 der unabhängigen Gewerkschaft Solidarność.
taz: *Wie wirkten Glasnost und Perestroika?*
Henryk Wujec: Uns war klar, es war viel möglich. Sehr viel. Aber dass in Polen innerhalb von ein paar Monaten eine demokratische Regierung entstehen könnte und sich später
15 sogar die sowjetische Armee freiwillig aus Polen zurückziehen könnte, das hatten wir in unseren kühnsten Träumen nicht erwartet.
taz: *Am Gebäude der ehemaligen polnischen Botschaft in Berlin hängt ein Banner mit der Aufschrift „Es begann in Gdańsk".*
20 *Warum ist das so wichtig?*
Henryk Wujec: Weil eben wirklich alles in Danzig begann, das freie Polen, der Fall der Mauer, die samtene Revolution, das Ende des Kommunismus. Es begann mit den Streiks auf der Lenin-Werft, wo die Arbeiter die erste unabhängige Gewerk
25 schaft im ehemaligen Ostblock erkämpften. Die Solidarność machte dann allen anderen vor, dass es möglich ist, das scheinbar Unmögliche zu erreichen. Der Fall der Mauer begann in Danzig. Daran sollten sich die Deutschen erinnern.

30 **taz:** *Denken Sie, dass die Montagsdemonstrationen in Leipzig, Berlin und anderen Städten die Solidarność-Streiks zum Vorbild hatten?*

Henryk Wujec: Die Polen waren schon frei. Sie hatten sich selbst befreit. Das gab allen anderen Mut, auch den Deut-
35 schen. Sie würden es allein schaffen. Der Ruf „Wir sind ein Volk!" zeigt das doch. Hilfe von außen war nicht notwendig, keine amerikanischen Panzer und keine waffenstarrenden Armeen.

Nach: Manfred Mack, „Es begann in Gdańsk" – Rückblick und Bilanz, in: Deutschland & Europa, Heft 58/2009: 20 Jahre Maueröffnung in Europa, S. 46 f.

1. Nehmen Sie Stellung zur Aussage von Henryk Wujec: „Der Fall der Mauer begann in Danzig" (Zeile 28 f.).

2. Erörtern Sie die Bedeutung des Einflusses der Solidarność-Bewegung auf die politische Wende von 1989.

▶ **Solidarność.**
Plakat von Tomasz Sarnecki anlässlich der Wahlen in Polen am 4. Juni 1989.
■ *Beschreiben Sie, was auf dem Wahlplakat dargestellt ist.*
■ *Recherchieren Sie im Internet zu dem Wahlplakat und erklären Sie anschließend auf der Grundlage Ihrer Ergebnisse, welche Person gezeigt wird und wofür das Papier in ihrer rechten Hand steht.*
■ *Das Plakat gilt als eine Ikone der friedlichen Revolution in Polen. Erklären Sie, warum.*

Hinweis: Zum deutschen
Selbstverständnis im 19. Jahrhundert siehe auch die Kapitel ab Seite 15, 29 und 39.
Daneben informiert das Kapitel ab Seite 132 ausführlich
über das deutsche Selbstverständnis nach 1945.

Das deutsche Selbstverständnis im Wandel der Zeit

Das deutsche „Selbstverständnis" hat in den letzten 200 Jahren erhebliche Wandlungen erlebt. Bis zur Mitte des 19. Jahrhunderts waren die Vorstellungen einer „Nation"
eng mit dem Liberalismus verbunden. Während des Kaiserreiches wurden nationale
Vorstellungen zunehmend aggressiver als zuvor, hingen eng mit dem Imperialismus
zusammen und entwickelten sich langsam in Richtung auf einen Reichsnationalismus
(▶ M1). Im Nationalsozialismus verbanden sich dann hypernationalistische Vorstellungen mit einem mörderischen Rassismus. Nach 1945 war deshalb klar, dass diese Art von
Nationalismus eine Sackgasse dargestellt hatte und neue Wege beschritten werden
mussten. Allzu deutlich war auch geworden, dass Nationalismus zu kriegerischen
Auseinandersetzungen führen konnte, und ein erneuter Krieg in Europa mit Atomwaffen ausgetragen worden wäre. Kein Staat kommt ganz ohne ein „wir"-Gefühl aus. In
welche Richtung konnten aber Nationsvorstellungen mit einem neuartigen demokratischen Selbstverständnis entwickelt werden?

Bundesrepublik Deutschland und DDR

Die beiden deutschen Staaten, die nach 1949 entstanden, sind sehr unterschiedlich mit
dieser Frage umgegangen. Die Führung der DDR betonte zunächst vor allem den Internationalismus der Arbeiterbewegung und die Tradition des Widerstandes gegen den
deutschen Faschismus. Allerdings blieben die Erfolge dieser Propaganda begrenzt. Sie
konnte zwar bei Aufmärschen oder bei Parteiveranstaltungen in gewisser Weise mo-
bilisierend wirken, war aber für die breite Masse der Bevölkerung zu abstrakt und knüpfte auch zu wenig an
Alltagserfahrungen an. Zudem versuchte sich die DDR in
den 1950er-Jahren von Westdeutschland abzusetzen, indem der Westen als militaristisches und (halb)faschisti-
sches System dargestellt wurde (▶ M2 und M3). Anfangs
stieß diese Propaganda auf einige Erfolge, weil in der
Bundesrepublik tatsächlich zahlreiche ehemalige aktive
Anhänger des NS-Regimes wieder öffentliche Funktionen
ausübten. Langfristig war sie aber nur mäßig erfolgreich,
weil in der DDR der westliche Rundfunk und später westliche Fernsehprogramme empfangen werden konnten,
die ein völlig anderes Bild des Landes entwarfen.

◀ „Deutschland – August 1914."
Ölgemälde (192 x 147 cm) von Friedrich August von Kaulbach, 1914.
- *Beschreiben Sie die dargestellte Frauenfigur und ihre Attribute.*
- *Charakterisieren Sie die Stimmung, die das Gemälde transportiert.*
- *Arbeiten Sie heraus, welches deutsche Selbstverständnis in dem
  Ölgemälde deutlich wird. Berücksichtigen Sie dabei auch den
  historischen Kontext.*
- *Vergleichen Sie diese Germania-Darstellung mit derjenigen auf
  Seite 167 (M1).*
- *Entwickeln Sie eine moderne Germania-Darstellung, in der sich
  Assoziationen zur deutschen Geschichte widerspiegeln.*

In der Bundesrepublik Deutschland hingegen setzte die CDU/CSU unter Konrad Adenauer ganz auf die europäische Karte, vor allem durch die Versöhnung mit Frankreich, während sich zunächst – wenn auch schwach ausgeprägte – Nationsvorstellungen in den 1950er-Jahren eher bei den Sozialdemokraten fanden. Diese verschwanden aber fast vollständig in den 1960er- und 70er-Jahren. Fast niemand glaubte noch ernsthaft an eine Wiedervereinigung der beiden deutschen Staaten, und die ganz überwiegende Mehrheit der bundesdeutschen Bevölkerung hatte sich mit der Spaltung Deutschlands abgefunden oder sich damit arrangiert (▶ M4). Trotz einzelner Wirtschaftskrisen entstand zudem im Westen einer der ökonomisch erfolgreichsten Staaten der Welt, und der stetig wachsende Wohlstand in einer Massenkonsumgesellschaft bot gute Perspektiven.

Nach 1990

Nach der Wiedervereinigung flammten vereinzelt wieder nationalistische Vorstellungen auf, die aber keine Mehrheit in der deutschen Bevölkerung fanden (▶ M5). Stattdessen gab es zahlreiche Diskussionen und Debatten unter Intellektuellen und Politikern zu der Frage, welche Art von Identität in der neuen Bundesrepublik existieren würde bzw. wünschbar sei. Hier wurde eine große Zahl von ganz unterschiedlichen Ideen entwickelt. So ist beispielsweise vorgeschlagen worden, von einer *deutschen Leitkultur* zu sprechen, der sich dann Zuwanderer anzupassen hätten. Allerdings hat sich herausgestellt, dass diese Leitkultur nur sehr schwer zu definieren ist. Andere Autoren wiederum haben Vorstellungen von einer *multikulturellen Gesellschaft* entworfen, allerdings haben Gegner dieser Idee auch davor gewarnt, da „parallele" Gesellschaften entstehen könnten. Häufig ist auch versucht worden, eine neuartige spezielle Identität zu schaffen, die auf Europa und auf die Europäische Union bezogen ist. Die Idee eines *Verfassungspatriotismus* hat ebenfalls einige Anhänger gefunden: Dahinter steht die Vorstellung, einen bestimmten Stolz auf die sehr erfolgreiche bundesdeutsche Demokratie zu entwickeln (▶ M6).

▶ „Tag der Deutschen Einheit."
Plakat von 2014.
Die offiziellen Feiern zum „Tag der Deutschen Einheit" werden als Bürgerfeste organisiert. Sie wechseln jährlich den Ort und werden von einer Landeshauptstadt ausgerichtet.
■ *Charakterisieren Sie das deutsche Selbstverständnis, welches das Plakat transportiert.*

M1 Das Niederwald-Denkmal

Das Niederwald-Denkmal bei Rüdesheim wird nach insgesamt sechsjähriger Bauzeit 1883 in Anwesenheit von Kaiser Wilhelm I. eingeweiht. Auf einem Bergvorsprung 230 Meter über dem Rhein gelegen, ist das 38 Meter hohe Denkmal weithin sichtbar. Bei der nachstehenden Abbildung handelt es sich um ein Schulwandbild von 1890.

1. Beschreiben Sie in wenigen Worten den Aufbau des Denkmals.
2. Erklären Sie, wen die Frauengestalt auf dem Denkmalsockel darstellt und warum gerade diese Figur gewählt wurde.
3. Recherchieren Sie im Internet nach weiteren allegorischen Figuren und Symbolen des Denkmals. Analysieren Sie deren Bedeutung.
4. Ordnen Sie das Denkmal in den historischen Kontext ein.
5. Erläutern Sie, welches deutsche Selbstverständnis sich in dem Denkmal widerspiegelt.

M2 Der 4. Jahrestag der DDR

Walter Ulbricht, Generalsekretär der SED, hält am 7. Oktober 1953 eine Rede zum vierjährigen Bestehen der DDR:

Wir begehen den vierten Jahrestag der Gründung der Deutschen Demokratischen Republik. Zum ersten Mal in der deutschen Geschichte ist in einem großen Teil Deutschlands der Militarismus mit der Wurzel ausgerottet und die Arbeiter-

5 und-Bauern-Macht errichtet worden.

Durch die Vernichtung der Kriegsmaschine des faschistischen deutschen Imperialismus und die Befreiung Deutschlands von der faschistischen Knechtschaft durch die heroische Sowjetarmee war es nach 1945 möglich, in einem

10 großen Teil Deutschlands die Wurzeln des Imperialismus zu beseitigen. [...] Unter Führung der Arbeiterklasse schlossen sich alle demokratischen Kräfte zusammen, um die Folgen des Hitlerkrieges zu beseitigen. [...]

In Westdeutschland hingegen wurden mithilfe der amerika-

15 nischen, englischen und französischen Besatzungsmächte die Grundlagen des deutschen Imperialismus geschützt und wurde die Macht der Konzernherren, Bankherren und Großagrarier wieder errichtet. Auf Initiative der USA-Regierung und der westdeutschen Monopolherren wurde Deutschland

20 gespalten, um den westlichen Teil Deutschlands in die militärische Hauptbasis der USA in Europa zu verwandeln. Das Ergebnis der westdeutschen Wahlen vom 6. September[1] brachte zum Ausdruck, dass es den amerikanischen und den westdeutschen Imperialisten gelungen ist, in Westdeutsch-

25 land die aggressivsten Revanchepolitiker an die Macht zu bringen, die gewillt sind, im Dienst des USA-Finanzkapitals als Stoßtrupp gegen die Sowjetunion und gegen die volksdemokratischen Staaten in Europa zu kämpfen.

Walter Ulbricht, Zur Geschichte der deutschen Arbeiterbewegung, in: Ders., Reden und Aufsätze, Bd. 4, Berlin 1958, S. 650f.

1. *Analysieren Sie, welche Art von gemeinsamer Identität Ulbricht hier mit seiner Rede schaffen will.*
2. *Charakterisieren Sie Ulbrichts Sprache. Untersuchen Sie dazu ausgewählte zentrale „Schlagworte".*

[1] Die Wahlen vom 6. September waren von der CSU/CSU gewonnen worden, die daraufhin mit Konrad Adenauer wiederum den Bundeskanzler stellte.

▶ **Heinrich August Winkler.**
*Foto von 2012.
Der 1938 in Königsberg geborene Historiker lehrte von 1991 bis 2007 an der Berliner Humboldt-Universität. Er setzte sich u.a. mit der Frage des deutschen „Sonderwegs" auseinander. Die seit den 1960er- und 70er-Jahren dominierende These besagt, dass Deutschland einen „Sonderweg" in die Moderne beschritten habe, der sich auffällig von dem anderer west- und mitteleuropäischen Staaten unterscheide. Die Ausgangsfrage lautet dabei, warum Länder wie Großbritannien und Frankreich die ökonomische und politische Krise um 1930 überstanden, während das Deutsche Reich die Demokratie aufgab und durch eine totalitäre Diktatur ersetzte.
Winkler hält an der These vom deutschen „Sonderweg" auch nach 1945 fest. Er beschreibt die späte Entwicklung Deutschlands zu Nationalstaat und Demokratie als „langen Weg nach Westen", der erst mit der Wiedervereinigung 1990 zum Abschluss gekommen sei. Unter Historikern ist die „Sonderwegsthese" heute allerdings umstritten. Kritiker heben hervor, dass es den „einen" Weg zur Demokratie auch im Westen niemals gegeben habe, sondern dass sehr viele unterschiedliche Entwicklungsstränge seit dem 19. Jahrhundert zur Entstehung parlamentarischer Staaten geführt hätten.*

M3 Sonderwege?

Der Historiker Heinrich August Winkler befasst sich mit der „Identität" der DDR:

Die DDR hatte sich in den frühen Siebzigerjahren vom Bekenntnis zur einen deutschen Nation gelöst und die Theorie von den *zwei* deutschen Nationen, der neuen sozialistischen und der alten kapitalistischen, verkündet. Die Deutsche Demokratische Republik war unter den Mitgliedsländern des

5 Warschauer Paktes der Ideologiestaat schlechthin: ein Staat ohne nationale Identität und darum mehr als alle anderen auf den „proletarischen Internationalismus" als Ersatzidentität angewiesen. *Beide* deutsche Staaten beschritten also Sonderwege: die DDR einen „internationalistischen", die Bun-

10 desrepublik einen „postnationalen". Der erste Sonderweg war eine bloße Parteidoktrin; der zweite entwickelte sich zu einem Lebensgefühl.

Die DDR betrachtete sich als Erbin des antifaschistischen
15 Widerstands; sie bescheinigte sich eine Geburt aus dem
Geist dieses Widerstands und machte so den Antifaschismus
zu ihrem Ursprungsmythos. In den Achtzigerjahren wurde
der Antifaschismus durch die Pflege älterer nationaler Traditionen, darunter, soweit sie als fortschrittlich galt, der preu-
20 ßischen ergänzt: ein stillschweigendes Eingeständnis, dass
die Doktrin der sozialistischen deutschen Nation in der Bevölkerung keine Wurzeln geschlagen hatte.

Heinrich August Winkler, Der lange Weg nach Westen, Bd. 2, München
⁶2005, S. 652

1. *Vergleichen Sie ausgehend von M3 die Identitäten in der*
DDR und in der Bundesrepublik. Ziehen Sie dazu weite-
res Material heran (Schulbuch, Fachbücher, Internet).
2. *Analysieren Sie die Gründe, warum es der DDR schwer*
fiel, sich in eine deutsche nationale Tradition einzufü-
gen.

◀ **Hans-Ulrich**
Wehler.
Foto von 2008.
Wehler (1931 - 2014)
lehrte von 1971 bis
1996 als Professor für
Allgemeine Ge-
schichte mit besonde-
rer Berücksichtigung
der Geschichte des 19.
und 20. Jahrhunderts
an der Universität Bie-
lefeld. Er gilt als einer
der einflussreichsten
deutschen Historiker
in der zweiten Hälfte
des 20. Jahrhunderts.
Zu seinen bekanntes-
ten Publikationen
zählt seine fünfbän-
dige „Deutsche Gesell-
schaftsgeschichte", die
sich mit der Zeit von
1700 bis 1990 beschäf-
ligt.

M4 Über das Verhältnis der Bundesrepublik
zum Nationalismus vor 1989

Der Historiker Hans-Ulrich Wehler schreibt im Jahre 2001:

Unter den vom Schicksal begünstigten Westdeutschen ver-
blasste das Leitbild der gesamtdeutschen Nation mehr und
mehr. Der Nationalismus verlor jede massenwirksame Anzie-
hungskraft. Die weltpolitische Konstellation, welche die Teilung des Landes sanktionierte, wirkte fest betoniert. Noch 5
ehe vierzig Jahre nach der „deutschen Katastrophe" von 1945
vorbei waren, zählte die klare Mehrheit zu den in der Bundesrepublik Geborenen, denen – wie die Meinungsumfragen
ergaben – eine Wiedervereinigung illusionär erschien. Dafür
aber tauchten die Konturen einer postnationalen Gesell- 10
schaft auf, deren belastbares Legitimationsfundament die
Funktionstüchtigkeit des Verfassungs-, des Rechts- und des
Sozialstaates im Verein mit den Leistungen der Wachstums-
maschine geschaffen hatte. Keinem Mitgliedsland fiel daher
der Souveränitätsverzicht zugunsten der „Europäischen Ge- 15
meinschaft" und „Union" so leicht wie der Bundesrepublik.

Hans-Ulrich Wehler, Nationalismus. Geschichte, Formen, Folgen, München
2001, S. 88 f.

1. *Fassen Sie Wehlers Aussagen mit eigenen Worten zu-*
sammen.
2. *Analysieren Sie, was Wehler unter einem „Legitimations-*
fundament" versteht.

M5 Ein deutscher Papst

Der Politikwissenschaftler Herfried Münkler über die Wahl
eines Deutschen zum Papst:

Am 20. April 2005, dem Tag nach der Wahl Joseph Kardinal
Ratzingers zum Papst, machte die *Bild*-Zeitung mit der die
gesamte erste Seite des Blatts beherrschenden Überschrift
„Wir sind Papst" auf. Aus der überraschenden Wahl des Kuri-
enkardinals Ratzinger wurde so ein Triumph, wie er sonst nur 5
in sportlichen Wettkämpfen errungen und gefeiert wird. Der
Erfinder der Überschrift, der Chef des *Bild*-Politikressorts Georg Streiter, hat später erzählt, dass er sich durch Schlagzeilen
wie „Wir sind Weltmeister" habe inspirieren lassen.
Während die Nachrichtensendungen des Fernsehens am 10
Abend zuvor neben Bildern vom Petersplatz eine eher zurückhaltend reagierende Bevölkerung in Deutschland gezeigt
hatten, bei der weder helle Freude noch stürmische Begeisterung vorherrschte, verwandelte die *Bild*-Überschrift die
Papstwahl in einen nationalen Triumph. Ein Ereignis, das im 15
Prinzip nur die deutschen Katholiken beziehungsweise diejenigen unter ihnen betraf, die sich mit ihrer Kirche identifi-
zierten, wurde ins nationale Wir-Bewusstsein eingeprägt, als
ob damit eine grundlegende Weichenstellung deutscher
Geschichte verbunden wäre. Dass man das auch ganz anders 20
sehen konnte, zeigte an demselben Tag die Titelseite der taz,
die ganz schwarz war und nur in der Mitte die Worte „Oh,
mein Gott!" sowie, klein oben links, die Erläuterung „Joseph

Ratzinger neuer Papst" enthielt. Zwar war Ratzinger vor und
25 während des Konklaves als möglicher Kandidat genannt worden, doch hatte man allgemein seine Wahl wegen seines
fortgeschrittenen Alters und seiner Nationalität für unwahrscheinlich gehalten – immerhin war seit über fünf Jahrhunderten kein Deutscher mehr zum Papst gewählt worden. [...]
30 Die Wahl Joseph Ratzingers war also eine handfeste Überra-
schung und für manchen gleichbedeutend mit der endgültigen Rehabilitierung Deutschlands. Von alldem schwang etwas in dem triumphalen „Wir sind Papst" mit.

Herfried Münkler, Die Deutschen und ihre Mythen, Berlin ³2009, S. 484 f.

*Analysieren Sie ausgehend von dieser Quelle, inwieweit
sich der Nationalismus in Deutschland seit den 1990er-
Jahren verändert hat.*

► **„Wir sind Papst!"**
Foto vom September 2011.
Die Titelseite der Bild-Zeitung vom 20. April 2005
hängt als Banner anlässlich des Papstbesuches an
der Fassade des Axel Springer Verlages in Berlin.

M6 Verfassungspatriotismus

Der Politikwissenschaftler Volker Kronenberg äußert sich 2009:

Jenseits des Gefühligen geht es um die Beantwortung der
Frage, wer als Bürger welchen Beitrag freiwillig, solidarisch,
patriotisch für seine res publica[1] leistet. Die Frage verweist
auf die Neujustierung des Staat-Bürger-Verhältnisses und
damit auf eine Stimulierung der bürgerlichen Selbsthilfe- 5
bereitschaft und ihrer Fähigkeiten im Dienste einer solidari-
schen Verantwortungs- und Zivilgesellschaft [...].
Deutschland im Jahre 2009: Verwobene Prozesse in Politik
und Kultur haben zu einem neuen Nachdenken über Patriotismus geführt, zu einem moderateren Ton ein einem sach- 10
licheren Tenor in der öffentlichen Debatte, und fokussieren
vielleicht als Folge dessen die Erfahrung von „1989" wie Norbert Frei[2] jüngst meinte: „auch deshalb, weil das Wir seitdem
in sein Recht gesetzt wurde, mithin eine reale Möglichkeit
geworden ist". Dieses „Wir", das die Deutschen in Ost und 15
West ebenso umfasst wie Eingewanderte,
die dauerhaft in Deutschland leben wollen,
ist „aufgefordert eine Ordnung und Gesellschaft zu gestalten, auf die sie mit Recht
stolz sein können. Ein darauf gründender 20
Patriotismus stünde nicht in Gefahr, nationalistisch zu werden, sondern würde die
zivilen Kräfte im Land stärken."

Volker Kronenberg, Verfassungspatriotismus im vereinten Deutschland, in: Aus Politik und Zeitgeschichte,
Nr. 28, 2009

1. *Informieren Sie sich über den Begriff der
„Zivilgesellschaft" im Internet und/oder
in Fachbüchern. Erklären Sie diesen anschließend mit eigenen Worten.*
2. *Analysieren Sie den Gegensatz zwischen
Patriotismus und Nationalismus.*

---

[1] **res publica:** hier: Republik
[2] **Norbert Frei:** deutscher Historiker

Die Weimarer Republik und ihre Bürger

◄ **Arbeitslose im Hof des Arbeitsamtes in Hannover.**
Foto von Walter Ballhause, 1930.

Entstehung der Republik	9.11.1918	Die Revolution stürzt die Monarchie; Deutschland wird Republik.
	11.11.1918	Der Erste Weltkrieg endet mit Kapitulation und Waffenstillstand.
	5.-12.1.1919	Der „Spartakus-Aufstand" in Berlin wird niedergeschlagen.
	19.1.1919	Frauen und Männer wählen die Verfassunggebende Nationalversammlung.
	7.5.1919	Der deutschen Delegation wird der Versailler Vertrag vorgelegt. Er regelt die Nachkriegsordnung in Europa. Artikel 231 legt die Alleinschuld Deutschlands und seiner Verbündeten fest.
	11.8.1919	Die Reichsverfassung tritt in Kraft: Deutschland ist parlamentarische Demokratie.
	Ende 1919	Die Generäle Erich Ludendorff und Paul von Hindenburg bekräftigen die „Dolchstoßlegende".
	13.-17.3.1920	Der Kapp-Putsch schlägt fehl.
Krisenjahre	1921/22	Attentate auf die „Erfüllungspolitiker" häufen sich.
	8./9.11.1923	Der rechtsradikale Hitler-Putsch in München scheitert.
	November 1923	Die Regierung beendet die Hyperinflation mit einer Währungsreform.
Gefährdete Stabilität	26.4.1925	Nach dem Tod Friedrich Eberts (28.2.) wird Hindenburg neuer Reichspräsident.
	1927	Die Arbeitslosenversicherung tritt in Kraft.
	24./29.10.1929	Der Zusammenbruch der New Yorker Börse löst eine Weltwirtschaftskrise aus.
Verfall der Demokratie	1930	Die Große Koalition aus SPD, Zentrum und bürgerlich-liberalen Parteien zerbricht als letzte Regierung mit einer Mehrheit im Parlament. Ab 29. März regiert Heinrich Brüning als Kanzler des ersten Präsidialkabinetts dauerhaft mit Notverordnungen.
	14.9.1930	In den Reichstagswahlen erhalten die radikalen Parteien einen deutlichen Stimmenzuwachs.
	1932	Mit 6,128 Millionen erreicht die Zahl der Arbeitslosen ihren Höchststand.
	31.7.1932	Bei den Reichstagswahlen wird die NSDAP stärkste Partei.
	6.11.1932	Bei den Reichstagswahlen muss die NSDAP Verluste hinnehmen, bleibt aber stärkste Partei.
	28.1.1933	Kurt von Schleicher tritt als Reichskanzler zurück, nachdem Reichspräsident Hindenburg ihm das Vertrauen entzogen hat.
	30.1.1933	Reichspräsident Hindenburg ernennt Adolf Hitler zum Reichskanzler.

In politischen Debatten wurden und werden immer wieder Erfahrungen aus der Weimarer Republik herangezogen, um eigene Standpunkte argumentativ zu untermauern. So wurden in der 2008 einsetzenden Finanz- und Wirtschaftskrise gern Vergleiche mit der *Weltwirtschaftskrise* von 1929 gezogen. Die Krise habe damals die radikalen Parteien gestärkt und *Adolf Hitler* den Weg zur Macht geebnet, lautete die Warnung.

Demokratiefeindliche Aktionen und Radikalisierung gefährdeten freilich die Weimarer Republik von Anfang an. Der verlorene Krieg und die Revolution von 1918/19 waren für alle Deutschen ein Schock. Die junge Republik wurde erschüttert von Streiks, politischen Morden und bewaffneten Aufständen. Im Krisenjahr 1923 vernichtete die *Hyperinflation* das Geldvermögen jedes Bürgers und versuchte Hitler in einem gescheiterten Putsch, die Regierungsgewalt zuerst in München und dann in Berlin zu übernehmen.

Die Republik überstand die schweren Krisen nicht nur, sie schien in den Jahren 1924 bis 1929, den „Goldenen Zwanzigern", sogar unumkehrbar aufzublühen. Die Arbeitslosigkeit sank, Produktion und Konsumniveau stiegen an. Die radikalen Parteien, die Nationalisten auf der Rechten und die Kommunisten auf der Linken, verloren Mitglieder und Wähler. Bildende Kunst, Theater und Film fanden international Beachtung und Wertschätzung.

Die Wirtschaftskrise ab 1929 verschärfte jedoch die strukturellen Schwächen der Weimarer Republik. Weltanschauungs- und Interessenparteien fanden sich immer weniger zu konstruktiver Regierungsarbeit bereit. Die republikfeindlichen Parteien gewannen bei jeder Wahl hinzu. Bürger aller Schichten verloren jedes Vertrauen in die Demokratie und setzten ihre Hoffnung auf eine nationale oder kommunistische Diktatur.

Doch die Geschichte der Weimarer Republik liefert nicht nur Argumente für Reden und Diskussionen. Das Scheitern der ersten deutschen Demokratie war eine historische Erfahrung, aus der schon die Gründerväter der Bundesrepublik wegweisende Lehren zogen. Bis heute ist die politische Kultur Deutschlands vom Willen durchdrungen, die Fehler von Weimar nicht zu wiederholen. Bis in die Gegenwart wurden antidemokratische Kräfte mit allen politischen und rechtlichen Mitteln in die Schranken gewiesen.

In diesem Kapitel erwerben Sie die **Kompetenz**,
- die Gründungsphase der Weimarer Republik zu beschreiben und zu analysieren,
- die gesellschaftlichen Gruppen und ihre Einstellung zur Republik (u. a. Kommunisten, Sozialdemokraten, Freikorps, alte Eliten) zu charakterisieren,
- zu den Repräsentanten der Republik als Identifikationsfiguren (u. a. Friedrich Ebert, Paul von Hindenburg) Stellung zu nehmen.

Zur Methoden-Kompetenz siehe Seite 119 bis 121 („Politisches Plakat").

Wichtige Namen
- Heinrich Brüning
- Friedrich Ebert
- Paul von Hindenburg
- Adolf Hitler
- Karl Liebknecht
- Erich Ludendorff
- Rosa Luxemburg
- Hermann Müller
- Franz von Papen
- Walther Rathenau
- Philipp Scheidemann
- Kurt von Schleicher
- Gustav Stresemann

Wichtige Begriffe
- Arbeiter- und Soldatenräte
- Deutsche Demokratische Partei (DDP)
- Deutsche Volkspartei (DVP)
- Deutschnationale Volkspartei (DNVP)
- „Dolchstoßlegende"
- Freikorps
- „Goldene Zwanziger"
- Hitler-Putsch
- Hyperinflation
- Kapp-Putsch
- Kommunistische Partei Deutschlands (KPD)
- Massenarbeitslosigkeit
- Nationalsozialistische Deutsche Arbeiterpartei (NSDAP)
- Notverordnungen
- „Novemberrevolution"
- Parlamentarismus
- „Rat der Volksbeauftragten"
- Sozialdemokratische Partei Deutschlands (SPD)
- Spartakus-Aufstand
- Unabhängige Sozialdemokratische Partei Deutschlands (USPD)
- Versailler Vertrag
- Wahlrecht
- Währungsreform
- „Weimarer Koalition"
- Weimarer Verfassung
- Weltwirtschaftskrise
- Zentrum

Lesetipps
■ *Dieter Gessner, Die Weimarer Republik, Darmstadt* ³2009
■ *Eberhard Kolb, Die Weimarer Republik, München* ⁷2009

Kriegsende und Revolution ■ Im Herbst 1918 konnten das Deutsche Reich und seine Verbündeten den Krieg gegen die militärisch überlegenen *Alliierten* nicht mehr fortsetzen.

Im September 1918 gestand die *Oberste Heeresleitung* (OHL) der Reichsregierung die Niederlage ein. Die Chefs der OHL, die Generäle und Oberbefehlshaber der deutschen Truppen an der Ostfront *Erich Ludendorff* und *Paul von Hindenburg*, waren entschiedene Gegner jeglicher demokratischer Reformen. Jetzt forderten sie die Bildung einer vom Parlament getragenen Regierung. Diese sollte die Waffenstillstandsverhandlungen führen und damit auch die Verantwortung für den Zusammenbruch übernehmen, um so die militärische Führung vom Makel der Niederlage freizuhalten. Anfang Oktober 1918 bildete Reichskanzler Prinz *Max von Baden* eine neue Regierung aus Vertretern der *Sozialdemokratischen Partei Deutschlands* (SPD), des *Zentrums* und der liberalen *Fortschrittspartei*.

Als Ende Oktober 1918 Matrosen den Befehl der Marineleitung verweigerten, für eine inzwischen militärisch sinnlose Schlacht gegen die Briten auszulaufen, wurden sie in Kiel verhaftet. Ein Aufstand brach aus, der zur Keimzelle der sich rasch ausbreitenden Revolution („*Novemberrevolution*") wurde. Spontan und ohne festes Konzept gebildete *Arbeiter- und Soldatenräte* übernahmen in vielen Städten die politische Gewalt. Sie forderten ein Ende des Krieges, die Abdankung des Kaisers und eine Demokratisierung von Wirtschaft, Gesellschaft und Militär.

Anfang November stürzten die ersten Monarchien, in allen deutschen Staaten traten die Fürsten zurück. Um einen Bürgerkrieg zu verhindern, verkündete Reichskanzler Max von Baden eigenmächtig die Abdankung Kaiser *Wilhelms II.* Zugleich bot er ohne verfassungsrechtliche Legitimation *Friedrich Ebert*, dem Vorsitzenden der SPD, sein Amt an. Als Vorsitzender der größten Fraktion im Reichstag sollte er eine neue Regierung bilden.

▶ **G**eschichte **In C**lips: Zur Ausrufung der Republik siehe Code 7317-06

Räterepublik: Herrschaftsform, die eine direkte Demokratie mithilfe von Räten verwirklichen will. Die Räte werden auf verschiedenen Ebenen gewählt bis hin zum Zentralrat. Sie sind an die Weisungen der Wähler gebunden und vereinen gesetzgebende, ausführende und rechtsprechende Gewalt auf sich.

Unruhen und Kompromisse ■ Während Ebert die Entscheidung über die künftige Staatsform einer rasch zu wählenden Nationalversammlung überlassen wollte, rief sein Parteifreund *Philipp Scheidemann* in Berlin die „Deutsche Republik" aus. Damit kam dieser *Karl Liebknecht*, dem Führer des aus radikalen Sozialisten bestehenden *Spartakusbundes*, zuvor, der zwei Stunden später die „Sozialistische Republik Deutschland" verkündete. Aus dem Spartakusbund ging am 1. Januar 1919 die *Kommunistische Partei Deutschlands* (KPD) hervor. Aus Angst vor einer sozialistischen **Räterepublik**, in der die Macht nach russischem Vorbild auf Arbeiter- und Soldatenräte übergehen sollte, einigten sich SPD und *Unabhängige Sozialdemokratische Partei Deutschlands* (USPD) am 10. November auf eine Übergangsregierung, den „*Rat der Volksbeauftragten*". Dieser sah sich nun nach Ende des Krieges mit großen politischen Problemen und einem drohenden wirtschaftlichen Zusammenbruch konfrontiert.

Um einen Bürgerkrieg zu verhindern und die geordnete Rückführung der deutschen Truppen zu gewährleisten, entschloss sich Ebert zu einer Zusammenarbeit mit dem Reichswehrgeneral *Wilhelm Groener*, der den Rückzug der deutschen Truppen leitete. Im Namen der Obersten Heeresleitung bekundete Groener seine Loyalität gegenüber der Regierung und versprach militärische Unterstützung bei Unruhen (*Ebert-Groener-Pakt*). Als Gegenleistung erwartete er den gemeinsamen „Kampf gegen den Radikalismus und Bolschewismus".

Daneben beschloss der „Rat der Volksbeauftragten" bei Unruhen den Einsatz von privat gegründeten Selbstschutzverbänden, sogenannten *Freikorps*. Sie bestanden aus ehemaligen Berufssoldaten, Abenteurern, Studenten oder Schülern, meist Männer, die nach dem Krieg kein Zuhause und keine Arbeit hatten und nicht in ein ziviles Leben zurückgefunden hatten. Die meisten waren extrem antirepublikanisch und antikommunistisch eingestellt.

Vom 5. bis 12. Januar 1919 stand Berlin im Zeichen des *Spartakus-Aufstandes*. Tausende Anhänger des Spartakusbundes um Karl Liebknecht und *Rosa Luxemburg* lieferten sich Straßenschlachten mit Regierungstruppen und Freikorps. Die Aufständischen wollten die Wahlen verhindern und den Arbeiter- und Soldatenräten zur Regierungsgewalt verhelfen (▶ M1). Der Aufstand wurde blutig niedergeschlagen, Rosa Luxemburg und Karl Liebknecht nach ihrer Verhaftung von Offizieren ermordet. Das brutale Vorgehen der Truppen und Freikorps löste auch in anderen Städten Streiks und bewaffnete Aufstände aus. Erst im Mai 1919 gelang es der Regierung, die letzten Unruhen zu beenden.

▲ **Ausrufung der Republik und der Bildung des „Rates der Volksbeauftragten".** *Fotomontage als Bildpostkarte von 1918.*
Am 9. November 1918 rief Philipp Scheidemann (SPD) von einem Fenster des Reichstages die Republik aus. Die Szene wird eingerahmt von den Mitgliedern des neu gebildeten „Rates der Volksbeauftragten"; links (von o. nach u.): Hugo Haase (USPD), Otto Landsberg (SPD), Wilhelm Dittmann (USPD); rechts: Friedrich Ebert (SPD), Philipp Scheidemann und Emil Barth (USPD).

Nationalversammlung und neue Verfassung 🟩 Am 19. Januar 1919 fand die Wahl zur Verfassunggebenden Nationalversammlung statt. Es ergab sich die Zusammenarbeit der drei größten Fraktionen, die schon während des Krieges im Reichstag kooperiert hatten: SPD, Zentrum und *Deutsche Demokratische Partei* (DDP). Sie bildeten die sogenannte „*Weimarer Koalition*", die mit 76,1 Prozent der Stimmen die deutliche Mehrheit des Volkes hinter sich vereinigte (331 von insgesamt 423 Mandaten). Die Opposition war gespalten: Links stand die radikal-sozialistische USPD und rechts die national-bürgerlich ausgerichtete *Deutsche Volkspartei* (DVP) sowie die völkische, konservativ-monarchistische *Deutschnationale Volkspartei* (DNVP). Die KPD hatte die Wahlen zur Nationalversammlung boykottiert und sich gar nicht erst aufstellen lassen.

Um sich den politischen Unruhen in Berlin zu entziehen, trat die Nationalversammlung am 6. Februar 1919 in Weimar zusammen (▶ M2). Sie sollte bis zur ersten Reichstagswahl im Juni 1920 eine vorläufige Regierung bilden und dem Deutschen Reich eine *Verfassung* geben. Ebert wurde am 11. Februar zum ersten Reichspräsidenten gewählt. Noch am selben Tag beauftragte er Scheidemann, eine Regierung zu bilden. Nach über fünfmonatiger Beratung nahm die Weimarer Nationalversammlung die neue Verfassung an. Das Deutsche Reich wurde zur *parlamentarischen Republik* erklärt (▶ M3).

Am 11. August 1919 trat die neue Verfassung in Kraft. Erstmals in Deutschland musste das monarchistische Prinzip dem Grundsatz der Volkssouveränität weichen.

Dem Reichstag oblag nun neben dem Recht auf Gesetzgebung auch die Kontrolle der Regierung, d.h. Kanzler und Minister benötigten für ihre Amtsführung sein Vertrauen. Jeder von ihnen konnte durch ein Misstrauensvotum zum Rücktritt gezwungen werden. Mit besonderen Vollmachten war der Reichspräsident ausgestattet. Er allein ernannte und entließ den Kanzler und konnte den Reichstag auflösen. Außerdem war er Oberbefehlshaber der Reichswehr. Bei Stö-

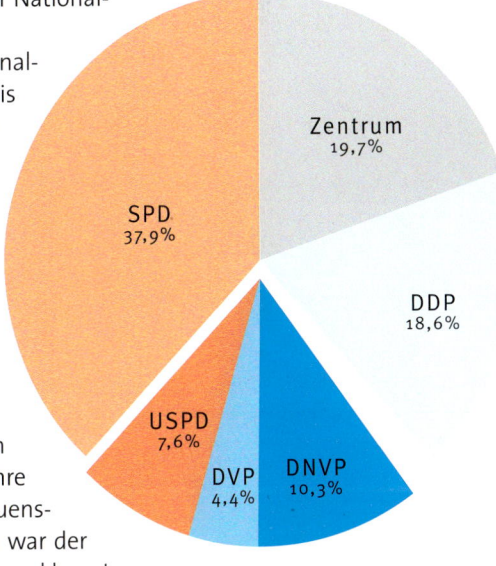

▲ **Ergebnis der Wahlen zur Nationalversammlung 1919.**

rung der öffentlichen Sicherheit und Ordnung im Reich konnte der Reichspräsident mit dem *Artikel 48* die zu ihrer Wiederherstellung nötigen Maßnahmen treffen und notfalls die Reichswehr einsetzen. Im Laufe der Jahre wurde dieser Artikel jedoch verstärkt unter Umgehung des Parlaments herangezogen, um wirtschaftliche und soziale Probleme zu lösen.[1]

Demokratische Errungenschaften ▰ Zu den demokratischen Errungenschaften der Weimarer Republik gehört die verfassungsrechtliche Gleichstellung der Geschlechter. In der Revolution erfüllte der „Rat der Volksbeauftragten" bei den Wahlen zur Nationalversammlung 1918 eine sozialdemokratische Forderung: das aktive und passive *Wahlrecht* für Frauen. Mit einer Wahlbeteiligung von fast 90 Prozent machten die Frauen von ihrem Stimmrecht regen Gebrauch, 41 von 310 Kandidatinnen zogen 1919 in die Weimarer Nationalversammlung ein. Ein solcher Anteil wurde erst wieder 1983 im zehnten Bundestag erreicht.

Männer und damit also erstmals Frauen über 20 Jahren erhielten nach der neuen Verfassung das Recht, alle vier Jahre die Abgeordneten des Reichstages und alle sieben Jahre den Reichspräsidenten zu wählen. Um jede einzelne Stimme zur Geltung zu bringen, galt das Verhältniswahlrecht: Jede Partei erhielt für 60 000 gültige Stimmen ein Mandat. Eine Sperrklausel, die den kleinen Parteien – auch „Splitterparteien" genannt – den Zutritt zum Reichstag hätte verwehren können, gab es nicht. Dies galt als besonders gerecht und demokratisch. Dabei wurde übersehen, dass die durch das Verhältniswahlrecht bewirkte Parteienvielfalt die Konsensfindung und damit die Bildung von regierungsfähigen Mehrheiten erschwerte. Hinzu kam, dass die Parteien kaum zu Kompromissen bereit waren und damit die Regierung schwächten.

Als Gegengewicht zum Reichstag führte die Weimarer Verfassung Elemente der direkten Demokratie ein: Volksbegehren und Volksentscheid. Die Staatsbürger sollten sich durch Plebiszite direkt an der staatlichen Willensbildung beteiligen. In der Praxis wurden die Volksabstimmungen jedoch von den Gegnern der Republik zur Manipulation der Massen einzusetzen versucht. Solche Bestrebungen scheiterten jedoch bis 1933 an den fehlenden Mehrheiten.

Der zweite Hauptteil der Weimarer Verfassung enthielt einen Katalog an Grundrechten und Grundpflichten (Art. 109 - 165): Rechtsgleichheit, Freizügigkeit, Recht der freien Meinungsäußerung, Freiheit der Person, Glaubens- und Gewissensfreiheit sowie soziale Grundrechte, darunter der Schutz und die Förderung von Ehe und Familie, das Recht auf Arbeit, den Schutz der Jugend, die Förderung des Mittelstandes und vieles mehr. Die wichtige Aufgabe der Kontrolle der Staatsmacht erfüllte dieser Katalog jedoch nicht in vollem Umfang, da viele Grundrechte in Krisenzeiten durch Notverordnungen gemäß Artikel 48 außer Kraft gesetzt werden konnten.

▲ **Zum ersten Mal dürfen die Frauen in Deutschland zur Wahl gehen.** *Foto vom 19. Januar 1919.*

[1] Vgl. dazu Seite 116 ff.

Dass die Lebenswirklichkeit von den Vorgaben der Grundrechte abwich, verdeutlicht die Situation der Frauen in der Weimarer Republik. Nach der Reichsverfassung hatten Frauen und Männer nun „grundsätzlich dieselben staatsbürgerlichen Rechte und Pflichten" (Art. 109). Aber weder auf dem Arbeitsmarkt, wo Frauen für die gleiche Arbeit weniger Lohn erhielten, noch im Familienrecht galt der Gleichberechtigungsgrundsatz. Für Tätigkeiten, die über die Hausarbeit hinausgingen, brauchten Frauen die Erlaubnis des Ehemannes. So bestimmte es das Bürgerliche Gesetzbuch noch bis 1977. Das Frauenwahlrecht und die steigende Zahl weiblicher Mitglieder in Parteien und Gewerkschaften änderten nichts daran, dass führende Positionen der Politik weiterhin nur von Männern besetzt blieben.

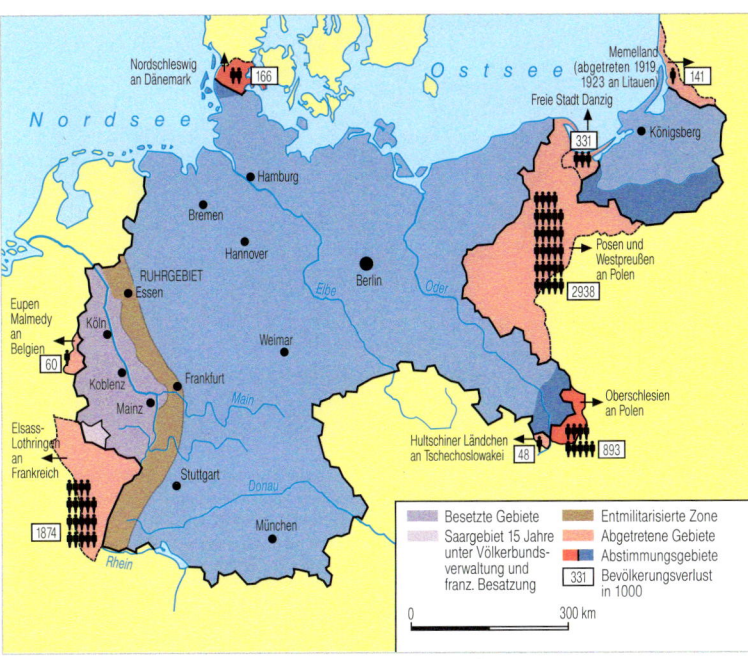

▲ Deutsche Gebiets- und Bevölkerungsverluste nach dem Friedensvertrag von Versailles.

■ Arbeiten Sie die Ergebnisse des Vertrags heraus und diskutieren Sie, welche Festlegungen für die deutsche Bevölkerung besonders schwer zu akzeptieren waren.

Belastete Friedensordnung: der Versailler Vertrag

Während in Deutschland noch Reichswehr und Freikorps die revolutionären Unruhen niederschlugen, wurde am 18. Januar 1919 in Versailles bei Paris die Friedenskonferenz ohne Beteiligung der Besiegten eröffnet. Auf ihr sollte die Nachkriegsordnung in Europa festgelegt werden. Am 7. Mai 1919 wurde der deutschen Delegation der fertige Vertrag mit 440 Artikeln vorgelegt: Deutschland verlor im Westen, Osten und Norden des Reiches 13 Prozent des Staatsgebietes sowie rund zehn Prozent der Bevölkerung. Es musste alle seine Kolonien aufgeben und weitgehende militärische Beschränkungen akzeptieren. Ferner sollten für die Kriegsschäden der anderen Mächte Ausgleichszahlungen (Reparationen) in noch festzulegender Höhe erbracht werden.

Von Anfang an belastete der von den Siegermächten nach Kriegsende geschlossene Friedensvertrag die Republik schwer. Seine Bestimmungen lösten in der deutschen Öffentlichkeit, in der man auf einen milden „Wilson-Frieden" gehofft hatte, Empörung und Proteststürme aus. Vor allem der Artikel 231 des Vertrages, der sogenannte Kriegsschuldartikel, wurde in Deutschland als moralische Ächtung des ganzen Volkes empfunden. Reichskanzler Scheidemann bezeichnete den Vertrag als unannehmbar. Als die deutschen Einsprüche erfolglos blieben, trat die Regierung Scheidemann zurück. Um das Ultimatum der Alliierten zu erfüllen, wurde die neue Regierung von der Nationalversammlung beauftragt, den Vertrag zu unterschreiben. Den Politikern, die sich unter dem Druck der Verhältnisse dazu bereit erklärt hatten, gestanden anfänglich alle Parteien ehrenhafte Motive zu. Doch schon bald wurde der Versailler Vertrag von der äußersten Rechten bis hin zur Sozialdemokratie wegen des Kriegsschuldartikels und der umfangreichen Reparationen als ein „Diktat"- und „Schandfriede" abgelehnt. Republikfeindliche Kräfte nutzten die Vorbehalte der Bevölkerung aus, um mit Kampfparolen wie „Heerlos! Wehrlos! Ehrlos!" gegen die Republik zu hetzen und die „Erfüllungspolitiker" zu beschimpfen. „Versailles" wurde zur Diffamierungsparole schlechthin, die Republik für die Belastungen des Friedensvertrages verantwortlich gemacht.

„Wilson-Frieden": Der US-amerikanische Präsident Woodrow Wilson hatte am 8. Januar 1918 einen „14-Punkte-Plan" vorgelegt, in dem er seine Vorstellungen von den Grundlagen einer zukünftigen Friedensordnung in Europa formulierte. Diese sollte auf dem Selbstbestimmungsrecht der Völker und dem Autonomie- und Nationalitätenprinzip basieren.

„Dolchstoßlegende" ■ Neben dem vom Reichstag widerwillig angenommenen *Versailler Vertrag* radikalisierte die *„Dolchstoßlegende"* die Bevölkerung der Nachkriegszeit (▸ M4). Schon im November 1918 verbreiteten rechtsradikale Zeitungen die angebliche Bemerkung eines britischen Generals, die deutsche Armee sei „von hinten erdolcht" worden. Streiks und politische Unruhen in der Heimat hätten sie zur Kapitulation gezwungen. Die beiden Generäle Erich Ludendorff und Paul von Hindenburg machten sich diese Version zu eigen und verbreiteten Ende 1919 eine Verschwörungstheorie, mit der sie die eigene Schuld an der militärischen Niederlage von sich ablenken und vor allem auf die Sozialdemokratie abwälzen wollten. Sie besagte, das deutsche Heer sei im Weltkrieg „im Felde unbesiegt" geblieben und habe erst durch oppositionelle „vaterlandslose" Zivilisten aus der Heimat einen „Dolchstoß von hinten" erhalten.

Ein Großteil der Bevölkerung glaubte dieser Verfälschung der Tatsachen, zumal die Öffentlichkeit an einer vorurteilsfreien Auseinandersetzung mit dem Geschehen im Ersten Weltkrieg kaum interessiert war. Zudem unterschätzten vor allem die Sozialdemokraten, welche Gefahren davon ausgingen. Die „Dolchstoßlegende" vergiftete das politische Klima und diente deutschnationalen, völkischen und anderen rechtsextremen Gruppen und Parteien zur Propaganda gegen die „Novemberrevolution", die Auflagen des Versailler Vertrages, die Linksparteien, die ersten Regierungskoalitionen der Weimarer Republik, die Verfassung und den *Parlamentarismus*.

▲ **Wahlplakat der DNVP von 1924.**

■ *Erläutern Sie den Plakattext.*

■ *Interpretieren Sie die Zielsetzung des Plakats und beurteilen Sie die Wirkung von Text und Bild.*

Republikaner ohne Mehrheit? ■ Von Anfang an waren im Reichstag nicht nur staatstragende, demokratisch gesinnte Politiker vertreten. Nur drei der zahlreichen Parteien bekannten sich ausdrücklich zur parlamentarisch-demokratischen Republik und hatten maßgeblich an der Weimarer Verfassung mitgearbeitet: die SPD, die DDP und das Zentrum – die Parteien der „Weimarer Koalition".

Die SPD ging bei den Wahlen zur Nationalversammlung 1919 und bei den Reichstagswahlen bis 1930 jeweils als stärkste Kraft hervor, erreichte jedoch nie die absolute Mehrheit. Bis zum Ende der Republik war sie auf Reichsebene mit wenigen Ausnahmen in der Opposition.

Die linksliberale DDP vertrat vor allem das Bildungsbürgertum, Kaufleute, Beamte und Angestellte. Neben der SPD war sie die Partei, die sich am entschiedensten zur Weimarer Republik bekannte. Mit **Walther Rathenau** stellte die DDP 1922 den Außenminister. Schon ab 1920 verlor sie jedoch in großem Maß Stimmen und sank zur Splitterpartei ab. Das Zentrum war die Partei des politischen Katholizismus. Ihr kam eine bedeutende Stellung zu, da sie sich für alle sozialen Schichten einsetzte und sie mit fast allen Parteien koalitionsfähig war. Von 1919 bis 1932 war sie in nahezu jeder Reichs-

Walther Rathenau (1867-1922): Industrieller und Schriftsteller; 1919 Mitbegründer der DDP; 1922 von Rechtsradikalen ermordet

regierung vertreten. 1920 entstand mit der *Bayerischen Volkspartei* (BVP) die bayerische Variante des Zentrums.

Bereits bei den ersten Reichstagswahlen am 6. Juni 1920 verlor die Weimarer Koalition jedoch ihre Mehrheit und erreichte sie danach auf Reichsebene nicht mehr.

Gegner der Republik ◼ Die links- und rechtsradikalen Gruppierungen und Parteien bekämpften den Parlamentarismus von Anfang an mit allen Mitteln – wenn auch mit unterschiedlichen Zielvorstellungen. Mit ihrer Kompromisslosigkeit stellten sie die Arbeit des Parlaments infrage und gefährdeten die politische Stabilität der Republik.

Die kommunistische KPD und die linkssozialistische USPD lehnten die Republik ab, weil ihnen die Revolution von 1918/19 nicht weit genug gegangen war. Sie betrachteten alle Gegner des Rätesystems, besonders die SPD, als „Handlanger des Kapitalismus", da deren Zusammenarbeit mit den alten Eliten die notwendige revolutionäre Umgestaltung Deutschlands verhindert habe. Die USPD schloss sich zwar 1922 wieder der SPD an. Da ihre radikalen Mitglieder jedoch der KPD beitraten, entwickelte sich diese zu einer ernst zu nehmenden Kraft.

Die rechtskonservative DNVP war ein Sammelbecken völkisch-nationalistischer, konservativer Kreise. Ihr gehörten vor allem die alten Eliten aus Adel, Militär, Großgrundbesitz und Großbürgertum an. Nach 1928 rückte die Partei stark nach rechts und kooperierte mit der NSDAP, an die sie seit 1930 viele Wähler verlor. Als verbindendes Element für die unterschiedlichen Interessen ihrer Wählerschaft diente der DNVP bereits früh der Antisemitismus. Zu den Sympathisanten der radikalen Rechten zählten die Anhänger des Kaiserreiches, vor allem Offiziere, Professoren, Richter, Unternehmer und Landwirte. Die einen fürchteten um Einfluss und Vorteile, die sie zuvor in den führenden Kreisen des Kaiserreiches hatten geltend machen können. Die anderen sahen in der Demokratie nur eine verachtenswerte Herrschaft der Masse.

Angriffe von links und rechts ◼ Zu den „Kampfmitteln" der Links- und Rechtsradikalen gehörten Verleumdungen führender Politiker, Streiks und Straßenkämpfe, aber auch politische Morde (▶ M5). Nach der Unterzeichnung des Versailler Friedensvertrages und dem Beginn der Reparationszahlungen häuften sich Attentate radikaler Rechter auf die „Erfüllungspolitiker" und „Novemberverbrecher". Illegale Nachfolgeorganisationen der seit 1920 verbotenen Freikorps agierten als Kampfbünde unter Tarnnamen weiter. Am berüchtigtsten war die *Organisation Consul* (OC). Am 26. August 1921 ermordeten Angehörige der OC *Matthias Erzberger*, den ehemaligen Reichsfinanzminister und Unterzeichner des Waffenstillstandsabkommens von 1918. Als am 24. Juni 1922 Außenminister Walther Rathenau Opfer eines Anschlages wurde, sollte mit einem „Gesetz zum Schutz der Republik" den Terrorgruppen Einhalt geboten werden. Die erhoffte Wirkung blieb jedoch aus, da die Justizbehörden Mordanschläge von links und rechts nicht gleichermaßen verfolgten.

▲ **„Sie tragen die Buchstaben der Firma – aber wer trägt den Geist?!"**
Karikatur von Thomas Theodor Heine aus dem „Simplicissimus" vom 21. März 1927.

◼ *Beschreiben und benennen Sie die gezeigten gesellschaftlichen Gruppen. Halten Sie die Auswahl für repräsentativ?*

◼ *Nehmen Sie Stellung zu der Frage, ob eine Republik nur funktionieren kann, wenn die Bürger ihren „Geist" tragen.*

Neue Staatsform – alte Eliten ■ Dass selbst Gesetze den rechten Terror nicht stoppen konnten, hing mit der Rolle der Justiz zusammen. Nahezu alle Richter aus dem Kaiserreich blieben in ihren Ämtern. Viele Urteile zeigten ihre Abneigung gegen die Republik. Attentäter von rechts konnten vor Gericht mit milden Strafen für ihre „nationale Tat" rechnen, während Terroranschläge von links mit der vollen Härte des Gesetzes geahndet wurden.

Wie in der Justiz konnten sich auch in der Reichswehr die alten Eliten an der Macht halten. Sie blieb ein „Staat im Staate" (▶ M6). Bei Putschversuchen von links ging sie mit aller Konsequenz vor, wie etwa beim Spartakus-Aufstand. Bei Angriffen von rechts hielt sie sich weitgehend zurück. Dies zeigte sich bei dem Putsch einer Gruppe um die führenden Vertreter der rechtsextremen antirepublikanischen Bewegung, General Erich Ludendorff und *Wolfgang Kapp*. Sie unternahmen mit der Unterstützung von Freikorps vom 13. bis 16. März 1920 einen Umsturzversuch (*Kapp-Putsch*). Die meisten Reichswehrkommandeure standen zwar dem Putsch ablehnend gegenüber, setzten aber die Reichswehr nicht zum Schutze des Staates ein. Angeblich wollten sie verhindern, dass Reichswehreinheiten aufeinander schießen müssten.

In der überwiegend monarchistisch-konservativ geprägten Beamtenschaft fand die Republik keine Stütze. Auch bei den Führungskräften der Wirtschaft sowie an den Universitäten herrschten antidemokratische und antirepublikanische Ressentiments vor. 1934 schrieb die SPD rückblickend: „Dass sie den alten Staatsapparat fast unverändert übernahm, war der schwere historische Fehler, den die deutsche Arbeiterbewegung beging."

Haltung des Bürgertums ■ Nicht nur die alten Eliten, auch große Teile des Besitz- und Bildungsbürgertums wollten die Weimarer Republik nicht akzeptieren. Viele Bürger trauerten dem pompös-militaristischen Auftreten der kaiserlichen Führungsschichten nach. Die Unruhen und blutigen Kämpfe der Anfangsjahre verstärkten ihre Abneigung gegen eine Republik, bei der sie den Glanz und die innere Sicherheit des Kaiserreiches vermissten. Durch die politischen und wirtschaftlichen Krisen sowie den raschen sozialen Wandel in den 1920er-Jahren fürchtete das Bürgertum um seinen gesellschaftlichen Status. Antimoderne und antiliberale Einstellungen waren weit verbreitet und häufig mit antisemitischen Vorurteilen verbunden.

Neben DDP, DNVP und dem Zentrum gehörte auch die DVP zu den sogenannten „bürgerlichen" Parteien, die in Abgrenzung zu den Arbeiterparteien das gemäßigte rechtskonservative Lager vertraten. Die DVP war in den Anfangsjahren noch monarchistisch und republikfeindlich geprägt. **Gustav Stresemann** brachte sie auf einen demokratischen und republikanischen Kurs, stieß dabei aber stets auf Widerstand in seiner Partei. Nach Stresemanns Tod tendierte die DVP immer stärker nach rechts, blieb jedoch im Vergleich zur DNVP und der ab 1924 kandidierenden rechtsradikalen *Nationalsozialistischen Deutschen Arbeiterpartei* (NSDAP)[1] gemäßigt und sank 1932 zur Bedeutungslosigkeit herab.

Gustav Stresemann (1878-1929): Politiker der Nationalliberalen Partei (Kaiserzeit) und der DVP; 1923-1929 Außenminister; 1923 Reichskanzler

Bürger und Parteien ■ Im Parteienspektrum der Weimarer Republik spiegelte sich die politische Polarisierung der Bevölkerung wider. Ein Großteil der Deutschen, die sich in den ersten Jahren und der relativ stabilen Phase von 1924 bis 1929 zur parlamentarischen Demokratie bekannten, waren sogenannte „Vernunftrepublikaner" – Bürger, die

[1] Vgl. dazu Seite 114 und Seite 117f.

eigentlich loyal zur Monarchie gestanden hatten, nach der erfolgreichen Revolution aber bereit waren, die junge Demokratie zu unterstützen. In den Krisenjahren der Republik ab 1929 wandelte sich die latente Republikfeindschaft in offene Ablehnung. Viele wandten sich den radikalen rechten und linken Parteien zu.[1]

Der Weimarer Republik fehlte eine stabile demokratische Tradition. Durch autoritäre, antidemokratische und militaristische Traditionen und Mentalitäten blieb vielen der Umgang mit der parlamentarischen Demokratie fremd. Auch wenn die Wahlbeteiligung mit durchschnittlich 80 Prozent hoch lag, war die Skepsis der Bevölkerung gegenüber den Parteien groß. Schuld daran waren ihre enge programmatische Ausrichtung und ihre Bindung an Interessengruppen. Im Kaiserreich hatte es keinen Zwang zur Koalitionsbildung gegeben, da die Regierung vom Parlament unabhängig war. Die Parteien hatten nicht gelernt, Kompromisse zu schließen, und vertraten nur die Interessen ihrer Wähler. Zudem existierten bei einem großen Teil der Bevölkerung noch obrigkeitliche Vorstellungen von einer über den Parteien stehenden Politik des Allgemeinwohls.

Zwei Präsidenten – zwei Welten ■ Maßgeblich geprägt wurde die Weimarer Republik durch die beiden Reichspräsidenten Friedrich Ebert und Paul von Hindenburg. Ihre völlig gegensätzlichen Persönlichkeiten und politischen Überzeugungen stehen für die inneren Widersprüche der ersten deutschen Demokratie. Der eine galt als Symbol der neuen parlamentarischen Ordnung, der andere als Repräsentant der untergegangenen Monarchie (▶ M7 und M8).

Ebert, aus einfachen Verhältnissen stammend, hatte sich zum Parteivorsitzenden der SPD hochgearbeitet. Nach Kriegsende stellte er sich an die Spitze der Revolution, um sie in parlamentarische Bahnen zu lenken. Als Repräsentant der Sozialdemokratie, die im Kaiserreich unterdrückt worden war, trat Ebert für die Mitbestimmung aller Gruppen ein. Eine sozialistische Räterepublik und damit die Herrschaft einer Klasse, wie es von revolutionären linken Kräften gefordert wurde, widersprach seiner demokratischen Grundüberzeugung. Dafür fand er viel Anerkennung. Er musste jedoch Entscheidungen treffen, die ihm viele Gegner einbrachten und ihn zunehmend auch von seiner Partei und der Arbeiterschaft entfremdeten. Wegen seines Bündnisses mit den alten Eliten galt Ebert für die Kommunisten als „Verräter der Arbeiterklasse". Auch die politische Rechte diffamierte Ebert als „Verräter". Sie bezichtigte ihn, während des Ersten Weltkrieges Streiks von Arbeitern organisiert und dadurch die Niederlage des Deutschen Reiches verschuldet zu haben („Dolchstoßlegende"[2]). Verhasst war er vor allem, weil er die Unterzeichnung des Versailler Vertrages verantworten musste.

Geschätzt wurde der erste Reichspräsident weithin für seine unparteiische, untadelige Amtsführung und seine aufrichtige Persönlichkeit. Manche Historiker betonen, dass es Eberts Verdienst gewesen sei, eine Brücke zwischen verschiedenen gesellschaftlichen Lagern und Parteien geschlagen und auf diese Weise die Basis der Weimarer Demokratie verbreitert zu haben.

Wie kaum ein anderer Politiker wurde Ebert zur Zielscheibe politischer und persönlicher infamer Angriffe, insbesondere rechtskonservativer Kreise. Indem sie das Staatsoberhaupt in den Schmutz zogen, konnten sie zugleich die verhasste Republik schädigen. Um sich gegen solche Verleumdungen („Landesverrat") gerichtlich zur Wehr zu setzen, verschob Ebert eine dringend notwendige Operation. Er starb überraschend am 28. Februar 1925.

▲ **Friedrich Ebert (1871–1925).** *Foto um 1920.*
Der Sohn eines Schneidermeisters aus Heidelberg arbeitete als Sattler, Redakteur und Gastwirt. Er engagierte sich früh in Partei und Gewerkschaft, war ab 1913 SPD-Vorsitzender, übernahm nach Ausrufung der Republik 1918 die Regierungsgeschäfte und wurde 1919 erster Reichspräsident der Weimarer Republik.

[1] Vgl. dazu Seite 117 f.
[2] Zur „Dolchstoßlegende" vgl. Seite 110 und M4 auf Seite 124 f.

▲ **Paul von Hindenburg (1847-1934).**
Foto von 1930.
Als Sohn eines adligen Offiziers und Gutsbesitzers durchlief Hindenburg ab 1866 eine militärische Karriere. Er wurde 1914 zum Oberbefehlshaber der Truppen an der Ostfront berufen und stieg im Ersten Weltkrieg zum Generalfeldmarschall auf. Von 1925 bis 1934 war er Reichspräsident, als welcher er am 30. Januar 1933 Adolf Hitler zum Reichskanzler ernannte.

▶ **Geschichte In Clips:**
Zum Hitler-Putsch siehe
Code 7317-07

Sein Nachfolger wurde der hochbetagte Generalfeldmarschall Paul von Hindenburg, Abkömmling eines alten ostpreußischen Adelsgeschlechts. Hindenburg hatte 1914 in der Nähe von Tannenberg in Ostpreußen mit seinem Heer gegen russische Truppen gesiegt, was ihn zum gefeierten Nationalhelden werden ließ. Die Niederlage des Ersten Weltkrieges konnte Einfluss und Ansehen des „Siegers von Tannenberg"[1] nichts anhaben – auch weil Hindenburg es verstand, der „Dolchstoßlegende" besonderes Gewicht zu verleihen. Dabei hätte Hindenburg sogar den soldatisch „ehrenvollen Untergang" Deutschlands einer Kapitulation vorgezogen, ohne die Konsequenzen für die Bevölkerung zu bedenken.

Weil nach Eberts Tod bei der Neuwahl des Reichspräsidenten im ersten Wahlgang kein Bewerber die erforderlichen Stimmen für sich gewinnen konnte, einigten sich die Rechtsparteien für den zweiten Wahlgang auf den nach wie vor populären Paul von Hindenburg. Vor seiner Kandidatur versicherte sich der Feldmarschall noch der Zustimmung des ehemaligen Kaisers im holländischen Exil, dem er sich nach wie vor verpflichtet fühlte. Mit Hindenburg erreichten die rechten Parteien viele Wähler, die sich Glanz und nationale Größe des Kaiserreiches zurückwünschten. Am 26. April 1925 ging Hindenburg als Sieger aus der Wahl hervor.

Hindenburg erwies sich als neuer Reichspräsident zunächst loyal gegenüber der Weimarer Reichsverfassung. Im Zentrum seines politischen Denkens stand jedoch die Wiederherstellung der alten „Größe" Deutschlands. Er umgab sich mit Beratern, die wie er selbst aus monarchistischen, militärischen Kreisen stammten und eine autoritäre, vom Parlament unabhängige politische Ordnung wollten. Unter Hindenburgs Präsidentschaft erlebte die Republik einen schleichenden Verfassungswandel, der 1930 in der Berufung der *„Präsidialkabinette"* und einer Aushöhlung des Parlamentarismus mündete.[2]

Der Hitler-Putsch in München ◼ Besonders München wurde zu einem Sammelbecken der rechten Kräfte. Ehemalige Freikorps-Führer und rechtsradikale Prominenz, wie Ludendorff und weitere Akteure des gescheiterten Kapp-Putsches, fanden dort ein neues Betätigungsfeld. Unter dem Einfluss rechtskonservativer und republikfeindlicher Kräfte betrieb die bayerische Regierung eine gegen Berlin gerichtete Politik. So wurde die noch unbedeutende NSDAP unter ihrem Vorsitzenden *Adolf Hitler* geduldet, obwohl sie in Preußen, Sachsen, Thüringen und Hamburg, 1923 dann auch in Hessen und Braunschweig verboten wurde.

1919 war Adolf Hitler der kurz zuvor in München gegründeten *Deutschen Arbeiterpartei* (DAP) beigetreten, die sich 1920 in NSDAP umbenannte. Mit gehässigen Reden gegen die Republik und maßloser Hetze gegen die Juden machte er die Partei bald zum Tagesgespräch in München. Im Herbst 1923 wollte Hitler nach dem Vorbild des italienischen Faschisten *Benito Mussolini* einen „Marsch auf Berlin" durchführen. Am 8. November 1923 erklärte er auf einer republikfeindlichen Veranstaltung im Münchener Bürgerbräukeller den Ausbruch der „nationalen Revolution" und die Absetzung der Reichsregierung. Am folgenden Tag unternahm er mit General Ludendorff einen Demonstrationszug zur Feldherrnhalle, um die Bevölkerung für seine Umsturzpläne zu

---

[1] Die Schlacht fand nicht direkt bei Tannenberg statt. Dennoch setzte Hindenburg später die Bezeichnung „Schlacht bei Tannenberg" durch, um eine Verbindung zur verlorenen Schlacht von Tannenberg/Grunwald des Deutschen Ordens von 1410 herzustellen, die nun durch seinen Sieg gerächt worden sei. Siehe hierzu auch den Theorie-Baustein auf Seite 60 bis 65.
[2] Dazu ausführlich auf Seite 116 ff.

gewinnen (*Hitler-Putsch*). Doch die Landespolizei stoppte den Zug mit Waffengewalt. Viele Putschisten wurden getötet, die Anführer verhaftet. Obwohl Hitler als österreichischer Staatsbürger hätte ausgewiesen werden können, erhielt er fünf Jahre Festungshaft in Landsberg am Lech, wurde jedoch bereits nach neun Monaten wieder entlassen. Ludendorff wurde freigesprochen. In den milden Strafen zeigte sich die Sympathie, die die Putschisten in den führenden Justiz- und Regierungskreisen genossen.

Putsch und Prozess hatten die Popularität Hitlers und seiner Partei vergrößert. Nach seiner Haftzeit änderte er nicht sein Ziel, sondern nur die Taktik: 1925 gründete er die NSDAP unter seiner uneingeschränkten Führerschaft neu und versuchte nun, durch die Schaffung einer Massenbasis die Regierung auf legalem Wege zu übernehmen.

Weitere Hypotheken ■ Neben den Angriffen von links und rechts hatte die Weimarer Republik seit ihrer Gründung mit vielen weiteren Problemen zu kämpfen. Die Kriegskosten hatten zu einer hohen Verschuldung des Reiches und einer Inflation geführt. Die Versorgung der Kriegsinvaliden, Witwen und Waisen und die Reparationen belasteten die Staatsfinanzen. Die Industrie war infolge des Krieges geschwächt. Das Deutsche Reich hatte wichtige Wirtschaftszentren und Rohstoffquellen verloren. Steigende Inflation und Arbeitslosigkeit ließen die Unzufriedenheit mit der Republik in der Bevölkerung wachsen.

Im November 1923 erreichten Staatsverschuldung und Inflation eine neue Rekordhöhe, Löhne und Gehälter wurden wegen des rapiden Wertverfalls des Geldes wöchentlich, bald sogar täglich ausbezahlt. Die Regierung führte eine *Währungsreform* durch. Bereits Anfang 1924 war die Inflation weitgehend überwunden. Jedoch hatten weite Teile des Mittelstandes, kleine Unternehmer, Handwerker, Händler, Beamte, Angestellte und Rentner, ihre Ersparnisse verloren. Sie fühlten sich von der Republik betrogen und waren deswegen anfällig für radikale Parolen, die ihnen Rettung vor dem Absinken ins Proletariat versprachen.

Von der „Great Depression" zur Weltwirtschaftskrise ■ Nach Überwindung der *Hyperinflation* und des Hitler-Putsches 1923 empfanden die meisten die Jahre bis 1929 als politisch und wirtschaftlich relativ stabil. Besonders wegen der beeindruckenden Entwicklungen im kulturell-gesellschaftlichen Bereich bezeichnet man diese Phase als die sogenannten „*Goldenen Zwanziger*". Trotzdem gelang es nicht, die Republik zu festigen. Da die Löhne und Sozialleistungen wesentlich stärker gestiegen waren als der Produktivitätsfortschritt, konnten die Unternehmen nicht ausreichend investieren, Arbeitsproduktivität und Exportleistungen erreichten nicht einmal das Vorkriegsniveau. Entlassungen und Arbeitslosenzahlen, die zwischen 1924 und 1929 im Jahresdurchschnitt nicht unter die Einmillionengrenze sanken, waren die Folge. Streiks und Aussperrungen häuften sich.

Aufgrund eines hektischen Spekulationsfiebers in den USA brach am 24. Oktober 1929 und noch einmal am 29. Oktober die New Yorker Börse zusammen; das gesamte amerikanische Wirtschaftssystem kollabierte. Die Krise in den USA wirkte sich wegen der internationalen Wirtschaftsverflechtungen zwangsläufig auch auf andere Länder aus. Deutschland traf die weltweite Depression besonders heftig. Produktionsrückgänge, Firmenzusammenbrüche, Bankenschließungen und massive Arbeitslosigkeit waren die Folge. Im Februar 1932 meldeten sich 6,1 Millionen Menschen arbeitslos. Die tatsächliche Zahl lag noch höher; in Deutschland hatte nahezu jede zweite Familie

▲ **Adolf Hitler (1889 - 1945, Selbstmord).**
Foto, unterzeichnet in der Festung Landsberg, 28. April 1924, mit dem Motto „Erst recht!".
Hitler stammte aus dem österreichischen Braunau (Inn), kam 1913 nach München, wo er sich erfolglos als Künstler durchschlug. 1914 freiwillige Teilnahme am Ersten Weltkrieg in bayerischem Regiment, Verwundung und Auszeichnung, 1919 Propagandist der DAP, seit 1920 NSDAP; 1921 Vorsitzender der Partei, 1923 Hitler-Putsch und Festungshaft, 1925 Neugründung der NSDAP und Aufstieg zur Massenpartei, 1933 Ernennung zum Reichskanzler, ab 1934 „Führer und Reichskanzler".

▶ **Geschichte In Clips:**
Zum New Yorker Börsencrash und der Wirtschaftskrise im Deutschen Reich siehe die Codes 7317-08 und 7317-09

▲ Arbeitssuchende.
Foto aus Berlin, 1930.

unter der Krise zu leiden. Die Unterstützung für Arbeitslose bewegte sich bereits am Rande des Existenzminimums. Trotzdem wurde sie ab Juni 1932 noch einmal gekürzt. Eine allgemeine Katastrophenstimmung machte sich breit.

Der Parlamentarismus auf dem Prüfstand ▪ Nachdem eine bürgerliche Koalition bereits nach einem Jahr wieder auseinandergebrochen war, fanden am 20. Mai 1928 Neuwahlen statt. Dem Fraktionsvorsitzenden der SPD, *Hermann Müller*, gelang es, mit DVP, DDP, BVP und Zentrum eine „Große Koalition" zu bilden. Die programmatischen Gegensätze zwischen den regierenden Parteien führten jedoch von Anfang an zu Spannungen. Allein der integrativen Persönlichkeit Gustav Stresemanns war es zu verdanken, dass die Große Koalition nicht schon nach kurzer Zeit auseinanderbrach.

Nach Stresemanns Tod 1929 glaubten die Parteien, eine „Politik schädlicher Kompromisse" nicht länger vor den eigenen Anhängern vertreten zu können. Als die SPD-Reichstagsfraktion einen Vorschlag zur Sanierung der Arbeitslosenversicherung ablehnte, trat am 30. März 1930 Reichskanzler Müller zurück. Bereits zu diesem Zeitpunkt, so der Historiker Hans-Ulrich Wehler, war mit dem Zerfall der Großen Koalition „die parlamentarische Republik gescheitert".

Regieren ohne Mehrheit ▪ Für Reichspräsident Paul von Hindenburg, seinen antidemokratischen Beraterstab und die Reichsführung ergab sich mit dem Scheitern der Großen Koalition die Gelegenheit, schon länger erwogene außerparlamentarische Lösungen zur Bewältigung der ständigen Krisen umzusetzen. Unterstützung fand dieser Plan in den rechten Kreisen des Bürgertums und bei den großen Interessenverbänden der Industrie und der Agrarwirtschaft. Das Parlament sollte entmachtet und die SPD, die mit Abstand stärkste Fraktion im Reichstag, aus den politischen Entscheidungsprozessen herausgehalten werden. Hindenburg wollte mit dieser Regierungsbildung neuen Stils die alten Eliten, also die Repräsentanten der konservativ-bürgerlichen Parteien, der Reichswehr sowie adlige Gutsherren und Industrielle, wieder an die Macht bringen.

Eine der treibenden Kräfte war General **Kurt von Schleicher**, Chef des Ministeramtes im Reichswehrministerium. Er schlug Hindenburg vor, eine nach rechts orientierte bürgerliche Regierung zu ernennen, die nur dem Reichspräsidenten verantwortlich sein sollte („Präsidialkabinett"). Der Präsident sollte dabei die Handlungsfähigkeit der Regierung durch Einsatz der Verfassungsartikel 48 (Notverordnungsrecht) und 25 (Reichstagsauflösung) sicherstellen.

Hindenburg stimmte zu und ernannte am 29. März 1930 den konservativ-nationalen Fraktionsvorsitzenden des Zentrums, **Heinrich Brüning**, zum Reichskanzler. Dieser nahm mit einer rigiden Sparpolitik die anhaltend hohe Arbeitslosigkeit und das Elend großer Bevölkerungsteile in Kauf, um den Alliierten die Unerfüllbarkeit ihrer Reparationsforderungen vor Augen zu führen. Gehaltskürzungen im öffentlichen Dienst, Leistungsabbau im sozialen Bereich und Steuererhöhungen führten allerdings dazu, dass die Kaufkraft der Bevölkerung sank und die Einnahmen des Staates weiter zurückgingen.

Als sich der Reichstag im Juli 1930 weigerte, einem Bündel einschneidender sozialpolitischer Maßnahmen der Regierung zuzustimmen, löste ihn der Reichspräsident

Kurt von Schleicher (1882 - 1934): 1932 Reichswehrminister; 1932/33 Reichskanzler

Heinrich Brüning (1885 - 1970): 1930 - 1932 Reichskanzler; 1934 Emigration in die USA

auf und setzte für den 14. September Neuwahlen fest. In der Zwischenzeit regierte Brüning mit *Notverordnungen* weiter.

Die radikalen Parteien führten einen Wahlkampf, wie man ihn bisher in Deutschland noch nicht erlebt hatte. NS-DAP und KPD schürten die Angst der Menschen vor einem sozialen Abstieg und versprachen „Arbeit und Brot". Die NSDAP verbreitete ihre nationalistisch-antisemitischen Parolen lautstark mit organisierten Massenaufmärschen mit Uniformen, Marschmusik, Fahnen und Plakaten, Flugblättern und geschulten Rednern. Ihre Stimmenzahl wuchs von 800 000 (1928) auf nun 6,4 Millionen, ein in der Geschichte des deutschen Parlamentarismus beispielloser Aufschwung, der die NSDAP hinter der SPD zur zweitstärksten Fraktion im Reichstag machte. Der Verfall der bürgerlichen Mitte setzte sich rapide fort. In den Augen der Öffentlichkeit hatten Demokratie und Parlamentarismus versagt.

Der Aufstieg der NSDAP ■ Als sich die NSDAP 1920 ihr Parteiprogramm gegeben hatte, war sie eine unter zahllosen radikalen Splitterparteien. Bis Januar 1933 wuchs die Zahl ihrer Mitglieder auf 849 000 an, die NSDAP wurde zur Massenpartei. Was machte die Partei für so viele Menschen attraktiv?

Der Schock der Kriegsniederlage, der als nationale Demütigung empfundene Versailler Vertrag, die Revolution mit ihren blutigen Auseinandersetzungen, schließlich die negativen psychologischen Folgen von Inflation und *Massenarbeitslosigkeit* ließen die antiliberalen, antimarxistischen und antisemitischen Parolen Adolf Hitlers auf fruchtbaren Boden fallen. Die Zeitgenossen wollten in ihm den starken Mann sehen, einen Führer und „Erlöser", der die Nation vor dem drohenden Untergang retten und sie wieder zu politischer Größe führen würde. Tatkraft und Durchsetzungsvermögen der NSDAP zogen Mitglieder und Wähler an, in protestantischen Regionen mehr als in katholischen, in Kleinstädten bzw. ländlichen Regionen eher als in Großstädten. Emotionale Appelle an „Ehre, Größe, Heroismus, Opferbereitschaft, Hingabe", nicht wirtschaftliche Versprechungen führten der „Bewegung" ihre Wähler und Sympathisanten zu. Viele von ihnen wollten mit ihrem Wahlverhalten nur die Unzufriedenheit mit den gegenwärtigen Verhältnissen ausdrücken. Dies erklärt auch die starken Schwankungen der NSDAP in der Gunst der Wähler.

Nach Ausbruch der *Weltwirtschaftskrise* ging das Vertrauen in die politischen Institutionen auch bei jenen Bürgern verloren, die die Republik bislang akzeptiert hatten. Die Furcht vor dem sozialen Abstieg, vor dem die etablierten Parteien nicht zu schützen schienen, einte Menschen ganz unterschiedlicher Herkunft.

Der Weg in die Diktatur ■ Nach den „Erbitterungswahlen" von 1930 war im Reichstag eine parlamentarische Mehrheitsbildung nahezu unmöglich geworden (▸ M9). Der Verfall des Parlamentarismus setzte sich rapide fort. Während der Reichstag 1930 immerhin noch 94 Sitzungen abhielt, sank die Zahl bis 1932 auf lediglich 13. Waren es 1930 noch 98 Gesetze, die der Reichstag verabschiedete, so blieben 1932 gerade fünf. Im Gegenzug dazu steigerte sich die Anzahl der Notverordnungen von fünf (1930) auf 66 (1932). Der Reichstag musste tatenlos zusehen, wie die politische Macht in die Hände

▲ „Notverordnung."
Karikatur von Erich Schilling aus dem „Simplicissimus" vom 16. Februar 1931.
Sie trägt folgende Unterschrift: „Nach den Erfahrungen der letzten Wochen ist verfügt worden, dass jeder Demonstrationszug seinen eigenen Leichenwagen mitzuführen hat."

■ *Beschreiben Sie, auf welches Problem die Karikatur anspielt.*
■ *Erläutern Sie die Gefahren für ein demokratisches Staatswesen, wenn das Gewaltmonopol nicht mehr ausschließlich beim Staat liegt.*

	1928	1930	1932/1	1932/2	1933
Autoritäres Lager (NSDAP, DVP, DNVP)	26	30	45	42	55
Demokratisches Lager (SPD, DDP, Zentrum, BVP)	49	43	38	36	33
Linkes Lager (KPD)	11	13	14	17	12
Splitterparteien	14	14	3	5	–

▲ **Politische Grundorientierung im deutschen Parteienspektrum 1928-1933 (in Prozent).**
Nach: Hans-Ulrich Wehler, Deutsche Gesellschaftsgeschichte, Bd. 4, München 2003, S. 359

der Regierung und der Bürokratie überging. Trotz fehlender Mehrheit im Parlament konnte Reichskanzler Brüning nach der Wahl seine Notverordnungspraxis fortsetzen. Denn die SPD tolerierte seinen Kurs, aus Gründen der Staatsräson und aus Furcht vor einer weiteren Radikalisierung bei Neuwahlen, die zu einem Kabinett unter Beteiligung der Nationalsozialisten führen konnten.

Nachdem Brüning immer mehr das Vertrauen von Reichspräsident Hindenburg verloren hatte, der die Regierung nicht länger mithilfe der Notverordnungen stützen wollte, trat er zurück. Sein Nachfolger wurde **Franz von Papen**.

Brüning hatte sich als Chef des ersten Präsidialregimes bemüht, mit dem Reichstag zusammenzuarbeiten, auch wenn er sich nicht an parlamentarische Entscheidungen gebunden fühlte. Seine Nachfolger dagegen suchten, gestützt auf eine breite antiparlamentarische, republikfeindliche Allianz, die offene Auseinandersetzung mit dem Reichstag (▶ M10). Franz von Papen bildete ein neues Kabinett, in dem von elf Ministern sieben adlig waren („Kabinett der Barone"). Der Reichstag wurde am 4. Juni aufgelöst und Neuwahlen für den 31. Juli ausgeschrieben. Hitler verweigerte auch dieser Regierung die Zusammenarbeit und attackierte sie schonungslos.

Die Neuwahlen am 31. Juli 1932 brachten der NSDAP einen sensationellen Erfolg. Sie verdoppelte ihre Mandatszahl und wurde stärkste Fraktion. Nach diesem Wahlerfolg forderte Hitler für sich das Amt des Reichskanzlers. Hindenburg lehnte ab. Gleich in der ersten Sitzung des neu gewählten Reichstages am 30. August sprach eine deutliche Mehrheit dem Reichskanzler das Misstrauen aus (512 gegen 42). Dennoch blieb Papen im Amt und löste den Reichstag erneut auf. Am 6. November fanden abermals Neuwahlen statt. Die NSDAP verlor überraschend zwei Millionen Wähler. Hitler sah, dass ihm nicht mehr viel Zeit blieb, sein Ziel zu erreichen, zumal vieles auf eine Verbesserung der Wirtschaftslage hindeutete. Papen beabsichtigte, zur Überwindung der parlamentarischen Blockade den Staatsnotstand auszurufen. Mit Zustimmung des Reichspräsidenten sollten dabei einige Bestimmungen der Verfassung außer Kraft gesetzt werden. Hindenburg verweigerte diesen Plänen die Zustimmung und entließ Papen am 3. Dezember.

Dessen Nachfolger, General Kurt von Schleicher, scheiterte mit seinem Versuch, für seine Wirtschafts- und Beschäftigungspolitik einen Teil der NSDAP, die Gewerkschaften und die SPD zu gewinnen. Reichspräsident Hindenburg wurde nun von seinen engsten Beratern, führenden Unternehmern aus Wirtschaft und Industrie sowie vor allem durch Papen bedrängt, Hitler zum Reichskanzler zu ernennen. Papen winkte der Vizekanzlerposten. Zusammen mit den anderen konservativen Ministern glaubte er, die Nationalsozialisten ausreichend unter Kontrolle zu haben. Am 28. Januar 1933 trat Schleicher zurück. Zwei Tage später ernannte Hindenburg Hitler zum Reichskanzler (▶ M11).

Franz von Papen (1879-1969): 1932 Reichskanzler; im Nürnberger Prozess gegen die Hauptkriegsverbrecher 1946 freigesprochen

Politische Plakate analysieren

Plakate sind öffentliche Aushänge oder Anschläge, die informieren, werben oder zu Aktionen aufrufen. Um möglichst viele Menschen anzusprechen, werden sie überwiegend an stark frequentierten Standorten platziert. Ihr Ziel ist es, durch „plakative", also auffällige gestalterische Mittel und Schlagworte (Slogans) auf den ersten Blick zu wirken und durch eine meist suggestive, an das Unterbewusstsein gerichtete Botschaft in Erinnerung zu bleiben.

Politische Plakate gibt es – ob als Bekanntmachung der Regierung, als Protest gegen soziale Missstände oder zur Verteufelung des Kriegsgegners – in Deutschland seit Anfang des 19. Jahrhunderts. Ihre Bedeutung als Massenmedium erreichten sie jedoch erst in der Weimarer Republik. Da es nun zwar Pressefreiheit, aber noch kein Fernsehen oder Radio gab, nutzten die Parteien Plakate als schlagkräftige Agitations- und Propagandamittel im Kampf um Wählerstimmen.

In dem Maße, wie sich die politischen Auseinandersetzungen in der Anfangs- und Endphase der Republik zuspitzten, wurden auch die Texte und Bilder der Parteien radikaler. Die politischen Gegner wurden diffamiert, Feindbilder aufgebaut und Bedrohungsszenarien beschworen. Obwohl durch die unterschiedlichen künstlerischen Stilrichtungen der Epoche beeinflusst, bedienten sich die Parteien für ihre Plakate häufig derselben Motive und Gestaltungsmittel: überdimensionale Figuren, etwa der politische Gegner als „Untermensch" oder der unbeugsame Arbeiter als Ideal des „Kämpfers", Symbole wie der stolze Adler, die giftige Schlange, die Fahne oder Fackel in der Hand des Arbeiters.

Wahlplakate geben keine Auskunft über das Wählerverhalten. Sie spiegeln jedoch in Wort und Bild die politischen Auseinandersetzungen und Ziele der Parteien sowie den Alltag, die Probleme und Grundhaltungen der Zeit.

Formale Kennzeichen
- Um welche *Art* von Plakat handelt es sich?
- Wer hat das Plakat geschaffen oder in *Auftrag* gegeben?
- Wann und wo ist es entstanden bzw. veröffentlicht worden?

Plakatinhalt
- Wen oder was zeigt das Plakat auf welche Weise?
- Was wird thematisiert?
- Wie ist das Plakat aufgebaut? Welche *Gestaltungsmittel* werden verwendet (Verhältnis von Text und Bild, Perspektive, Haltung der Figuren, Schriftgröße und -art, Farben, Symbole, Übertreibungen, Verwendung bestimmter Stilmittel)?
- Was bedeuten die Gestaltungsmittel?

Historischer Kontext
- Auf welches *Ereignis*, welchen *Sachverhalt* oder welche *Person* bezieht sich das Plakat?
- Was ist der *Anlass* für die Veröffentlichung?

Intention und Wirkung
- An wen wendet sich das Plakat?
- Ist es gegen jemanden gerichtet? Werden *Feindbilder* dargestellt?
- Welche *Aussageabsicht* verfolgt der Künstler bzw. Auftraggeber?
- Welche *Wirkung* soll das Plakat beim zeitgenössischen Betrachter erzielen?

Kompetenz:
Die Gestaltungsmittel, den Inhalt und die Wirkung eines Plakats erläutern und beurteilen sowie die politische Botschaft interpretieren

Hinweis: Das Buch enthält verschiedene politische Plakate, die analysiert werden können. Hier eine Auswahl von Anwendungsbeispielen: Siehe Seite 97, 122, 137 und 138.

Beispiel und Analyse

SA-Mann mit Schirm-mütze und Hakenkreuz: *personifizierter „Feind der Demokratie" von rechts*

Farbgebung: *Rot als Farbe der Sozialdemokratie, Schwarz-Rot-Gold als Nationalfarben Deutschlands während der Weimarer Republik; Symbol der republiktreuen Kräfte*

Totenkopf mit Reichswehrhelm: *Allegorie auf Gefahr des Militarismus und die Toten des Ersten Weltkrieges*

Schriftzug/Wahlslogan: *Verweis auf politische Gegner („Feinde der Demokratie!") und eigenes demokratisches Selbst-verständnis*

Kommunist mit rotem Stern auf der Kappe: *personifizierter „Feind der Demokratie" von links, symbolisiert Gefahr des Bolschewismus*

Dolch: *Symbol für Gewalt und Hinterhältigkeit, Verweis auf „Dolchstoß-legende"*

Schriftzug/Wahlaufruf: *nennt Wahlziel (politische Gegner durch Wahl ausschalten; Erhalt von Republik und Demokratie), Verweis auf Auftraggeber und Listenplatz*

▲ Wahlplakat der SPD von 1930.

Formale Kennzeichen Das Wahlplakat wurde 1930 von der SPD in Auftrag gegeben.

Plakatinhalt Das Plakat zeigt die „Feinde der Demokratie" in dreifacher Personifizierung: Den Hauptteil füllt ein schwarz gezeichneter, nur an wenigen weißen Konturen erkennbarer Mann aus; Schirmmütze und Hakenkreuz identifizieren ihn als Mitglied der SA. In seiner linken Faust hält er einen Dolch, der die Gewaltbereitschaft des politischen Gegners verdeutlichen und auf die „Dolchstoßlegende" (vgl. dazu Seite 110) anspielen soll. Die rechte Hand des Mannes ist nach dem Betrachter ausgestreckt, den er aus dem Dunkel heraus anzugreifen und anzubrüllen scheint. Die schemenhaft umrissene Figur links hinten trägt eine Kappe mit rotem Stern, was sie als Kommunist zu erkennen gibt. Rechts ragt ein Totenkopf mit Reichswehrhelm und Bajonett hervor, wohl eine Allegorie auf die Gefahr des nationalistischen Militarismus oder die Toten des Ersten Weltkrieges.
Die Schriftzüge bestehen aus Großbuchstaben und nennen das Motto: Die „Feinde der Demokratie" sollen beseitigt („Hinweg damit!") und die Republik gerettet werden. Die dominierenden Farben Schwarz-Rot-Gold stehen als Nationalfarben der ersten deutschen Republik für die demokratischen Kräfte; Rot ist zudem die Farbe der Sozialdemokratie.

Historischer Kontext Anlass für die Veröffentlichung des Wahlplakats war die Reichstagswahl vom 14. September 1930. Es wendet sich gegen die politischen Gegner der SPD von rechts und links, die die Republik seit ihrer Gründung bekämpften. Vor allem die Parteien der extremen Rechten, DNVP und NSDAP, nutzten die „Dolchstoßlegende" zur hasserfüllten Agitation gegen die politischen Vertreter der Weimarer Republik. 1930 hatte sich die parteipolitische Landschaft geändert: Während die liberalen Parteien DDP und DVP immer mehr Anhänger verloren, gewannen NSDAP und KPD von der politischen und sozialen Lage frustrierte Wähler hinzu. Mit dem Rücktritt der letzten sozialdemokratisch geführten Regierung im März 1930 entfiel die Hauptstütze der Weimarer Demokratie. Die SPD kämpfte daher für einen deutlichen Wahlsieg und die Zurückdrängung der extremen Flügelparteien.

Intention und Wirkung Die SPD will den Wählern die von den links- und rechtsextremen Parteien ausgehende Gefahr für Demokratie und Republik veranschaulichen, indem sie ein Bedrohungsszenario aus Gewalt, Terror, Angst und Tod entwirft. Dazu bedient sie sich der Feindbilder und Stereotypen, die die politischen Gegner benutzen. Durch die Umkehrung der Vorwürfe sollen sie als Lügner und Geschichtsklitterer (vgl. das Plakat Seite 110) entlarvt werden. Zugleich wirbt das „Rettungsversprechen" für die eigene Partei: Die SPD will die „Feinde der Demokratie" nicht durch Gewalt, sondern mit demokratischen Mitteln beseitigen.

Bewertung und Fazit Das Plakat war 1930 überall in Deutschland verbreitet. Die Bedrohung wird durch ideenreiche Gestaltung, starke Farben und markanten Zeichenstil, schlagkräftige Slogans, bekannte Symbole und Stereotypen eindrucksvoll und verständlich in Szene gesetzt. Seine beabsichtigte Wirkung hat das Plakat jedoch verfehlt: Bei der Reichstagswahl von 1930 verlor die SPD fast drei Prozent der Stimmen, blieb aber stärkste Partei. Die KPD gewann 2,5 Prozent Stimmenanteil, die NSDAP stieg mit 18,2 Prozent sogar zur zweitstärksten Partei auf.

Vergleichen Sie politische Plakate aus der Weimarer Republik und der frühen Bundesrepublik (siehe z. B. Seite 110, 122, 128 und 137) mit heutigen Plakaten. Überprüfen Sie, inwieweit sich jeweils das politische Selbstverständnis der Zeit widerspiegelt.

◀ **Plakat des Spartakusbundes von 1919.**
■ *Beschreiben Sie die Bildelemente und die Wirkung des Plakats.*
■ *Analysieren Sie die Aussage des Plakats und beantworten Sie die Frage „Was will Spartakus?".*

Die Nationalversammlung ist ein überlebtes Erbstück bürgerlicher Revolutionen, eine Hülle ohne Inhalt, ein Requisit aus den Zeiten klein- 15 bürgerlicher Illusionen vom „einigen Volk", von der „Freiheit, Gleichheit und Brüderlichkeit" des bürgerlichen Staates. [...] Nicht darum handelt es sich heute, ob Demokratie oder Diktatur. Die von der Geschichte 20 auf die Tagesordnung gestellte Frage lautet: bürgerliche Demokratie oder sozialistische Demokratie. Denn Diktatur des Proletariats, das ist Demokratie im sozialistischen Sinne. Diktatur des Proletariats, das sind nicht Bom- 25 ben, Putsche, Krawalle, „Anarchie", wie die Agenten des kapitalistischen Profits zielbewusst fälschen, sondern das ist der Gebrauch aller politischen Machtmittel zur Verwirklichung des Sozialismus, zur Expropriation[1] der 30 Kapitalistenklasse – im Sinne und durch den Willen der revolutionären Mehrheit des Proletariats, also im Geiste sozialistischer Demokratie.

Ohne den bewussten Willen und die be- 35 wusste Tat der Mehrheit des Proletariats kein Sozialismus. Um dieses Bewusstsein zu schärfen, diesen Willen zu stählen, diese Tat zu organisieren, ist ein Klassenorgan nötig: das Reichsparlament der Proletarier in Stadt und Land. 40

Die Rote Fahne vom 20. November 1918

M1 Bürgerliche oder sozialistische Demokratie?

In der „Roten Fahne", dem Zentralorgan des Spartakusbundes, schreibt Rosa Luxemburg am 20. November 1918:

Das heutige Idyll, wo Wölfe und Schafe, Tiger und Lämmer wie in der Arche Noah friedlich nebeneinander grasen, dauert auf die Minute so lange, bis es mit dem Sozialismus ernst zu werden beginnt. Sobald die famose Nationalversamm-
5 lung wirklich beschließt, den Sozialismus voll und ganz zu verwirklichen, die Kapitalsherrschaft mit Stumpf und Stiel auszurotten, beginnt auch der Kampf. [...] All das ist unvermeidlich. All das muss durchgefochten, abgewehrt, niedergekämpft werden – ob mit oder ohne Nationalversammlung.
10 Der „Bürgerkrieg", den man aus der Revolution mit ängstlicher Sorge zu verbannen sucht, lässt sich nicht verbannen. [...]

1. *Geben Sie die Argumente wieder, mit denen Rosa Luxemburg die Wahl zur Nationalversammlung verwirft. Diskutieren Sie, welche Aussagen situationsbedingt, welche programmatisch sind.*
2. *Suchen und erläutern Sie Widersprüche in der Argumentation von Rosa Luxemburg.*
3. *Beurteilen Sie Rosa Luxemburgs Verständnis der Begriffe „Demokratie" und „Diktatur".*

---
[1] **Expropriation**: Enteignung

M2 „Das deutsche Volk ist frei"

Zur Eröffnung der Nationalversammlung am 6. Februar 1919 hält der Vorsitzende des „Rates der Volksbeauftragten" und kurz darauf zum Reichspräsidenten gewählte Friedrich Ebert eine Rede:

[...] Mit den alten Königen und Fürsten von Gottes Gnaden ist es für immer vorbei. (*Bravo! links. – Widerspruch rechts.*) Wir verwehren niemandem eine sentimentale Erinnerungsfeier. Aber so gewiss diese Nationalversammlung eine große
5 republikanische Mehrheit hat, so gewiss sind die alten gottgegebenen Abhängigkeiten für immer beseitigt. (*Lebhafter Beifall links.*)
Das deutsche Volk ist frei, bleibt frei und regiert in aller Zukunft sich selbst. (*Bravo! links.*)
10 Diese Freiheit ist der einzige Trost, der dem deutschen Volke geblieben ist, der einzige Halt, an dem es aus dem Blutsumpf des Krieges und der Niederlage sich wieder herausarbeiten kann. Wir haben den Krieg verloren. Diese Tatsache ist keine Folge der Revolution. (*Sehr wahr! links. – Lebhafter Wider-*
15 *spruch rechts.*)
Meine Damen und Herren, es war die Kaiserliche Regierung des Prinzen Max von Baden, die den Waffenstillstand einleitete, der uns wehrlos machte. (*Zurufe.*)
Nach dem Zusammenbruch unserer Verbündeten und ange-
20 sichts der militärischen und wirtschaftlichen Lage konnte sie nicht anders handeln. (*Sehr richtig! links.*)
Die Revolution lehnt die Verantwortung ab für das Elend, in das die verfehlte Politik der alten Gewalten und der leichtfertige Übermut der Militaristen das deutsche Volk gestürzt
25 haben. (*Sehr wahr! links.*) Sie ist auch nicht verantwortlich für unsere schwere Lebensmittelnot. (*Widerspruch rechts.*) [...]
Meine Damen und Herren, die provisorische Regierung hat eine sehr üble Erbschaft angetreten. Wir waren im eigentlichsten Wortsinne die Konkursverwalter des alten Regimes
30 (*sehr wahr! bei den Sozialdemokraten*):
Alle Scheuern[1], alle Läger waren leer, alle Vorräte gingen zur Neige, der Kredit war erschüttert, die Moral tief gesunken. Wir haben, gestützt und gefördert vom Zentralrat der Arbeiter- und Soldatenräte [...] unsere beste Kraft eingesetzt, die
35 Gefahren und das Elend der Übergangszeit zu bekämpfen. [...]
Sorgenvoll blickt uns die Zukunft an. Wir vertrauen aber trotz alledem auf die unverwüstliche Schaffenskraft der deutschen Nation. Die alten Grundlagen der deutschen Macht-
40 stellung sind für immer zerbrochen. Die preußische Hegemonie, das hohenzollernsche Heer, die Politik der schimmernden

[1] **Scheuer**: Scheune

Wehr sind bei uns für alle Zukunft unmöglich geworden. Wie der 9. November 1918 angeknüpft hat an den 18. März 1848 (*Zurufe bei den Unabhängigen Sozialdemokraten*), so müssen
45 wir hier in Weimar die Wandlung vollziehen vom Imperialismus zum Idealismus, von der Weltmacht zur geistigen Größe. Es charakterisiert durchaus die nur auf äußeren Glanz gestellte Zeit der Wilhelminischen Ära das Lassallesche Wort[2], dass die klassischen deutschen Denker und Dichter nur im Kranichzug über sie hinweggeflogen seien. Jetzt muss der
50 Geist von Weimar, der Geist der großen Philosophen und Dichter[3], wieder unser Leben erfüllen. (*Zurufe bei den Unabhängigen Sozialdemokraten. – Bravo! bei der Deutschen Demokratischen Partei.*) [...]
So wollen wir an die Arbeit gehen, unser großes Ziel fest vor
55 Augen, das Recht des deutschen Volkes zu wahren, in Deutschland eine starke Demokratie zu verankern (*lebhafter Beifall links*) und sie mit wahrem sozialen Geist und sozialistischer Tat zu erfüllen. (*Erneuter Beifall links.*)

Zitiert nach: Walter Mühlhausen (Hrsg.), Friedrich Ebert. Sein Leben, sein Werk, seine Zeit, Heidelberg 1999, S. 221 f. und 224-226

1. Arbeiten Sie heraus, gegen welche Vorwürfe sich Ebert wehrt. Von wem stammen diese?

2. Erörtern Sie die Ziele, die nach Ebert die Nationalversammlung verfolgt. Inwiefern knüpft sie an den 18. März 1848 an?

M3 Die Revolution – eine verpasste Chance?

Der Historiker Heinrich August Winkler beschäftigt sich mit der Bedeutung der Revolution von 1918/19:

Manche Historiker meinen, dass die erste deutsche Demokratie vielleicht nicht untergegangen und dann auch Hitler nicht an die Macht gekommen wäre, hätte es damals einen gründlichen Bruch mit der obrigkeitsstaatlichen Vergangenheit gegeben. Tatsächlich war der Handlungsspielraum der
5 regierenden Mehrheitssozialdemokraten [...] in den entscheidenden Wochen zwischen dem Sturz der Monarchie am 9. November 1918 und der Wahl der Verfassunggebenden Deutschen Nationalversammlung am 19. Januar 1919 größer, als die Akteure mit Friedrich Ebert, dem Vorsitzenden des
10 Rates der Volksbeauftragten, an der Spitze selbst meinten. Sie

[2] Zitiert wird hier Ferdinand Lassalle (1825-1864), der erste Präsident des Allgemeinen Deutschen Arbeitervereins (ADAV), aus dem später die SPD hervorging.
[3] Gemeint sind Christoph Martin Wieland, Johann Wolfgang von Goethe, Friedrich Schiller und Johann Gottfried Herder, die in Weimar wirkten („Weimarer Klassik").

hätten weniger bewahren müssen und mehr verändern können. Es wäre, mit anderen Worten, möglich gewesen, in der
revolutionären Übergangszeit erste Schritte zu tun auf dem
15 Weg zu einer Demokratisierung der Verwaltung, der Schaffung eines republikloyalen Militärwesens, der öffentlichen
Kontrolle der Macht [...].
Deutschland kannte zwar bis zum Oktober 1918 kein parlamentarisches Regierungssystem, aber seit rund einem
20 halben Jahrhundert das allgemeine, gleiche und direkte
Reichstagswahlrecht für Männer, das Bismarck 1866 im Norddeutschen Bund und 1871 im Deutschen Reich eingeführt
hatte. Das Kaiserreich lässt sich daher nicht einfach als
„Obrigkeitsstaat" beschreiben. Deutschland war um 1918 be-
25 reits zu demokratisch, um sich eine revolutionäre Erziehungs-
diktatur [...] aufzwingen zu lassen.
Deutschland war auch zu industrialisiert für einen völligen
Umsturz der gesellschaftlichen Verhältnisse. [...] Beide Faktoren, der Grad der Demokratisierung und der Grad der Indus-
30 trialisierung, wirkten objektiv revolutionshemmend.

Heinrich August Winkler, Weimar: Ein deutsches Menetekel, in: Ders. (Hrsg.),
Weimar. Ein Lesebuch zur deutschen Geschichte 1918-1933, München 1997,
S. 15 ff.

1. *Die Revolution von 1918/19 wird oft als „steckengeblie-*
bene" oder „gebremste" Revolution bezeichnet. Erläu-
tern Sie mithilfe der Darstellung auf Seite 106 ff., ob
diese Aussagen zutreffend sind.

2. *Beurteilen Sie die Kritik Winklers am Handeln Eberts.*
Diskutieren Sie über Möglichkeiten und Grenzen des
„Rates der Volksbeauftragten", das politische Gesche-
hen in der revolutionären Phase zu beeinflussen. Berück-
sichtigen Sie dazu die Aussagen Friedrich Eberts in M2.

M4 „Dolchstoßlegende"

Reichskanzler Gustav Bauer (SPD), der Nachfolger Philipp Schei-
demanns, fordert am 23. Juni 1919, wenige Stunden vor Ablauf
des alliierten Ultimatums, die Nationalversammlung auf, den
Friedensvertrag unterzeichnen zu lassen:

Die Entente [...] will uns das Schuldbekenntnis auf die Zun-
gen zwingen [...]; es soll uns nichts, gar nichts erspart bleiben.
Zur Verknechtung wollen uns die Feinde auch noch die Verachtung aufbürden!
5 [...] Hier wird ein besiegtes Volk an Leib und Seele vergewal-
tigt wie kein Volk je zuvor. [...] Unterschreiben wir! Das ist der
Vorschlag, den ich Ihnen, im Namen des gesamten Kabinetts,
machen muss. Bedingungslos unterzeichnen! Ich will nichts
beschönigen.

▲ „Wir lassen uns den Sieg nicht wieder entwinden."
Zeichnung von Willy Knabe für das zentrale Monatsblatt der NSDAP
und des Schulungsamtes der Deutschen Arbeitsfront, „Der Schu-
lungsbrief", Januar 1942, S. 13.
■ *Erörtern Sie, warum die Dolchstoßlegende ein dankbares Motiv*
für die nationalsozialistische Kriegspropaganda war.

Die Gründe, die uns zu diesem Vorschlag zwingen, sind die- 10
selben wie gestern. Nur trennt uns jetzt eine Frist von knap-
pen vier Stunden von der Wiederaufnahme der Feindselig-
keiten. Einen neuen Krieg könnten wir nicht verantworten,
selbst wenn wir Waffen hätten. Wir sind wehrlos. Wehrlos ist
aber nicht ehrlos! Gewiss, die Gegner wollen uns an die Ehre; 15
daran ist kein Zweifel. Aber dass dieser Versuch der Ehrab-
schneidung einmal auf die Urheber selbst zurückfallen wird,
dass es nicht unsere Ehre ist, die bei dieser Welttragödie zugrunde geht, das ist mein Glaube bis zum letzten Atemzug.

Ein Untersuchungsausschuss der Nationalversammlung soll
nach dem Krieg die Ursachen der deutschen Niederlage er-
gründen. Generalfeldmarschall Hindenburg erklärt am 18. No-
vember 1919:

Trotz der ungeheuren Ansprüche an Truppen und Führung, 20
trotz der zahlenmäßigen Überlegenheit des Feindes konnten

wir den ungleichen Kampf zu einem günstigen Ende führen, wenn die geschlossene und einheitliche Zusammenwirkung von Heer und Heimat eingetreten wäre. [...]

25 Doch was geschah nun? Während sich beim Feinde trotz seiner Überlegenheit an lebendem und totem Material alle Parteien, alle Schichten der Bevölkerung in dem Willen zum Siege immer fester zusammenschlossen, und zwar umso mehr, je schwieriger ihre Lage wurde, machten sich bei uns,

30 wo dieser Zusammenschluss bei unserer Unterlegenheit viel notwendiger war, Parteiinteressen breit, und diese Umstände führten sehr bald zu einer Spaltung und Lockerung des Sieges willens. Die Geschichte wird über das, was ich hier nicht weiter ausführen darf, das endgültige Urteil sprechen. Da-

35 mals hofften wir noch, dass der Wille zum Siege alles andere beherrschen würde. Als wir unser Amt übernahmen, stellten wir bei der Reichsleitung eine Reihe von Anträgen, die den Zweck hatten, alle nationalen Kräfte zur schnellen und günstigen Kriegsentscheidung zusammenzufassen [...].

40 Was aber schließlich, zum Teil wieder durch Einwirkung der Parteien, aus unseren Anträgen geworden ist, ist bekannt. Ich wollte kraftvolle und freudige Mitarbeit und bekam Versagen und Schwäche. Die Sorge, ob die Heimat fest genug bliebe, bis der Krieg gewonnen sei, hat uns von diesem Augenblicke

45 an nie mehr verlassen. Wir erhoben noch oft unsere warnende Stimme bei der Reichsregierung. In dieser Zeit setzte die heimliche planmäßige Zersetzung von Flotte und Heer als Fortsetzung ähnlicher Erscheinungen im Frieden ein. Die Wirkungen dieser Bestrebungen waren der Obersten Heeres-

50 leitung während des letzten Kriegsjahres nicht verborgen geblieben. Die braven Truppen, die sich von der revolutionären Zermürbung freihielten, hatten unter dem pflichtwidrigen Verhalten der revolutionären Kameraden schwer zu leiden; sie mussten die ganze Last des Kampfes tragen. Die

55 Absichten der Führung konnten nicht mehr zur Ausführung gebracht werden. Unsere wiederholten Anträge auf strenge Zucht und strenge Gesetzgebung wurden nicht erfüllt. So mussten unsere Operationen misslingen, es musste der Zusammenbruch kommen; die Revolution bildete nur den

60 Schlussstein. Ein englischer General sagte mit Recht: „Die deutsche Armee ist von hinten erdolcht worden." Den guten Kern des Heeres trifft keine Schuld. Seine Leistung ist ebenso bewunderungswürdig wie die des Offizierkorps. Wo die Schuld liegt, ist klar erwiesen.

Erster Text: Wolfgang Elben, Die Weimarer Republik, Frankfurt am Main
[6]1975, S. 40 f.; zweiter Text: Herbert Michaelis und Ernst Schraepler (Hrsg.), Ursachen und Folgen. Vom deutschen Zusammenbruch 1918 und 1945 bis zur staatlichen Neuordnung Deutschlands in der Gegenwart. Eine Urkunden- und Dokumentensammlung zur Zeitgeschichte, Bd. 4, Berlin o. J., S. 7 f.

1. Erläutern Sie, warum Bauer die Annahme des Vertrages empfahl, obwohl er einige Bestimmungen als unannehmbar bezeichnete.

2. Arbeiten Sie heraus, worin nach Ansicht Hindenburgs die Gründe für die Niederlage Deutschlands lagen. Wem lastet er die Schuld an?

3. Nehmen Sie Stellung zu seinen Vorwürfen.

4. Beurteilen Sie das Bild, das Hindenburg von Heer und Kriegsende zeichnet. Stellen Sie es der Darstellung von Ebert in M2 gegenüber.

M5 Die Sühne der politischen Morde

	Pol. Morde von Linksstehenden	Pol. Morde von Rechtsstehenden	Gesamtzahl
Gesamtzahl der Morde	22	354	376
– davon ungesühnt	4	326	330
– teilweise gesühnt	1	27	28
– gesühnt	17	1	18
Zahl der Verurteilten	38	24	62
Geständige Täter freigesprochen	–	23	23

Emil Julius Gumbel, Vier Jahre politischer Mord, Berlin 1922, S. 81

1. Fassen Sie die Informationen zusammen.

2. Erläutern Sie, welche Einstellung zur Republik in M5 und in der Karikatur auf Seite 126 deutlich wird.

M6 Die Reichswehr – ein „Staat im Staate"?

Am 26. Mai 1925 kommentiert der SPD-Abgeordnete Daniel Stücklen im Reichstag die Entwicklung der Reichswehr:

Wir haben heute ein Heer der Republik, das, wie ich feststellen will, diesem Staate dient, dessen Leitung erklärt, wir stehen auf dem Boden der Verfassung [...].

Es sind aber [...] recht deutliche Anzeichen dafür vorhanden, dass die Entwicklung der Reichswehr dahin geht, eine Art 5 Staat im Staate zu werden. Das war das, was früher bei den Verhandlungen über die Reichswehr im Hauptausschuss und im Plenum dieses Hauses immer wieder betont wurde, eine gewisse Abgeschlossenheit, ein Korpsgeist, der zur Abge-

Hochvertrat vor dem Reichsgericht.

„Ich werde die Republik vor Ihnen zu schützen wissen!"   „Ich werde Sie vor der Republik zu schützen wissen!"

◄ **Hochverrat vor dem Reichsgericht.**
Karikatur von Gerhard Holler aus der Beilage zum Berliner Tageblatt „Ulk", 1927.
Die Bildunterschrift zu den linksgerichteten Angeklagten lautet:
„Ich werde die Republik vor Ihnen zu schützen wissen!" Zu den rechten Uniformierten: „Ich werde Sie vor der Republik zu schützen wissen!"

M7 Ebert – Symbol der Republik

Walter Mühlhausen, Geschäftsführer der Bundesstiftung Reichspräsident-Friedrich-Ebert-Gedenkstätte in Heidelberg, schreibt in einem Ausstellungsband zu Friedrich Ebert:

Als Staatsoberhaupt war Ebert das Symbol der ersten deutschen Republik. Friedrich Ebert musste bei den Reisen bemüht sein, einen eigenen Repräsentationsstil zu entwickeln, der sich von seinem Vorgänger unterschied. Es war schwierig, in einer Gesellschaft, die bislang die pompösen und waffen- 5 klirrenden Auftritte Kaiser Wilhelms II. kennengelernt und bejubelt hatte, nun einen betont sachlichen, jeden Persönlichkeitskult vermeidenden Repräsentationsstil einzuführen, einen Stil ohne Pomp und Gloria.
Eine Schweizer Zeitung schrieb 1922, fernab von den Konflik- 10 ten der innerdeutschen politischen Szene, über das Auftreten des Reichspräsidenten: „Man wartet auf das Oberhaupt der neuen deutschen Demokratie. Punkt zehn kommt Ebert in den Saal, lautlos beinahe. Kein Herold kündigt an. Keine riesigen Leibgarden zerbrechen sich die Pranken beim Präsen- 15 tieren des Gewehres. Der Präsident der deutschen Republik hat auch sein Gefolge. Aber das ist gerade so schmucklos, so unauffällig wie er selbst. Bei Gott, die Demokratie liegt auch im Anzug. Aber Ebert hat Würde. Der ganze Saal erhebt sich und er dankt mit leichter Verbeugung. Muss nicht leicht sein, 20 so eine demokratische Präsidentenverbeugung. Just nicht zu tief. Und just nicht zu wenig. Ebert hat's heraus. Nicht nur sein Amt hat Würde – er selbst besitzt sie." [...]
In den Kommentaren der Zeitungen spiegelt sich die ganze Bandbreite der politischen Einstellungen wider. Die Republik- 25 gegner zogen mit Häme über den Reichspräsidenten her; die Presseorgane aus dem demokratischen Lager würdigten seinen Stil. [...] Unzweifelhaft gelang es Ebert in einem nicht messbaren Umfang, durch sein persönliches Auftreten zumindest einige der Unentschlossenen und Gegner der Repu- 30 blik für die neue Staatsform zu gewinnen, wie zeitgenössische Zeugnisse belegen.
Müßig bleibt die Frage, ob diese Integrationsleistung größer gewesen wäre, wenn er noch mehr öffentlich in Erscheinung getreten wäre: „Aber auch wenn Friedrich Ebert häufiger 35 gereist wäre und offensiver republikanische Akzente gesetzt

schlossenheit führen musste und letzten Endes bewirkte, 10 dass die alte Armee wirklich ein Staat im Staate war, mit einem eigenen Ehrbegriff, ihrem eigenen Strafkodex, mit einem Wort eine Menge Einrichtungen, die von den Einrichtungen der zivilen Bevölkerung losgelöst waren. [...] Die Gefahr ist umso größer, als früher der Soldat nur zwei Jahre diente 15 und nach zwei Jahren in die Massen des Volkes zurücktrat, aus denen er gekommen war. Heute dient der Reichswehrsoldat zwölf Jahre. Zwölf Jahre verlebt er in einer ganz anderen Umwelt. Er ist ganz anderen Einflüssen und Eindrücken preisgegeben; das führt letzten Endes dazu, dass eine gewisse 20 Entfremdung nicht vermieden werden kann.

Wolfgang Michalka und Gottfried Niedhart (Hrsg.), Die ungeliebte Republik. Dokumente zur Innen- und Außenpolitik Weimars 1918-1933, München 1992, S. 220

1. *Erläutern Sie den Ausdruck „Staat im Staate".*
2. *Erörtern Sie, welche Gefahren dies birgt.*
3. *Überprüfen Sie mithilfe von Lexika, Fachliteratur oder dem Internet, wie bei der Gründung der Bundeswehr den von Stücklen angesprochenen Problemen begegnet wurde.*

◄ „Einst und jetzt!"

Karte, vertrieben von der „Deutschen Tageszeitung", 1919.
Das Bild in der Mitte – eingerahmt von Kaiser Wilhelm II. (oben)
und Feldmarschall Hindenburg (unten) – zeigt Reichspräsident
Friedrich Ebert (rechts) und Reichswehrminister Gustav Noske
(links) in Badehosen. Vor ihnen taucht ein Begleiter mit Dreizack
aus dem Wasser auf.
Das Badehosen-Bild wurde im August 1919 kurz nach der Verei-
digung des Reichspräsidenten erstmals in der „Berliner Illustrirten
Zeitung" veröffentlicht. Die Leser reagierten schockiert. Die anti-
republikanischen Kräfte missbrauchten das Bild in zahllosen
Varianten für ihre Propaganda. Nach einem von Ebert
angestrengten Prozess mussten die Bilder vernichtet werden.

1. *Beschreiben Sie den von Mühlhausen skizzierten Repräsentationsstil Eberts. Inwiefern sollte er den Charakter der neuen Regierungsform widerspiegeln?*
2. *Erläutern Sie, welche Wirkung Ebert zugeschrieben wird.*
3. *Beurteilen Sie das Verhalten der Republikgegner ihm gegenüber und die dafür genannten Gründe.*

M8 Hindenburg – Symbol der Nation

Der Historiker Wolfram Pyta hat eine Biografie zu Hindenburg verfasst. Darin charakterisiert er Hindenburg wie folgt:

Hindenburg war peinlich darauf bedacht, bei allen wichtigen politischen Entscheidungen, an denen er maßgeblich beteiligt war, die Hoheit über deren nachträgliche Deutung zu gewinnen. Kein Schatten sollte sein Ansehen verdunkeln, weil sein ungebrochener Nimbus[1] als siegreicher Feldherr 5 und untadeliger Repräsentant deutscher Kollektiveigenschaften das Erbe bildete, das er aus der Weltkriegszeit mitnahm und möglichst über Generationen hinweg erhalten wissen wollte. Im August 1914 hatte man einen pensionierten General dadurch beglückt, dass man ihm das Kommando 10 einer Armee anvertraute. Ohne große Erwartungen hatte er die Reise zum ostpreußischen Kriegsschauplatz angetreten.[2] Dass er binnen weniger Wochen zum allseits bewunderten Kriegshelden und danach zum nationalen Symbol aufsteigen sollte, hätte Hindenburg sich nicht träumen lassen. Im No- 15 vember 1918 blickte er auf eine geradezu atemberaubende Karriere zurück, mit der er sich ein kulturelles Kapital erworben hatte, das resistent war gegen das Auf und Ab politischer Konjunkturen. Dass ihn das deutsche Volk symbolisch adoptiert hatte, fiel für ihn stärker ins Gewicht als die Kriegsnie- 20

hätte, er hätte kein wesentlich größeres Maß an Zustimmung erreichen können, er hätte die ihm entgegengebrachte Häme ertragen müssen. Denn die Gegner des Reichsprä-
40 denten Ebert schlugen auf ihn ein, weil sie über den Mann das Amt und vor allem die Republik beschädigen wollten. Die Integrität des Amtsverständnisses und der Amtsführung von Friedrich Ebert konnte nicht zu einer Integration aller Abseitsstehenden führen. Die Phalanx[1] aus Standesdünkel ge-
45 genüber dem Emporkömmling aus dem Arbeitermilieu, die Mauer aus politischer Überheblichkeit gegenüber dem Vertreter der sozialdemokratischen Arbeiterpartei, dem Systemfeind des Kaiserreichs, dem Systemschöpfer der Weimarer Republik, blieb unüberwindbar für Friedrich Ebert."

Walter Mühlhausen (Hrsg.), Friedrich Ebert. Sein Leben, sein Werk, seine Zeit, Heidelberg 1999, S. 259 f.

---

[1] **Phalanx:** lange, geschlossene (Schlacht-)Reihe

[1] **Nimbus:** Glanz, Ansehen, „Heiligenschein"
[2] Am 22. August 1914 wurde Hindenburg Oberbefehlshaber der 8. Armee, die südlich von Allenstein in Ostpreußen die größere russische Armee besiegte (Schlacht von Tannenberg).

▲ **Wahlplakat der Deutschnationalen für die Reichspräsidentenwahl am 26. April 1925.**

derlage oder das Ende der Monarchie. Beides war zwar bedauerlich, doch es bereitete ihm keine schlaflosen Nächte und brachte ihn nicht aus dem Tritt. Denn der Fixpunkt seines politischen Denkens war die Vorstellung einer innerlich ge-
25 einten Nation, die überhaupt erst die Voraussetzung bildete für einen allmählichen machtpolitischen Aufstieg des Reiches, an dessen Ende sich vielleicht sogar einmal die Aussicht auf eine Wiederherstellung der Monarchie eröffnen konnte. Für Hindenburg war es daher nicht nur ein nachvollziehbares
30 persönliches Interesse, nach Kriegsende einen großen Teil seiner Energie auf die Pflege seines Ansehens zu verwenden. [...] Als ruhender Pol, der in der stürmischen Phase des Übergangs allein Halt und Orientierung gewährte, [...] erfüllte Hindenburg eine wichtige integrative Funktion. Daraus lei-
35 tete er allerdings den Anspruch ab, dass kein Staubkorn auf sein Ansehen fallen dürfe; denn ein Denkmal, zu dem alle auf der Suche nach Orientierung aufblicken, beschmutzt man nicht. Er war zutiefst entrüstet, wenn sich jemand erdreistete, ihm nicht die nationalpolitisch gebotene Schonung
40 zukommen zu lassen: „Das zurzeit einzige Idol des Volkes,

unverdientermaßen meine Wenigkeit, [so Hindenburg an einen Vertrauten] läuft Gefahr, vom Piedestal[3] gerissen zu werden, weil es plötzlich der Kritik ausgesetzt wird."

Der Historiker Heinrich August Winkler analysiert die Gründe für die Wahl Hindenburgs zum Reichspräsidenten im Jahr 1925:

Hindenburgs Wahl war kein Plebiszit für die Wiederherstellung der Monarchie, aber sie war ein Volksentscheid gegen 45 die parlamentarische Demokratie, so wie man sie seit 1919 kennengelernt hatte. Enttäuschung über den grauen republikanischen Alltag ging einher mit einer nostalgischen Verklärung der Vergangenheit. Die liberale „Frankfurter Zeitung" sah die Hauptursache des Wahlausgangs darin, dass die Un- 50 politischen dem Feldmarschall zur Übermacht verholfen hätten. „Wir wissen doch alle, was diese große Schar bisheriger Nichtwähler diesmal an die Urne geführt hat. Es ist der romantische Strahlenglanz, den die Fieberfantasien verelendeter und in ihrem nationalen Selbstbewusstsein schwer 55 getroffener Volksschichten um das Haupt des Feldherrn gewoben haben, ohne dass sie sich der Tatsache bewusst werden, dass sie persönliches wie nationales Elend einzig jenem alten System kaiserlicher Staats- und Kriegsführung zu danken haben, als dessen Repräsentanten sie jenen Feld- 60 herrn verehren. Die romantische Sehnsucht nach vergangenem Glanz und vergangener Größe, das hat diese unpolitischen Schichten an die Urne und Hindenburg zum Siege geführt." [...]
Einige überzeugte Republikaner begannen sich bald mit dem 65 Gedanken zu trösten, dass Hindenburgs Wahl Teile der Rechten mit der Republik aussöhnen könne. Der Schriftsteller Harry Graf Kessler [...] meinte [...] nachdem Hindenburg vom sozialdemokratischen Reichstagspräsidenten Paul Löbe vor der schwarz-rot-goldenen Standarte des Reichspräsidenten 70 auf die Reichsverfassung vereidigt worden war –, nun werde die Republik „mit Hindenburg hoffähig, einschließlich Schwarz-Rot-Gold, das jetzt überall mit Hindenburg zusammen als seine persönliche Standartenfarbe erscheinen wird. Etwas von der Verehrung für ihn wird unvermeidlich darauf 75 abfärben."
Ganz unbegründet waren solche Hoffnungen nicht. Dass Hindenburg die republikanische Verfassung zu respektieren versprach, machte es manchem der bisherigen Verächter der Republik schwer, in unversöhnlicher Feindschaft zum neuen 80 Staat zu verharren.

Erster Text: Wolfram Pyta, Hindenburg. Herrschaft zwischen Hohenzollern und Hitler, München 2007, S. 411 f.; zweiter Text: Heinrich August Winkler, Der lange Weg nach Westen. Deutsche Geschichte 1806-1933, Bonn 2002, S. 372 und 460 f.

[3] **Piedestal:** Sockel von Statuen, Säulen oder Gebäuden

1. *Geben Sie wieder, worauf sich nach Pyta Hindenburgs Ansehen stützte.*

2. *Erläutern Sie, welche Rolle dabei die „Dolchstoßlegende" spielte (siehe M4).*

3. *Hindenburg wurde auch als „Ersatzkaiser" bezeichnet. Erörtern Sie, warum.*

4. *Laut Pyta „erfüllte Hindenburg eine wichtige integrative Funktion" (Zeile 33 f.). Vergleichen Sie mit Winklers Analyse der Wahl Hindenburgs zum Reichspräsidenten. Nehmen Sie dazu Stellung.*

M9 „Nicht unser Staat"

Der sozialdemokratische Reichstagspräsident Paul Löbe berichtet in seinen Lebenserinnerungen von der parlamentarischen Arbeit nach den Reichstagswahlen von 1930:

Einige Jahre konnte der Reichstag wieder ordnungsgemäß arbeiten. Als aber 1930 das deutsche Volk 107 Nationalsozialisten neben 77 Kommunisten […] entsandte und 40 deutschnationale Hugenbergianer[1] ihre schützende Hand über die
5 Nazis hielten, brach der Sturm aufs Neue los. Äußerste Rechte und äußerste Linke warfen sich die Bälle zu, unterstützten gegenseitig ihre Obstruktionsanträge[2], begleiteten die jeweiligen Schimpfkonzerte ihrer Antipoden mit tosendem Beifall und versuchten durch unsinnige und demagogische Anträge,
10 die Arbeit des Parlaments und der Regierung lahmzulegen. […]
Bei einer Reichshaushaltsberatung stellten die Kommunisten eine Reihe von Anträgen, unsympathische Steuern und Abgaben aufzuheben oder herabzusetzen, sodass bei Annahme
15 dieser Anträge die Reichseinnahmen von zehn Milliarden auf sechs vermindert worden wären. Bei dem Ausgabenetat kamen dann so viel populäre Anträge auf Rentenerhöhungen, Wohnhausbauten, Erweiterung des Kreises der Versorgungsberechtigten, dass die Ausgaben des Etats von zehn auf
20 14 Milliarden steigen mussten. Als ich den kommunistischen Wortführer fragte, woher die Mittel für eine solche Wirtschaft kommen, wie das Defizit von acht Milliarden gedeckt werden sollte, erwiderte er kaltschnäuzig, darüber könne sich ja die Regierung den Kopf zerbrechen, „es ist ja nicht unser
25 Staat, sondern der eure". Genauso unehrlich war die Taktik der nationalsozialistischen Fraktion. Sie beantragte, dass niemand im Reich mehr als tausend Mark Monatseinkommen beziehen sollte, dachte aber gar nicht daran, selbst diesen

---

[1] **Alfred Hugenberg** (1865 - 1951): Medienunternehmer, von 1928 bis 1933 Vorsitzender der DNVP
[2] **Obstruktion**: Verschleppung, Verhinderung

▲ **„Der Reichstag wird eingesargt."**
Collage von John Heartfield zum 30. August 1932.
- *Erläutern Sie, wofür bei John Heartfield der Reichstag steht.*
- *Analysieren Sie, warum der Künstler die SPD ins Blickfeld rückt.*
- *Erörtern Sie, inwiefern die Abbildung Heartfields Haltung gegenüber der politischen Entwicklung ausdrückt.*

Grundsatz zu befolgen, sondern wollte mit solch demagogischen Anträgen nur die anderen Parteien in Verlegenheit 30 bringen […].

Zitiert nach: Günter Schönbrunn (Bearb.), Weltkriege und Revolutionen, München [5]1995, S. 249

1. *Erläutern Sie, wie Radikale von links und rechts die parlamentarische Arbeit beeinflussten.*

2. *Erörtern Sie, welche Wirkung dies auf die Öffentlichkeit haben musste.*

M10 Verfassungspläne

Noch als Reichskanzler stellt der ehemalige Zentrumspolitiker Franz von Papen am 12. Oktober 1932 bayerischen Industriellen folgende Pläne vor:

Wir wollen eine machtvolle und überparteiliche Staatsgewalt schaffen, die nicht als Spielball von den politischen und gesellschaftlichen Kräften hin- und hergetrieben wird, sondern über ihnen unerschütterlich steht […]. Die Reform der

5 Verfassung muss dafür sorgen, dass eine solche machtvolle und autoritäre Regierung in die richtige Verbindung mit dem Volke gebracht wird. An den großen Grundgesetzen [...] soll man nicht rütteln, aber die Formen des politischen Lebens gilt es zu erneuern. Die Reichsregierung muss unabhängiger
10 von den Parteien gestellt werden. Ihr Bestand darf nicht Zufallsmehrheiten ausgesetzt sein. Das Verhältnis zwischen Regierung und Volksvertretung muss so geregelt werden, dass die Regierung und nicht das Parlament die Staatsgewalt handhabt.
15 Als Gegengewicht gegen einseitige, von Parteiinteressen herbeigeführte Beschlüsse des Reichstags bedarf Deutschland einer besonderen Ersten Kammer mit fest abgegrenzten Rechten und starker Beteiligung an der Gesetzgebung. Heute ist das einzige Korrektiv gegen das überspitzte parlamenta-
20 rische System und gegen das Versagen des Reichstags die Verordnungsgewalt des Reichspräsidenten aufgrund des Artikels 48 der Reichsverfassung. Sobald aber wieder stetige und normale Verhältnisse herrschen, wird auch kein Anlass mehr sein, den Artikel 48 in der bisherigen Weise anzuwen-
25 den. [...]
Nichts kann das Vertrauen in den Aufstieg der Nation mehr hindern als die Unstabilität der politischen Verhältnisse, als Regierungen, die nur Treibholz sind auf den Wellen der Partei und abhängig von jeder Strömung. Diese Art der Staatsfüh-
30 rung der Parteiarithmetik ist im Urteil des Volkes erledigt.

Heinz Hürten (Hrsg.), Weimarer Republik und Drittes Reich 1918-1945 (Deutsche Geschichte in Quellen und Darstellung, Bd. 9), Stuttgart 1995, S. 132 ff.

1. *Fassen Sie zusammen, wie Papen seine Pläne begründet.*

2. *Erläutern Sie, welche von ihm geplanten Verfassungsänderungen nicht mit dem Grundgesetz vereinbar wären.*

3. *Manche Historiker sind der Ansicht, dass die Praxis der Präsidialkabinette die letzte Chance für die Demokratie gewesen sei, andere sehen darin den „Todesstoß" für die Weimarer Republik. Beurteilen Sie diese Auffassungen mithilfe der Darstellung auf Seite 116 ff.*

4. *Nehmen Sie Stellung zu der Frage, inwieweit die Regierung die weitere Entwicklung hätte absehen können. Bewerten Sie Papens Pläne im Hinblick auf die Vorgänge nach 1933.*

M11 Woran scheiterte Weimar?

Der Historiker Eberhard Kolb untersucht, welche Faktoren zum „Scheitern" Weimars beigetragen haben:

Wie wurde Hitler möglich? War die „Machtergreifung" der Nationalsozialisten unter den gegebenen Bedingungen unvermeidlich? Diese Frage, um die alle Erörterungen über das Scheitern Weimars kreisen, wird von der bisherigen For-
5 schung auf recht unterschiedliche Weise beantwortet. Allerdings sind die in der wissenschaftlichen Diskussion zunächst dominierenden monokausalen Erklärungsversuche, in denen der Aufstieg des Nationalsozialismus und die Machtübertragung an Hitler auf eine einzige oder eine allein ausschlag-
10 gebende Ursache zurückgeführt wurden, inzwischen ad acta gelegt worden, denn alle derartigen einlinigen Deutungen haben sich als untauglich erwiesen. Die Historiker sind sich heute zumindest darin einig, dass das Scheitern der Republik und die nationalsozialistische „Machtergreifung" nur plausi-
15 bel erklärt werden können durch die Aufhellung eines sehr komplexen Ursachengeflechts. Dabei sind vor allem folgende Determinanten zu berücksichtigen: institutionelle Rahmenbedingungen, etwa die verfassungsmäßigen Rechte und Möglichkeiten des Reichspräsidenten, zumal beim Fehlen klarer parlamentarischer Mehrheiten; die ökonomische Ent-
20 wicklung mit ihren Auswirkungen auf die politischen und gesellschaftlichen Machtverhältnisse; Besonderheiten der politischen Kultur in Deutschland (mitverantwortlich z. B. für die Republikferne der Eliten, die überwiegend der pluralistisch-parteienstaatlichen Demokratie ablehnend gegen-
25 überstanden); Veränderungen im sozialen Gefüge, beispielsweise Umschichtungen im „Mittelstand" mit Konsequenzen u. a. für politische Orientierung und Wahlverhalten mittelständischer Kreise; ideologische Faktoren (autoritäre Traditionen in Deutschland; extremer Nationalismus, verstärkt
30 durch Kriegsniederlage, Dolchstoßlegende und Kriegsunschuldspropaganda; „Führererwartung" und Hoffnung auf den „starken Mann", wodurch einem charismatischen Führertum wie dem Hitlers der Boden bereitet wurde); massenpsychologische Momente, z. B. Erfolgschancen einer massen-
35 suggestiven Propaganda infolge kollektiver Entwurzelung und politischer Labilität breiter Bevölkerungssegmente; schließlich die Rolle einzelner Persönlichkeiten an verantwortlicher Stelle, in erster Linie zu nennen sind hier Hindenburg, Schleicher, Papen.
40 Die Antwort, die auf die Frage nach dem Scheitern der Weimarer Demokratie und der Ermöglichung Hitlers gegeben wird, hängt in ihrer Nuancierung wesentlich davon ab, wie die verschiedenen Komponenten gewichtet und dann zu einem konsistenten Gesamtbild zusammengefügt werden,
45

denn Gewichtung und Verknüpfung sind nicht durch das Quellenmaterial in einer schlechthin zwingenden Weise vorgegeben, sie bilden die eigentliche Interpretationsleistung des Historikers.

Eberhard Kolb, Die Weimarer Republik, München ⁷2009, S. 215 f.

1. *Geben Sie die Ursachen für das Scheitern der Weimarer Republik wieder.*

2. *Erarbeiten Sie ein Schaubild, in dem Sie*
➕ *Ursachen, Zusammenhänge und Wirkungen der Faktoren berücksichtigen.*

3. *„Das Scheitern der Weimarer Republik war vermeidbar." Nehmen Sie Stellung zu dieser These.*

▶ **„Stützen der Gesellschaft."**
Ölgemälde (200 x 108 cm) von George Grosz, 1926. Das Gemälde wurde von dem Kunsthistoriker Hans Hess als eine „große Allegorie des deutschen Staates in der Weimarer Republik" bezeichnet.

■ *Beschreiben Sie die abgebildeten Figuren und ordnen Sie sie aufgrund ihrer Attribute bestimmten Gesellschaftsschichten zu.*

■ *Analysieren Sie die Aussageabsicht des Künstlers. Gehen Sie dazu auch erläuternd auf den Bildtitel und die oben zitierte Aussage von Hans Hess ein.*

Deutsches Selbstverständnis nach 1945

◄ **Installation „Die Tore der Deutschen" von Horst Hoheisel.**
Foto vom 27. Januar 1997.
In der Nacht vom 26. auf den 27. Januar 1997, dem Tag der Befreiung des KZ Auschwitz und Tag des Gedenkens an die Opfer des Nationalsozialismus projizierte Hoheisel Fotos des geschlossenen und geöffneten Auschwitz-Tores mit der Inschrift „Arbeit macht frei" auf das Brandenburger Tor in Berlin.

■ *Das Brandenburger Tor gilt als Symbol nationaler Identität. Mit seinem „Denkbild" wollte Hoheisel zum Nachdenken über die symbolische und erinnerungskulturelle Funktion des Tores anregen. Erläutern und beurteilen Sie Aussage und beabsichtigte Wirkung der Installation.*

Deutschland nach 1945	**5.6.1945**	Die Siegermächte des Zweiten Weltkrieges übernehmen die Regierungsgewalt in Deutschland, das in vier Besatzungszonen geteilt ist.
	1945/1946	Im Nürnberger Prozess werden die Hauptkriegsverbrecher verurteilt.
	1945 - 1950	Die Alliierten führen eine Entnazifizierung durch (in der SBZ nur bis 1948).
	1949	Mit der Unterzeichnung des Grundgesetzes am 23. Mai wird die Bundesrepublik gegründet; am 7. Oktober folgt die Gründung der DDR. Die Westdeutsche Regierung erkennt sie nicht als Staat an (Alleinvertretungsanspruch).
	seit 1950	In der DDR ist der 8. Mai als „Tag der Befreiung" bis 1966 gesetzlicher Feiertag; in ganz Deutschland wird das Datum bis heute mit besonderen Gedenkveranstaltungen begangen.
	10.9.1952	Im Luxemburger Abkommen verpflichtet sich die Bundesrepublik zu „Wiedergutmachungszahlungen" an Israel und den verfolgten Juden.
	17.6.1953	Der Volksaufstand in der DDR gegen das SED-Regime wird von sowjetischen Militärs niedergeschlagen. In Westdeutschland wird der 17. Juni zum Nationalfeiertag.
	6.11.1958	In Ludwigsburg wird die Zentralstelle zur Aufklärung von NS-Gewaltverbrechen eingerichtet.
	1961	Die SED lässt in Berlin eine Mauer errichten.
	1963 - 1965	In Frankfurt am Main finden die Auschwitz-Prozesse statt.
	26.6.1969	Der Bundestag hebt die Verjährungsfrist für Völkermord auf.
	21.12.1972	Im Rahmen der sozial-liberalen Ostpolitik von Bundeskanzler Willy Brandt erkennt die Bundesrepublik die DDR als gleichberechtigten Staat an (Grundlagenvertrag).
	18.9.1973	Beide deutsche Staaten werden Mitglieder der Vereinten Nationen (UN).
Deutschlands Wiedervereinigung	**9.11.1989**	Die Mauer fällt; die innerdeutschen Grenzen sind offen.
	3.10.1990	Die Wiedervereinigung wird vollzogen: „Tag der deutschen Einheit".
Aufarbeitung nach 1990	**1992 - 1999**	Führende DDR-Funktionäre werden wegen ihrer Verantwortung für die Tötungen an der innerdeutschen Grenze angeklagt und verurteilt.
	1996	Der 27. Januar wird zum Tag des Gedenkens an die Opfer des Nationalsozialismus erklärt; 2005 erhebt ihn die UNO zum Internationalen Holocaustgedenktag.
	2.8.2000	Die Stiftung „Erinnerung, Verantwortung und Zukunft" zur Entschädigung von NS-Zwangsarbeitern wird gegründet.
	10.5.2005	In Berlin wird das Denkmal für die ermordeten Juden in Europa eingeweiht.

Das deutsche Selbstverständnis nach 1945 hatte sich zunächst an den Ereignissen der jüngsten Vergangenheit abzuarbeiten. Durch die Teilung der Welt in ideologische Blöcke, deren Grenze mitten durch Deutschland verlief, entwickelten sich in der DDR und in der Bundesrepublik jeweils völlig unterschiedliche politische Systeme und damit auch unterschiedliche „Aufarbeitungskulturen". Einig waren sich beide Staaten in der historischen Bewertung des NS-Staates als furchtbares Unrechtssystem. Unterschiedlich fielen jedoch die Antworten auf die beiden Fragen aus, wie es zu diesem Zivilisationsbruch kommen konnte, der in der Ermordung von sechs Millionen Menschen gipfelte, und welche Lehren ein Staat daraus ziehen muss. Die Art und Weise, wie beide Staaten die Vergangenheit „bewältigten", ist ein Spiegel der beiden politischen Systeme und diente jeweils zu deren Legitimation.

In den beiden deutschen Staaten entfalteten sich auch sehr unterschiedliche historische Anknüpfungspunkte und Wertesysteme. Diese trugen neben den Leistungen in Wirtschaft, Sport und Kultur zum jeweiligen Selbstverständnis bei und wirken bis heute nach. Die Wiedervereinigung 1990 stellte daher nicht nur eine gewaltige wirtschaftliche Herausforderung dar, sondern auch eine gesellschaftliche. Mit dem Wandel zur „Berliner Republik" vollzieht sich ein Wandel der „nationalen Identität", der auch die veränderte ökonomische, weltpolitische und militärische Rolle der Bundesrepublik reflektiert.

In diesem Kapitel erwerben Sie die **Kompetenz**,
- die Auseinandersetzung mit der NS-Vergangenheit in beiden deutschen Staaten zu charakterisieren und zu analysieren,
- das Selbstverständnis der Bundesrepublik und der DDR in der bipolaren Welt zu erläutern,
- zum Selbstverständnis und zur kulturellen Identität des wiedervereinigten Deutschland im europäischen Kontext Stellung zu nehmen.

Zur Methoden-Kompetenz siehe Seite 147 bis 149 („Karikatur") und Seite 162 bis 164 („Denkmal").

Wichtige Namen
- Konrad Adenauer
- Willy Brandt
- Erich Honecker

Wichtige Begriffe
- Alleinvertretungsanspruch
- Antifaschismus-Ideologie
- Aufarbeitung
- Entnazifizierung
- Gedenkkultur
- Geschichtskultur
- Grundlagenvertrag
- Hallstein-Doktrin
- Kulturpolitik
- Luxemburger Abkommen
- Selbstverständnis
- Sportpolitik
- Vergangenheitsbewältigung

In Nürnberg und anderswo

▲ „Er hat mir's doch befohlen!"
Karikatur von 1946.
■ *Erörtern Sie die Aussage der Karikatur.*

Lesetipps
■ *Edgar Wolfrum, Die geglückte Demokratie. Geschichte der Bundesrepublik von ihren Anfängen bis zur Gegenwart, München 2007*
■ *Hermann Vinke, Die DDR. Eine Dokumentation mit zahlreichen Biografien und Abbildungen, Ravensburg 2008*

Schuld und Sprachlosigkeit ■ Nach dem Ende des „Dritten Reiches" hätten sich Millionen Deutsche die bittere Frage stellen können, welchen Anteil sie selbst an der jüngsten Vergangenheit hatten. In den ersten Nachkriegsjahren schien sich in der deutschen Bevölkerung jedoch eine Verweigerungshaltung durchzusetzen. Nur eine Minderheit war dazu bereit, über die persönliche oder kollektive Mitverantwortung nachzudenken (▸ M1). Für Scham und Trauer über das schuldhafte Verhalten und die Massenverbrechen fehlte es vielfach an Einsicht, aber auch an Kraft. Nach Krieg, Flucht und Vertreibung waren die Menschen bemüht, das eigene Schicksal und den Alltag zu bewältigen. Zudem war der zeitliche Abstand für eine selbstkritische Betrachtung oder Infragestellung zu gering (▸ M2 und M3). Viele Menschen täuschten Unkenntnis vor. Sie hätten nichts von den Verbrechen in den Konzentrationslagern gewusst. Die meisten sahen sich selbst als Opfer der nationalsozialistischen Ideologie und der bis zuletzt funktionierenden Propaganda. Andererseits gab es aber auch einige Intellektuelle und Politiker, die ein Eingeständnis der Schuld und eine „Wiedergutmachung" forderten. Im August und Oktober 1945 bekannten sich die beiden großen Kirchen in offenen Briefen zu ihrer Verantwortung.

Zwei Staaten – zwei Haltungen ■ Mit der doppelten Staatsgründung im Jahr 1949 zeigten sich bereits grundsätzliche Unterschiede in der Auseinandersetzung der Bundesrepublik und der *Deutschen Demokratischen Republik* (DDR) mit der NS-Zeit.

Die Bundesrepublik Deutschland verstand sich als Gegenmodell zum nationalsozialistischen Regime. Die freiheitlich-demokratischen und rechtsstaatlichen Prinzipien des Grundgesetzes untermauerten dies. Andererseits sah sich der westdeutsche Teilstaat aber auch als Rechtsnachfolger des Deutschen Reiches, dessen Erblast er nun tragen musste.

Gegenüber dem Ausland beanspruchte Bundeskanzler *Konrad Adenauer* (CDU) einen *Alleinvertretungsanspruch* der demokratischen Bundesrepublik für ganz Deutschland. Die DDR erkannte er nicht als eigenständigen Staat an. Sein Staatssekretär im Auswärtigen Amt, *Walter Hallstein*, entwickelte daraus folgende Doktrin (*Hallstein-Doktrin*): Erkannte ein Land die DDR als selbstständigen Staat an, drohte die Bundesrepublik, die diplomatischen Beziehungen zu ihm abzubrechen. Davon war nur die Sowjetunion ausgenommen, die ja zu den vier Siegermächten zählte. Doch die DDR ließ sich auf Dauer nicht vollständig isolieren. Im Zug der *Entspannungspolitik* der 1960er-Jahre wurde die Hallstein-Doktrin schließlich aufgegeben.

Von Anfang an grenzte sich die DDR gegenüber der Bundesrepublik ab und begriff sich als der „bessere" der beiden deutschen Staaten. Die herrschende Staatspartei – die *Sozialistische Einheitspartei Deutschlands* (SED) – verstand die DDR als „antifaschistisches Bollwerk", als Friedensstaat und als sozialistischen Staat, der damit in besonderem Maße als Wohlfahrtsstaat den Menschen diente. In der kommunistischen Weltanschauung galt der „Faschismus" als letzte Stufe einer kranken kapitalistischen Gesellschaft. Das SED-Regime übernahm dieses Geschichtsbild. Der Sozialismus würde demnach den Kapitalismus und somit auch den Faschismus überwinden. Damit konnte auch die im Zuge der Bodenreform durchgeführte Enteignung von rund 7 000 Großgrundbesitzern gerechtfertigt werden, indem diese zu Wegbereitern des Faschismus deklariert wurden. Mit dem Abschluss der „antifaschistisch-demokratischen Umwälzung" und der Gründung der DDR sah man die strukturellen und ideologischen Wurzeln des Nationalsozialismus „ein für alle Mal ausgerissen" (▸ M4). Die DDR lehnte daher jede Verantwortung für die NS-Verbrechen ab. Sie überließ es der Bundesrepublik, die deutsche Vergangenheit aufzuarbeiten.

Außenpolitisch rang die DDR jahrzehntelang um internationale Anerkennung. Erst 1955 wurde sie von der Sowjetunion für souverän erklärt und Anfang 1956 als „gleichberechtigtes" Mitglied in den *Warschauer Pakt* aufgenommen. Mit ihrer zweiten Verfassung von 1968, in der die führende Rolle der Partei festgeschrieben wurde, schloss die DDR den Aufbau der sozialistischen „Volksdemokratie" auch rechtlich ab. Aber erst der *Grundlagenvertrag* von 1972, mit dem sich Bundesrepublik und DDR als gleichberechtigte Staaten anerkannten, sowie die Aufnahme beider deutscher Staaten in die Vereinten Nationen (18. September 1973) brachte der DDR breitere internationale Anerkennung.

▲ Propaganda für den Volksentscheid in Sachsen zum „Gesetz über die Übergabe von Betrieben von Kriegs- und Naziverbrechern in das Eigentum des Volkes".
Foto aus Leipzig, 1946.
1946 wurden die Bürger in Sachsen zu einem Volksentscheid über die Enteignung wichtiger Industrie- und Gewerbebetriebe aufgerufen. Zwei Drittel der Bevölkerung stimmten zu. Dies genügte der SED, um die Enteignung auch in allen übrigen Gebieten Ostdeutschlands durchzuführen.

Amnestie und Integration ■ In den westlichen Besatzungszonen hatten trotz aller Entnazifizierungsbemühungen der Alliierten große Teile der führenden Elite des NS-Staates neben den vielen Mitläufern im großen Vergessen untertauchen, ihre Karrieren in der Bundesrepublik fortsetzen und erneut in Schlüsselpositionen aufsteigen können. In der bundesdeutschen Öffentlichkeit regte sich zunächst kaum Kritik. Mehr noch: 1949 und 1954 verabschiedete der Deutsche Bundestag – ihm gehörten in der zweiten Legislaturperiode 129 ehemalige NSDAP-Mitglieder an – einstimmig „Straffreiheitsgesetze", die viele verurteilte NS-Täter begnadigten. Seit 1951 durften aus politischen Gründen entlassene Beamte und Berufssoldaten in den öffentlichen Dienst zurückkehren. Beim Aufbau des Wiesbadener Bundeskriminalamtes seit 1945 waren NS-Beamte maßgeblich beteiligt. Damit wurden nahezu alle, die von alliierten Militärgerichten verurteilt worden waren, wieder frei.

Die westdeutsche „Vergangenheitspolitik" entsprach der in der Gesellschaft der 1950er-Jahre weit verbreiteten „Schlussstrich"-Mentalität. Die „Gnadenwelle" sollte der Stabilisierung der jungen Bundesrepublik dienen. Integration und Aufbau schienen wichtiger als Gerechtigkeit. Auf diese Weise konnten sich auch die Millionen „Mitläufer" des NS-Systems entlastet fühlen. Es gab jedoch auch Politiker, die gegen diesen Hang zur Schuldabwehr auftraten.

Die Sowjets führten die *Entnazifizierung* sehr viel konsequenter als die Westalliierten durch. Aber auch in der SBZ wurden bereits frühzeitig ehemalige NS-Parteigenossen von einer Bestrafung ausgenommen, um ihnen eine Brücke in den neuen sozialistischen Staat zu bauen. Wer sich aktiv am Aufbau des Sozialismus beteiligte, dem winkte eine rasche politische und soziale Integration. Das am 9. November 1949 verabschiedete „Gleichberechtigungsgesetz" der Volkskammer rehabilitierte alle, die allein wegen der Mitgliedschaft in der NSDAP bestraft worden waren. 1952 wurden schließlich auch geringfügig Belastete integriert. Der Bereich der Justiz und der Exekutive blieb ihnen jedoch verschlossen. Die NS-Opferverbände liefen gegen diese Politik Sturm. Weil sich vor allem die Vereinigung der Verfolgten des Naziregimes nicht mit der Politik der Staatsführung abfinden wollte, musste sie 1953 ihre Auflösung bekannt geben.

Leistungen der Bundesrepublik für NS-Opfer (in Mrd. Euro)	
Bundesentschädigungsgesetz (BEG)*	44,54
Weitere gesetzliche Regelungen	1,94
Härtefallregelungen	2,78
Leistungen an den Staat Israel	1,76
Globalverträge mit Staaten u.a. (z.B. Claims Conference**)	1,46
Rückerstattung geraubten Vermögens	2,02
Sonderfonds der Bundesländer außerhalb des BEG	1,53
Sonstige Leistungen	4,63
Stiftung „Erinnerung, Verantwortung und Zukunft"	12,56
Gesamt:	63,22

▲ **Bundeskanzler Konrad Adenauer (rechts) und der israelische Ministerpräsident David Ben Gurion in New York.**
Foto vom 14. März 1960.
Es war das erste deutsch-israelische Treffen führender Politiker nach 1945.

* Das Gesetz von 1956 entschädigte alle Verfolgten, die bis zum 31. Dezember 1952 in der Bundesrepublik oder in West-Berlin wohnten bzw. vor ihrer Auswanderung dort gelebt hatten.
** Jewish Claims Conference: 1951 gegründeter Zusammenschluss von Verbänden, die jüdische Opfer des Nationalsozialismus in Entschädigungsfragen vertreten

Süddeutsche Zeitung vom 15. Juli 2008, S. 6

▪ *Erläutern Sie, wen das Bundesentschädigungsgesetz ausschloss.*
▪ *Nehmen Sie Stellung zu der Frage, ob es gerechtfertigt ist, dass die Bundesrepublik heute noch Entschädigungsleistungen aufbringt.*

Entschädigung für NS-Opfer ▪ 1950 entstand in Deutschland der Zentralrat der Juden. Er setzte sich für die Rechte der Juden ein und forderte Wiedergutmachung für das erlittene Unrecht. Bundeskanzler Konrad Adenauer ging, nicht zuletzt auf Druck der Amerikaner, auf die jüdischen Forderungen ein. Ende September 1951 bot er im Bundestag dem 1948 in Palästina gegründeten Staat Israel Wiedergutmachungsverhandlungen an. Am 10. September 1952 wurde in Luxemburg mit Israel und jüdischen Organisationen ein Wiedergutmachungsabkommen geschlossen (*Luxemburger Abkommen*). Es stellte unter anderem drei Milliarden DM (1,53 Mrd. Euro) für die Eingliederung von etwa einer halben Million Holocaust-Überlebender in Aussicht. Im Bundestag konnte Adenauer die Ratifizierung des Vertrages nur mithilfe der Opposition durchsetzen, da er in den eigenen Reihen keine Mehrheit für das Abkommen fand.

Auch anderen NS-Opfern stellte die Bundesrepublik Entschädigungen in Aussicht. Über zwei Millionen Anträge zur Wiedergutmachung wurden anerkannt. Allerdings waren die Leistungen für den Einzelnen eher bescheiden: Für einen Monat KZ-Haft gab es einen einmaligen Betrag von 150 DM, für nachgewiesene Gesundheitsschäden waren Renten vorgesehen. Andere Opfergruppen gingen lange Zeit leer aus, etwa die Zwangsarbeiter aus Osteuropa, die erst ab dem Jahr 2000 durch die Stiftung „Erinnerung, Verantwortung und Zukunft" entschädigt wurden.

Vergleichbare Wiedergutmachungen leistete die DDR nicht. Entsprechende Forderungen Israels wies die SED-Führung rigoros zurück, zumal sie den jungen Staat Israel als Teil des kapitalistischen Weltsystems begriff.

Antitotalitärer Basiskonsens in der Bundesrepublik  Die Bundesregierung bekämpfte sowohl rechts- als auch linksextreme Parteien. Politik und Bürger in der Bundesrepublik fühlten sich jedoch vor allem von „links" bedroht, vom Kommunismus der DDR und der Sowjetunion. Der Kalte Krieg verschaffte dem Antikommunismus immer neue Nahrung. Eine Neigung zur Schwarz-Weiß-Malerei in der bundesdeutschen Gesellschaft – hier die heile Welt des Westens, dort die böse kommunistische Welt des Ostens – war weit verbreitet. In der Bundesrepublik etablierte sich ein „antitotalitärer" Basiskonsens, in den frühere nationalsozialistische, antibolschewistische Kräfte integriert werden konnten (▸ M5). In der immer wieder verwendeten Formel von der „Verteidigung der Freiheit gegen den Bolschewismus" trafen sich Konservative, Liberale und Sozialdemokraten ungeachtet ihrer sonstigen parteipolitischen Gegensätze. So wurde der Antikommunismus zur tragfähigen Integrationsideologie für die noch ungefestigte Demokratie in Westdeutschland.

In der frühen Nachkriegszeit galt in Westdeutschland die Formel „Rechtsradikalismus = Linksradikalismus". Auf diese Weise konnte nicht nur die DDR-Diktatur mit der NS-Diktatur gleichgesetzt, sondern auch manche kritische Frage zur eigenen Geschichte abgewehrt werden (▸ M6). So blieben in der westdeutschen Öffentlichkeit lange Zeit die Verbrechen der Wehrmacht in Polen oder in der Sowjetunion ebenso unbeachtet wie das Schicksal der Millionen ausgebeuteten osteuropäischen Zwangs- oder Fremdarbeiter.

▲ Wahlplakat der CDU zur Bundestagswahl 1953.

Verordneter Antifaschismus in der DDR  Die DDR beanspruchte für sich den absoluten Bruch zum „Dritten Reich" und zu allen anderen vorangegangenen „Klassen-Herrschaften". Daher musste sie eine vollkommen neue Traditionslinie erfinden. Auf der Suche nach Legitimität machte die Parteiführung den kommunistischen Widerstand gegen den Nationalsozialismus, in dessen Nachfolge sie den SED-Staat stellte, zum „Gründungsmythos". Der *Antifaschismus* wurde zur Staatsideologie. Aus ehemals kommunistischen Verfolgten und Widerstandskämpfern wurden moralisch unangreifbare politische Führer. Die von diesen verordnete antifaschistische Geschichtsdeutung besagte, dass „der Aufbau des Sozialismus die einzig richtige Konsequenz aus dem Faschismus" sei, denn nur mit der Abschaffung des Kapitalismus sei auch die Grundlage für den Faschismus für immer beseitigt. Somit konnten sich alle, die sich mit dem Sozialismus identifizieren, auch als „Sieger der Geschichte" verstehen. Gerade junge Menschen und Intellektuelle befürworteten den Staat, weil sie so deutlich Abstand zur NS-Vergangenheit wahren konnten (▸ M7). Auch außenpolitisch versuchte sich die DDR mit ihrer antifaschistischen Staatsdoktrin zu legitimieren (▸ M8).

Nicht zuletzt nutzte die DDR den Verweis auf die nationalsozialistische Vergangenheit aus, um den Konkurrenten im Westen, dessen Elite und Beamtenschaft eine kaum gebrochene personelle Kontinuität zum „Dritten Reich" aufwiesen, als „braunes System" darzustellen. Die aufwändigste und folgenreichste Kampagne hierzu startete im Mai 1957 in Ost-Berlin. Während der internationalen Pressekonferenz „Gestern Hitlers Blutrichter – Heute Bonner Justizelite" wurde die NS-Vergangenheit von 118 bundesdeutschen Richtern und Staatsanwälten enthüllt. Im Lauf der folgenden drei Jahre identifizierte die DDR etwa alle sechs Monate weitere 200 Juristen des „Dritten Reiches". Das erregte auch im Ausland Aufmerksamkeit, sodass die bundesdeutsche Politik unter Handlungsdruck geriet. Letztlich beschloss die Ende 1958 tagende Konferenz der

▲ **Plakat der Nationalen Front von 1960.**
Im Vordergrund: die Skulpturengruppe an der 1958 eingeweihten Mahn- und Gedenkstätte des ehemaligen Konzentrationslagers Buchenwald. Das Denkmal fand erst die Zustimmung der Partei, als der Künstler Fritz Cremer Figuren mit Parteibanner und Waffen hinzufügte.
■ *Analysieren Sie Aussage und Wirkung des Plakats.*

Lesetipp
Jürgen Danyel (Hrsg.), Die geteilte Vergangenheit. Zum Umgang mit Nationalsozialismus und Widerstand in beiden deutschen Staaten, Berlin 2004

DVD-Tipp
Deutsch-deutsche Geschichte. Umgang mit der NS-Vergangenheit; Grünwald 2008, Produktion: FWU Institut für Film und Bild, in Zusammenarbeit mit der Bundesstiftung zur Aufarbeitung der SED-Diktatur

Justizminister, die Zentrale Stelle der Landesjustizverwaltungen zur Aufklärung nationalsozialistischer Verbrechen zu gründen. Sie trug zwar nicht die Hypothek der NS-belasteten Juristen ab, ließ jedoch die systematische Ermittlung gegen Nazi-Täter, die Anfang der 1950er-Jahre nahezu zum Erliegen gekommen war, wieder Fahrt aufnehmen. Eine vergleichbare Institution gab es in der DDR nicht.

Umgang mit Widerstand und Opfern ▆ Die Antifaschismus-Ideologie verlieh den kommunistischen Widerstandskämpfern Heldenstatus, darunter vor allem dem ehemaligen KPD-Vorsitzenden *Ernst Thälmann*, den die Nationalsozialisten 1944 im KZ Buchenwald ermordet hatten. Andere Widerstandsgruppen, etwa aus den Kirchen, dem Bürgertum oder dem Militär, fanden in der DDR ebenso wenig Beachtung wie die vielen Millionen Menschen, die der NS-Rassenideologie zum Opfer fielen (▸ M9). Nicht Antisemitismus und Rassismus, sondern der Kampf gegen „die Arbeiterklasse" und gegen die Sowjetunion sei das wesentliche Element des „Hitler-Faschismus" gewesen, lautete die immer wieder propagierte Doktrin der SED-Führung. Eine eingehende Auseinandersetzung mit dem Holocaust, wie sie in der Bundesrepublik in den 1970er-Jahren einsetzte, gab es in der DDR nicht. Die Juden, die Sinti und Roma und andere Verfolgte erfuhren daher auch keine besondere Anerkennung als Opfer.

Erst Ende der 1980er-Jahre rückte die politische Führung der DDR den Holocaust stärker in den Fokus. Den Feierlichkeiten zum Gedenken an den 50. Jahrestag der „Reichspogromnacht" 1988 kam daher eine nie dagewesene Bedeutung zu. So stieg die DDR, resümiert der Historiker *Peter Bender*, erst kurz vor ihrem Ende herunter „vom hohen Ross des ‚Siegers der Geschichte' und wurde, was die Bundesrepublik war: ein Nachfolgestaat des Nazi-Reiches".

In der späteren Bundesrepublik galt die Haltung zum Widerstand gegen das NS-Regime, vor allem die Erinnerung an das Hitler-Attentat vom 20. Juli 1944, als entscheidendes Kriterium dafür, wie die deutsche Bevölkerung ihre Vergangenheit „bewältigte". Die Verschwörer des 20. Juli bezeugten stellvertretend für die vielen anderen mutigen Frauen und Männer des deutschen Widerstandes, dass es auch in der NS-Zeit ein anderes, besseres Deutschland gegeben hatte. Dies sah jedoch in den ersten Nachkriegsjahren anders aus: Bei vielen Menschen stieß das Thema „20. Juli" auf Ablehnung, denn es erinnerte an eigene Versäumnisse und die persönliche Schuld. Manche verurteilten die Männer des 20. Juli sogar als Verräter. Im offiziellen Gedenken hatte der 20. Juli jedoch bereits seit 1946 seinen Platz. Nach außen diente er dazu, die Kollektivschuldthese zu widerlegen, nach innen sollte er eine neue Identität in einer freiheitlichen Tradition stiften. Je größer der zeitliche Abstand, desto positiver wurde das Datum bewertet. Zum 60. Jahrestag 2004 erfuhren die Protagonisten des gescheiterten Attentats eine intensive Würdigung durch Politik, Medien und Öffentlichkeit.

Geschichts- und Gedenkkultur ▆ Die große Bedeutung der geschichtskulturellen Beglaubigung im Staats- und Gesellschaftssystem der DDR zeigt sich auch in der „gründungsmythischen Dreieinigkeit" der DDR-Gedenk- und Feiertage: So wurde am 15. Januar der Ermordung von Karl Liebknecht und Rosa Luxemburg gedacht[1], 1950 der

---
[1] Vgl. im Kapitel „Die Weimarer Republik und ihre Bürger" Seite 107.

8. Mai als arbeitsfreier Feiertag („Tag der Befreiung des deutschen Volkes vom Hitlerfaschismus", ab 1967 nicht mehr arbeitsfrei) und der 7. Oktober, der Gründungstag der DDR („Tag der Republik"), als Staatsfeiertag eingeführt. Der 8. Mai galt auch als „Tag des Dankes an die Sowjetunion" und der 7. Oktober als „Tag des Stolzes auf die eigene Leistung". Damit fügten sich die Feiertage zu einer Erzählung, in der auf den Kampf und die Opfer, die Erlösung und der Dank an die Befreier sowie schließlich die stolze Feier des Bestehenden folgte.

Völlig anders ging die Bundesrepublik mit ihrer symbolischen Repräsentation und geschichtskulturellen Selbstdeutung um. Hier herrschte nach 1945 in dieser Hinsicht eine große Verunsicherung. In erster Linie wollte sich die Bundesrepublik sowohl gegen das „Dritte Reich" als auch gegen die DDR abgrenzen. In der westdeutschen Bevölkerung wurde der 8. Mai lange eher als „Tag des Zusammenbruchs" als ein Tag der Befreiung angesehen. Er fand erst nach Jahren Eingang in die offizielle *Gedenkkultur*. Auch ein Gründungsdatum, an dem die Bundesrepublik sich hätte feiern können, gab es nicht. Die Bundesrepublik verstand sich als „Provisorium", welches – wie das Grundgesetz – nur so lange Bestand haben sollte, bis sich alle Deutschen in freier Selbstbestimmung eine Verfassung geben und einen Staat bilden würden.

Einen wichtigen Schub für die westdeutsche Identitätsbildung brachte der ostdeutsche Volksaufstand vom 17. Juni 1953. Kurz darauf erklärte der Bundestag den 17. Juni als „Tag der deutschen Einheit" zum ersten und einzigen Staatsfeiertag der alten Bundesrepublik. Der Aufstand habe ein für alle Mal die Behauptung widerlegt, „dass das deutsche Volk nicht die innere Kraft aufbringe, sich gegen Diktatur und Willkür zur Wehr zu setzen". Der 17. Juni wurde damit zum Bestandteil der Nach-Geschichte des Nationalsozialismus und der *Aufarbeitung*. Noch weiter geht der Historiker *Edgar Wolfrum* in seiner Bewertung: „Pointiert ausgedrückt war das Datum der eigentliche Gründungsakt der Bundesrepublik – und durfte es zugleich offiziell gar nicht sein."

▲ **Ehrenmal im Innenhof der Gedenkstätte Deutscher Widerstand in Berlin.**
Foto (Ausschnitt) von 2011. Die von dem Bildhauer Richard Scheibe geschaffene Bronzefigur wurde am 20. Juli 1953 eingeweiht.

Lebensstandard als Legitimation: das „Wirtschaftswunder" ■ Nicht nur die gegensätzlichen politischen Kurse, die beide deutsche Staaten einschlugen, auch der Wohlstand der Bevölkerung entwickelte sich unterschiedlich.

In Westdeutschland förderten die Alliierten den raschen wirtschaftlichen Wiederaufbau. Zunächst musste die durch den Krieg verursachte Inflation beseitigt werden. Am 20. Juni 1948 wurde in den Westzonen eine *Währungsreform* durchgeführt und die Deutsche Mark als neues Zahlungsmittel eingesetzt. Was sich anschließend ereignete, grub sich als Gründungsmythos der Bundesrepublik tief ins Bewusstsein der Menschen ein (▶ M10): Über Nacht füllten sich die Geschäfte mit Waren, die bislang nur mit Mühe auf dem Schwarzmarkt erhältlich gewesen waren. Die Händler hatten ihre Güter bis zur Einführung einer stabilen Währung zurückgehalten.

▲ **Feier für den einmillionsten „Käfer" im Wolfsburger Volkswagenwerk.**
Foto vom 5. August 1955. Der VW-Käfer wurde zum Symbol des deutschen Wirtschaftsaufstiegs. Er wurde insgesamt 21,5 Millionen Mal gebaut.

▲ **Käuferschlange in Ost-Berlin.**
Foto aus den 1970er-Jahren.
Weil es an so vielem fehlte, bekamen die DDR-Bürger selten das, was sie kaufen wollten, sondern sie
kauften das, was es gerade gab. Schlangestehen gehörte zum Alltag.

Die Währungsreform und die 1948 von dem späteren Wirtschaftsminister *Ludwig Erhard* mit Unterstützung der Amerikaner durchgesetzte Einführung der *Sozialen Marktwirtschaft* schufen die Grundlagen für einen beispiellosen Wirtschaftsaufschwung, der für die Zeitgenossen einem „Wirtschaftswunder" gleichkam. Die internationale Nachfrage nach deutschen Produkten wuchs, die Industrieproduktion, die Kaufkraft der Bevölkerung und die Einkommen stiegen an, bereits Ende der 1950er-Jahre herrschte Vollbeschäftigung. Ein spezifisches Lebensgefühl bildete sich aus: das Streben nach bürgerlicher Normalität, Erfolg und materiellem Wohlstand. Auf die „Fresswelle" der frühen 1950er-Jahre folgte eine „Kaufwelle", eine „Reisewelle", die viele Deutsche in ihr Traumland Italien führte, und schließlich die „Motorisierungswelle". Trotz bleibender sozialer Ungleichheit prägte kaum etwas anderes das *Selbstverständnis* der Westdeutschen so sehr wie der wirtschaftliche Erfolg in den ersten beiden Jahrzehnten nach der Gründung der Bundesrepublik.

„Von der Wiege bis zur Bahre" ■ Die sowjetische Besatzungsmacht verzichtete nicht auf Reparationen und Demontage. Hunderte Industrieanlagen wurden in Ostdeutschland abgebaut. Die Einführung der sozialen *Planwirtschaft*, die Verstaatlichung der Industrie, die Kollektivierung der Landwirtschaft und Enteignung vieler kleiner Handels- und Handwerksbetriebe sowie die zentral von der Regierung geplante Güterproduktion – all diese von Moskau verordneten Maßnahmen lähmten die Wirtschaft. Das starre System führte zu ständigen Engpässen in der Industrie und der Versorgung der Bevölkerung mit Gütern des täglichen Lebens. Trotz hoher Arbeitsleistungen blieb der Lebensstandard deutlich niedriger als in der Bundesrepublik. Gerade junge, gut ausgebildete DDR-Bürger zog es in den kapitalistischen Westen. Erst die Abriegelung durch den Bau von Mauer und Selbstschussanlagen 1961 setzte der Massenflucht ein Ende. Die Grenze war jedoch nicht ganz undurchlässig. Von 1961 bis 1988 flohen über 40 000 Personen – teilweise unter spektakulären Umständen – in den Westen.

In den folgenden Jahren verbesserte sich der Lebensstandard. Trotz aller Propaganda blieb die Bundesrepublik aber der einzige von den Bürgern akzeptierte Maßstab. Mit sozialen Vergünstigungen versuchte die SED-Führung, die Bevölkerung positiv zu stimmen und ihre Herrschaft zu sichern. Letztlich akzeptierten die meisten Bürger den „Sozialstaat DDR", der sie „von der Wiege bis zur Bahre" begleitete. Die staatliche Subventionierung von Konsum und Sozialleistungen bei geringer Arbeitsproduktivität der staatlichen Betriebe und dem im Vergleich zum Export wesentlich höheren Import von Waren führte die DDR jedoch in den Bankrott, den die Parteiführung bis zum Schluss zu verheimlichen suchte.

Amerikanisierung im Westen – Zensur im Osten Die von der Bundesregierung verfolgte Westorientierung fand ihre Entsprechung in der persönlichen Lebenswelt der Bürger. Amerikanische Kultur und Lebensart hielten in der Bundesrepublik Einzug, besonders geprägt durch Coca-Cola, Kaugummi und Burger, Jeans, Rock'n'Roll, Hollywood-Filme und Massenmotorisierung. Gleichzeitig machte die von den USA ausgehende Massenkultur die Werte der amerikanischen Demokratie populär: Liberalismus, Pluralismus und Rechtsstaatlichkeit stellten obrigkeitliches Denken und patriarchalische Strukturen infrage. Überall in Westeuropa ging dies mit dem Protest und einem veränderten Lebensgefühl vieler Jugendlicher einher, die nach Freiräumen von Arbeitsethos und Bürgerlichkeit verlangten. Viele der älteren Generation sahen diese Entwicklung als Anzeichen des kulturellen Verfalls, andere wiederum begriffen die Amerikanisierung als historisch längst überfälligen Prozess der kulturellen Demokratisierung und Emanzipation.

Durch diese Entwicklung vollzog sich die deutsche Teilung auch im kulturellen Bereich. Die DDR bot ihren Bürgern keine vergleichbaren Konsummöglichkeiten. Die für den „Westen" stehenden Wertvorstellungen wie Individualismus und Freiheitsdrang standen den Idealen des „real existierenden Sozialismus" entgegen und wurden unterdrückt. Da die westliche Kultur vom „Klassenfeind" propagiert und gelebt wurde, musste sie in der DDR umso negativer bewertet und streng sanktioniert werden. Die Partei versuchte, alle westlichen Einflüsse zu verhindern, Beat-Musik und Jeans wurden viele Jahre verboten.

Demgegenüber erhob die DDR den Anspruch, eine „Kulturgesellschaft" zu sein. Die Staatsführung war stolz, ihren Bürgern kostenlosen Zugang zu Bibliotheken, Theatern und Museen zu bieten. Viele zeitgenössische Autoren wurden von Ost- und Westdeutschen gelesen. Zahlreiche Schriftsteller übten in ihren Werken Kritik an der deutschen Vergangenheit und Gegenwart, die sich oft gegen beide deutsche Staaten richtete. Obwohl Zensur und Publikationsverbot drohten – beides stritt die DDR-Führung offiziell ab –, entstand seit den späten 1960er-Jahren ein Milieu regimekritischer Schriftsteller. Manche von ihnen verließen die DDR, wie etwa *Sarah Kirsch*, *Jurek Becker* oder *Monika Maron*. Der ostdeutsche Schriftsteller und Liedermacher *Wolf Biermann* wurde wegen kritischer Veröffentlichungen 1976 ausgebürgert (▸ M11). Bis in die 1980er-Jahre blieben Künstler und Autoren der Willkür des SED-Regimes ausgesetzt, das entweder über Kritik hinwegsah oder mit harten Maßnahmen reagierte.

Wettstreit der Systeme im Sport Die materiellen Anreize, welche die DDR ihren Bürgern bieten konnte, waren gemessen an westlichen Standards gering. Sie musste daher auf andere Felder ausweichen, auf denen sie die Loyalität der Bevölkerung gewinnen und zugleich der kapitalistischen Konkurrenz erfolgreich Paroli bieten konnte. Sportliche Glanzleistungen sollten die Bürger mit nationalem Stolz erfüllen und dem Land die zunächst verwehrte internationale Anerkennung bringen.

Im Kalten Krieg wurden internationale Sportveranstaltungen zu Arenen im Wettstreit der Systeme (▸ M12). In diesem Sinne sah die DDR ihre Spitzensportler als „Diplomaten im Trainingsanzug". Kein anderes Land der Welt gab anteilsmäßig so viel Geld für die Förderung des Sports aus. Bereits in den Kindergärten und Grundschulen

▲ **Deutsches Turn- und Sportfest in Leipzig.**
Foto vom 15. August 1959. „Jedermann an jedem Ort – einmal in der Woche Sport", so die Losung von DDR-Staatschef Walter Ulbricht. In diesem Sinne betätigte er sich wie hier auf dem III. Turn- und Sportfest in Leipzig als begeisterter Vorturner.

wurden begabte Kinder gefördert. Zudem wurde systematisch gedopt. Die internationalen Erfolge der ostdeutschen Spitzensportler trugen zur Identifikation der Bürger mit ihrem Land bei.

Bedeutend für das Selbstverständnis der westdeutschen Nachkriegsgesellschaft war der Sieg bei der Fußballweltmeisterschaft 1954 in Bern. Durch das „Wunder von Bern" konnten die Deutschen wieder stolz auf ihre Nation sein. Als die DDR bei den Olympischen Spielen von 1968 erstmals mit eigener – und nicht mehr in einer gesamtdeutschen – Mannschaft antrat und von da an im Medaillenspiegel jeweils vor der Bundesrepublik lag, sah sich diese genötigt, die staatliche Sportförderung ihrerseits zu forcieren. Auch im Westen war Doping nicht unbekannt. Im Jahr vor den Olympischen Spielen 1972 in München erklärte Bundesinnenminister *Hans-Dietrich Genscher* in einer Beratung: „Von ihnen als Sportmediziner will ich nur eines: Medaillen für München."

Skandal und Wandel in der Bundesrepublik In den 1960er-Jahren spitzte sich in der Bundesrepublik die Auseinandersetzung um die Vergangenheit zu. Die jüngere Generation kritisierte die Selbstverständlichkeit, mit der ehemalige Mitläufer nach 1945 die Entwicklung der Bundesrepublik bestimmten, und forderte dazu auf, das Schweigen zu brechen. Die meist sehr persönlich geführte Auseinandersetzung der Jugend mit der Vergangenheit ihrer Eltern, Lehrer und Professoren führte oftmals zu einer pauschalen Verurteilung der älteren Generation und ging mit einem inflationären Gebrauch des Faschismus-Vorwurfs einher.

Im Mai 1968 erklärte der Bundestag „Beihilfe zum Mord aus niederen Beweggründen" rückwirkend seit 1960 als straffrei. Da im bundesdeutschen Rechtsverständnis als Haupttäter immer Hitler, Himmler, Heydrich u. a. galten, wurde die Masse der Schreibtisch-Täter stets nur wegen Beihilfe zum Mord angeklagt. Aufgrund der Novelle mussten viele Prozesse und Ermittlungsverfahren gegen NS-Täter eingestellt werden. Was in der offiziellen Sprachregelung als „Panne des Gesetzgebers" galt, nannte die kritische Öffentlichkeit „kalte Amnestie".

Der von 1963 bis 1965 dauernde *Frankfurter Auschwitz-Prozess* hatte das Ausmaß des NS-Völkermordes, aber auch die Schwierigkeit gezeigt, den Verantwortlichen ihre individuellen Mordtaten nachzuweisen. Mord und Beihilfe zum Mord verjährten bis dahin nach 20 Jahren – so wäre in absehbarer Zeit eine Strafverfolgung von NS-Tötungsverbrechen nicht mehr möglich gewesen. Schließlich handelte der Gesetzgeber: Der Deutsche Bundestag verschob zunächst die Verjährungsfrist, nach weiteren intensiven Debatten im Jahr 1979 entschied er, die Verjährung von Völkermord und Mord ganz aufzuheben. So konnten in den 1960er-Jahren noch zahlreiche Prozesse gegen NS-Täter durchgeführt werden.

Auf politischer Ebene belebte sich vor allem im Zuge der Neuen Ostpolitik unter Bundeskanzler *Willy Brandt* der Diskurs über die NS-Vergangenheit von Neuem. Die Bundesrepublik bemühte sich erfolgreich um eine Verbesserung der deutsch-deutschen Beziehungen und der Verhältnisse zu den Staaten, die die DDR anerkannt hatten. Dazu gehörten auch Bemühungen um eine Aussöhnung mit den Opfern im Osten, die der berühmte Kniefall Brandts vor dem Mahnmal für die Opfer des Warschauer Ghettos symbolisch ausdrücken sollte.[1]

Stillstand und Ritualisierung in der DDR ▀ Eine solche auf den Nationalsozialismus zentrierte Auseinandersetzung der jungen Generation mit der älteren blieb in der DDR aus. Der ritualisierte antifaschistische Bezug auf den Nationalsozialismus wandelte sich nur in Nuancen. Öffentliche Kontroversen waren ohnehin nicht möglich. Neben der diktatorischen Verfasstheit des Staates war das einerseits durch die „antifaschistische Herkunft" der Herrschenden bedingt. „Wir fühlten eine starke Hemmung, gegen Menschen Widerstand zu leisten, die in der Nazi-Zeit im KZ gesessen hatten", kommentierte die Schriftstellerin *Christa Wolf* rückblickend. Andererseits war in der DDR die Auseinandersetzung mit dem „Hitler-Faschismus" ein Dauerthema in Politik, Bildung und Medien. Seit Gründung des Landes war die Bevölkerung durch dutzende Romane, Fernseh- und Kinoproduktionen, die zum Teil auch zum zentral vorgegebenen Schulstoff gehörten, „antifaschistisch" beeinflusst (z. B. *Bruno Apitz* „Nackt unter Wölfen").

Nach 1990: Die Aufarbeitung geht weiter ▀ Seit der Deutschen Einheit 1990 hat sich Deutschland einer „doppelten Vergangenheit" zu stellen. Die Fehler, die bei der ersten „Diktaturbewältigung" gemacht wurden – vor allem bei der strafrechtlichen Verfolgung der NS-Verbrechen – sollten sich bei der zweiten nicht wiederholen. Das vereinte Deutschland wandte sich, anders als nach 1945, unverzüglich der Aufarbeitung der Vergangenheit zu. Die Verbrechen der DDR-Diktatur wurden öffentlich gemacht, den Opfern wurde materiell und symbolisch Genugtuung verschafft, die Täter wurden bestraft. Für die Geschichtswissenschaft gilt das Thema DDR inzwischen als „über-

▲ **Begegnung mit Zeitzeugen.** *Foto vom 16. April 2005. Ein früherer Häftling erläutert Schülern in der Gedenkstätte des ehemaligen KZ Sachsenhausen bei Berlin Fotos und Dokumente.*

forscht". Geschichtskulturell aber hat das Thema, vor allem in den Facetten „Repression und Mangel", weiter Konjunktur.

Seit 1990 gibt es auch eine gesamtdeutsche Erinnerung an den Nationalsozialismus. Befürchtungen, das Thema könnte zu den Akten gelegt werden, erwiesen sich als falsch. Das Bekenntnis zur Verantwortung für die deutschen Gewalttaten steht unverändert. In Wissenschaft, Medien und Kunst ist das Interesse an der NS-Zeit größer denn je. Das Bild jener Epoche wird immer differenzierter. Unternehmensgeschichten etwa klären den Beitrag der deutschen Wirtschaft an der Judenverfolgung sowie an der Ausbeutung von Zwangsarbeitern während des Krieges. Mit der im Jahr 2000

[1] Siehe dazu auch Seite 95, M3.

gegründeten Stiftung „Erinnerung, Verantwortung und Zukunft" wurden die vielen Millionen ehemaliger Zwangsarbeiter entschädigt und endlich als Opfer anerkannt.

Darüber hinaus widmet sich die Geschichtswissenschaft verstärkt dem Thema „Aufarbeitung der Aufarbeitung" und damit der Frage, wie in Deutschland, aber auch in anderen europäischen Staaten, mit der NS-Vergangenheit von 1945 bis heute umgegangen worden ist.

Lesetipp
Heike Tuchscheerer,
20 Jahre vereinigtes Deutschland: eine „neue" oder „erweiterte Bundesrepublik"?, Baden-Baden 2010

Alles neu in der „Berliner Republik"? Im politischen Sprachgebrauch ist seit der deutschen Einheit von der „Berliner Republik" die Rede (▶ M13). Diese Bezeichnung bezieht sich nicht nur auf die neue, modernisierte Hauptstadt, sondern vielmehr auf ein verändertes deutsches Selbstverständnis im europäischen und internationalen Kontext.

Hat sich die deutsche Politik nach 1990 verändert? Dafür sprechen einige Indizien: Die Bundesrepublik drängt auf einen Sitz im Weltsicherheitsrat der UNO. Sie beteiligt sich an internationalen militärischen Kriegseinsätzen im Rahmen der NATO und der UNO. Sie spricht sich vehement gegen den Kriegseinsatz im Irak und gegen Libyen aus. Sie richtet „Gipfelkonferenzen" zur Klärung internationaler Konflikte aus. Und auch bei der Bewältigung der Euro- und Schuldenkrise seit dem Jahr 2008 spielt die Bundesrepublik eine dominierende Rolle.

Der Wandel von der Bonner zur in „neuer alter Größe" gewachsenen Berliner Republik hat im In- und Ausland auch Unbehagen ausgelöst. Um das Ansehen Deutschlands in der Welt und das Vertrauen des Auslands zu bewahren, knüpft die Berliner Republik an die antirituellen Traditionen der Bundesrepublik an. Dies betrifft auch die alljährliche Ausrichtung der Feier zum „Tag der deutschen Einheit" am 3. Oktober. Bremens Oberbürgermeister *Klaus Wedemeyer* empfahl 1994 auf der zentralen Einheitsfeier: „Rücksichtnahme und Aufrichtigkeit, Behutsamkeit und Realitätssinn nach innen und nach außen sollten uns auch leiten, wenn wir über die deutsche Nation und die kollektive Identität der Deutschen diskutieren."

Innenpolitisch hat sich die Situation von einem „behaglichen" Dreiparteiensystem (CDU, SPD, FDP) zu einem „bunten" Sechsparteiensystem (CDU, SPD, Grüne, Linke, FDP, Piraten) entwickelt, das vielfältigere politische Konstellationen ermöglicht. Von allen Parteien wird heute eine größere ideologische Beweglichkeit und Kompromissfähigkeit eingefordert. Nicht zuletzt sorgen die vielfältigen internationalen Anforderungen – Globalisierung, Terrorismus, Ökologie, Demografie – dafür, dass sich die deutsche Politik stets neu definieren muss.

Ob sich die Orientierung der deutschen Politik am „Zivilisationsbruch Nationalsozialismus" mit wachsendem zeitlichen Abstand halten wird, oder ob dieser historische Bezugspunkt allmählich verblasst, wird sich zeigen. Die politische Auseinandersetzung mit den NS-Verbrechen sollte jedoch nicht beendet werden, weil bis heute Rassismus, Antisemitismus, Ausländerfeindlichkeit und andere rechtsextremistische Auswüchse vielfach auf nationalsozialistischen Vorstellungen gründen. Außerdem hat sich nach 1945 mehrfach gezeigt, dass sich Zivilisationsbrüche in allen Teilen der Welt wiederholen können (z. B. die Massenmorde in Kambodscha oder die Kriegsverbrechen in Jugoslawien und Ruanda).

▲ **Volksfest am Brandenburger Tor zum Tag der deutschen Einheit in Berlin.**
Foto vom 3. Oktober 2011.

Ein Land – eine Identität? ■ Seit der „Wiedervereinigung" nähert sich die politische Kultur in den beiden Teilen Deutschlands allmählich einander an. Obwohl Löhne und Gehälter inzwischen weitgehend angeglichen wurden, fühlte sich ein Teil der Ostdeutschen jedoch durch die radikale politische und wirtschaftliche Umstellung ungerecht behandelt. Orientierungslosigkeit, Rechtsradikalismus und eine nostalgische Verklärung des Sozialismus machten sich breit. Insgesamt sind die Menschen in den neuen Bundesländern mit Demokratie, pluralistischer Gesellschaft und Marktwirtschaft weniger zufrieden als die im Westen. Die überwiegende Mehrheit der Bevölkerung steht aber positiv zum wiedervereinigten Deutschland.

Die Unterschiede in der Lebenserfahrung und im Lebensgefühl zwischen den Deutschen in Ost und West waren doch größer, als man das in den aufregenden Monaten der friedlichen Revolution erwartet hatte. Dies betrifft auch das kollektive Gedächtnis und traditionelle Werthaltungen. So spielt etwa im Osten die Erinnerung an den Holocaust immer noch eine geringere Rolle als im Westen, während der Antifaschismus noch immer einen großen Platz einnimmt.

Trotz aller wirtschaftlichen und sozialen Probleme: Der Stolz auf die friedliche Revolution in der DDR und die daraufhin erfolgte Deutsche Einheit hat wesentlich zu einem gemeinsamen Selbstverständnis und zur „inneren Einheit" Deutschlands beigetragen.

▲ „Daran müssen wir noch arbeiten."
Karikatur von Rainer Schwalme, 1992.
■ *Erklären Sie die Haltung des Zeichners zur deutschen Einheit. Diskutieren Sie, ob die Aussage der Karikatur auch heute noch Gültigkeit hat.*

Eine neue Geschichtskultur ■ Mit dem Ende der DDR verschwand auch ihre *Geschichtskultur*. Die Symbole des vereinigten Deutschland, die Flagge und Hymne, waren jene der Bundesrepublik. Namen der ostdeutschen Straßen, Plätze und Institutionen, die Denkmäler und symbolträchtigen Gebäude verschwanden, während sich Benennungen, die sich an der Geschichtskultur der alten Bundesländer orientieren, allmählich auch im Beitrittsgebiet verbreiten.

In der Bundesrepublik war die politische Kultur seit Ende der 1970er-Jahre pluraler geworden. Es gab immer mehr bürgergesellschaftliche Initiativen. Das beeinflusste auch die westdeutsche Geschichtskultur. Die (Um-)Benennung von Straßen, Plätzen, Institutionen und Kasernen, die Errichtung, Entfernung oder Umwidmung von Gedenkorten verstand man nun nicht mehr als alleinige Angelegenheit des Staates, sondern als Resultat eines Selbstverständigungsprozesses der Gesellschaft. Auch das 2005 fertiggestellte Denkmal für die ermordeten Juden Europas sowie das 2007 vom Bundestag beschlossene *Freiheits- und Einheitsdenkmal*[1] im Zentrum Berlins hatten bürgergesellschaftliche Ursprünge (▶ M14). Heute gibt es in Deutschland eine Vielzahl von Gedenkstätten, die vom Bund, den Ländern, Kommunen oder von bürgergesellschaftlichen Akteuren errichtet wurden und betrieben werden.

Lesetipp
Dana Giesecke und Harald Welzer, Das Menschenmögliche. Zur Renovierung der deutschen Erinnerungskultur, Hamburg 2012

---

[1] Vgl. dazu den Methoden-Baustein „Denkmäler" auf Seite 162 bis 164.

Andererseits versteht es der Staat zunehmend als seine Aufgabe, die Vergangenheit mit einem offiziellen Gedenkwesen zielgerichtet lebendig zu halten. Dagegen erheben sich auch kritische Stimmen, die diese staatlich „verordnete" Gedenkkultur eher als Hindernis für eine wirkliche Auseinandersetzung und ein lebendiges Geschichtsbewusstsein begreifen.

Gleichzeitig wird die Gedenk- und Erinnerungskultur an Nationalsozialismus und Holocaust immer internationaler, was sich heute vor allem an Museen wie dem *United States Holocaust Memorial Museum* in Washington, D.C., oder dem *Jüdischen Museum* in Berlin zeigt. Auch die Entwicklung des 27. Januar von einem nationalen Gedenktag der Deutschen zum „Internationalen Tag des Gedenkens an die Opfer des Holocaust" verweist auf die Tatsache, dass der Holocaust heute Teil einer *transnationalen Erinnerungskultur* geworden ist.

Etwa seit Beginn des neuen Jahrhunderts haben die Themen Nationalsozialismus und Zweiter Weltkrieg auch in Kino- und TV-Produktionen Konjunktur. Eine neue Generation von Autoren und Regisseuren entwickelt hier eine eigene Sichtweise auf die Vergangenheit, welche in der Geschichtswissenschaft, aber auch in den Medien immer wieder kontrovers diskutiert wird.

▲▶ „Stolpersteine".
Seit 1997 verlegt der Kölner Künstler Gunter Demnig „Stolpersteine". Das sind kleine Betonwürfel mit Messingplatten, auf denen die Namen von NS-Opfern (Juden, Sinti und Roma, politisch und religiös Verfolgte, Homosexuelle, Opfer der „Euthanasie") stehen. Sie werden vor den früheren Wohnhäusern der Opfer in den Gehweg eingelassen. Bis 2012 wurden etwa 35 000 Steine an rund 750 Orten in zehn europäischen Ländern verlegt. Siehe hierzu auch den Code 7317-10.

Karikaturen analysieren

Karikaturen (von ital. caricare für „überladen", „übertreiben") sind gezeichnete historische Quellen: Sie nehmen zu aktuellen politischen oder gesellschaftlichen Ereignissen, Entwicklungen, Zuständen oder Personen kritisch Stellung. Mit den Mitteln der Parodie, der Ironie, der Komik und des Witzes heben sie zentrale Aspekte bewusst hervor, vereinfachen sie oder stellen sie verzerrt dar. Die Öffentlichkeit soll auf politische oder soziale Missstände und Fehlentwicklungen aufmerksam gemacht, zum Nachdenken und Diskutieren angeregt werden. Worüber die Zeitgenossen lachten oder sich ärgerten, was ihnen gefiel oder was sie ablehnten, erfassen wir nicht auf Anhieb. Um die Aussage einer Karikatur zu entschlüsseln, bedarf es daher der genauen Interpretation und Analyse. In der Regel legen kurze Texte den gezeichneten Figuren Worte in den Mund oder bieten als plakative Unterschriften Hilfen für Deutung und Reflexion. Neben dem Text sind auch Daten wichtige Erschließungshilfen. Generell setzen die Zeichner nicht nur die Kenntnis des dargestellten Sachverhalts voraus, sondern auch die für Karikaturen typische Symbol- und Bildersprache:

- Symbole und Metaphern (Krone und Zepter für Monarchie, Waage für Gerechtigkeit)
- Personifikation und Allegorie („Uncle Sam" für die USA, „Germania" oder der „Deutsche Michel" mit Zipfelmütze für die Deutschen, Engel oder Taube als Friedensbringer)
- Tiervergleiche (der „russische Bär", der „gallische Hahn")
- visualisierte Redensarten („alle sitzen in einem Boot", „den Gürtel enger schnallen")
- historische Bildzitate („Der Lotse geht von Bord", „Die Freiheit führt das Volk")

Formale Kennzeichen
- Wer hat die Karikatur geschaffen oder in *Auftrag* gegeben?
- Wann und wo ist sie entstanden bzw. veröffentlicht worden?

Bildinhalt
- Wen oder was zeigt die Karikatur?
- Was wird thematisiert?
- Welche *Darstellungsmittel* werden verwendet und was bedeuten sie?

Historischer Kontext
- Auf welches *Ereignis*, welchen *Sachverhalt* oder welche *Person* bezieht sich die Karikatur?
- Auf welche *politische Diskussion* spielt sie an?
- Wozu nimmt der Karikaturist konkret Stellung?

Intention und Wirkung
- An welche *Adressaten* wendet sich die Karikatur?
- Welchen *Standpunkt* nimmt der Karikaturist ein?
- Welche *Aussageabsicht* verfolgt er?
- Inwiefern unterstützt ein eventueller Text die Wirkung der Zeichnung?
- Welche *Wirkung* wollte der Karikaturist beim zeitgenössischen Betrachter erzielen?

Bewertung und Fazit
- Wie lässt sich die Aussage der Karikatur insgesamt einordnen und bewerten?
- Wurde das Thema aus heutiger Sicht sinnvoll und überzeugend gestaltet?
- Welche Auffassung vertreten Sie zu der Karikatur?

Kompetenz:
Den Inhalt, die Aussage und die Wirkung einer Karikatur analysieren und im historischen Kontext beurteilen

Hinweis: Im Buch finden Sie zahlreiche Karikaturen mit politischem Inhalt. Hier eine kleine Auswahl: Siehe Seite 77, 93, 126 und 134.

„Deutscher Michel"
Personifikation des typischen Deutschen

Kanonenrohr
Hinweis auf NATO-Beitritt und Wiederbewaffnung

Schwarzer Horizont
Metapher für ungewisse (politische) Zukunft

Gesichtszüge
klare Identifikation Adenauers

Katholische Krankenschwesterntracht
Hervorhebung/Ironisierung typischer Eigenschaften (Katholik, Adenauers autoritärer Führungsstil)

H.E. KÖHLER 57

VW-Käfer, Kühlschrank, TV-Gerät und Geldsack
Symbole für den wirtschaftlichen Aufstieg

▲ **Zufrieden – „Nicht wahr, Michelchen – keine Experimente!"**
Karikatur von H. E. Köhler in der Frankfurter Allgemeinen Zeitung, 1957.

Formale Kennzeichen Die Zeichnung stammt von Hanns Erich Köhler (1905-1983), einem der bekanntesten Karikaturisten der frühen Bundesrepublik. Er veröffentlichte sie 1957 in der Frankfurter Allgemeinen Zeitung, der führenden überregionalen, politisch eher konservativ ausgerichteten deutschen Tageszeitung.

Bildinhalt Die Karikatur zeigt den an seinen charakteristischen Gesichtszügen erkennbaren ersten deutschen Bundeskanzler und CDU-Vorsitzenden Konrad Adenauer. In Anspielung auf seine Prägung als rheinischer Katholik und seinen autoritären Führungsstil ist er als Krankenschwester in Ordenstracht gekleidet. Lächelnd schiebt er eine Kreuzung aus Kinderwagen und Volkswagen, an dem vorn ein Kanonenrohr angedeutet ist. Im Kinderwagen liegen ein Geldsack und der als zufrieden schlafendes Baby dargestellte „Deutsche Michel" mit typischer Zipfelmütze, die Personifikation des deutschen Durchschnittsbürgers. Er hält einen Kühlschrank und einen Fernseher in den Armen. Thema der Karikatur ist die gesellschaftspolitische Situation Mitte der 1950er-Jahre (1957), die von Adenauers langjähriger Kanzlerschaft (1949-1963) und dem „Wirtschaftswunder" geprägt war, das VW-Käfer, Fernseher, Kühlschrank und D-Mark symbolisieren.

Historischer Kontext Mit dem Slogan „Keine Experimente" errangen die CDU/CSU und ihr Spitzenkandidat Adenauer in der Bundestagswahl 1957 mit 50,2 Prozent der Mandate ihren bislang größten Sieg. Es war das erste und einzige Mal, dass eine Partei die absolute Mehrheit erhielt und die alleinige Regierungsfraktion stellen konnte.
Grundlagen für Adenauers Popularität waren der steigende Lebensstandard und die sinkende Arbeitslosigkeit. 1955 hatte die Bundesrepublik zudem mit dem Ende der Besatzungsherrschaft, dem NATO-Beitritt und der folgenden Wiederbewaffnung ihre Souveränität wiedererlangt. Adenauer konnte in seiner dritten Legislaturperiode nun vier Jahre lang ohne Koalitionspartner regieren und seine umstrittenen Ziele auch in der Außenpolitik verwirklichen. Dazu gehörte u.a. der Aufbau der Bundeswehr im NATO-Bündnis, worauf das angedeutete Kanonenrohr und die als schwarzer Horizont ausgemalte ungewisse oder gar dunkle Zukunft anspielen.
Mit seiner Karikatur nimmt Köhler Stellung zur politischen Einstellung der Bevölkerung, die sich in der Bundestagswahl spiegelt. Die meisten Deutschen hielten sich nach dem Krieg politisch zurück, konzentrierten sich auf den wirtschaftlichen Wiederaufbau und ihren privaten Lebensstandard. In Adenauer sahen sie den Garanten für Wohlstand und Stabilität. Für das „Experiment" eines politischen Wechsels gab es keinen Bedarf.

Intention und Wirkung Der Karikaturist will dem Wähler einen Spiegel vorhalten und ihn daran erinnern, seine politische Verantwortung ernst zu nehmen. Adenauer hat sich in den acht Jahren im Kanzleramt ein so hohes Ansehen verschafft, dass ihm der Bundesbürger – mit den Errungenschaften des „Wirtschaftswunders" materiell zufriedengestellt – im Schlaf vertraut und freie Hand lässt, ohne zu wissen, wohin der Weg führt. Der Karikaturist wendet sich nicht gegen Adenauers Politik, sondern das Desinteresse, mit dem sich die Deutschen ihre gerade erst zurückgewonnene politische Mündigkeit aus Bequemlichkeit abnehmen lassen.

Bewertung und Fazit Zeichenstil und Bildkomposition sind einfach, die Personen leicht zu erkennen und auf wenige charakteristische Elemente reduziert. Die Karikatur ist eine gelungene Allegorie, da sie die komplexen Zusammenhänge des gesellschaftspolitischen Klimas der Adenauerzeit mit Text und Symbolik treffend, einfach und damit wirkungsvoll zusammenfasst.

1. *Erläutern Sie, welches politische Selbstverständnis in der Karikatur deutlich wird.*
2. *Nehmen Sie Stellung zur Aktualität der Karikatur. Ist sie auf andere Zeiten übertragbar?*

M1 „Es ist zum Übelwerden"

Der Schriftsteller und Nobelpreisträger Hermann Hesse (1877-1962) lebt seit 1919 in der Schweiz im Tessin. Während der Zeit des Nationalsozialismus ist sein Haus eine Anlaufstelle für etliche Emigranten aus Deutschland auf ihrem Weg ins Exil. Hesse schreibt einen „Offenen Brief" an die Schriftstellerin Luise Rinser, der am 26. April 1946 unter dem Titel „Ein Brief nach Deutschland" in der National-Zeitung (Basel) veröffentlicht wird. Darin heißt es:

Merkwürdig ist das mit den Briefen aus Ihrem Lande! Viele Monate bedeutete für mich ein Brief aus Deutschland ein überaus seltenes und beinahe immer ein freudiges Ereignis. [...]

5 Dann wurden die Briefe häufiger und länger und unter diesen Briefen waren schon viele, die mir keine Freude machten und die zu beantworten mir bald die Lust verging [...].

Ein Gefangener in Frankreich, kein Kind mehr, sondern ein Industrieller und Familienvater, mit Doktortitel und guter

10 Bildung, stellte mir die Frage, was denn nach meiner Meinung ein gut gesinnter anständiger Deutscher in den Hitlerjahren hätte tun sollen? Nichts habe er verhindern, nichts gegen Hitler tun können, denn das wäre Wahnsinn gewesen, es hätte ihn Brot und Freiheit gekostet, und am Ende noch

15 das Leben. [...]

Da sind nun zum Beispiel alle jene alten Bekannten, die mir früher jahrelang geschrieben, damit aber in dem Augenblick aufgehört haben, als sie merkten, dass man sich durch Briefwechsel mit mir, dem Wohlüberwachten, recht Unangeneh-

20 mes zuziehen könne. Jetzt teilten sie mir mit, dass sie noch leben, dass sie stets warm an mich gedacht und mich um mein Glück, im Paradies der Schweiz zu leben, beneidet hätten, und dass sie, wie ich mir ja denken könne, niemals mit diesen verfluchten Nazis sympathisiert hätten. Es sind aber

25 viele dieser Bekenner jahrelang Mitglieder der Partei gewesen. Jetzt erzählen sie ausführlich, dass sie in all diesen Jahren stets mit einem Fuß im Konzentrationslager gewesen seien, und ich muss ihnen antworten, dass ich nur jene Hitlergegner ganz ernst nehmen könne, die mit beiden Füßen in jenen

30 Lagern waren, nicht mit dem einen im Lager, mit dem anderen in der Partei [...].

Dann gibt es treuherzige alte Wandervögel, die schreiben mir, sie seien damals, so etwa um 1934, nach schwerem inneren Ringen in die Partei eingetreten, einzig, um dort ein heilsa-

35 mes Gegengewicht gegen die allzu wilden und brutalen Elemente zu bilden und so weiter.

Andere wieder haben mehr private Komplexe und finden, während sie im tiefen Elend leben und von wichtigeren Sorgen umgeben sind, Papier und Tinte und Zeit und Tempera-

ment im Überfluss, um mir in sehr langen Briefen ihre tiefe 40 Verachtung für Thomas Mann[1] auszusprechen und ihr Bedauern oder ihre Entrüstung darüber, dass ich mit einem solchen Mann befreundet sei.

Und wieder eine Gruppe bilden jene, die offen und eindeutig all die Jahre mit an Hitlers Triumphwagen gezogen haben, 45 einige Kollegen und Freunde aus früheren Zeiten her. Sie schreiben mir jetzt rührende und freundliche Briefe, erzählen mir eingehend von ihrem Alltag, ihren Bombenschäden und häuslichen Sorgen, ihren Kindern und Enkeln, als wäre nichts gewesen, als wäre nichts zwischen uns, als hätten sie nicht 50 mitgeholfen, die Angehörigen und Freunde meiner Frau, die Jüdin ist, umzubringen und mein Lebenswerk zu diskreditieren und schließlich zu vernichten. Nicht einer von ihnen schreibt, er bereue, er sehe die Dinge jetzt anders, er sei verblendet gewesen. Und auch nicht einer schreibt, er sei 55 Nazi gewesen und werde es bleiben, er bereue nichts, er stehe zu seiner Sache. Wo wäre je ein Nazi zu seiner Sache gestanden, wenn diese Sache schief ging? Ach, es ist zum Übelwerden.

Zitiert nach: Christoph Kleßmann, Die doppelte Staatsgründung. Deutsche Geschichte 1945-1955, Bonn 1991, S. 443f.

1. *Beschreiben Sie, wie sich die Deutschen in ihren Briefen an Hermann Hesse darstellen.*

2. *Erläutern Sie, welche Gründe es für die Einstellung der Deutschen und ihren Umgang mit dem Nationalsozialismus geben könnte.*

3. *Erörtern Sie die Haltung Hesses, die hier zum Ausdruck kommt. Nehmen Sie selbst Stellung zu den Briefschreibern und verfassen Sie Antworten.*

M2   Mentalitätsbrüche

Der Historiker Hans-Ulrich Wehler spricht von einem vierfachen Mentalitätsbruch, der die Ausgangslage der neu gegründeten Bundesrepublik begünstigt habe:

1. Jedes Liebäugeln mit der Diktatur traf nach 1945 in Westdeutschland auf unüberwindbaren Widerstand. Die Erfahrungen mit dem Führerabsolutismus hatten alle Illusionen, die dieses politische System unlängst noch umhüllt hatten, aufgelöst. [...] 5

---

[1]   **Thomas Mann** (1875-1955): deutscher Schriftsteller und Nobelpreisträger, der 1933 in die Schweiz und 1938 in die USA emigrierte. Als Gegner der Nationalsozialisten wandte er sich regelmäßig in einer eigenen Radiosendung, gesendet von der BBC, an die deutsche Bevölkerung.

2. Mit dem Untergang des „Dritten Reiches" wurde außerdem die Fata Morgana eines deutschen „Sonderwegs" in die Moderne endgültig aufgegeben. Zwar hatte Deutschland seit jeher zum Okzident: zum westlichen Kulturkreis und europä-
10 ischen Staatensystem, gehört – insofern ist die Formel vom „langen Weg nach Westen" irreführend. Doch war es seit der zweiten Hälfte des 19. Jahrhunderts mit fatalen Folgen von dessen Modernisierungspfad abgewichen. Das niederschmetternde Resultat des nationalsozialistischen „Sonder-
15 wegs" blieb umso wirkungsvoller, als die Blockkonfrontation zwischen sowjetischer Diktatur und westlicher Demokratie die vermeintliche Option für einen neuen „Dritten Weg", den einige irrlichternde Schwarmgeister noch immer für begehbar hielten, denkbar unattraktiv machte.
20 3. Nachdem der Vulkan des deutschen Radikalnationalismus erstickt worden war, erloschen auch die Leidenschaften, die ihn von einer Eruption zur anderen getrieben hatten. Damit verlor der politische Verband der Deutschen einen seiner Tragpfeiler, insbesondere aber eine Antriebskraft, die ihn seit
25 hundert Jahren bewegt hatte. Die große Frage lautet seither, welcher Loyalitätspol an die Stelle der Nation treten kann, da auch moderne westliche Staaten weiterhin einer integrierenden Programmatik bedürfen. [...]
4. Auch der Bann des charismatischen „Führers" war 1945
30 endgültig gebrochen worden, nachdem der Selbstmörder ein bis dahin unvorstellbares Chaos heraufgeführt hatte. Trotzdem: Da der Hitler-Mythos sozialpsychisch viel tiefer verankert war, als mancher Kritiker der Führerherrschaft später wahrhaben wollte, ist seine Ausstrahlungskraft nicht über
35 Nacht erloschen. Die ersten Meinungsumfragen ergaben, dass Hitlers Leistungen in den sechs Friedensjahren noch rundum auf Anerkennung trafen. Im Sommer 1952 etwa hielt ihn ein Drittel der Befragten für einen „großen Staatsmann", ein weiteres Viertel besaß eine „gute Meinung" von ihm.
40 Auch 1955 glaubte immerhin fast die Hälfte (48 Prozent), dass Hitler ohne den Krieg als einer „der großen deutschen Staatsmänner" dagestanden hätte. Selbst 1967, als die westdeutsche Wirtschaft und die Bonner Republik schon jahrelang florierten, hielten noch immer 32 Prozent an diesem positi-
45 ven Urteil fest. Heutzutage mag man das mit einem ungläubigen Kopfschütteln registrieren, aber die zuverlässig ermittelten empirischen Befunde beweisen noch einmal die außergewöhnliche Faszination, die Hitlers charismatische Herrschaft auf seine Deutschen ausgeübt hatte.

Hans-Ulrich Wehler, Deutsche Gesellschaftsgeschichte, Bd. 4: Vom Beginn des Ersten Weltkriegs bis zur Gründung der beiden deutschen Staaten 1914-1949, München 2003, S. 981 f.

▲ Titelblatt der satirischen Nachkriegszeitschrift „Ulenspiegel" von Oktober 1946.
Die LDP (Liberal-Demokratische Partei Deutschlands) war eine 1945 in der Sowjetischen Besatzungszone gegründete liberale Partei, die in der DDR zur einflusslosen Blockpartei wurde.
■ *Analysieren Sie die Aussage des Bildes.*

1. *Vergleichen Sie die Aussagen Wehlers mit dem Bericht in M1. Erarbeiten Sie auf dieser Grundlage ein Schaubild zum Selbstverständnis der Deutschen nach dem Krieg.*

2. *Erörtern Sie, welche integrierende Idee heute im wiedervereinigten Deutschland als Antriebskraft wirken könnte.*

M3 Einstellungen im Wandel der Zeit

„Wann im 20. Jahrhundert ist es nach Ihrem Gefühl Deutschland am besten gegangen, in welchen Jahren?"				
Zeitraum	Jahr der Umfrage			
	1959	1963	1970	1980
vor dem Ersten Weltkrieg	28	16	5	4
1918 bis 1933	5	5	2	2
1933 bis 1939	21	10	5	3
während des Krieges (1940-1945)	1	1	–	–
nach 1945	39	62	–	–
heute, jetzt	–	–	81	80
keine Angabe	6	6	7	11

Nach: Allensbacher Jahrbuch der Demoskopie 1984-1992, München 1993, S. 386

„Wann im 20. Jahrhundert ist es nach Ihrem Gefühl Deutschland am besten gegangen …?" Diese Frage wurde von einem Meinungsforschungsinstitut in seinen Umfragen regelmäßig in der Bundesrepublik Deutschland gestellt. Die Tabelle zeigt, wie die Befragten geantwortet haben. Beschreiben Sie anhand der Daten die Einstellung der Westdeutschen zu ihrer Vergangenheit und Gegenwart bis um 1980. Erläutern Sie, welche Tendenzen erkennbar sind und wie sich diese erklären lassen. Ziehen Sie Ihre Ergebnisse aus M1 und M2 hinzu.

M4 Zur „antifaschistischen Umwälzung" in der DDR

Im Geschichtsschulbuch, das an allen 10. Klassen der Polytechnischen Oberschulen der DDR eingesetzt worden ist, heißt es in der Ausgabe von 1984:

Die Entstehung und Entwicklung der Deutschen Demokratischen Republik war das Resultat der siegreichen antifaschistisch-demokratischen Umwälzung. In diesem revolutionären Prozess kämpften Arbeiter, werktätige Bauern und andere
5 demokratische Kräfte unter Führung der SED für eine antiimperialistisch[1]-demokratische Staatsmacht und für die Durch-

[1] **Imperialismus**: Nach Auffassung des Marxismus-Leninismus ist der Imperialismus die fortgeschrittene Stufe des Kapitalismus, da die Industrieländer, um sich Rohstoffe und Absatzmärkte zu sichern, zur Unterwerfung und Ausbeutung anderer Staaten übergehen.

setzung des gesellschaftlichen Fortschritts. Die Machtgrundlagen der Monopolbourgeoisie und der Großgrundbesitzer wurden in der antifaschistisch-demokratischen Umwälzung beseitigt, die Wurzeln des Faschismus wurden ausgerottet. 10

Geschichte Klasse 10, Volk und Wissen, Volkseigener Verlag Berlin 1984, S. 87

1. *Geben Sie wieder, wie im Schulbuch die „antifaschistisch-demokratische Umwälzung" in der DDR beschrieben wird. Entspricht die Darstellung den historischen Tatsachen?*

2. *Erläutern Sie mithilfe der Darstellung auf Seite 134 den Faschismus-Begriff, wie ihn die DDR verstand.*

3. *Erörtern Sie, welche Konsequenzen sich aus dieser Geschichtsdarstellung für den Umgang mit der jüngsten Vergangenheit in Politik und Gesellschaft der DDR – auch gegenüber Westdeutschland – ergaben.*

M5 Antikommunismus als Deckmantel?

Der Politikwissenschaftler Dietrich Thränhardt analysiert die Integration ehemaliger Nationalsozialisten in der Bundesrepublik folgendermaßen:

Als Übergangsideologie für die Bundesrepublik, die in die westliche Gesellschaft hineinwuchs, war der Antikommunismus hervorragend geeignet. In ihm konnte man sich mit den ehemaligen Kriegsgegnern, mit der Demokratie, den „westlichen Werten", dem Christentum, dem „Abendland" identi- 5
fizieren, die als positives Gegenbild fungierten. Auch wenn man während des „Dritten Reiches" unterschiedlichen politischen Lagern angehört hatte, war auf dieser ideologischen Grundlage eine Versöhnung möglich. Die große Menge der ehemaligen Nationalsozialisten und die noch größere Zahl 10 der ehemaligen Antidemokraten konnte auf diese Weise allmählich eine neue positive Identifikation gewinnen, die aber häufig sehr partiell blieb. Nach dem Urteil der Frankfurter Allgemeinen Zeitung war es 1954 bei Bewerbungen eher eine Empfehlung, „PG" [Parteigenosse, also Mitglied der NSDAP] 15 gewesen zu sein.
Zur Stabilisierung nach innen trug diese neue Dichotomisierung[1] [...] zweifellos bei. Die politische Eingliederung breiter Schichten mit bisher nichtdemokratischer Orientierung gelang in bemerkenswertem Umfang. Die Eingliederung einer 20 so großen Anzahl ehemaliger Nichtdemokraten, vorwiegend in bürgerlichen Kreisen und gesellschaftlich angesehenen

[1] **Dichotomisierung**: Zerlegung einer Gesamtheit in zwei Teilgesamtheiten, die mithilfe eines Merkmals unterschieden werden (z.B. in der Statistik nach Geschlecht: männlich und weiblich)

Berufsgruppen (Ärzte, Lehrer, Verwaltungsbeamte, Richter), barg andererseits die Gefahr des Eindrin-
25 gens von undemokratischen Einflüssen. [...]
Als die neuen Bundesministerien aufgebaut wur-
den, waren die Überprüfungen durch die Alliierten aufgegeben worden. Sozialdemokraten wurden wegen der harten innenpolitischen Frontstellung
30 kaum eingestellt. Andererseits erhielten aber alle ehemaligen Beamten des „Dritten Reiches", mit Ausnahme der schwer belasteten, einen Rechtsan-spruch auf Beschäftigung (Ausführungsgesetz zu Art. 131 GG). Alle Behörden hatten 20 % der Stellen
35 für diesen Zweck zu reservieren. Da die meisten früheren Spitzenbeamten von den Alliierten ent-lassen und sogar vorübergehend verhaftet wor-den waren, standen sie 1949/50 zur Verfügung. Innerhalb der Gruppe der Beamten hatten alte
40 Verbindungen Bestand gehabt: Ein ehemaliger Beamter „zog" den anderen nach. Im Ergebnis kam es zur Wiederherstellung der alten Bürokratie, ein-schließlich ihrer NSDAP-Mitglieder. Im Auswärti-gen Amt waren 1951 66 % der leitenden Beamten
45 ehemalige NSDAP-Mitglieder. Kritik daran wies Adenauer mit dem Appell zurück, „jetzt mit der Naziriecherei Schluss zu machen". Für das Bundes-justizministerium ergab eine amerikanische Un-tersuchung noch höhere Werte. In anderen Minis-
50 terien, für die keine Unterlagen vorliegen, dürfte die Entwicklung ähnlich gewesen sein.
Immer wieder wurden diese Besetzungen mit dem Mangel an „Fachleuten" erklärt. Die Besetzung der Bundesministerien war dabei der spektakulärste und auch greifbarste Fall. Denn
55 es bestand ein Unterschied zwischen einer allgemeinen be-ruflichen Wiedereingliederung ehemaliger Nationalsozialis-ten und der Besetzung zentraler Entscheidungspositionen. Insbesondere die Justiz, in der sich der Korpsgeist ihrer Ange-hörigen bemerkbar machte, wurde weithin restituiert. Erst
60 seit Ende der sechziger Jahre, als breite öffentliche Kritik ein-setzte, wurde den schwer belasteten „Blutrichtern" die Mög-lichkeit gegeben, sich unter Wahrung ihrer Versorgungs-ansprüche pensionieren zu lassen. Bestraft wurde keiner.

Dietrich Thränhardt, Geschichte der Bundesrepublik Deutschland, Frankfurt am Main 1996, S. 112 ff.

1. *Fassen Sie die Aussagen Thränhardts mit eigenen Worten zusammen.*
2. *Erläutern Sie, inwiefern der Antikommunismus als „Integrationsideologie" wirkte.*
3. *Erörtern Sie, ob es in unserer heutigen Gesellschaft auch „Integrationsideologien" gibt.*

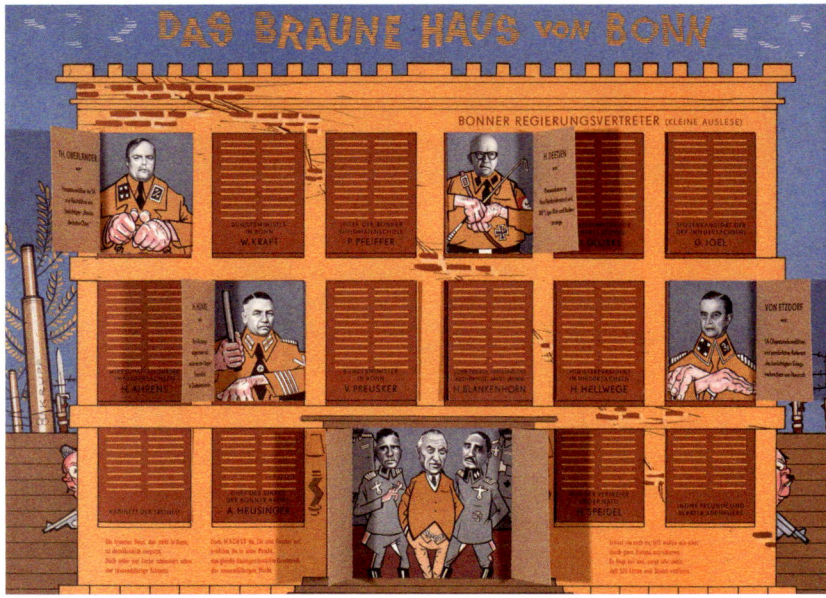

▲ **Das Braune Haus von Bonn.**
Schautafel, herausgegeben von der SED-Abteilung Agitation, Presse, Rundfunk, Berlin-Ost, 1956.
Als „Braunes Haus" wurde die NS-Parteizentrale in München von 1930 bis 1945 bezeichnet. „Das Braune Haus von Bonn" zeigt führende Politiker der Bundes-republik, die im NS-Regime aktiv waren. Dazu gehört etwa Minister Theodor Oberländer (oben links).

■ *Erläutern Sie, warum die SED-Führung an der Aufdeckung der „braunen" Vergangenheit westdeutscher Politiker interessiert war.*

M6 Die zweite Schuld

Der Journalist, Publizist und Schriftsteller Ralph Giordano über-lebt den Holocaust als Sohn einer Jüdin in einem Kellerversteck in Hamburg. In seinem 1987 erschienenen Buch „Die zweite Schuld oder Von der Last Deutscher zu sein" setzt er sich mit der „Vergangenheitsbewältigung" in der Bundesrepublik Deutschland auseinander:

Jede zweite Schuld setzt eine erste voraus – hier: die Schuld der Deutschen unter Hitler. Die zweite Schuld: die Verdrän-gung und Verleugnung der ersten nach 1945. Sie hat die po-litische Kultur der Bundesrepublik Deutschland bis auf den heutigen Tag wesentlich mitgeprägt, eine Hypothek, an der 5 noch lange zu tragen sein wird. Denn es handelt sich nicht um einen bloß rhetorischen Prozess, nicht um einen Ablauf im stillen Kämmerlein. Die zweite Schuld hat sich vielmehr tief eingefressen in den Gesellschaftskörper der zweiten deutschen Demokratie. Kern ist das, was in diesem Buch der 10 „große Frieden mit den Tätern" genannt wird – ihre kalte Amnestierung durch Bundesgesetze und durch die nahezu restlose soziale, politische und wirtschaftliche Eingliederung während der ersten zehn Jahre der neuen Staatsgeschichte.

15 Das zweite Codewort, gleichsam der rote Faden von der ersten bis zur letzten Seite, ist der „Verlust der humanen Orientierung", ein tief aus der Geschichte des Deutschen Reiches bis hinein in unsere Gegenwart wirkendes Defizit. Beide Codewörter – der große Frieden mit den Tätern und der Ver-

20 lust der humanen Orientierung – korrespondieren miteinander und bilden meine Betrachtungsgrundlage.

Hauptschauplatz ist die Bundesrepublik Deutschland, obwohl sich bestimmte Abläufe der zweiten Schuld auch auf die Deutsche Demokratische Republik übertragen ließen. [...]

25 Hauptthema ist die historische Fehlentscheidung einer Mehrheit der heute älteren und alten Generationen, sich mit der nationalsozialistischen Vergangenheit und der eigenen Rolle in ihr nicht ehrlich auseinanderzusetzen, belastende Erinnerungen abzuwerfen und sich mit einem kompromit-

30 tierenden Abschnitt selbsterlebter und mitgestalteter Nationalgeschichte herauszustehlen. Dies in Mittäterschaft einer Vielzahl bundesdeutscher Politiker aller Parteien, die um der Wählerstimmen willen dem nationalen Kollektiv der Hitleranhänger bei Verdrängung und Verleugnung weit

35 entgegengekommen sind und damit ihren Anteil zur zweiten Schuld beigetragen haben.

Ralph Giordano, Die zweite Schuld oder Von der Last Deutscher zu sein, Hamburg/Zürich 1987, S. 11 f.

1. *Geben Sie wieder, was Giordano unter dem Begriff der „zweiten Schuld" versteht.*

2. *Erläutern Sie die Folgen der „zweiten Schuld" für das Selbstverständnis der Bundesrepublik.*

3. *Der niederländische Historiker Friso Wielenga bewertet die Aufarbeitung der Bundesrepublik im Jahr 1993 folgendermaßen:„Überblickt man den Umgang mit der NS-Vergangenheit im demokratischen Teil Deutschlands seit 1945, ist die These gerechtfertigt, dass diese Vergangenheit nicht ‚verdrängt' wurde, sondern dass sie sich – eher umgekehrt – allmählich in die westdeutsche Identität ‚eingebrannt' hat. Dabei ist nicht bestritten, dass auch vieles versäumt wurde. [...] Aber kein Staat der Welt hat die Konfrontation mit seiner belastenden Geschichte so intensiv angegangen wie der westliche Teil Deutschlands in dem vergangenen halben Jahrhundert."[1] Nehmen Sie begründet Stellung zu den gegensätzlichen Positionen Wielengas und Giordanos. Achten Sie auf den Zeitpunkt der Veröffentlichungen.*

[1] Friso Wielenga, Schatten deutscher Geschichte. Der Umgang mit dem Nationalsozialismus und der DDR-Vergangenheit in der Bundesrepublik, Vierow bei Greifswald 1993, S. 107

M7 Schuldgefühle und Loyalität

Christa Wolf gehört zu den bekanntesten Schriftstellerinnen der DDR. Im Juni 1987 schreibt sie:

Als wir fünfzehn, sechzehn waren, mußten wir uns unter dem niederschmetternden Eindruck der ganzen Wahrheit über den deutschen Faschismus von denen abstoßen, die in diesen zwölf Jahren nach unserer Meinung durch Dabeisein, Mitmachen, Schweigen schuldig geworden waren. Wir muß- 5 ten diejenigen entdecken, die Opfer geworden waren, diejenigen, die Widerstand geleistet hatten. [...] Das heißt, als wir sechzehn waren, konnten wir uns mit niemandem identifizieren. Dies ist eine wesentliche Aussage für meine Generation. Es ist ein nachwirkendes Defizit für junge Menschen, 10 wenn sie sich mit niemandem identifizieren können. Uns wurde dann ein verlockendes Angebot gemacht: Ihr könnt, hieß es, eure mögliche, noch nicht verwirklichte Teilhabe an dieser nationalen Schuld loswerden oder abtragen, indem ihr aktiv am Aufbau der neuen Gesellschaft teilnehmt, die das 15 genaue Gegenteil, die einzig radikale Alternative zum verbrecherischen System des Nationalsozialismus darstellt. An die Stelle des monströsen Wahnsystems, mit dem man unser Denken vergiftet hatte, trat ein Denkmodell mit dem Anspruch, die Widersprüche der Realität nicht zu verleugnen 20 und zu verzerren, sondern adäquat widerzuspiegeln. Dies waren aktivierende, auch verändernde Angebote. Die Auseinandersetzung [...] hat uns tief aufgewühlt. Dazu kam, speziell bei mir, aber nicht nur bei mir, die enge Beziehung zu Kommunisten, Antifaschisten durch meine Arbeit damals im 25 Schriftstellerverband [...]. Beeindruckendere Leute als sie konnte es für mich damals nicht geben [...]. Natürlich übernahmen sie eine Vorbildrolle, es bildete sich ein Lehrer-Schüler-Verhältnis heraus, sie waren die absolut und in jeder Hinsicht Vorbildlichen, wir diejenigen, die in jeder Hinsicht zu 30 hören und zu lernen hatten. [...] Für mich ist ein Beweis dafür, daß dieser Zustand weitgehend aus der deutschen Geschichte erwächst, daß Angehörige der gleichen Generation in den anderen sozialistischen Ländern früher kritisch, kühner, weniger brav und zähmbar waren als bei uns. Es lastete 35 nicht die Schuld aus der Zeit des Nationalsozialismus auf ihnen und die Hemmung, sich offen kritisch gegenüber denen zu äußern, die ihre Lehrer und Vorbilder gewesen waren.

Zitiert nach: Matthias Judt (Hrsg.), DDR-Geschichte in Dokumenten, Bonn 1998, S. 59 f.

1. *„Uns wurde dann ein verlockendes Angebot gemacht" (Zeile 11 f.). Erläutern Sie, was Christa Wolf damit meint.*

2. *Erörtern Sie, welche Auswirkungen dies auf ihre Generation und deren Selbstverständnis hatte.*

M8 Antifaschismus als Herrschaftstechnik?

*Der Historiker Christoph Classen beschreibt, wie der
Antifaschismus in der DDR eingesetzt worden ist:*

Dass „der Faschismus" und sein vermeintliches
Gegenteil, „der Antifaschismus", oft in viel stärkerem Maße gegenwartsbezogene als historische
Kategorien waren, zeigt schließlich der Fall eines
5 Juden und Widerstandskämpfers, dem man –
mangels Bereitschaft, Parteimitglied zu werden
– den Status des Verfolgten des Naziregimes noch
in den siebziger Jahren verweigerte. Als er diese
Ungerechtigkeit monierte, erklärte man ihm mit
10 entwaffnender Offenheit: „Es kommt nicht darauf an, was du damals gemacht hast, sondern
was du heute machst." Deutlicher lässt sich der
Sieg des Gegenwartshorizontes über die Vergangenheit schwerlich zum Ausdruck bringen. […]
15 Es läge also nahe, auch das Faschismus-Paradigma in der DDR, das ja mit dem antifaschistischen Selbstverständnis untrennbar verbunden
war, analog als vorwiegend taktisch motiviert zu beschreiben. Ohne Zweifel verschmolzen in dieser Kategorie zeit-
20 weise nahezu alle gesellschaftlichen Widerstände zu einem
„kompakten" Feindbild, das eine Art Sündenbockfunktion für
die anhaltenden Schwierigkeiten bei der Umsetzung des
revolutionär-utopischen Projekts eines sozialistischen
Deutschlands bekam. Ob westliche Bündnis- und Sicher-
25 heitspolitik, innerparteiliche Opposition, landesweiter Protest gegen die Zumutungen revolutionär-bürokratischer
Umgestaltungspolitik wie im Jahr 1953 oder die bis zum Mauerbau anhaltende Fluchtbewegung: Stets sah man „Faschisten" oder wenigstens ihre Verbündeten am Werk, stets
30 schien die Apokalypse eines neuen, nun atomar geführten
Weltkriegs nicht fern. Zugleich ließ sich gegen einen solchen
Gegner angesichts der monströsen Verbrechen des Nationalsozialismus buchstäblich jedes Mittel rechtfertigen. Und
doch verfehlt jede Interpretation, die […] den Antifaschismus
35 allein oder in erster Linie als Herrschaftstechnik deutet, einen
wesentlichen Aspekt des Phänomens. […] Der manichäische[1]
Charakter solcher Feindbilder stieß offenkundig keineswegs
durchgängig auf Ablehnung. Nur so ist zu erklären – was
zumeist gleichzeitig unterstellt wird –, dass der DDR-Antifa-
40 schismus als Herrschaftslegitimation vergleichsweise erfolgreich gewesen sei. Wenn es sich lediglich um durchschau-

▲ **Tribüne zur geplanten Parade zum 25. Jahrestag des
Mauerbaus in Ost-Berlin.**
Foto vom 12. August 1986.

bare propagandistische Manöver der politischen Elite
gehandelt hätte, wie ist es dann möglich gewesen, eine
breite und relativ dauerhafte gesellschaftliche Resonanz
dafür zu finden?
45

Christoph Classen, Feindbild Faschismus. Zum Doppelcharakter einer Gegnerkategorie in der frühen DDR, in: Silke Satjukow und Rainer Gries (Hrsg.),
Unsere Feinde. Konstruktion des Anderen im Sozialismus, Leipzig 2004,
S. 127-148, hier S. 129 f.

1. *Analysieren Sie Funktion und Zielsetzung des von
   Classen beschriebenen „Antifaschismus-Paradigmas".*
2. *Nehmen Sie Stellung zu Classens abschließender Frage.
   Ziehen Sie die Aussagen von Christa Wolf in M7 hinzu.*
3. *Der Politikwissenschaftler Peter Reichel fasst die DDR-
   Politik wie folgt zusammen: „So blieb die DDR fast bis
   zuletzt gefangen zwischen antifaschistischer Vergangenheitsverklärung, kommunistischer Zukunftsgewissheit und Schuldabwehr."[2] Erörtern Sie die Aussage auf
   der Grundlage von M8 und M9 sowie der Darstellung
   auf Seite 134 bis 143.*

---

1 **Manichäismus**: Religion der Spätantike und des frühen Mittelalters, die für die angestrebte Erlösung Askese und Reinheit
verlangt; hier wohl eher: Schwarz-Weiß-Malerei.

2 Peter Reichel, Vergangenheitsbewältigung in Deutschland. Die
Auseinandersetzung mit der NS-Diktatur in Politik und Justiz,
München ²2007, S. 15

M9 Antifaschismus und Antitotalitarismus

Der Historiker Martin Sabrow vergleicht, wie nach 1945 „Vergangenheitspolitik" betrieben worden ist:

Der ostdeutsche Legitimationsantifaschismus wies schließlich tabuisierende Züge auf, indem er wesentliche Aspekte des Nationalsozialismus aus dem kollektiven Gedächtnis wie aus der wissenschaftlichen Forschung verbannte, dar-
5 unter so zentrale Fragen wie die Massenattraktivität des Hitler-Regimes und die Teilhabe der Bevölkerung an Verfolgung und Vernichtung. Nie brachte die DDR-Geschichtswissenschaft eine Hitler-Biografie hervor, und bis zum Schluss hielt sie an einem dogmatisierten Denken fest, das Hitler als
10 bloßen Handlanger der Monopole verstand, die KPD als führende Kraft des Widerstandes und das deutsche Volk als verführtes Opfer der Fremdherrschaft einer kleinen Clique. Die erste Überblicksdarstellung der DDR-Geschichtswissenschaft zur NS-Zeit widmete der Shoah kein Kapitel und kei-
15 nen Unterabschnitt, sondern konzentrierte sich in den vier von 260 der „faschistische[n] Barbarei in den okkupierten Gebieten" gewidmeten Seiten auf die deutschen Gräueltaten in den besetzten Teilen der Sowjetunion. Juden wurden als Opfergruppe in diesem Zusammenhang nur ein
20 einziges Mal, und zwar als Teil der sowjetischen Bevölkerung erwähnt [...].
Eine vergleichbare politische Instrumentalität und Tabuisierungskraft besaß auf der anderen Seite der Grenze der bundesdeutsche Antitotalitarismus. Sie zeigte sich im Umgang
25 etwa mit dem kommunistischen Widerstand, der in der Bundesrepublik aus der symbolischen wie der materiellen Integration ausgeschlossen blieb. Sie zeigte sich ebenso in der Wiedergutmachungspolitik gegenüber den Opfern der nationalsozialistischen Gewaltherrschaft: Der zur westlichen
30 Hemisphäre zählende Staat Israel erhielt Entschädigungsleistungen, osteuropäische Staaten erhielten sie bis 1989 nicht. [...] Seine tabuisierende Kraft bewies der bundesdeutsche Antitotalitarismus, indem er das Bild des christlichen und konservativen Widerstands ebenso von unwillkomme-
35 nen Zügen zu reinigen erlaubte, wie es der Antifaschismus in Bezug auf den kommunistischen Widerstand vermochte. Die antidemokratischen und teils sogar antisemitischen Grundüberzeugungen vieler Männer des 20. Juli 1944, die in den Anfangsjahren der NS-Herrschaft oft überzeugte Hitler-An-
40 hänger gewesen waren, blieben ebenso im Verborgenen wie die erst jüngst näher beleuchtete Frage der Verstrickung des militärischen Widerstandsflügels in den nationalsozialistischen Genozid. Diese [...] Haltung belastete die frühe Bundesrepublik mit einer unheilvollen und bis zum Anschein der
45 Komplizenschaft reichenden Symbiose von Amnesie und

Amnestie, die aus heutiger Sicht als ein empörender „Triumph des ‚Beschweigens'" vor uns steht, sie erlaubte aber zugleich analog zur staatlich verfolgten und gesellschaftlich verlangten Wiedereingliederungspolitik die unzweideutige Verurteilung des NS-Systems, ohne seine ehemaligen Träger 50 und Anhänger auszugrenzen.

Martin Sabrow, Die NS-Vergangenheit in der geteilten deutschen Geschichtskultur, in: Christoph Kleßmann und Peter Lautzas (Hrsg.), Teilung und Integration. Die doppelte deutsche Nachkriegsgeschichte als wissenschaftliches und didaktisches Problem, Bonn 2005, S. 132-151, hier S. 142-144

1. *Geben Sie Gemeinsamkeiten und Unterschiede in der „Vergangenheitsbewältigung" beider deutscher Staaten wieder.*

2. *Erörtern Sie anhand des ostdeutschen Antifaschismus und des bundesdeutschen Antitotalitarismus den Begriff „Vergangenheitspolitik". Wie wirkt sich diese Politik jeweils aus?*

M10 Mythos und Identität

Der Politikwissenschaftler Herfried Münkler beschreibt, welche Funktion „moderne" Mythen in der Bundesrepublik und der DDR übernommen haben:

Politische Mythen haben in allen europäischen Nationen eine wichtige Rolle gespielt, Deutschland allerdings war ein regelrechtes Dorado der politischen Mythografie. Das hängt mit der politischen Deutungshoheit des Bildungsbürgertums und mit der verspäteten Staatsbildung zusammen: Bis 5 1871 waren Mythen und Symbole die einzige Repräsentation der Nation. Das hatte zur Folge, dass die nationalen Erwartungen und Anstrengungen auf das Feld des Symbolischen verwiesen waren. [...]
Dafür erfolgte nach dem Zweiten Weltkrieg ein mythenpoli- 10 tischer Schnitt, wie er radikaler nicht hätte sein können. Fast alle politischen Mythen waren desavouiert: An eine Wiederkehr Barbarossas nach langem Schlaf war nicht mehr zu denken, und die Nibelungen hatten auf ihrem Zug nach Osten allesamt den Tod gefunden. Von der germanischen 15 Identität, auf die man zeitweilig so stolz gewesen war, wollte man nichts mehr wissen, und auch der Preußenmythos war anrüchig geworden.
Im Umgang mit den Trümmern der alten deutschen Mythen gingen DDR und Bundesrepublik unterschiedliche Wege: 20 Während die DDR ein neues Mythensystem errichtete, in dessen Zentrum geschichtliche Ereignisse standen, die sich als Vorgeschichte des Arbeiter-und-Bauern-Staates aufbereiten ließen – vom Bauernkrieg über die antinapoleonischen Befreiungskriege bis zum antifaschistischen Widerstand –, 25

▲ **Monumentalgemälde „Frühbürgerliche Revolution in Deutschland" von Werner Tübke im Panorama Museum im thüringischen Bad Frankenhausen.**
Foto vom 23. Juni 2009.
Am 14. September 1989 war die Gedenkstätte zum Deutschen Bauernkrieg 1525 als letztes DDR-Prestigeobjekt eröffnet worden. Als „Erbin aller humanistischer und progressiver Traditionen Deutschlands" sah sich die DDR gewissermaßen als Finale eines langen und opferreichen Kampfes. Als eines der frühesten und wichtigsten traditionsstiftenden Ereignisse wurden die Bauernkriege von 1524/25 angesehen, welche mit der Reformation zum Ereigniskomplex „frühbürgerliche Revolution in Deutschland" zusammengefasst wurden.

blieben in der Bundesrepublik die mythenpolitischen Trümmerberge zunächst weitgehend unbearbeitet. [...]
Aber ganz hat auch die Bundesrepublik auf Sinnstiftung durch mythische Erzählungen nicht verzichten können. Die
30 Konsummythen [...] dienten nicht nur als Kaufanreize und Marketinginstrumente einer sich in ihrem neuen Wohlstand einrichtenden Gesellschaft, sondern avancierten auch zu Gegenerzählungen zur Mythik der DDR: Sie bestritten deren Anspruch, der bessere deutsche Staat zu sein, und hielten ihr
35 die notorischen Versorgungsdefizite der Bevölkerung und die Einschränkung der Reisefreiheit als Manko der politischen Ordnung vor. Damit konterkarierten die bundesrepublikanischen Konsummythen den antifaschistischen Gründungsmythos, in dem die DDR den Widerstand gegen Hitler und die
40 Zerschlagung des Nazi-Regimes für sich monopolisiert hatte.

Herfried Münkler, Die Deutschen und ihre Mythen, Berlin ²2009, S. 17 und 19 f.

1. *Fassen Sie zusammen, was Münkler unter dem „mythenpolitische[n] Schnitt" (Zeile 10 f.) versteht.*
2. *Erklären Sie auf der Grundlage von Münklers Ausführungen den Begriff „politischer Mythos".*

M11 „Unsere DDR ist ein sauberer Staat"

Im Dezember 1965 spricht Erich Honecker vor dem Zentralkomitee der SED über die Kulturpolitik:

Unsere DDR ist ein sauberer Staat. In ihr gibt es unverrückbare Maßstäbe der Ethik und Moral, für Anstand und gute Sitte. Unsere Partei tritt entschieden gegen die von den Imperialisten betriebene Propaganda der Unmoral auf, die das Ziel verfolgt, dem Sozialismus Schaden zuzufügen. Dabei 5 befinden wir uns in voller Übereinstimmung mit der Bevölkerung der DDR und der überwiegenden Mehrheit der Menschen in Westdeutschland.
Wir stimmen jenen zu, die feststellen, dass die Ursachen für diese Erscheinungen der Unmoral und einer dem Sozialismus 10 fremden Lebensweise auch in einigen Filmen, Fernsehsendungen, Theaterstücken, literarischen Arbeiten und in Zeitschriften bei uns zu sehen sind. Es häuften sich in letzter Zeit auch in Sendungen des Fernsehfunks, in Filmen und Zeitschriften antihumanistische Darstellungen. Brutalitäten 15 werden geschildert, das menschliche Handeln auf sexuelle

▲ **Der Liedermacher Wolf Biermann bei seinem Auftritt in der Kölner Sporthalle am 13. November 1976.**

Mit der Begründung, er habe die DDR kritisiert, wurde Biermann nach seinem Köln-Konzert am 16. November 1976 ausgebürgert. Zu diesem Zeitpunkt hatte er in der DDR bereits elf Jahre Berufsverbot. Seine Ausbürgerung löste eine Protestwelle aus: Zwölf bekannte Schriftsteller unterschrieben eine Petition, 400 weitere DDR-Bürger solidarisierten sich mit ihnen. Die SED-Führung reagierte mit Festnahmen, Parteiausschlüssen und Berufsverboten. Reihenweise verließen daraufhin prominente Künstler und Schriftsteller die DDR.

Triebhaftigkeit reduziert. Den Erscheinungen der amerikanischen Unmoral und Dekadenz[1] wird nicht offen entgegengetreten. Das gilt besonders für den Bereich der heiteren Muse
20 und der Unterhaltung, für einzelne literarische Arbeiten. [...] Biermann wird systematisch vom Gegner zum Bannerträger einer sogenannten literarischen Opposition der DDR, zur Stimme der „rebellischen Jugend" gemacht. Davon zeugen Sendungen westdeutscher Rundfunkstationen, Berichte in
25 der westdeutschen Presse und Rezensionen zu seinem in West-Berlin erschienenen Gedichtband. Biermann wird dort als ein „äußerst freimütiger und kühner Kritiker des mitteldeutschen Regimes" gefeiert. Biermanns sogenannte Gedichte kennzeichnen sein spießbürgerliches, anarchistisches

---

[1] **Dekadenz:** kultureller Verfall

Verhalten, seine Überheblichkeit, seinen Skeptizismus und 30 Zynismus. Biermann verrät heute mit seinen Liedern und Gedichten sozialistische Grundpositionen. Dabei genießt er wohlwollende Unterstützung und Förderung einiger Schriftsteller, Künstler und anderer Intellektueller. Es ist an der Zeit, der Verbreitung fremder und schädlicher Thesen und un- 35 künstlerischer Machwerke [...] entgegenzutreten.

Zitiert nach: Rolf Steininger, Deutsche Geschichte. Darstellungen und Dokumente in vier Bänden, Bd. 3: 1955-1969, Frankfurt am Main 2002, S. 269 f.

1. *Charakterisieren Sie das Bild, das Erich Honecker von der Kultur in der DDR zeichnet. Erläutern Sie, was er von der Kulturpolitik der SED erwartet.*
2. *Erörtern Sie die Begriffe, die Honecker in seiner Kritik verwendet, und finden Sie jeweils Gegenbegriffe.*

M12 Kalter Krieg im Sport

Die Historikerin Uta Andrea Balbier zur Bedeutung des Sports in der Systemkonkurrenz:

Die internationale Sportwelt eröffnete den kalten Kriegern auf beiden Seiten des Eisernen Vorhangs mehrere Möglichkeiten: In der offensichtlichen Wettbewerbssituation um Millimeter und Hundertstelsekunden versuchten beide Blöcke, die Überlegenheit ihres Gesellschaftssystems unter Beweis 5 zu stellen, wie es SED-Generalsekretär Walter Ulbricht der DDR-Sportbewegung bereits zu Beginn der 1950er-Jahre einschärfte. In den 1960er-Jahren wurden im westlichen Lager vergleichbare Stimmen laut, und auch hier schnellte die Sportförderung in die Höhe. Gleichzeitig bot die – ihrem 10 Selbstverständnis nach – unpolitische internationale Sportwelt diplomatisch kaum anerkannten Staaten wie der DDR Manövrierraum: Diese versuchte sich in den Sportstadien der Welt mit eigener Flagge und Hymne in Szene zu setzen, da die Bundesregierung umgekehrt bestrebt war, jede auch nur sym- 15 bolische Anerkennung des Pankower Regimes zu verhindern. In einer Welt, in der Leistung, nicht ideologische Überzeugung zählte, mauserten sich die DDR-Sportfunktionäre lange vor der diplomatischen Anerkennung ihres Staates zu ernst zu nehmenden Verhandlungspartnern. Innerhalb des Inter- 20 nationalen Olympischen Komitees [...] erreichte sie die Akzeptanz ihrer Existenz Jahre bevor der Grundlagenvertrag 1974 das Verhältnis zwischen der DDR und der Bundesrepublik normalisierte. Die Geschichte des Aufstiegs der DDR im internationalen Sport ist jedoch eng mit der Politisierung der 25 olympischen Bewegung im Kalten Krieg verknüpft. In dem Versuch, politisch neutral zu sein, schuf die olympische Bewegung Tatsachen, die politische Dynamiken auf beiden

▶ **Kopf-an-Kopf-Rennen der beiden deutschen Mannschaften beim Staffelwettbewerb der Frauen.**

Foto von den Olympischen Sommerspielen in München 1972.
Hier siegte die bundesdeutsche Auswahl knapp vor dem DDR-Team. Im Medaillenspiegel lag die DDR am Ende jedoch deutlich vorn. Die Spiele von 1972 waren die ersten, bei denen die Sportler aus der DDR hinter ihrer Landesfahne in das Stadion einziehen durften. Dies war auf bundesdeutschem Boden zuvor verboten. Als das Internationale Olympische Komitee (IOC) beschloss, die Spiele 1972 nach München zu vergeben, entschied das Bundeskabinett schließlich, das Hissen der „Spalterflagge" zuzulassen.

Seiten des Eisernen Vorhangs freisetzten. Die gesamtdeut-
30 sche Olympiamannschaft war von Beginn an – in Ost wie in West – ein Spielball deutschlandpolitischer Interessen.

Uta Andrea Balbier, Kalter Krieg im Stadion, in: Der Kalte Krieg, Darmstadt 2010, S. 91 f.

1. *Fassen Sie zusammen, inwiefern die beiden Blöcke internationale Sportveranstaltungen in Arenen des Kalten Krieges verwandelten.*

2. *Erläutern Sie, weshalb die SED-Führung den Sport systematisch förderte. Gab es weitere mögliche Motive?*

3. *Beurteilen Sie das Verhältnis von Sport und Politik. Nennen Sie Beispiele, in denen der Sport politischen Zwecken diente.*

M13 Was ist die „Berliner Republik"?

Der Journalist Ludwig Watzal 2001 zu Befürchtungen und Bedenken gegenüber der „Berliner Republik":

Als der Publizist Johannes Gross Anfang der neunziger Jahre den Begriff der Berliner Republik in die öffentliche Debatte einführte, schlugen die Wellen hoch. Seither geistert er durch die politischen Feuilletons. Gewichtige Bedenken wurden
5 vorgetragen: Das Ende der Bonner Republik ließ Befürchtungen aufkeimen, Deutschland könnte an Traditionen anknüpfen, die es ins Verderben geführt hatten. Neuer deutscher Größenwahn, das Abstreifen seiner NS-Vergangenheit im Sinne eines historischen Schlussstriches oder das Ende
10 der Westbindung wurden befürchtet. Die Befürworter einer Berliner Republik behaupteten, dass sich durch den Umzug

an der innen- wie außenpolitischen Ausrichtung Deutschlands nichts Wesentliches ändern werde. Dass die Herausforderungen an das Land von Berlin aus besser bewältigt werden würden, ist bis heute bloße Behauptung. Der unbe- 15 streitbare Vorteil Berlins liegt aber darin, dass es nicht nur politische Hauptstadt, sondern auch gleichzeitig kulturelle Metropole ist.

Der Politologe Kurt Sontheimer beurteilt die „Berliner Republik" im selben Jahr wie folgt:

Von einer Berliner Republik als erneuerter Republik ließe sich reden, wenn durch die Einbeziehung der DDR-Bevölkerung 20 ein politischer Prozess in Gang gekommen wäre, der zu bedeutsamen Änderungen der politischen und wirtschaftlich-sozialen Ordnung der alten Bundesrepublik geführt hätte. Doch dies war nicht der Fall. Nur die Bundesrepublik kam zum Zuge, die andere Seite war geschlagen und hilflos. So 25 konnte die nun von Berlin aus zu regierende Bundesrepublik im Wesentlichen keine andere Republik sein als ihre Vorgängerin mit Regierungssitz in Bonn. Beim Übergang von Bonn nach Berlin hat sich an der Verfassungsordnung und dem politischen System der Bundesrepublik nichts Wesentliches 30 verändert. Die friedliche Revolution der DDR-Bürger kam in der westlichen Bundesrepublik an ihr Ziel und ihr Ende. Auf diese Bundesrepublik hat sie sich nicht verändernd ausgewirkt. Es war ein frommer Wunsch vieler Ostdeutscher zu meinen, auch die Bundesrepublik müsse sich im Vereini- 35 gungsprozess ändern. Sie tat es nicht. [...]
Es sind diese großen und schwierigen Aufgaben des Zusammenwachsens und der gegenseitigen Anerkennung und Toleranz, die der jetzt von Berlin aus regierten Bundesrepublik

▲ **Der Reichstag in Berlin.**
Von seiner Fertigstellung 1894 bis 1933 diente der Bau als Parlamentsgebäude. Nach der Wiedervereinigung beschloss der Deutsche Bundestag, den Reichstagsbau als Sitz des gesamtdeutschen Parlaments zu nutzen. Von 1995 bis 1999 wurde das Gebäude saniert; dabei entstand die gläserne Kuppel, die eine Durchsicht auf den darunterliegenden Plenarsaal ermöglicht. Sie ist für Besucher zugänglich und zu einem Wahrzeichen der Republik geworden.
   ▪ *Die „Berliner Republik" versteht sich als bürgernah, transparent, weltoffen, modern und geschichtsbewusst – dies soll auch durch die repräsentativen Regierungsbauten deutlich werden. Beurteilen Sie, ob und inwiefern die Architektur des Reichstages dieses Selbstverständnis wiedergibt.*

40 von der Geschichte zugewiesen worden sind. Ihre Bewältigung, die auch misslingen oder nur unbefriedigend gelingen kann, unterscheidet die heutige Bundesrepublik von ihrer Bonner Variante. Dazu kommen die außerordentlichen Wandlungsprozesse im wirtschaftlichen und sozialen Be-
45 reich, die mit dem Allerweltsbegriff der Globalisierung umschrieben werden und die dem Staat einiges von seiner früheren Gestaltungsmacht entziehen. Kurz: Die Berliner Republik von heute unterscheidet sich hinsichtlich ihrer Probleme und Aufgaben, auch in ihrer Stellung im Rahmen der
50 internationalen Ordnung, doch ganz wesentlich von den Problemen, mit denen es Bonn und seine Politiker vor Jahrzehnten zu tun hatten.

Die Historikerin Vera Caroline Simon äußert sich zum Stil der Einheitsfeiern im vereinigten Deutschland:

In Anbetracht der im In- und Ausland gezeichneten Renationalisierungsszenarien war es nicht verwunderlich, dass die symbolische Ausgestaltung des neuen Nationalfeiertags so 55 unprovokativ, ja so zurückhaltend wie möglich ausfiel. [...] Die nichtmilitärische Ausgestaltung entsprach jedoch nicht allein der außenpolitischen Signalfunktion einer sich der internationalen Vorbehalte bewussten Bundesrepublik. Sie etablierte sich auch in dezidierter Abgrenzung zu den militä- 60 rischen Zeremonien der DDR, die bereits zu Zeiten der Zweistaatlichkeit als Unterschied zwischen der säbelrasselnden, totalitären DDR und der demokratischen Bundesrepublik angeführt wurde. Bereits der Nationalfeiertag der alten Bundesrepublik, der 17. Juni, sollte [...] ein „geläutertes National- 65 bewusstsein" präsentieren.

Erster Text: Ludwig Watzal, Editorial, in: Aus Politik und Zeitgeschichte,
Heft 1-2/2001, S. 2; zweiter Text: Kurt Sontheimer, Berlin schafft keine neue
Republik – und sie bewegt sich doch, in: Aus Politik und Zeitgeschichte, Heft
1-2/2001, S. 3-5; dritter Text: Vera Caroline Simon, Gefeierte Nation. Erinne-
rungskultur und Nationalfeiertag in Deutschland und Frankreich seit 1990,
Frankfurt am Main u.a. 2010, S. 84

1. *Fassen Sie zusammen, was unter „Berliner Republik"
verstanden wird.*

2. *Erläutern Sie, welche Erwartungen und Befürchtungen
mit ihr verknüpft worden sind.*

3. *„Während sich in Bonn der Verzicht aufs Nationale ausdrückte, wird in Berlin in großem Stil die Nation re-insze-
niert. Die Nation will nicht nur imaginiert, sie will auch
repräsentiert sein: durch Ideen, Mythen, Erzählungen,
Symbole und nicht zuletzt durch die Architektur ihrer
neuen Hauptstadt."[1] Nehmen Sie dazu Stellung.*

4. *Stellen Sie die Berliner Republik jeweils der Bonner und
der Weimarer Republik gegenüber. Erörtern Sie Gemeinsamkeiten und Unterschiede.*

M14 „Eine Verpflichtung für Gegenwart und Zukunft"

*Am 25. Juni 1999 beschließt der Bundestag die Errichtung eines
Denkmals für die ermordeten Juden Europas nach einem Entwurf des amerikanischen Architekten Peter Eisenman. Kurz vor
der Eröffnung des Holocaust-Mahnmals in Berlin am 10. Mai
2005 nimmt Bundestagspräsident und zugleich Kuratoriums-
mitglied der Denkmal-Stiftung Wolfgang Thierse in einem Interview mit der „Jüdischen Allgemeinen" (J.A.) dazu Stellung:*

THIERSE: [...] Mit dieser Entscheidung [für die Errichtung des
Denkmals] bekennt sich der Bundestag dazu, sich nicht nur
der freundlichen, der großen Seiten unserer Geschichte zu
erinnern, sondern auch der entsetzlichen. Im Sinne einer Ver-
5 pflichtung für Gegenwart und Zukunft. Das ist ein Bekenntnis zur raison d'etre[2] dieser Republik, die entstanden ist aus
den materiellen, geistigen und moralischen Trümmern des
nationalsozialistischen Deutschland. Mit der Verpflichtung,
immer für Demokratie, Humanität und Toleranz einzustehen,
10 Rassismus, Antisemitismus und Diktatur niemals wieder
zuzulassen.
J.A.: Kann ein solches Signal von einer Architektur ausgehen?
THIERSE: Kunstwerke zwingen nicht alle, ja zu sagen. Kunstwerke, das Holocaust-Denkmal ist auch eines, sind eine Ein-
15 ladung. Ich bin überzeugt davon, dass diese Einladung viel-

fach angenommen werden wird. Sie werden beim Gang
durch das Stelenfeld sinnlich und körperlich erfahren können,
was das heißt: einsam sein, bedroht sein, bedrängt sein.
Wenn die Besucher so emotional berührt in den „Ort der In-
formation" gehen, dort anhand von Einzelschicksalen erfah- 20
ren, woran erinnert wird – an die millionenfache Vernichtung
von Menschen –, dann kann das Denkmal gut gehen und
funktionieren. [...]
J.A.: Viele Juden sagen, sie brauchen ein solches Denkmal nicht.
THIERSE: Das ist richtig.   25
J.A.: Wer braucht dann das Denkmal?
THIERSE: Es ist doch ganz klar: Das ist kein Denkmal für die
überlebenden Juden. Es ist ein Denkmal für uns Deutsche, für
unser kollektives Gedächtnis. Damit wir uns daran erinnern,
was einmal möglich war. Eine solche verpflichtende Erinne- 30
rung geschieht dadurch, dass wir der Opfer gedenken. Verdrängen wir damit die Täter? Nein! Ein Kilometer entfernt
steht die „Topographie des Terrors"[3], die zeigt, wie dieser
Herrschafts- und Unterdrückungsapparat funktionierte. [...]
J.A.: Zieht das Denkmal nicht allein durch seine Existenz einen 35
Schlussstrich unter die Geschichte?
THIERSE: Warum? Wenn es so wäre, wäre es ein Argument
gegen jedes Denkmal, das ja immer der „versteinerte" Ausdruck eines Diskussionsprozesses ist, der zu einem Ende gekommen ist. Aber Peter Eisenmans Werk hat eben etwas 40
Anstößiges, Anregendes, Irritierendes. Und das Mahnmal
steht ja auch in einem Kontext mit dem „Jüdischen Museum"
und der „Topographie des Terrors". Das ist ein Angebot zur
historischen Aufklärung im Selbstversuch.

Jüdische Allgemeine Nr. 18/2005, 6. Mai 2005

*Analysieren Sie die Rolle der NS-Zeit im politischen
Selbstverständnis der Bundesrepublik, wie sie Thierse
hier zum Ausdruck bringt.*

---

[1] Aleida Assmann, Geschichte im Gedächtnis. Von der individuellen
Erfahrung zur öffentlichen Inszenierung, München 2007, S. 111
[2] **Raison d'etre**: dt. Daseinsberechtigung

[3] Projekt zur Dokumentation des NS-Terrors auf dem Gelände
zwischen Prinz-Albrecht-Straße (heute Niederkirchnerstraße),
Wilhelmstraße und Anhalter Straße im Berliner Stadtbezirk
Kreuzberg, wo sich zwischen 1933 und 1945 das Hauptquartier
der Gestapo, der Sitz der SS-Führung und das Reichssicherheits-
hauptamt befanden. Die Dokumentationsstätte in der Niederkirchnerstraße 8 zählt zu den staatlichen Museen in Berlin.

Kompetenz:
Die Entstehung, Gestaltung und Wirkung eines Denkmals analysieren und seine Bedeutung für die Geschichts- und Erinnerungskultur erörtern

Hinweis: Im Buch befinden sich verschiedene Denkmäler. Hier eine Auswahl von Anwendungsbeispielen: Siehe Seite 33, 56, 81 und 165.

Denkmäler analysieren

Denkmäler sind eine besondere Form von Bauwerken. Sie haben das Ziel, an ein Ereignis, Zeiträume oder Personen zu erinnern, die dem Auftraggeber oder Künstler wichtig sind. Kaum eine andere Quellengattung ist so gut geeignet für historisch-entdeckendes Lernen wie Denkmäler. Sie ermöglichen nicht nur die Beschäftigung mit der Vergangenheit. Darüber hinaus sind sie ein sichtbarer Bestandteil des kulturellen und kollektiven Gedächtnisses eines Landes. Sie führen vor Augen, dass historische Erinnerung der ständigen Veränderung unterworfen ist, und sie drücken das Geschichtsbewusstsein ihrer Entstehungszeit aus. Jeden Betrachter zwingt ein Denkmal zu einer ganz persönlichen Einschätzung. Je besser er die Entstehungsgeschichte kennt und die einzelnen Teile deuten kann, desto mehr geht die Bewertung eines Denkmals über rein subjektive Eindrücke hinaus.

Die Anlässe für die Errichtung eines Denkmals haben sich im Laufe der Jahrhunderte ebenso verändert wie die Art der Gestaltung. Je nachdem welches Kriterium zugrunde gelegt wird, lassen sich Kategorien von Denkmälern unterscheiden. Eine rein äußerliche Einteilung ist die in Denkmäler mit naturalistisch gestalteten Figuren, Baudenkmäler, Industriedenkmäler, Naturdenkmäler und abstrakt gestaltete Denkmäler. Eine andere Unterscheidungsmöglichkeit bietet die Intention eines Denkmals. Mahnmale und Erinnerungsstätten richten zum Beispiel an die Nachwelt den Auftrag, aus der Vergangenheit für die Zukunft zu lernen.

Formale Kennzeichen
- Wann wurde das Denkmal errichtet?
- An welchem *Ort* wurde das Denkmal errichtet?
- Welche Bedeutung haben die *Umgebung* und die *Perspektive des Betrachters* für die Wirkung des Denkmals?

Entstehungsgeschichte
- Welche *Initiativgruppen* haben die Errichtung des Denkmals angeregt?
- Welche *Beweggründe* und *Ziele* hatten die Initiatoren?
- Vor welchem *historischen Hintergrund* wurde das Denkmal errichtet?
- Welche *alternativen Entwürfe* wurden konzipiert?

Inhalt und Gestaltung
- An welche *Persönlichkeit*, an welches *Ereignis*, an welchen *Sachverhalt* soll das Denkmal erinnern?
- Wie sind die dargestellten *Symbole*, *Formeln* und *Allegorien* zu deuten?

Intention und Wirkung
- An welche *Adressaten* richtete sich das Denkmal?
- Welche *Selbstaussagen von Betrachtern* liegen vor?
- Welche *Absicht* verfolgt das Denkmal?
- In welchem *Zusammenhang* stehen *Ort*, *Umgebung* und *Thematik* des Denkmals?

Bewertung und Fazit
- Wie lassen sich *Form* und *Gestaltung* des Denkmals einordnen und bewerten?
- Ist die *beabsichtigte Wirkung* des Denkmals durch die *Gestaltung* umgesetzt?
- Welche *Wirkung* hat das Denkmal auf *heutige Betrachter*?

Rekonstruktion des Stadtschlosses

Das Stadtschloss war Hauptresidenz der brandenburgischen Kurfürsten, später der preußischen Könige und Deutschen Kaiser. Es wurde 1950 im Auftrag der SED abgerissen. An seiner Stelle entstand der „Palast der Republik", Sitz der DDR-Volkskammer. 2007 beschloss der Bundestag den Wiederaufbau des Stadtschlosses als Kulturzentrum („Humboldt-Forum"), der immer wieder verschoben wurde.

Goldene „Schale"

Das Objekt ist entlang der Mittelachse beweglich gelagert und setzt sich in Bewegung, wenn es betreten wird. Es soll das „Gewicht" des Volkes in der Demokratie erfahrbar machen.

Denkmalsockel

Der 80 Meter lange und 40 Meter breite Sockel diente als Fundament für das zwischen 1889 und 1897 erbaute 21 Meter hohe Reiterstandbild von Kaiser Wilhelm I. Das Nationaldenkmal wurde 1950 bis auf den Sockel abgerissen.

Unterseite des Denkmals

Großformatige, gerasterte Bilder von Demonstranten der Herbstrevolution 1989 sollen ihre Bedeutung als Basis der Freiheit und Einheit würdigen.

▲◄ Modell des Freiheits- und Einheitsdenkmals in Berlin.

Bilder des Siegerentwurfs „Bürger in Bewegung" von Johannes Milla (Stuttgart) und Sasha Waltz (Berlin).

„Beweggründe"

Goldene Linien aus Zitaten zu den Beweggründen der Bürgerrechtler und Demonstranten leiten den Besucher über die gesamte Denkmaloberseite.

Schriftzug „Wir sind das Volk. Wir sind ein Volk"

Schlüsselsätze der Herbstrevolution und Wiedervereinigung als Aufruf an Besucher, für Freiheit und Demokratie einzustehen. Die Buchstaben dienen als Sitzmöglichkeit und verweisen auf die Bestimmung des Denkmals als Treffpunkt, Bühne und Ort der Besinnung.

Schlossfreiheit

Ehemaliger Straßenzug gegenüber dem früheren Berliner Schloss. Der geschichtsträchtige Ort zeugt von großen Ereignissen der deutschen Geschichte: Märzrevolution 1848, Reichseinheit 1871, zwei Weltkriege, DDR-Diktatur und Deutsche Einheit, die 1990 wenige Meter entfernt mit dem Einigungsvertrag besiegelt wurde.

Beispiel und Analyse

Formale Kennzeichen ■ Das vom Bundestag 2007 beschlossene Freiheits- und Einheitsdenkmal – eine 55 Meter lange, bewegliche und begehbare goldene Schale mit dem Titel „Bürger in Bewegung" – soll auf dem großen leeren Sockel des ehemaligen Reiterstandbildes Kaiser Wilhelms I. auf dem Berliner Schlossplatz entstehen. Baubeginn ist voraussichtlich 2013.

Entstehungsgeschichte ■ Schon 1998 hatte sich anlässlich des bevorstehenden 10. Jahrestages der friedlichen Revolution eine Bürgerinitiative zur Errichtung eines Freiheits- und Einheitsdenkmals gebildet. Sie schlug den Sockel des früheren Nationaldenkmals für Kaiser Wilhelm I. – ein Symbol für die Reichsgründung „von oben" – als das geeignete historische Fundament für ein Denkmal der „von unten" erkämpften Freiheit und Einheit vor.
Ein erster Antrag fand im Bundestag keine Mehrheit. Erst 2007 entschieden sich die Abgeordneten für die Realisierung des Projektes. Nachdem sich die Jury bei einem ersten offenen Gestaltungswettbewerb auf keinen der über 500 eingereichten Vorschläge einigen konnte, ging 2011 aus einem zweiten Wettbewerb der Entwurf „Bürger in Bewegung" des Designers Johannes Milla und der Choreografin Sasha Waltz als Sieger hervor.

Inhalt und Gestaltung ■ Das Einheits- und Freiheitsdenkmal ist den mutigen DDR-Bürgern gewidmet, die im Herbst 1989 die Mauer und damit auch die SED-Diktatur zum Einsturz brachten. Es besteht aus einer nach oben und zur Seite offenen gewölbten Form, die an eine Schale erinnert. Form und Funktion spiegeln das Motto „Bürgerbewegung" wider: Die Schale kann betreten und in Auf- und Abwärtsbewegung versetzt werden, sobald sich mindestens fünfzig Personen auf einer Seite versammeln. Entlang der oberen Längsseite bilden große goldene Buchstabenblöcke die Schlüsselsätze der Revolution von 1989: „Wir sind das Volk. Wir sind ein Volk". Der Schriftzug kann als Sitzfläche genutzt werden. In den Asphalt der Denkmalsoberseite sind zudem goldene, geschwungene Linien aus Zitaten eingelassen. Sie nennen die Beweggründe der Bürgerrechtler und Demonstranten. Die Unterseite der Schale ist mit großformatigen, durch Rasterung verfremdeten Fotos von Demonstranten verkleidet. Die Akteure der Herbstrevolution werden damit symbolisch zur Basis, auf der sich die Besucher bewegen. Die Gestaltung des Bereiches unterhalb des Denkmals ist noch unklar.

Intention und Wirkung ■ Das Denkmal soll die Botschaft „Wir sind das Volk!" spielerisch erfahrbar machen: Durch gemeinsame Aktion können die Bürger etwas in Bewegung setzen. Zugleich soll es ein heiterer Ort der Begegnung sein, den die Bürger aktiv nutzen und mitgestalten. Der spielerische „Schaukel-Effekt" lädt zum Betreten und Mitmachen ein. Insofern wird es seinem Anspruch gerecht und lässt die Bürger zu Akteuren und Teilen des Denkmals werden. Insgesamt wirkt es wie eine mobile und monumentale Aussichtsplattform.

Bewertung und Fazit ■ Der Entwurf rief von Anfang an auch Kritik hervor: Die riesige Schale wirke pathetisch und sei lediglich ein Riesenspielzeug für Erwachsene. Entgegen dem Motto „Wir sind das Volk!" sei zudem die Entscheidung dafür ohne Bürgerbeteiligung gefallen. Es gibt auch Zweifel, ob das Denkmal überhaupt sinnvoll ist. Immer wieder wird das Brandenburger Tor als bereits bestehende Erinnerungsstätte der Wiedervereinigung diskutiert. Wie die Öffentlichkeit das Denkmal annimmt, wird sich zeigen.

1. *Beurteilen Sie die Konzeption des Denkmals. Nehmen Sie Stellung zu den Kritikpunkten.*
2. *Das Freiheits- und Einheitsdenkmal soll für die „Idee eines positiven Denkmals" stehen (Edgar Wolfrum). Erörtern Sie, ob damit eine Verschiebung der historischen Erinnerung bzw. ein Wandel der Gedenk- und Erinnerungskultur verbunden ist. Vergleichen Sie es mit dem Holocaust-Mahnmal in Berlin (siehe dazu auch M14 auf Seite 161).*

Internettipp
Informationen zum Freiheits- und Einheitsdenkmal finden Sie unter 7317-11.

Rätsel

1. Deutscher Historiker, der das Werk „Der lange Weg nach Westen" verfasste (Nachname) (*3. Buchstabe*)

2. Massenkundgebung für die Einheit und Freiheit Deutschlands im Jahre 1832 (*2. und 13. Buchstabe*)

3. Dieses Ereignis fand am 18. Januar 1871 in Versailles statt (*3., 9. und 18. Buchstabe*)

4. Dort tagte die deutsche Nationalversammlung 1848/49 in Frankfurt (*2., 4. und 11. Buchstabe*)

5. Polnische Gewerkschaft, die 1980 entstand und großen Einfluss auf die politische Wende von 1989 hatte (*4. und 5. Buchstabe*)

6. Polnischer Nationalheld, Militär und Politiker (Vorname) (*4. Buchstabe*)

7. Polenfeindliche Politik, die in den 1880er-Jahren noch verschärft wurde (*6., 19. und 20. Buchstabe*)

8. Kanzler des Deutschen Reiches ab 1871 (Vorname) (*2. Buchstabe*)

9. Bezeichnung für die Zeit vor der deutschen Revolution von 1848 (*5. Buchstabe*)

10. Dort fand 1943 ein bewaffneter jüdischer Aufstand statt (*14. Buchstabe*)

11. Bezeichnung der Kriege, die Polen zwischen 1918 und 1921 führte (*3. und 4. Buchstabe*)

Lösungswort:

Zur Auswertung des Rätsels siehe Code 7317-12.

Recherche und Präsentation

Nationalstaatsbildung

1. *Erläutern Sie anhand eines selbstgestalteten Schaubildes das Lösungswort des Rätsels.*

Weimarer Republik

2. *Setzen Sie das politische System der Weimarer Republik mit der Demokratie in der Bundesrepublik nach 1949 in Beziehung. Recherchieren Sie dazu im Internet das Grundgesetz der Bundesrepublik Deutschland und stellen Sie Ihre Ergebnisse in Form einer Tabelle dar.*

Deutsches Selbstverständnis nach 1945

3. *Charakterisieren Sie die Entwicklung des Verständnisses von Politik und Gesellschaft in der Bundesrepublik und der DDR zwischen 1949 und 1989. Tragen Sie Ihre Ergebnisse in einem Kurzreferat vor.*

Geschichts- und Erinnerungskultur

▶ **Das Kyffhäuserdenkmal bei Bad Frankenhausen in Thüringen.** Foto von 2012.

▪ *Die Architektur des Kyffhäuserdenkmals bietet dem Betrachter eine „stufenweise Abfolge der Geschichte". Erläutern Sie diese Aussage in einem kurzen Aufsatz. Recherchieren Sie dazu im Vorfeld im Internet über das Denkmal.*

Aufgabenstellung

In einer Abiturklausur werden die Aufgaben zusätzlich zum **Pflicht-** und **Kernmodul** eines Semesters ein Thema eines weiteren Semesters (**Semesterübergriff**) ansprechen, und Sie werden in Form einer offenen Frage Kenntnisse über ein **Wahlmodul** einbringen müssen. Im Abitur erhalten Sie unterschiedliche Aufgaben für gA- und eA-Kurse (grundlegendes und erhöhtes Anforderungsniveau).

Pflicht- und Kernmodul

1. *Arbeiten Sie die nationalen Symbole heraus, die in M1 verwendet werden. Analysieren Sie anschließend ihre Bedeutung.*
2. *Interpretieren Sie die Selbstdarstellung (M2), die Jozef Piłsudski im Rückblick vornimmt.*
3. *Erörtern Sie, wie „polnisch" oder wie „deutsch" der Fußballverein Schalke 04 in den 1930er-Jahren war (M3). Nehmen Sie dazu Stellung, warum die Vereinsführung von Schalke 04 so viel Wert darauf legte, die deutsche Herkunft ihrer Spieler zu dokumentieren. Berücksichtigen Sie dabei das Jahr 1934.*

Wahl- und Kernmodul

4. *Fassen Sie die Überlegungen von Theodor Heuss (M4) mit eigenen Worten zusammen und kommentieren Sie die Botschaft der Rede.*
5. *Erörtern Sie, welches Selbstverständnis sich in der Rede von Heuss manifestiert. Ordnen Sie die Rede in den historischen Kontext ein und nehmen Sie dazu Stellung.*

Semesterübergriff

6. *Erörtern Sie, inwiefern sich Heuss in seiner Rede mit Formen und Funktion von historischer Erinnerung auseinandersetzt.*

Materialien

M1 Germania

Die Malerei auf einem Transparent (482 x 320 cm) fertigt Philipp Veit im März 1848 an. Das Bild wird in der Frankfurter Paulskirche, dem Tagungsort der verfassunggebenden deutschen Nationalversammlung, auf der Orgelempore oberhalb des Sitzes des Präsidenten angebracht. Heute befindet sich das Gemälde im Germanischen Nationalmuseum in Nürnberg.

M2 „Aber was kann ich Machtloser geben?"

Auf der ersten Tagung der Legionäre in Krakau hält Jozef Piłsudski am 6. August 1922 eine Ansprache. Zu diesem Zeitpunkt ist er polnischer Staatschef. Im Rückblick stellt er seine Überlegungen von 1914 folgendermaßen dar:

Die Rechnung machte ich folgendermaßen: Jede Politik und jede Tätigkeit ist auf dem einfachen und rohen Grundsatz „do ut des"[1] aufgebaut; wo man alle Kraft anstrengen muss, um zu siegen, da ist nur das etwas wert, was zum Siege verhilft [...] Aber was kann ich Machtloser geben? [...] Das war die 5 Frage, meine Herren, und so entschloss ich mich, in diesem Falle das zu geben, was das Schwierigste war: den bewaffneten Arm, den Arm des Soldaten, der sich obendrein erst in schweren Mühen seinen Ruf als Soldat nicht nur bei den Fremden, sondern auch bei den eigenen Landsleuten erwer- 10 ben musste. Das war der schwerste, der zweifelhafteste und der allen Teilungsmächten unangenehmste Weg.
Gleichzeitig fragte ich mich, wo, bei welcher der Teilungsmächte ich die Bedingungen vorfinden könnte, um eine Wehrmacht in Polen zu errichten, die am Ende des Krieges, 15 wenn schon alle durch den Krieg entsprechend geschwächt wären, in der Waagschale etwas bedeuten könnte [...]. Bei dieser Rechnung sagte ich mir von Anfang an: Der einzige Staat unter den Teilungsmächten, in welchem eine solche Arbeit begonnen und entfaltet werden kann, ist Österreich. 20
Das also ist meine Rechnung, die ich nur einigen, mir sehr ergebenen Menschen offen dargelegt habe:
Die Deutschen werden mit ihrer eisernen Organisation, mit ihrer furchtbaren Kriegsmaschinerie alles erfassen, was kriegstüchtig ist; das ganze Menschenmaterial wird für 25 Kriegszwecke verbraucht. [...] Auf irgendeinen Aufbau der Wehrmacht dort zu rechnen und darauf zu hoffen, wäre geradezu Selbsttäuschung gewesen. Von dort konnte ich nichts haben.
Wenn ich an Russland dachte, so war ich von vornherein si- 30 cher, dass ein derartiger Versuch sofort auf große Schwierigkeiten stoßen würde, und zwar nicht nur auf moralisch-staatliche, sondern vor allem auf die allergrößten Hindernisse angesichts des inneren Machtbewusstseins des Staates, seines Bewusstseins der Macht und der Überlegenheit ge- 35 genüber seinen Untertanen. Daher nahm ich also bei der Berechnung im Voraus an: Dieser Plan kann nicht in Russland zur Ausführung gelangen, denn Russland würde nicht darauf eingehen.

---

[1] **do ut des** (lat.), deutsche Übersetzung: Ich gebe, damit du gibst.

40 So blieb mir nur Österreich, der schwächste von den dreien, mit dem sich daher am leichtesten reden ließ [...].
Der Entschluss vom 6. August gab Polen den Soldaten; er schuf das, was Polen vorher niemals besessen hatte: die Kraft, und ich möchte glauben, dass er vielleicht auch eine neue Art 45 von Menschen schuf.

Jozef Piłsudski, Erinnerungen und Dokumente, Bd. 4: Reden und Armeebefehle, Essen 1936, S. 97 - 99 und 107

M3 Wurde 1934 eine polnische Fußballmannschaft Deutscher Meister?

1934 wird zum ersten Mal der FC Schalke 04 Deutscher Meister im Fußball. Da auch die polnische Presse darüber ausführlich berichtet, setzt sich der Herausgeber des Fußballmagazins „Kicker", Georg Nifka, am 10. Juli 1934 in dem Artikel „Die Deutsche Meisterschaft in den Händen der Polen" mit dem Problem auseinander:

„Die Deutsche Fußballmeisterschaft in den Händen der Polen', ‚Polen Deutscher Fußballmeister', ‚Schalke 04, die Mannschaft unserer polnischen Landsleute' usw. Unter diesen und ähnlichen Schlagzeilen berichtet die gesamte polnische 5 Presse [...] über das Ergebnis des Finalspiels der Deutschen Fußballmeisterschaft. Ja, der ‚Przeglond Sportoury', das größte polnische Sportblatt, lässt sich von seinem Berliner Korrespondenten Gliner berichten, dass die Schalke-Mannschaft in den bisherigen Jahren wegen ihrer polnischen

Nationalität vom Deutschen Fußballbund auf alle mögliche 10 Weise benachteiligt wurde, nun allen Machinationen[1] zum Trotz Deutscher Fußballmeister geworden ist. Es wird weiter berichtet, dass die Spieler Kuzorra, Szepan, Badorek, Jarcyk, Zajons, Tibulski, Valentin, Kalwitzki, Urban, ja sogar Mellage und Czerwonski Polen seien, Söhne von polnischen Emigran- 15 ten."
Zwei Wochen später, am 7. August 1934, antwortete die Vereinsführung von Schalke 04 in einem offenen Brief unter der Überschrift „Schluss mit den polnischen Gerüchten" im „Kicker", veröffentlichte die Geburtsdaten und Geburtsorte der 20 Spieler und ihrer Eltern. Alle 13 aufgeführten Spieler waren entweder im Ruhrgebiet oder in Westfalen geboren worden. Bei den Eltern von 10 der 13 Spieler handelte es sich um Arbeitsmigranten aus dem preußischen Osten, zum größten Teil aus Masuren: 25
„Aus dieser Darlegung ist einwandfrei zu ersehen, dass die Eltern unserer Spieler sämtlich im heutigen oder früheren Deutschland geboren und keine polnischen Emigranten sind. Ihre Söhne sind alle im westfälischen Industriegebiet geboren, wodurch die Behauptungen, sie seien Emigranten wider- 30 legt sind. [...] Nach unserer Wahrnehmung denkt in Deutschland niemand daran, unsere Mannschaft als Polen zu bezeichnen, das beweisen auch die nach tausenden zählenden Glückwünsche aus allen Kreisen Deutschlands."

Britta Lenz, „Polen deutscher Fußballmeister"? Polnischsprachige Einwanderer im Ruhrgebietsfußball der Zwischenkriegszeit, in: Dittmar Dahlmann, Albert S. Kotowski und Zbigniew Karpus (Hrsg.), Schimanski, Kuzorra und andere polnische Einwanderer im Ruhrgebiet zwischen der Reichsgründung und dem Zweiten Weltkrieg, Essen 2005, S. 237 - 250, hier: S. 248

[1] **Machination:** Machenschaft

◂ **Verabschiedung der Mannschaft von Schalke 04 am Bahnhof in Berlin.** *Foto von 1934.*
Nach dem Sieg gegen den FC Nürnberg tritt die Mannschaft des neuen deutschen Meisters Schalke 04 die Heimreise an und posiert hier im Waggon auf dem Bahnhof Friedrichstraße in Berlin. Am Fenster links die Spieler Fritz Szepan (li.) und Ernst Kuzorra.

M4 „Diese Scham nimmt uns niemand ab!"

Zur Einweihung der Gedenkstätte Bergen-Belsen am 30. November 1952 hält der erste Bundespräsident der Bundesrepublik, Theodor Heuss, folgende Rede:

Als ich gefragt wurde, ob ich heute, hier, aus diesem Anlass ein Wort zu sagen bereit sei, habe ich ohne lange Überlegung mit ja geantwortet. Denn ein Nein der Ablehnung, der Ausrede, wäre mir als eine Feigheit erschienen, und wir Deut-
5 schen wollen, sollen und müssen, will mir scheinen, tapfer zu sein lernen gegenüber der Wahrheit, zumal auf einem Boden, der von den Exzessen menschlicher Feigheit gedüngt und verwüstet wurde. Denn die bare Gewalttätigkeit, die sich mit Karabiner, Pistole und Rute verziert, ist in einem letzten Win-
10 kel immer feige, wenn sie, gut gesättigt, drohend und mitleidlos, zwischen nutzloser Armut, Krankheit und Hunger herumstolziert. [...]
Aber nun will ich etwas sagen, das manchen von Ihnen hier erstaunen wird, das Sie mir aber, wie ich denke, glauben wer-
15 den, und das mancher, der es am Rundfunk hört, nicht glauben wird: Ich habe das Wort Belsen zum ersten Mal im Frühjahr 1945 aus der BBC gehört, und ich weiß, dass es vielen in diesem Lande ähnlich gegangen ist. Wir wussten – oder doch ich wusste – Dachau, Buchenwald bei Weimar, Oranienburg,
20 Ortsnamen bisher heiterer Erinnerungen, über die jetzt eine schmutzig-braune Farbe geschmiert war. Dort waren Freunde, dort waren Verwandte gewesen, hatten davon erzählt. Dann lernte man frühe das Wort Theresienstadt, das am Anfang sozusagen zur Besichtigung durch Neutrale prä-
25 pariert war, und Ravensbrück. An einem bösen Tag hörte ich den Namen Mauthausen, wo sie meinen alten Freund Otto Hirsch „liquidiert" hatten, den edlen und bedeutenden Leiter der Reichsvertretung deutscher Juden. Ich hörte das Wort aus dem Munde seiner Gattin, die ich zu stützen und zu beraten
30 suchte. Belsen fehlte in diesem meinem Katalog des Schreckens und der Scham, auch Auschwitz.

Diese Bemerkung soll keine Krücke sein für diejenigen, die gern erzählen: Wir haben von alledem nichts gewusst. Wir haben von den Dingen gewusst: Wir wussten auch aus den Schreiben evangelischer und katholischer Bischöfe, die ihren 35 geheimnisreichen Weg zu den Menschen fanden, von der systematischen Ermordung der Insassen deutscher Heilanstalten. Dieser Staat, den menschliches Gefühl eine lächerliche und Kosten verursachende Sentimentalität hieß, wollte auch hier tabula rasa – „reinen Tisch" – machen, und der reine 40 Tisch trug Blutflecken, Aschenreste – was kümmerte das? Unsere Fantasie, die aus der bürgerlichen und christlichen Tradition sich nährte, umfasste nicht die Quantität dieser kalten und leidvollen Vernichtung.
[...] [D]ie Deutschen dürfen nie vergessen, was von Menschen 45 ihrer Volkszugehörigkeit in diesen schamreichen Jahren geschah. [...]
Nun höre ich den Einwand: Und die anderen? Weißt du nichts von den Internierungslagern 1945/46 und ihren Rohheiten, ihrem Unrecht? Weißt du nichts von den Opfern in fremdem 50 Gewahrsam, von dem Leid der formalistisch-grausamen Justiz, der heute noch deutsche Menschen unterworfen sind? Weißt du nichts von dem Fortbestehen der Lagermisshandlung, des Lagersterbens in der Sowjetzone, Waldheim, Torgau, Bautzen? Nur die Embleme haben sich dort gewandelt. 55
Ich weiß davon und habe nie gezögert, davon zu sprechen. Aber Unrecht und Brutalität der anderen zu nennen, um sich darauf zu berufen, das ist das Verfahren der moralisch Anspruchslosen, die es in allen Völkern gibt, bei den Amerikanern so gut wie bei den Deutschen oder den Franzosen und 60 so fort. [...]
Da steht der Obelisk, da steht die Wand mit den vielsprachigen Inschriften. Sie sind Stein, kalter Stein. Saxa loquuntur, Steine können sprechen. Es kommt auf den Einzelnen, es kommt auf dich an, dass du ihre Sprache, dass du diese ihre 65 besondere Sprache verstehst, um deinetwillen, um unser aller willen!

Zitiert nach: Bulletin des Presse- und Informationsamtes der Bundesregierung, Nr. 189 vom 2. Dezember 1952, S. 1655 f.

Erwartungshorizont

Zu Aufgabe 1

- Die Germania stellt die nationale Personifikation Deutschlands dar. Auf dem Gemälde trägt sie einen Eichenlaubkranz, der für die Treue steht, das Reichsschwert symbolisiert Wehrhaftigkeit und Kampfbereitschaft. Um das Schwert ist aber ein Hanfzweig gelegt, der für die Friedensliebe steht, d.h., das Schwert soll nur zur Verteidigung und nicht ohne Not angewendet werden. Die deutsche Fahne (schwarz-rot-gold) ist das Symbol für die Einheit. Auf der Brust der Germania ist ein Doppeladler abgebildet, der für das Heilige Römische Reich Deutscher Nation steht und der seit Kaiser Sigismund (1368-1537) in dieser Form verwendet wird. Hinter der Germania geht die Sonne auf, die eine neue Zeit symbolisiert, ihr Blick ist in eine unbestimmte Zukunft gerichtet. Links zu ihren Füßen liegen die gesprengten Fesseln, ein Zeichen für die Freiheit und für die erfolgreiche Revolution.
- Die jeweiligen Symbole stellen eine Mischung aus politischen Forderungen und moralischen Tugenden dar. Politisch sind Schwert, Friedensliebe und gesprengte Fesseln, die Treue ist eher ein ethischer Wert, bei dem aber unklar ist, worauf er sich hier konkret bezieht. Mögliche Kategorien sind hier die Treue zum Vaterland, zum Volk, zur Regierung, zur (noch zu schreibenden) Verfassung oder zu bestimmten Wertvorstellungen. Von allen Symbolen ist dies das am wenigsten eindeutige. Einheit und die neue Zeit können hingegen – abhängig vom jeweiligen Zusammenhang – sowohl als politische als auch als moralische Kategorien verwendet werden. Berücksichtigt man die „Offenheit" von Symbolen (siehe hierzu Seite 12), handelt es sich eindeutig um einen gelungenen Versuch, integrierend zu wirken.

Zu Aufgabe 2

- Piłsudski stellt sich selbst als zentrale Figur der polnischen Unabhängigkeit dar, als ob er der einzige gewesen wäre, der diese erkämpft hätte. Andere zentrale Figuren, die ebenfalls für die Unabhängigkeit Polens gewirkt haben, wie z.B. seinen großen Rivalen Roman Dmowski mit seinen Nationaldemokraten, erwähnt er nicht einmal am Rande. Auch verschweigt er offenbar bewusst, dass seine Truppen später in den Nachkriegskämpfen keineswegs die einzigen polnischen militärischen Einheiten waren, sondern dass beispielsweise auch die in Frankreich ausgebildete Haller-Armee eine sehr wichtige Rolle gespielt hat. Aus seiner Interpretation entsteht der Eindruck, dass von Anfang August 1914 bis zum Ende der Grenzkriege eine einheitliche Entwicklung stets unter seiner Führung bestanden hätte.
- Die Einschätzung, dass zumindest bei Ausbruch des Krieges Russland und das Deutsche Reich als potenzielle Partner für eine größere polnische Unabhängigkeit ausschieden, ist weitgehend korrekt. Allerdings ist es unwahrscheinlich, dass Piłsudski bereits Anfang August 1914 derart weitsichtig seine Entscheidungen abgewogen und getroffen hat. Wie viele andere Polen dürfte er zwar die Möglichkeiten gesehen haben, die sich für einen neuen polnischen Staat aus dem Kriegsausbruch ergaben, wahrscheinlich hat er aber zunächst improvisiert, um seine Person überhaupt ins Spiel zu bringen und den eigenen, sehr kleinen Handlungsspielraum zu erweitern. Auch der Hinweis, dass er angeblich nur mit sehr wenigen Vertrauten über seine angeblichen Pläne gesprochen hat, deutet darauf hin, dass er in dieser Rede seine Einzigartigkeit und Unersetzlichkeit hervorheben möchte. Diese Personen werden nicht namentlich genannt, Piłsudskis Behauptung ist also nicht nachprüfbar.

- Berücksichtigt werden muss, dass Piłsudski hier vor seinen Legionären spricht, die zu seinen treuesten Anhängern gehören. Damit befindet er sich gleichzeitig in einer Doppelfunktion: Erstens ist er als Staatschef die politisch wichtigste Person in Polen, zweitens hat er aber auch als ehemaliger Führer der Legionen ein militärisches Amt innegehabt. Es ist unwahrscheinlich, dass er bereits hier an einen möglichen Militärputsch gedacht hat, wie er ihn dann vier Jahre später durchgeführt hat, aber Piłsudski versucht hier eindeutig, sich der Loyalität seiner ehemaligen Truppen zu versichern. Zudem muss ihm bewusst gewesen sein, dass er aus den Reihen seiner Zuhörer keinerlei Kritik oder Nachfragen zu erwarten hatte. Die Anwesenden dürften ihn im Gegenteil bewundert oder verehrt haben. Deshalb fielen seine Versuche, hier eine Art von Personenkult zu etablieren, wahrscheinlich auf fruchtbaren Boden.
- Piłsudskis Einschätzung, dass er alleine mit dem „Soldaten" den Polen einen neuen Menschentyp gegeben habe, ist eine erhebliche Selbstüberschätzung. Selbstverständlich hat es in Polen vor den Teilungen Soldaten gegeben, und während der Aufstände im 19. Jahrhundert haben Polen tapfer gekämpft. Piłsudski ignoriert dies vollständig, um sich selbst und indirekt auch seine Legionäre in das Zentrum der Politik zu rücken. Er stilisiert sich zum genialen Staatsmann, der gleichzeitig die Botschaft vermittelt, dass jemand wie er kaum ersetzbar sein dürfte.

Zu Aufgabe 3
- Auffällig ist in der Tat, dass eine große Zahl der Spieler polnische Namen tragen. Es handelt sich größtenteils um die Nachkommen von Arbeitsmigranten, die wahrscheinlich noch im Kaiserreich aus dem Osten in das Ruhrgebiet gekommen und dann dort geblieben sind. Vor dem Hintergrund der Herkunft dieser Spieler ist der Jubel der polnischen Presse also gerechtfertigt. Allerdings wird dabei nicht berücksichtigt, dass sich wahrscheinlich die meisten der Spieler selbst nicht mehr als „Polen", sondern als „Deutsche", eventuell mit (modern gesprochen) Migrationshintergrund bezeichnet hätten, weil sie und ihre Eltern freiwillig im Ruhrgebiet geblieben sind. Wenn sie gewollt hätten, hätten sie zumindest vor 1933 jederzeit nach Polen auswandern können.
- Zwar war am 26. Januar 1934 der deutsch-polnische Nichtangriffspakt abgeschlossen worden und damit hatte sich das außenpolitische Verhältnis zwischen Polen und dem Deutschen Reich vorübergehend entspannt. Aber dennoch scheint der Verein Schalke 04 die mögliche „polnische" Herkunft seiner Spieler als Makel empfunden zu haben. Die nationalsozialistische Rassenideologie, die auch bereits zu diesem Zeitpunkt stark antislawisch argumentiert, und die lange Tradition der antipolnischen Stereotype hat hier bereits ihre Wirkung erzielt.

Zu Aufgabe 4
- In seiner Ansprache zur Einweihung der Gedenkstätte Bergen-Belsen nimmt der erste Bundespräsident der Bundesrepublik Theodor Heuss zu der NS-Vergangenheit der Deutschen Stellung. Zu Beginn macht er die Notwendigkeit deutlich, sich mit den NS-Verbrechen auseinanderzusetzen. Dafür stehe seine Rede. Indem er die feigen Taten beim Namen nennt, wird sein Standpunkt und die eigene Betroffenheit deutlich.
- Dann gerät die Rede auf eine persönlichere Ebene. Heuss bekennt, von Konzentrationslagern wie Dachau, Buchenwald oder Mauthausen und damit von der Judenverfolgung und -ermordung gewusst zu haben. Von Bergen-Belsen oder Auschwitz – die Orte der systematischen Vernichtung – habe er jedoch erst 1945 gehört. Dennoch betont er, dass niemand sein Wissen über die „Dinge" leugnen könne. So habe man durch die Schreiben der Bischöfe von der „Euthanasie" in deutschen Heilanstalten gewusst. Vom Ausmaß des Holocaust hätte die „bürgerliche und christliche Fantasie" jedoch nichts geahnt.

- Gleichzeitig warnt Heuss davor, durch einen Vergleich der Verbrechen, etwa mit jenen der Besatzungsmächte in den Kriegsgefangenenlagern, die eigene Schuld vermindern zu wollen. Diese Gleichsetzung und damit die Relativierung der NS-Verbrechen sei die Logik der „moralisch Anspruchslosen". Heuss schließt mit dem Appell, die Botschaft des Mahnmals zu verstehen: die Verpflichtung, sich zu erinnern und aus der Vergangenheit eine Lehre für die Zukunft zu ziehen.

Zu Aufgabe 5

- Die Rede von Heuss macht einen deutlichen Wandel im nationalen Selbstverständnis deutlich. In seiner Rede manifestiert sich die Einstellung der jungen Bundesrepublik zur NS-Vergangenheit, die nun zum entscheidenden Bezugspunkt wird. Anders als die DDR verstand sich die Bundesrepublik als Nachfolgerin des Deutschen Reiches, für dessen Erbe sie nun die Verantwortung übernahm. Dazu gehörte die öffentliche Auseinandersetzung mit dem Thema, die das gewandelte Selbstverständnis der westdeutschen Demokratie auch nach außen sichtbar machen sollte.
- Bemerkenswert ist, dass Heuss in seiner Rede den Begriff der Scham verwendet, nicht aber von Schuld spricht. Damit weist er auf die abstrakte kollektive Verantwortung der Deutschen hin, umgeht aber die konkrete Zuweisung individueller Schuld. In den frühen 1950er-Jahren wäre eine solch direkte Konfrontation wohl auch nicht möglich gewesen. Bei einem Großteil der Deutschen herrschte der Wunsch nach Vergessen und Verdrängen der Vergangenheit vor. Heuss wählte damit Worte, die nicht anklagten, sondern anregten und damit eine frühe Auseinandersetzung mit der Vergangenheit möglich machten.

Zu Aufgabe 6

- Bis 1945 betrieben die Deutschen eine Gedenk- und Erinnerungskultur, die an nationale Helden erinnern und nationale Größe versinnbildlichen sollte. Diese Gedenkkultur, die sich in zahllosen Denkmälern und in einem autoritären Geschichtsbild manifestierte, kam 1945 an ihr Ende. Seit dem Ende der nationalsozialistischen Diktatur steht bei der Gedenkkultur die Auseinandersetzung mit der NS-Vergangenheit im Vordergrund und dabei die Frage, wie an die Opfer des Nationalsozialismus gedacht und wie an die Verbrechen erinnert werden soll.
- In Heuss' Rede zeigen sich bereits die zentralen Elemente, die bis heute die historische Erinnerung in der Bundesrepublik bestimmen: Als Bundespräsident versteht sich Heuss als moralische Autorität, die mit ihren Reden die Deutschen zur Selbstbesinnung auffordern und gegenüber dem Ausland eine verantwortungsbewusste, auf Versöhnung zielende Haltung einnehmen will. Alle folgenden Bundespräsidenten verstehen bis heute ihr Amt in eben diesem Sinne. Heuss' Aufforderung, die Erinnerung wachzuhalten und Lehren aus der Geschichte zu ziehen, ist Bestandteil fast jeder Gedenkrede zum Nationalsozialismus. Vor allem aber verdeutlicht er mit seinem persönlichen Appell, die „Sprache der Steine" zu verstehen, Zielsetzung und Funktion der modernen Gedenkkultur: Jeder Einzelne soll sich mithilfe eines Denkmals an die Vergangenheit – an die Opfer ebenso wie an die Täter – erinnern, dadurch Lehren aus der Vergangenheit ziehen und als Mahnung für die Zukunft verstehen.

Die hervorgehobenen Seitenzahlen verweisen auf kurze biografische Informationen.

Die hervorgehobenen Seitenzahlen verweisen auf Begriffserläuterungen

Akademie der Künste, Berlin – S. 129; Archiv für christlich demokratische Politik der Konrad Adenauer-Stiftung, St. Augustin – S. 137; Archiv für Kunst und Geschichte, Berlin – Cover , S. 6, 8, 43, 45, 104, 115, 116; - / IAM, World History Archives – S. 107; - / Erich Lessing – S. 65; - / Picture-Alliance – S. 7, 95; - Yvan Travert – S. 81; Bundesarchiv / Sig.-Bild 183-66400-0142, Bestand: Bild 183 – Allgemeiner Deutscher Nachrichtendienst, Zentralbild, Zastorm, Koblenz – S. 142; Bundesarchiv / Sig.-Plakat 002-037-029 / Grafik Karl Geiss, August 1930 – S. 114; Deutsches Historisches Museum, Berlin – S. 98, 110, 122, 128, 138, 153; DIZ / Süddeutscher Verlag, Bilderdienst, München – S. 80, 113, 135; - / Süddeutsche Zeitung Photo, Forum – S. 70; dpa Picture-Alliance / akg-images, Frankfurt – S. 34, 48, 58, 89, 100; - / AFP – S. 90; - / Bildagentur Huber-Szyszka – S. 165; - / Friso Gentsch – S. 92; - / Imagno – S. 116; - / Imagno, Austrian Archives – S. 118; - / Rainer Jensen – S. 144; - / Eva Krafczyk – S. 94; - / Milla & Partner, Sasha Waltz – S. 163; - / Pacific Press-Agency, Anna Ferensowicz – S. 56; - / Pacific Press-Agency, Martin Alan Smith – S. 11; - / Robertodiaz – S. 33; - / Schnoerrer – S. 159; - / The Print Collector – S. 61; - / ZB, Arno Burgi – S. 102; - / ZB, Michael Hanschke – S. 143; - / ZB, Andreas Lander – S. 160; - / ZB, Karlheinz Schindler – S. 101; - / ZB, Martin Schutt – S. 157; © Ems-Vechte-Welle / Redaktion, Lingen – S. 146; Doreen Eschinger, Bamberg – S. 139; Fotolia / Christian Müller – S. 18; Getty Images / DEA, G. Dagli Orti, München – S. 30; Bella Guttermann / Avner Shalev (Hrsg.), Zeugnisse des Holocaust. Gedenken in Yad Vashem, 2005, S. 196 – S. 85; Historisches Museum der Stadt Frankfurt – S. 167; Historisches Museum, Neu-Ruppin – S. 19; Dr. Horst Hoheisel, Kassel – S. 132; Institut für Zeitungsforschung, Dortmund – S. 89; Milla & Partner, Sasha Waltz, Stuttgart – S. 163; Montanhistorisches Dokumentationszentrum (montan.dok) beim Deutschen Bergbau-Museum, Bochum – S. 46; Walter Mühlhausen. Friedrich Ebert 1871-1925 – Reichspräsident der Weimarer Republik, Heidelberg 1999, S. 328 – S. 127; Niedersächsische Staatskanzlei, Hannover – S. 99; Horst Pötsch, Deutsche Geschichte nach 1945 im Spiegel der Karikatur, S. 90 – S. 148; Preußischer Kulturbesitz, Berlin – S. 30, 61, 111, 117; - / Heinrich Hoffmann – S. 6/7; Lilo Sandberg, Berlin – S. 151; Rainer Schwalme, Groß-Wasserburg – S. 145; Sven Simon, Berlin – S. 95; Staatsbibliothek, Berlin – S. 124; Stiftung Auto-Museum, Wolfsburg – S. 139; Thinkstock / iStockphoto, Christian Müller – S. 13; - / iStockphoto, santirf – S. 33; Ullstein-Bild, Berlin – S. 108; - / BPA – S. 51, 136; - / Prisma Etienne – S. 97; - / Rolf Schulten – S. 155; - / Sven Simon – S. 91; - / Süddeutsche Zeitung, Photo Scherl – S. 58, 168; - / TopFoto Archive – S. 93; - / Wilfried Zeckai – S. 158; - / XAMAX – S. 103; VG Bild-Kunst, Bonn 2016 – S. 111, 132, 157; VG Bild-Kunst, Bonn 2016 / Estade of George Grosz, Princeton N. J., – S. 131; VG Bild-Kunst, Bonn 2016 / The Heartfield Community of Heirs – S. 129; www.wikimedia.org / Bialo-zielony – S. 41; www.wikimedia.org / Alexander Binder – S. 50; www.wikimedia.org / Bundesarchiv B 145, Bild F078072-0004 / Katharine Young_CC BY-SA 3.0 – S. 87; www.wikimedia.org / Robert Fendius – S. 114; www.wikimedia.org / Kunsthistorisches Museum Wien – S. 17; www.wikimedia.org / Museen Nord, Bismarck Museum – S. 10; www.wikipedia.de / Brunswyk – S. 146.

Ziel

Klausuren

In Klausuren sollen Sie zeigen, dass Sie fachspezifisches Material anhand von Aufgaben angemessen bearbeiten können. Dabei sollen Sie ihr Wissen mit neuen Sachverhalten problembewusst verknüpfen und begründet Stellung nehmen.

Anforderung

Reproduktion

Im Anforderungsbereich I beschreiben Sie geordnet und gerafft historische Zustände oder Entwicklungen.

Reorganisation und Transfer

Im Anforderungsbereich II bearbeiten Sie Materialien problem- und methodenbewusst zu einem aus dem Unterricht bekannten Thema.

Reflexion und Problemlösung

Der Anforderungsbereich III verlangt gründliches Nachdenken und eine Lösung. Sie müssen auf Grundlage Ihrer Materialienanalyse ein Problem untersuchen und bewerten. Ihre Stellungnahme kann eine abwägende Diskussion gegensätzlicher Standpunkte erfordern. Abschließend müssen Sie dazu selbst Position beziehen.

Tipp

Die Frageoperatoren der Anforderungsbereiche I bis III finden Sie ganz vorne im Buch erklärt (Hinweise zur Bearbeitung der Aufgaben).

Vorgehen

Aufgaben erfassen

☑ Lesen Sie die Aufgaben sorgfältig durch; unterstreichen Sie den Operator. Versuchen Sie, den Auftrag genau zu erfassen. Machen Sie sich ihn bei Bedarf in eigenen Worten klar. Finden Sie Schlüsselbegriffe und klären Sie kurz ihre Bedeutung.

Operatoren beachten

☑ Erledigen Sie die Aufgaben streng anhand der Operatoren. Sie zeigen Ihnen, zu welchen Anforderungsbereichen Sie jeweils arbeiten sollen.

Kernaussagen ermitteln

☑ Lesen Sie den Text zunächst als Ganzes, um Thema und Hauptaussagen im Zusammenhang zu begreifen. Im zweiten Durchgang ermitteln Sie aufgabenbezogen die wesentlichen Aussagen. Unterstreichen Sie dabei Wörter statt Sätze; so fällt es Ihnen leichter, eigene Formulierungen zu finden und sich von der Vorlage zu lösen.

Aussagen strukturieren

☑ Stellen Sie zunächst den Autor und die Quelle (Entstehungszeit, historischer Kontext, Adressaten) vor, wiederholen Sie aber nicht die wissenschaftliche Fundstelle des Textes.

Text gliedern

☑ Gliedern Sie Ihren Text folgerichtig. Setzen Sie Schwerpunkte in Inhalt und Umfang Ihres Textes. Achten Sie bei Ihrem Zeit- und Arbeitsaufwand auf die Gewichtung der Aufgaben.

☑ Geben Sie die Hauptgedanken eigenständig in indirekter Rede im Konjunktiv wieder.

Aussagen belegen

☑ Direkte Zitate empfehlen sich, wenn der Operator intensive Textarbeit verlangt und sie einen Kernaspekt in auffälligen Worten ausdrücken. Eine Erläuterung in eigenen Worten muss folgen.

☑ Halten Sie die Reihenfolge der Aufgaben ein. Vermeiden Sie Überschneidungen.

Stil

☑ Schreiben Sie kurze, verständliche Hauptsätze oder Satzgefüge. Drücken Sie sich sachlich aus und benutzen Sie Fachbegriffe.

Letzte Kontrolle

☑ Planen Sie Zeit für die Durchsicht ein. Lesen Sie Ihre Klausur zunächst nur unter inhaltlichen Gesichtspunkten; erst in einem zweiten Durchgang achten Sie auf Rechtschreibung, Grammatik und Satzbau. Achten Sie auf die Zeitenfolge (Präsens mit Perfekt; Präteritum mit Plusquamperfekt). Nutzen Sie zulässige Wörterbücher.

Der Verfasser/die Verfasserin (kurze Vorstellung) beschäftigt sich (Zeit/Kontext) mit .../ untersucht/setzt sich mit der Frage auseinander/behandelt das Problem .../thematisiert ...

Beispiel: Der Historiker Klaus J. Bade setzt sich 2002 mit der historischen und aktuellen Bedeutung von Migration auseinander.

Einleitung

Der Autor/die Autorin (Name) hat den Brief/Aufsatz/etc. verfasst/die Rede gehalten, als .... Die Quelle lässt sich vor dem Hintergrund von ... einordnen

Beispiel: Die Bürgerbewegung „Demokratie Jetzt" startet am 12. September 1989 einen Aufruf, der sich an alle Initiativgruppen und reformfreudigen Kräfte in der DDR richtet und auf aktuelle Probleme im Staat eingeht. Der Aufruf lässt sich vor dem Hintergrund der sich wirtschaftlich und politisch zuspitzenden Krise der DDR im Jahre 1989 einordnen.

Einordnung in den historischen Kontext

Er/sie behauptet/ist der Meinung, dass ...

Beispiel: Der amerikanische Politikwissenschaftler Samuel Phillips Huntington behauptet, dass die Konflikte in der Welt in der Zukunft zwischen verschiedenen Großkulturen verlaufen werden.

Textwiedergabe „Kernthese"

Der Verfasser/die Verfasserin begründet dies, indem er/sie .../belegt dies mit .../erklärt dies mit/hebt hervor/betont/kritisiert

Beispiel: Der Politikwissenschaftler Samuel Phillips Huntington betont, dass ein „weltweiter Kampf der Kulturen" nur zu vermeiden sei, wenn der Westen seine Kultur verteidigt und dieser nicht darauf hoffe, dass die anderen Kulturen sich ihm annähern werden.

Textwiedergabe „Argumentation"

Der Autor/die Autorin fasst seine/ihre Haltung/Sichtweise zusammen, indem er/sie .../ sagt abschließend .../kommt zu dem Schluss, dass ...

Beispiel: Eberhard Kolb, Professor für Geschichte, kommt zu dem Schluss, dass jeder Historiker durch die Gewichtung der verschiedenen Faktoren darüber entscheidet, wie er das Scheitern der Weimarer Republik interpretiert.

Zusammenfassung

Ebenso wie (ein anderer Autor/eine andere Autorin)/anders als (die Meinung/Argumentation/Position von) ...

Beispiel: Die Historiker František Graus und Peter Schuster nehmen unterschiedliche Standpunkte in Bezug auf die Krise des Spätmittelalters ein. Während Graus ... betont, hebt Schuster ... hervor.

Vergleich

Er/sie will darauf hinweisen/erreichen/verdeutlichen/appelliert/zielt auf ...

Beispiel: Der britische Mathematiker, Philosoph und Friedensforscher Bertrand Russell will mit seinem in der „Times" am 23. Oktober 1945 erschienenen Leserbrief auf die Geschehnisse im Kontext der Vertreibung der deutschen Bevölkerung aufmerksam machen.

Absicht

Die Argumentation überzeugt (nicht)/ist widersprüchlich/schlüssig/(nicht) einleuchtend/ zutreffend, weil ... Ich stimme dem Autor/der Autorin zu/teile (nicht) die Haltung des Verfassers/der Verfasserin/schließe mich (nicht) der Argumentation an, weil ...

Beispiel: Die Thesen des amerikanischen Politologen Jack A. Goldstone über die Ursachen von Revolutionen überzeugen (nicht), weil ...

Stellungnahme

Fachliteratur finden und nachweisen

Recherchieren und Ausleihen in der Bibliothek

☑ Um sich für ein Referat einen <mark>Überblick</mark> über ein Thema zu verschaffen oder es einzugrenzen, eignen sich <mark>Lexika</mark> und <mark>Nachschlagewerke</mark> als erste Informationsquellen. Für die gründliche Erarbeitung eines Themas benötigen Sie Fachliteratur.

☑ Angaben zu Fachbüchern spezieller Themen finden sich im Literaturverzeichnis von Handbüchern und Überblicksdarstellungen, im Internet und im Katalog der Bibliothek.

☑ In der Bibliothek sind Bücher alphabetisch in einem <mark>Verfasser-</mark> und in einem <mark>Sachkatalog</mark> aufgelistet und über eine <mark>Signatur</mark>, eine Folge von Zahlen und Buchstaben, im Karteikarten- oder Computersystem der Bibliothek für ein leichtes Auffinden genau verzeichnet.

☑ Bücher, die nicht in der örtlichen Bibliothek vorrätig sind, können über die <mark>Fernleihe</mark> aus anderen Bibliotheken entliehen werden. Über die <mark>Online-Kataloge</mark> können Titel nach Schlagworten oder dem Namen des Autors gesucht und direkt an die Ausgabestelle der Bibliothek bestellt werden.

Literatur auswerten und belegen

☑ Finden Sie zu einem Thema mehr Bücher, als Sie auswerten können, müssen Sie eine <mark>Auswahl treffen</mark>. Prüfen Sie anhand des Inhaltsverzeichnisses, der Einführung und/oder der Zusammenfassung sowie des Registers, ob das Buch ergiebig sein könnte. Benutzen Sie im Zweifel das Neueste.

☑ Weisen Sie jedes Buch, das Sie für Ihr Referat benutzt haben, am Schluss des Textes nach. Notieren Sie sich daher bei der Vorarbeit die Titel der Bücher. Aussagen, die Sie wörtlich oder indirekt zitieren, <mark>belegen</mark> Sie zusätzlich mit Seitenangaben. So kann jeder Leser nachlesen und überprüfen, woher und von wem die Aussagen stammen.
Beispiel für eine korrekte Literaturangabe:

Buch

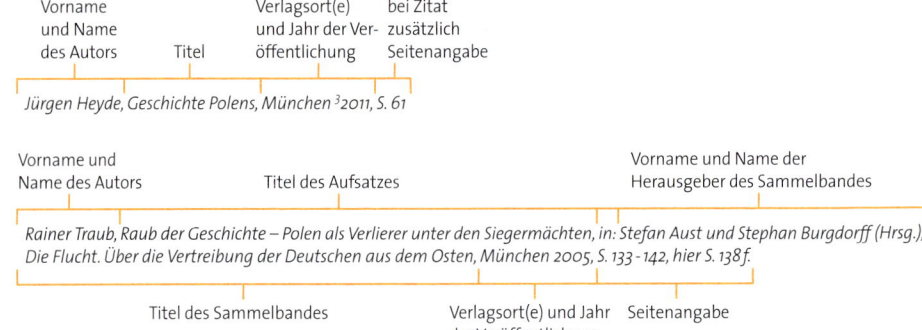

Aufsatz

Quellenarbeit in Archiven

Vorbereitung und Recherche

☑ Für die Recherche zu regional- und lokalgeschichtlichen Themen bieten sich Archive an. Dort werden Urkunden, Pläne, Karten, Zeitungen, Briefe, Tagebücher, Fotos sowie Akten mit anderen Unterlagen von Behörden, Firmen, Vereinen und Privatleuten aufbewahrt.

☑ Vor der Arbeit im Archiv sollten Sie sich genau über das Thema <mark>informieren</mark>, die zu erarbeitenden <mark>Aspekte festlegen</mark> und <mark>Fragen formulieren</mark>.

☑ Inzwischen werden viele Archivstücke elektronisch erfasst und in Datenbanken archiviert. Auf den Internetseiten der Archive können Sie sich <mark>über den Bestand informieren</mark>, digital vorliegende <mark>Dokumente einsehen</mark> oder die <mark>Signatur</mark> der Akten <mark>heraussuchen</mark>.

Material erfassen, ordnen und auswerten

☑ Haben Sie geeignetes Material gefunden, notieren Sie sich die genaue <mark>Fundstelle</mark>. Eine Ausleihe ist nicht üblich. Erfassen Sie das Material sicherheitshalber vor Ort (handschriftlich, per Laptop oder Scanner).

☑ Nach der Rückkehr aus dem Archiv müssen Sie das gesammelte <mark>Material sichten</mark> und <mark>ordnen</mark>, bevor Sie es zu einer Darstellung verarbeiten können.